# 近世の政治と文化の世界

明日への日本歴史—3

五味文彦

Gomi Fumihiko

山川出版社

# はじめに

日本の歴史については、津田左右吉の『文学に現はれたる我が国民思想の研究』があり、続いて井上清『日本の歴史』、網野善彦『日本社会の歴史』が著されてきたが、本シリーズはこれら先学の著書とは違い、時代の思潮あるいは時代精神に注目して、縄文時代から現代に至るまでを、百年ないしは五十年を単位に捉えて著した。

第一巻は、「古代国家と中世社会」と題し、縄文・弥生時代に続き、「文明化」「制度化」「習合」「開発」「文化」「家」「身体」「職能」「型」をキーワードに、都市史や武士論、さらに学校・疫病・演劇史に力点を置いた。

第二巻は、「戦国の社会と天下人の国家」と題して、「自立」「所帯」をキーワードに、都市と学校・疫病史に力点を置き描いた。

第三巻では、「近世の政治と文化の世界」と題し、「制度」「世界」をキーワードに、学芸・疫病史に力点を置いた。

最終の第四巻では、「近代社会と近現代国家」と題し、「改革」「文明」「経済」「環境」をキーワードに、政治・社会・文化の流れを、総合的に記したが、これらを書くなか、ロシアによるウクライナ侵略が始まり、それに憂いつつ筆を進めてきた。いずれの巻も現代への関わりに注目しつつ書いており、本書によって、縄文期から現代にかけて時代の動きがよくわかるばかりか、未来に向かっての動きをも知るに違いない。

なお本書は、『文学で読む日本の歴史』全五巻に多くを負っていることを付記しておく。その際、十世紀から十一世紀にかけてのキーワードの「風景」を「文化」と改めた。

二〇二三年一月

明日への日本歴史3　近世の政治と文化の世界——目次

装　幀　水戸部 功
本文組版　角谷 剛
図版作成　曽根田栄夫

# 第Ⅰ部　徳川国家の制度と経済

# 一　寛文・元禄期の社会

## 寛文印知

寛文《かんぶん》四年（一六六四）三月、将軍家綱《いえつな》は小笠原長矩《ながのり》・永井尚庸《なおつね》に大名への「御朱印改」奉行を命じ、諸大名に与えていた領知判物・領知朱印状などの文書の写しと、領知の石高を細かく記す文書を提出させた。家光が行なった時には五万石以上の城主が対象で、数も限られていたのだが、今回は一万石以上の大名を対象とし、同年四月から七月にかけ、四月五日付で全国の大名のうち一万石以上と侍従には領知判物であり、それ以下には朱印状で交付し、二百十二家に及んだ。

例外は甲府徳川家及び館林徳川家と徳川御三家で、支藩があるところでは、本藩の中に記される場合があり、十八の支藩がそれに相当する。旧来の領知も改めて与える形をとって、一万石以上の大名の所帯を体制下に置いた。

旗本諸士については、寛文三年八月五日に『諸士法度』を林鵞峯《がほう》が城中で読み上げ定めた。「忠孝を励まし、礼法を正し、常に文道武芸を心がけ、義理を専らにし、風俗を乱すべからざる事」と始まって、軍役・倹約や喧嘩口論火事の処置、百姓訴論への対応、跡目の養子などの詳細な規定からなる。最後の二か条では「物頭・諸役人、万事に付きて依怙致すべからず、幷に諸役はその役の品々常に吟味を致し、油断すべからざる事」、「家業油断なく相勤むべき事」を規定して、役務と家業の精励を督し、寛文五年三月にはその職務精励のため所帯を維持する措置をはかった。

大番頭に二千俵、書院番頭に二千俵、小姓番頭に千俵ずつ、そのほか番衆の組頭や目付・使番らに各五百俵の役料を支給し、寛文六年七月には対象を拡大して留守居に二千俵、大目付・町奉行に各千俵、旗奉行・作事奉行・勘定頭各七百俵など約四十の役職に役料《やくりょう》を定めた。

知行高は家の財産として継承されてきたが、役職に見合う給料を支給することで職務を遂行させたもので、官僚制的職務の萌芽が見出せる。

後に新井白石《はくせき》は、将軍徳川家宣《いえのぶ》への意見書『進呈之案《しんていのあん》』で、幕府は大坂の陣、島原の乱を経て御家人を登用するにあたり、三つの科「右筆の職、勘定の衆、走之衆」に任用、その役に沿って役料を支給する体制を構築してきたという。

こうした動きもあって、町奴の幡随院長兵衛《ばんずいいんちょうべえ》を殺害した旗本奴《やっこ》水野十郎左衛門の行跡が治まらないので、寛文四年三月に幕府評定所に呼び出すと、袴もつけない異様な姿で現れたので無作法の至りと切腹を命じた。万治《まんじ》・寛文の頃に吉屋《よしや》組・鶺鴒《せきれい》組・神祇《じんぎ》組などの組をつくって、町中を横行していた旗本奴の活動の抑制に一定の効果があった。

林鵞峯が『本朝編年録』の編修に本格的に乗り出したのは寛文四年からで、編修所と書庫を自邸に設け、編修所を「国史館」と命名、書名は『本朝通鑑』とするように願い出て許可され、学問を愛好する幕閣の支援もあって寛文十年に完成した。羅山《らざん》が正編四十巻、鵞峯が慶長十六年（一六一二）までの続編二百三十巻を林梅洞《ばいどう》・林鳳岡《ほうこう》、人見友元《ひとみゆうげん》、坂井伯元《はくげん》らに分担させて起草し、後の歴史編纂に大きな影響をあたえた。

## 統制下の公家衆と寺社

幕府は寛文四年（一六六四）に大名の所帯を統制下に置いたことから、八月に関東八か国に巡見使を派遣し、幕領・私領を問わずに町・村の仕置の善悪を聴取するよう命じた。寛文七年閏二月には全国に拡大して八地域に分けて派遣、諸国の海辺・浦々に制札を立て、海難にかかわる紛争が起きないよう、紛争処理には幕府があたるものとして、海への支配を進め、翌年二月、巡見使の報告に基づいて苛政《かせい》を理由に島原藩主高力隆長《こうりきたかなが》を改易した。

寛文八年（一六六八）には諸大名に領内で使用する升の調査を命じた。これまで京都所司代板倉氏が定めた京升と、江戸年寄の樽屋藤左衛門《たるやとうざえもん》（枡座）による江戸升とが使用されていたが、寛文九年に京升に統一し、秤については、東は江戸の秤座守随家《しゅずいけ》印、西は京都の秤座神家《じんけ》印を用いるものと定めた。

朝廷は後水尾院政下で明正《めいしょう》天皇、後光明《ごこうみょう》天皇に続いて天皇となった後西《ごさい》天皇は、和歌や学芸、茶・香・花道に造詣が深く、御府文庫《ぎょふぶんこ》の記録類の副本を作成し、朝儀復興のための東山御文庫《ひがしやまごぶんこ》の基礎を築くが、その治世に火事が頻発し、伊勢神宮も焼失したので、「御行跡」宜しからずと見られて譲位し、寛文三年正月に十歳の霊元《れいげん》天皇が践祚した。

幕府は公家衆に七か条の条目を示し、天皇の「御行跡」を「軽からず、古風を守られる」よう、「御学問、御心を入れ勤められ候」よう、公家衆が天皇を守って導くよう求めると、これに応じ上皇も九か条の『禁裏御所御定目《きんりごしょおさだめ》』を出し、近習《きんじゅうしゅう》衆に天皇の行跡や心持を教育し、学問に励む工夫をするように指示、同内容を公家衆にも求め、身上に相応しい遊興は認めるが、河原で傀儡《くぐつ》・放下《ほうか》・狂言などを観覧せぬよう、宮中で口論や男女間の法度を守るよう規制した。

寛文五年（一六六五）、幕府は公家にも寛文印知同様の措置をとり、九十七家の公家衆に「寛文朱印状」を交付した（『寛文朱印留』）。慶長十八年（一六一三）の五か条の「公家衆法度」は、学問を昼夜油断なく行ない、禁裏小番を懈怠《けたい》無く勤め、家業に専心し朝廷に精勤すべし、と命じたが、今回はその公家衆の知行地を一斉に宛《あ》て行《が》い、公家衆の朝廷への奉仕をそのまま幕府への奉仕とみなして義務づけた。

寛文八年の『諸家家業』に公家衆の家業が記されている。摂家・清華《せいが》・大臣家《だいじん》・羽林家《うりん》は、朝廷の公事や有職・儀式を担い、他の公家衆は蹴鞠や和歌、能書・神楽・楽・装束・陰陽道などの家業で朝廷に奉仕した。そのなかで装束を家業とする高倉家は、将軍宣下時に幕府にも仕え、武家の高《こう》家《け》の吉良《きら》氏が高倉家に装束を学んでいた。

幕府による朝廷への直接統制は、寛文四年に京都代官が禁裏・仙洞料地の支配、町奉行が町方支配にあたるようになって、京都所司代は朝廷の事柄に専念した。寛文印知では門跡寺院二十七、比丘尼（尼寺）二十七、院家十二、その他寺院千七十六、神社三百六十五など寺社をも対象とし、翌年には『諸宗寺院法度』を出して、諸宗派・寺院・僧侶の統制を行なった。これまで幕府は宗派ごとに「寺院諸法度」を制定し、本寺・末寺関係の編成による寺院統制を行なってきたが、その統制をさらに進め、日本全国の仏教の諸宗派・寺院・僧侶を対象とする法度を制定した。

その法度は、家綱朱印状の「定」九か条と、久世広之《くぜひろゆき》・稲葉正則《まさのり》・阿部忠秋《ただあき》・酒井忠清《ただきよ》ら老中の連署下知状の「条々」五か条からなる。九か条では、諸宗の法式を守り新義を立てず、法式を理解しない僧侶は住持とせず、本寺・末寺の秩序を乱さないことと定め、寺領の売買や質入れを禁じ、国法に反した者が寺に逃げ込んだ場合、届け出て異儀なく追い返せ、と「寺院不入《ふにゅう》」の特権を否定した。後者の五か条では、僧侶は分限に応じた装束を着ること、檀那が新寺院を建てた場合、檀那・本寺の相談の上で住持を決めることなどを規定した。

寛文五年に幕府は『諸社禰宜神主法度《しょしゃねぎかんぬしはっと》』を出して神道の統制も行なった。神職の神事祭祀の励行、叙位・装束の規定、神領売買の禁止の定め、神社が位階を受ける場合には、伝奏公卿乃至は公家の白河家の執奏を受けるものとし、白河家による神社統括が進んだ。多様な宗教者のうち修験者については、天台宗聖護院門跡・醍醐寺三宝院門跡にそれぞれ本山派・当山派の各修験者を統括させ、陰陽師は公家の土御門家を本所として統括させた。

### 宗門統制と大名の治世

幕府はキリシタンと日蓮宗不受布施《ふじゅふせ》派については禁圧した。キリシタン弾圧は島原の乱後も続いており、臼杵《うすき》藩は寛文八年に七十三人を捕まえ、尾張藩は寛文元年から七年までに千人以上のキリシタンを捕まえた。寛文四年十一月に幕府は諸藩・代官所に宗門改め専任の役人を置いて、村々に宗門改帳の作成を命じ、旗本などの知行地では名主・年寄が厳重に当たり、五人組手形を取り置くことを命じた。

寛文十一年になると、代官に宗門改めの実施方式を指示し、一軒ごとに人別帳に記載し、一村ごとに集計することで移動を確実に記させた。キリスト教徒や日蓮宗不受不施派の宗門ではないことを、寺院僧侶に確認させる寺請制度をしいて、寺院が人々に檀家であることを証明する寺請証文を発行した。

日蓮宗不受不施派は、他宗信者や不信者の布施は受けないとして、かつて豊臣秀吉の方広寺大仏開眼千僧供養会で京都妙覚寺の日奥《にちおう》が出仕を拒否したことがあった。慶長四年（一五九九）に家康はその日奥と受不施派の京都妙顕寺《みょうけんじ》の日紹とを大坂城で対論させ、日奥を流罪となし、寛永《かんえい》七年（一六三〇）には不受不施派の池上本門寺の日樹らと、受不施派の身延久遠寺《みのぶくおんじ》の日乾らとを江戸城で対論させ（身池対論）、不受不施派を流罪に処すことなどもあった。

寛文印知でも不受不施派が寺領安堵は教義に反すると拒否したので、寛文九年（一六六九）に不受不施派寺院の寺請を禁じる措置をとった。

幕府の全国的体制の整備、統制に応じて諸藩も動いた。岡山藩の池田光政《いけだみつまさ》は、教化政策を進め、寛文六年（一六六六）から幕府による日蓮宗不受不施派の弾圧政策を徹底させて、寺院淘汰を実施、全領で六割の寺院を淘汰したので、僧侶が四割以上もいなくなり、それとともに神儒一致思想から神道を中心とする神仏分離を行ない、寺請制度を廃止し神道請制度を導入した。儒教を信奉して熊《くま》沢蕃山《ざわばんざん》を招聘、蕃山は陽明学と朱子学の中間的立場から、武士を「人民を教へ治める役者」と規定し、その職分を勤め、自己修養に励むことを求めた。

岡山藩は、承応《じょうおう》三年（一六五四）の大洪水から、郡奉行・代官が在地に常駐して農村の実情にあわせる農政を行なうようになり。その結果、万治二年（一六五九）には年貢の徴収が洪水以前に復活、寛文期（一六六一〜）には大増収となった。会津藩の保科正之《ほしなまさゆき》は、寛永二十年（一六四三）に留物令《とめものれい》を発し、漆や鉛など八品目の藩外持ち出しを、手形の有無で制限し、伐採許可の必要な木として漆木を指定して専売制をしき、産業の育成と振興に努めた。飢饉時の貧農・窮民救済のため社倉を創設し低利の融資を行ない、寛文元年（一六六一）に相場米買上制を始め、寛文年間に升と秤の統一をはかり、九十歳以上の老人には身分を問わず終生一人扶持を支給するなど、先進的政策を展開した。次頁の図は会津城下町で、戦国期の蒲生氏郷《がもううじさと》によりその基礎が築かれた。

正之は朱子学を奨励して好学尚武の風を作り、稽古堂《けいこどう》を設けて藩士の子弟教育にあたらせ、山崎《やまざき》闇斎《あんさい》の影響を受けて神儒一致を唱えた。儒者の山鹿素行《やまがそこう》が、朱子学を批判し、直接に「周公孔子の道」につくことを唱えて寛文五年に『聖教要録』を刊行すると、赤穂藩に配流した。

保科正之・池田光政と並んで「名君」と称された徳川光圀《みつくに》は、書を愛し、明暦《めいれき》三年（一六五七）に江戸駒込邸に史局を設置し、紀伝体の歴史書『大日本史』の編纂作業に着手、寛文元年（一六六一）

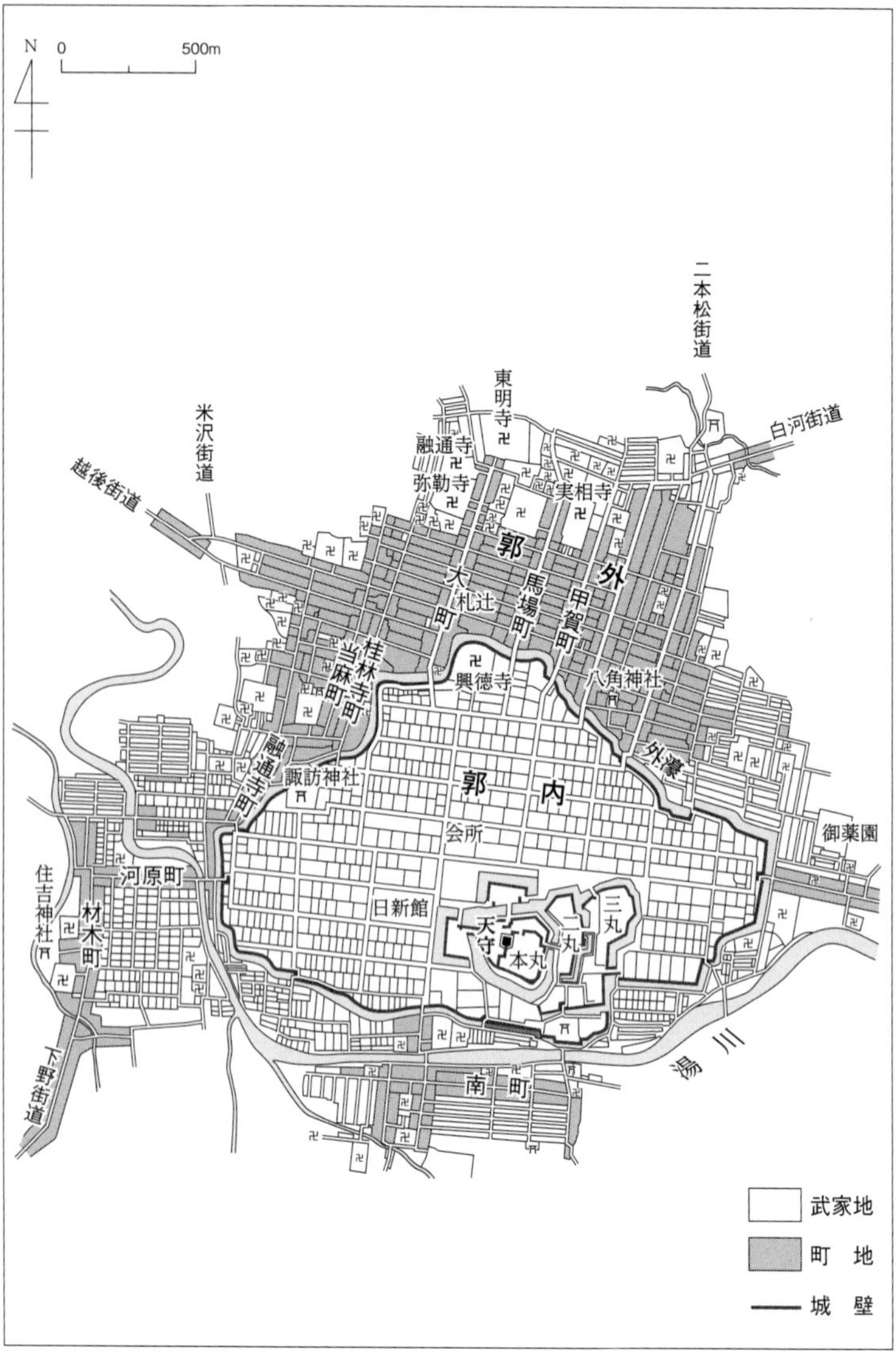


会津若松（『図集 日本都市史』「東国城下町の形成」による）

の父頼房《よりふさ》の死により水戸藩二十八万石を継承し、父の葬儀を儒教の礼式で行ない、儒式墓地の瑞竜《ずいりゅう》山《ざん》（茨城県常陸太田市）に葬り、家臣の殉死を禁じ、翌年に水戸城下の給水難を抜本的に解決するために町奉行に工事を命じ、総延長十キロに及ぶ笠原水道が着工から一年半で完成させた。寛文三年には領内の寺社改革に乗り出して「開基帳」作成を命じ、由緒ある寺を保護するかたわら、開基帳に載る二千三百余のうち千余りを不行跡な寺として処分した。

## 名君の農政と農書

加賀藩は加賀一向一揆鎮圧に伴い、一向一揆の門徒指導者を十村《とむら》（特権を付与された農民）に任じて数十か村からなる組を管轄させる十村制を採用するが、農村の窮乏が著しく、前田綱紀《まえだつなのり》を後見した父の前藩主前田利常《としつね》が農民の暮らしを安定させる改作仕法《かいさくしほう》による改革を試みた。借金の帳消し、農具・種籾購入のための銀（改作入用銀）の貸付や、当座の食料（作食米）の貸付、労働人口の再配分を進め、十村には、藩役人との調整や農業指導、労働人口の把握などの実務を任せた。改作入用銀、作食米《さくじきまい》は、十村を経て農民に融資され、六年間の融資総額は米七万三千石、銀七百貫目に及んだ。

耕作を怠けたり（徒百姓《かち》）、年貢を納めない百姓、改作法に反対する者への処罰は全財産を没収したが、精勤に励む律儀百姓には、十村の監督下で褒賞を与えた。これには藩主も十村も農民も限界まで働くことが前提であって、十村制が機能したことで、改作法施行の前後で藩の税収は二十培増となり、融資した改作入用銀、作食米は一年で回収された。

四国の土佐藩で藩政改革を担ったのは執政の野中兼山《のなかけんざん》で、兼山は谷時中《たにじちゅう》に朱子学を学び、南学による道徳の実践に努め、藩主の山内忠義《やまうちただよし》の下で藩政改革にあたり、堤防の建設、平野部の開拓で米の増産を進めた。湾曲斜め堰《せき》として有名な山田堰の工事を寛永十六年（一六三九）に着手して寛文四年（一六六四）に完成させた。森林資源の有効活用で藩の財源に充て、乱伐を避けるために輪伐制を導入した。築港も推し進め、藩内製品の諸国での販売を広めた。

手結港《ていこう》（高知県香南市）は日本最初の掘込み港湾として慶安《けいあん》三年（一六五〇）に着手され、漂砂による港湾埋設を防ぐため内港まで細長い航路で結び、南側に長い突堤を設けて明暦元年（一六五五）に完成した。津呂港《つろこう》（室戸市）は岩礁の中の僅かな窪地を掘り上げる難工事の末に築いた避難港で、航海の難所である室戸岬を航行する船の海難を防いだ。

改革には身分の別なく郷士《ごうし》などを登用し、藩外から植物・魚などを移入して育成につとめ、捕鯨、陶器、養蜂などの技術者を招き、殖産興業、専売制の強化を行なった。これで藩財政は好転するが、過酷な年貢の取り立てや華美贅沢の禁止などで領民に不満が溜って逃亡する領民が出た。郷士の役職への取り立てでは上士《じょうし》の反発を買って対立を深め、藩主忠義が隠居し忠豊《ただとよ》の代になった寛文三年、兼山の施政に不満の家臣が弾劾状を提出したことで失脚する。

多くの藩は軍役や普請での出費、農民の窮乏などにより財政難に苦しみ専売制をとるようになった。赤穂藩は浅野氏が正保《しょうほう》二年（一六四五）に入浜式塩田を奨励して塩の販売促進をはかり、同三年に石見津和野藩は石州半紙原料の楮の植え付けを奨励した。これらの藩では政治顧問として儒者を登用したので、その地位が定まっていった。

藩政にあたっては農業政策が根幹にあって、そのために著されたのが農書である。伊予の土豪土《ど》居《い》清良《きよよし》の軍記『清良記《せいりょうき》』巻七は、寛永五年（一六二八）頃に編まれた農書の性格を有し、農人を上・中・下に分類し、「上農の仕方は五戒五常を形取り、心の行ひ第一に候」と、上農の心遣いを指摘した後、四季の作物や五穀雑穀、土地の地味など農業の実際を記した。

本格的な農書は、西三河の矢作川流域の事情に沿って著された農業技術書『百姓伝記』で、三河の百姓の手になり、作物栽培と肥培の管理を中心とし、気象や暦・治水・農民生活など幅広く及ぶ。「分限相応に学文をいたし、土民職を勤る」ことが肝要、と記し、農業への職業意識が際立っており、「書物をよみたる確かなる人を招きよせ、寄合扶持し、幼少の子どもには先いろはをならわせ、智恵の付く小文等を読ますべし」と、教育の必要性を指摘した。

『会津農書』は、貞享《じょうきょう》元年（一六八四）に会津幕内《まくのうち》村肝煎《きもいり》の佐瀬与次右衛門《させよじえもん》が長年の経験をもとに会津の地に即して著したもので、水田の経営に関する地味や土質、立地条件、水掛り、畑作経営について語り、「農家事益部」と題し農業全般についても触れる。

## 小農自立と新田開発

本格的農書の誕生には、村の指導者である村方三役の名主（庄屋・肝煎）、組頭、百姓代（長百姓）が村役人として村の経営を担い、村の環境に精通するようになったことが関係しており、村役人が地頭（代官）の求めに応じ村明細帳を記し、提出するようになったのも、このことと無関係ではない。

正保二年（一六四五）に幕領代官の成瀬重治が、相模・武蔵・下総の幕領に村の書上げを命じると、この時に相模高座郡羽鳥村《こうざぐんはとりむら》名主の文左衛門らが提出した書上は、田方・畠方の高、家数・人数・寺・馬・林などの八項目を記している。この段階では内容がまだ簡略であったが、相模小田原藩が寛文十一年（一六七一）に提出を命じた村明細帳は詳細で、九月の足柄下郡根府川村《ねぶがわむら》の明細帳は名主の長十郎が四十九項目も記している。正保から寛文にかけ農民は村の環境や実情をきちんと把握するようになっていて、村絵図も各地で作成された。

村が整うようになった背景には、上農の庇護下にあった小農が、地代負担者となってきた事情もある。農業技術の進捗と職業意識の醸成により農村が安定し、生産力が拡大してきたのである。幕府は土地の分割相続によって家がつぶれるのを防ぐため、延宝《えんぽう》元年（一六七三）に分地制限令を出し、二十石以下の名主、十石以下の百姓の分割相続を禁じて自立を促し、安定した農業経営を持続するようはかった。

これらを受けて畿内周辺八か国と備中・陸奥国の一部の幕領で、寛文検地が行なわれた際には、これまでは現地の代官が行なっていたのを、勘定所派遣の役人の監視下で、検地対象地周辺にある諸藩が検地の実務を担った。東国幕領の延宝検地では、自立した小農を負担者として直接に掌握するようになった。幕府の財政は勘定頭が担当していたが、寛文期に幕府勘定所の職制が勘定頭―勘定組頭―勘定―支配勘定という形で整えられ、検地が勘定所により統一的に行なわれたのである。

小農の自立にとっては新田開発の影響も大きい。全国の灌漑工事・新田開発の件数を見てゆくと、慶長六年（一六〇一）から慶安三年（一六五〇）にかけては、百二十件程度であったのが、慶安四年から元禄十三年（一七〇〇）にかけては、二百二十件程度と倍近くなっている。『大日本租税志』によれば、慶長三年（一五九八）の検地目録で千八百五十万石あったのが、正保二年（一六四五）には二千四百五十万石、元禄十年（一六九七）に二千五百八十万石と増えている。正保以後の増加はさほどではないかに思えるが、新田はそのまま高《たか》に結びつかない場合が多く、既存の田畑に対する打出《うちだし》（石高の引上げ）を回避して、一揆発生の可能性を抑制する方針がとられたためである。

新田開発の広がりは目覚しい。江戸湾に流れ込む利根川の流路を変え、銚子から太平洋に流す工事が三十三年間をかけて承応三年（一六五四）に完成、これにともなって氾濫原や沖積地の耕地化が可能となった。同年には江戸の飲料と防火用水として上水の工事が、江戸の町人庄右衛門・清右衛門の請負で始まり、多摩川上流の羽村《はむら》に堰を設けて分流し、四十キロの開渠《かいきょ》を掘り、江戸の四谷大木戸へと導き、そこから埋樋《うずみひ》で給水する玉川上水が翌年二月に完成した。

江戸の町を潤しただけではなかった。川越藩の松平信綱《のぶつな》は武蔵野火止《のびどめ》の開墾を五十戸の小百姓に命じて移住させ、玉川上水の小川村に取入口を設けて野火止用水の開削を行なわせ、明暦元年（一六五五）に完成して七か村が誕生したのである。

信濃の佐久平では千曲川から取水できず、山麓の水源から長大な用水路を築造して原野を農地化する工事により、五郎兵衛新田・八重原新田・塩沢新田・御影新田などが蓼科・浅間山麓で開かれた。そのうち八重原新田を開発した黒沢加兵衛の業績を、甥の早武新助が記した『当八重原新田開発曰書《いわくがき》』が今に伝わる。それによれば承応二年（一六五三）に「わみ堰」、万治二年（一六五九）に「大門堰」、同三年に宇山堰、八重原堰が完成し新田が生まれたという。

江戸の材木商吉田勘兵衛は、横浜の大岡川の河口部にある入海に目をつけ、明暦二年（一六五六）に幕府から埋立・新田開発の許可を得て工事を開始した。海水の流入を防ぐ潮除堤《しおよけづつみ》を築くも、翌年に海が荒れて潮除堤が崩壊したため、勘兵衛は丈夫な石堤が必要と考え、再び計画を練って、砂村新左衛門が技術面を担当して万治二年に工事を再開、潮除堤の石を安房・伊豆から運び、土を天神山、中村大丸山、横浜村の洲干島から削って寛文七年（一六六七）に完成し、延宝二年（一六七四）に検地が行なわれて新田村が生まれた。

## 町人の請負新田と科学技術

下総の海上郡《かいじょうぐん》に椿海《つばきのうみ》という諏訪湖の三倍ほどの大きな湖があって、江戸町人の白井治郎右衛門が干拓を申請、寛文八年（一六六八）に工事が始まり、江戸商人の野田市郎右衛門・栗本源左衛門による新川の開削の成功で排水が進み、延宝元年（一六七三）に完成し、翌年から一町あたり五両で干拓地売却が始まった。新田開発も順調に進んで元禄二年（一六九五）の検地で「干潟八万石」十八か村が成立している。

江戸深川の商人徳島兵左衛門俊正は、身延山参詣の折、甲斐の釜無川《かまなしがわ》右岸で水が乏しいため荒地が多いのを知り、堰の開削を計画、寛文四年（一六六四）に甲府藩主の許可を得て釜無川と小武川《こむかわ》の合流点の下流に石を積み、粗朶《そだ》に筵《むしろ》を張って水を堰止め取水口とし、流路を等高線に沿って築き、天井川《てんじょうがわ》の箇所で埋樋で暗渠とし、傾斜地を通す工夫を行なって、寛文七年には曲輪田《くるわだ》新田まで約十七キロの通水に成功し二十二か村を潤した。

新田開発には江戸の町人が多く関わっていた。寛文三年に浅草の米商人友野与右衛門らが出資の箱根用水は、芦ノ湖の水を駿河駿東郡深良村《すんとうぐんふからむら》に落とし、三島まで用水路を通す難工事だったが、寛文十年に完成し八千石の新田が生まれた。寛文八年には江戸材木町の石屋善左衛門が、富士山の伏流水から湧き出る滝からの通水で駿東郡御厨《みくりや》地方に十六町歩の水田を開いた。新田開発には町人が大きく関わるなか、時に村の農民との対立も起き、町人の経営の失敗はあっても、新田開発は進められ、村も町も潤ったのである。

新田開発における土木技術など実用的な科学技術が求められるなか、急速な進展をみたのが、日常生活に効用がある本草学（博物学）や農学・数学・医学などである。本草学は植物学を意味していたが、動物や鉱物・薬物をも対象とする博物学的性格を強め、明の李時珍《りじちん》が著した『本草綱目』を、慶長十二年（一六〇七）に入手した林羅山が幕府に献上した。

貝原益軒《かいばらえきけん》は和刻本『校正本草綱目』の助成を行ない、朱子学の窮理の学としての自然法則的な理を重視して本草学を追究、宝永《ほうえい》六年（一七〇九）に『大和本草』を著し、本邦の千三百余種の名称や来歴・形状・効用などを記した。

益軒は長崎に遊学して宋学・医学を学び、明暦元年（一六五五）に江戸で林鵞峯に接して朱子学を学び、二度にわたる京都留学で学者と幅広く交流、漢書や和書を読破、薬園を観察、野山を渉猟した。その成果である『大和本草』を刊行した益軒の勧めから、宮崎安貞《みやざきやすさだ》は『農業全書』を元禄十年（一六九七）に出版した。

安貞は福岡藩に仕えて浪人し、農業先進地帯を旅し、福岡の女原《みょうばる》に帰農して荒地を開墾するなか、明の徐光啓《じょこうけい》の『農政全書』を参考に、農民にわかりやすく著したもので、農業技術や農事、約百五十種の有用植物を五穀、菜などに分類し解説し、特に商品作物の木綿・煙草などの栽培に詳しい。

加賀藩の十村役の土屋又三郎による農業技術・農具の解説書『耕稼春秋《こうかしゅんじゅう》』、紀伊国伊都郡《いとぐん》の庄屋大畑才蔵による農具、治水用水工法の解説書『才蔵記』（『地方の聞書』）など、この時期には多くの農書が著されている。その多くが他地域に伝わらないなか、『農業全書』は京都の書肆柳枝軒《りゅうしけん》の手で、徳川光圀の推薦文を得て出版されたことで、全国的に大きな影響を与えた。

### 科学技術の広がり

出版は、戦国期に朝鮮の銅活字印刷が伝わって木活字印刷が行なわれ、活字版の儒書・仏書・和書などが出版されたが、印刷が面倒なために量産できなかったのであるが、寛永期に入って版木に直接彫り付ける製版印刷が登場、大量生産に適し、多種多様な出版物が現れた。このため、明暦三年（一六五七）に京都所司代が出版統制令を出したほどで、多くの仮名草子も刊行され、多数の読者を獲得した。

農書のように中国の書物から科学技術を学び、それを日本の実情に沿った研究として発展させた学問は多い。角倉了以《すみのくらりょうい》一族の吉田光由《よしだみつよし》は、和算を割算法の毛利重能《もうりしげよし》に学ぶなか、了以の子素庵《そあん》から中国の数学書『算法統宗《さんぽうとうそう》』を与えられて研究、珠算をもとにした和算書『塵劫記《じんこうき》』を寛永四年（一六二七）に刊行したところ、実用技術を必要とする軍事・土木の分野から歓迎され、寛永十八年に小型本も刊行された。和算家の関孝和《せきたかかず》は『塵劫記』に学んで幕府の勘定吟味役となり、延宝二年（一六七四）に『発微算法《はつびさんぽう》』を著し、円周率・円の面積から微分法・積分法を考案、当時のヨーロッパの数学に劣らぬ成果をあげた。

益軒の学問にしても、和算にしても、京都で学問を学んだ成果が大きかった。益軒の幅広い活動の基盤は儒学の松永尺五《まつながせきご》・木下順庵《きのしたじゅんあん》や本草学者の向井元升《むかいげんしょう》・黒川道祐《くろかわどうゆう》、史家の松下見林《まつしたけんりん》などとの交流によるものである。向井元升は肥前神崎郡に生まれて長崎で天文・医学・本草学を修め、私塾の輔仁堂《ほじんどう》を開いて儒学を講じ、万治元年（一六五八）に京で開業し名医と称された。俳人の去来は元升の子で、嵯峨野に落柿舎《らくししゃ》を結び、芭蕉をもてなし、芭蕉の死後にその所説を『去来抄』にまとめている。

黒川道祐は安芸に生まれて儒学・医学を学んで広島藩に仕え、京に移り住むなか、山城国の歴史・地理を記す『雍州府志《ようしゅうふし》』、安芸備後の地誌『芸備国郡志』、名医の伝記『本朝医考』など、歴史・地理に関する多くの著作をのこした。松下見林は大坂に生まれて医を古林見宜《ふるばやしけんぎ》に学び、京都堀川に開業して儒学や歴史を教授し、舶来書籍の購入を積極的に行ない蔵書は十万巻に及んだという。元禄元年（一六八八）の『異称日本伝』は、中国・朝鮮の文献から日本の関連記事を集録した、東アジア視点からの日本研究の先駆的業績である。

彼らとの交わりから益軒は地誌『筑前国続風土記』や『養生訓』『益軒十訓』など人文学書を著し、宝永七年（一七一〇）の『和俗童子訓』は教育にも大きな影響をあたえた。総論上下、随年教法、読書法、手習法、教女子法からなる五巻の啓蒙的学習論で、「四民ともに、その子いとけなきより、父兄・君長に仕ふる礼儀・作法をおしへ、聖教をよましめ、仁義の道理をやうやくさとし」「ものかき、算数を習はしむべし」と、士農工商の教育の重要性とその早期教育をすすめ、家庭教育のカリキュラムを随年教法で記した。

## 江戸と京の町人

明暦の大火後の復興事業で江戸町人は逞しく成長した。大火直後の明暦三年（一六五七）五月に江戸町人に銀一万貫が支給され、六月には大工・木挽・屋根葺・畳屋・石切・鍛冶屋など職人の手間賃の制限が、家持や借家・店借らに触れられ、八月にその値段が定められて復興が進んだ。九月に大工・木挽・屋根葺・畳屋・石切・左官など諸職人仲間による手間料の申し合わせを禁じた。

呉服屋・糸屋・綿屋・絹屋・物之本屋・紙屋・扇子屋・両替屋・鮫屋・薬屋・材木屋・竹屋・釘屋・槙屋・米屋・酒屋・肴屋・革屋・塗物屋仲間が、新規加入者に礼金や振舞を強要して、しめ売りや店借入れなどに干渉するのも禁じた。材木問屋・米問屋・薪問屋・炭問屋・竹問屋・塩問屋・茶問屋・酒醬油問屋などの問屋についても、他国の船商人が問屋を通さず商売ができるよう、船商人の干渉を禁じ、商人仲間・問屋・諸職人仲間が一味同心して寄合い申し合わせをするのも禁じた。江戸の職人・商人の仕事や取引を活発にさせ、一定の歯止めを加えたのである。

万治元年(一六五八)に日用《ひよう》(日雇い)の人足の賃金を定め、問屋仕入れの小間物・油・木綿・布・蚊帳・紙・煎じ茶など日用品を売り歩く振売りを調査して、それをもとに翌年に諸商売の鑑札制度を拡大した。鑑札の必要な商売を六種(絹紬《けんちゅう》、小間物など)、必要としない商売を二十六種、札銭《ふだせん》(免許料)を出して認める商売を三種(古着買、煎茶売、髪結)に定め、肴売や菓子売など振売物十六種は年齢制限(五十歳以上、十五歳以下)で許可している。

幕府の政策もあって職人・商人の生業が安定したことで、江戸の復興が進んで人口も増えた。万治二年(一六五九)には本所・深川の低湿地開発が始まり、大名・旗本の屋敷地が造成され、三百町の江戸の市街地化が進み、寛文二年(一六六二)に代官所支配の芝・三田・飯倉から下谷・浅草にいたる街道沿いの町々が町奉行所支配地となった。寛文十年には本所・深川の開発が終わり、蔵屋敷や幕府の御船蔵《おふなぐら》、木場・干鰯《ほしか》場・石置場などの貯蔵施設が設けられ、武蔵・下総両国に架かる両国橋によって日本橋周辺の問屋街と結ばれた。

江戸町人の職人・商人の定着を物語るのが、貞享四年(一六八七)に藤田理兵衛が著わした地誌『江戸鹿子《えどかのこ》』であって、その巻五に江戸の通り別に属する町名と「町筋諸職売物」の商店の種類を記し、巻六に「諸師諸芸」として医師や絵師などの専門職、「諸職名匠諸商人」として各種職人や菓子所等専門業者、「問屋大概」として各種問屋の住所と名前や屋号を記しており、職人や商人の名前と在所が記されるほどに、彼らは江戸の町に定着していた。

江戸の問屋の「小間物問屋」として、日本橋南一丁目の「井筒屋」「白木屋《しろきや》」などが載るが、白木屋は京から進出した商人で、もとは近江の大村彦太郎が慶安年間に京で材木商を開き、木綿類や日用品の販売をも手掛けて成長し、寛文二年（一六六二）に江戸に進出、通り三丁目に間口一間半の小間物屋を開いた。商売は順調で寛文八年に羽二重地を販売し、延宝六年（一六七八）に縮緬《ちりめん》・毛氈《もうせん》・紗《しゃ》・綾《あや》等の呉服販売をも扱い、江戸を代表する呉服店となった。

『江戸鹿子』は、貞享二年（一六八五）に京で出版の『京羽二重《きょうはぶたえ》』に倣い、江戸版として出版された。『京羽二重』は、年中行事や神社仏閣、官位補任に続いて「諸師諸芸」「諸職名匠」を記していて、その「諸師諸芸」には、医師の山脇道隆、儒者の木下順庵、連歌師の里村昌隆、俳諧師の北村《きたむら》季吟《きぎん》、立花の池坊、茶湯の中西立佐、絵師の狩野永真、刀目利《かたなめきき》の本阿弥光寂、能大夫の観世左近などの元和・寛永期の文化を担った諸師の後継者の名が連なり、「諸職名匠」には京文化の基盤をなす職人の名が見える。

『江戸鹿子』『京羽二重』は、各種の専門家の名を載せ、金座・銀座・呉服所など幕府・藩の需要に応じた諸職の業者を共通して載せるが、そのうち呉服所とは呉服調達のための呉服商で、京には百二十余藩から百五十余の京都呉服所を指定しており、幕府は京・江戸で後藤縫殿助《ぬいのすけ》、茶屋四郎次郎など七名を指定、京では禁裏の八文字屋善兵衛、院御所の伊勢市左衛門が、江戸には甲府宰相、紀伊中納言、尾張中納言、水戸宰相の呉服所があった。

総じて京都では呉服所調達の高級織物など文化的物資・道具の商人や職人が認められるが、江戸に多い問屋の記載はなく、手広い商売を営んでいたのは両替町に住む末吉・後藤・糸屋・淀屋などの両替商、「長崎割符年寄」の金屋源右衛門、七文字屋正春、津田勘兵衛、菱屋五兵衛らであった。その京の町人については、「元祖」が商売を広げ、富を子孫に伝えようとしても、子孫が家職を人任せにして仕置き、家業を忘れて家をつぶすことが多かった、と豪商三井家の三代高房《たかふさ》『町人考見録《ちょうにんこうけんろく》』は記し、その具体例として石河自安《じあん》、袋屋常皓《じょうこう》、高屋清六、二村寿安ら三十の京の商家をあげて語っている。

### 大坂の商人・日本の海運

京の両替商らの没落の一因は「大名借《だいみょうがし》」(大名貸《だいみょうがし》)にあり、石河自安は「薩州・細川などをはじめその外、西国の御大名方、多く借銀これ在り」と、薩摩の島津・肥後の細川などに貸して返済されずに身上をつぶし、袋屋常皓は因幡の松平氏、高屋清六は陸奥の盛岡藩南部氏に貸して身上をつぶしたという。借りた藩は困窮していた。

長州藩は赤字財政から承応二年(一六五三)に合計七千四百両の銀の借り入れがあり、そのうち大坂から九百両だったのに、京都からは三千五百両を調達していた。京の商人は藩の米を担保にとっ

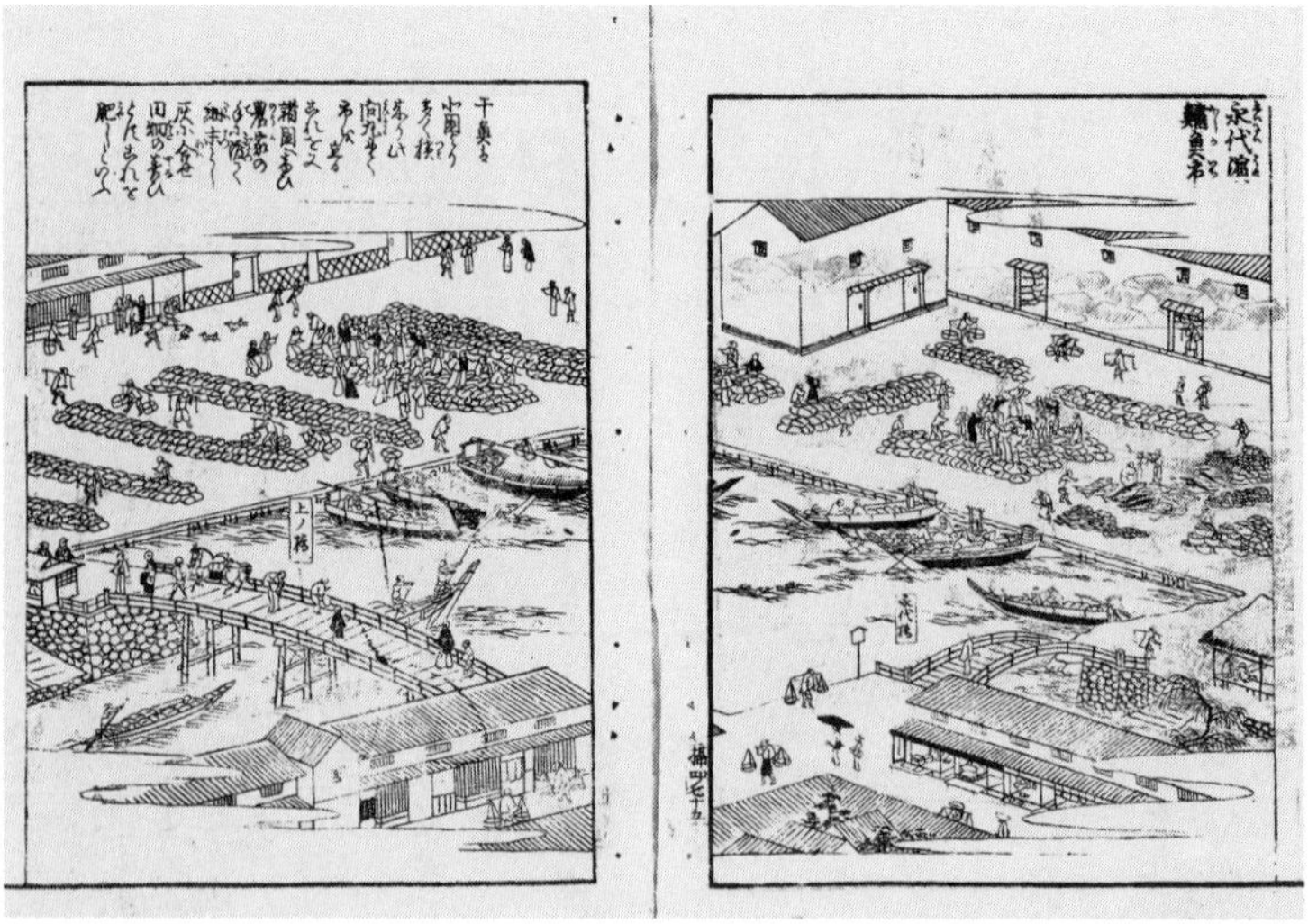

大坂の蔵屋敷　『摂津名所図会』（国立国会図書館蔵）より

ても販売に関係しておらず、担保米が他に逃げても打つ手はなかった。これに対して大坂の商人は、大名貸に依存せずに幅広く商売を行なっていた。大名貸をしても、大坂に置かれた諸藩の蔵屋敷の米の管理を蔵元が行ない、金融と米の販売の両面での経営はリスクが少なかった。上図は大坂の蔵屋敷である。

　この大坂の繁昌の様子を伝えるのが延宝七年（一六七九）の水雲子《すいうんし》編『難波《なにわ》雀《すずめ》』で、大坂の町制・経済・文化・社会全般にわたる状況を記している。『京羽二重』『江戸鹿子』以前に編まれており、問屋の多さが目立つ。江戸では諸色問屋が十四家、小間物問屋・紙問屋が各五、諸国問屋・大坂舟問屋・墨筆問屋・櫛問屋・薬種問屋が各四、木綿問屋・蠟問屋・魚問屋が各三、鉄問屋・茶問屋・人参問屋が各二、きせる問屋・土人形問屋が各一家の計六十一家であったのが、大坂はそれより十年も早い段階で計二百七十家問屋があった。

江戸や京・長崎・土佐・尾張・紀伊・阿波・薩摩・北国など地域別に問屋があり、海運を通じての取引の多さが目立つ。江戸には記載のない船数が記され、廻船が百八十艘、茶船が千三十一艘など二千八百艘の船が人や物資を運んだ。大坂の著しい発展は、諸藩の蔵屋敷が置かれるなど海運の確立によっていたのである。

大坂をめぐっては、江戸—大坂—伊予の南海路、大坂—長崎の西海路、赤間関—松前の北海路が個々に結ばれていたところに、寛文十二年（一六七二）に出羽の最上川水運が整備され、河口の酒田に貯蔵米蔵が設けられ、年貢米を海船に積み換えて運ばれ、それにともない沿岸の寄港地が指定され、瀬戸内海を廻って大坂に至る航路が整えられた。これにより敦賀・小浜で陸上げされ、琵琶湖経由で大津を経て京坂に運ばれていた奥羽・北陸諸藩の米の多くが、積み替えなく大量輸送ができて安価なことから、西廻り航路で大坂の蔵屋敷に集中するようになった。

この海運整備に尽力した河村瑞賢《かわむらずいけん》は、伊勢度会郡《わたらいぐん》東宮村の百姓に生まれ、江戸に出て土木工事で資産を増やして材木商を営み、寛文十一年に幕領の年貢米を奥州から江戸に輸送する廻米《かいまい》で、東廻り航路を整備し、その翌年には西廻り航路をも整備した。この東廻り・西廻り航路の整備は日本の政治・経済に新たな時代をもたらした。列島の海上交通網が整えられ、延宝四年（一六七六）、佐渡から西廻りの江戸廻し海路の廻米が、安芸豊田郡佐木島《さぎしま》で難船にあって濡米《ぬれまい》になったことで、東廻り・西廻りの海路の湊間の距離と風向きが調べられた（『佐渡年代記』）。

五街道
脇街道
1 日光道中
2 奥州道中
3 甲州道中
4 中山道
5 東海道
A 水戸街道
B 北国街道
C 北国路
D 伊勢街道
E 山陰道
F 中国街道
G 長崎街道
海上航路
おもな城下町
その他の要地
関所
西廻り海運
東廻り海運
南海路（菱垣廻船・樽廻船）
箱館
江差
松前
佐井
三厩
十三湊
青森
鰺ケ沢
弘前
八戸
能代
盛岡
宮古
土崎
秋田
気仙
本荘
横手
湯沢
一関
新庄
酒田
石巻
仙台
鶴岡
山形
荒浜
岩沼
米沢
新発田
福島
相川
会津
新潟
小木
寺泊
長岡
白河
平
出雲崎
平潟
今市
宇都宮
水戸
輪島
直江津
高田
日光
那珂湊
福島
上田
高崎
善光寺
栗橋
金沢
富山
松本
幸手
追分
佐倉
銚子
江戸
下諏訪
塩尻
三国
小仏
福井
郡上
小湊
大月
甲府
小田原
馬込
教賀
飯田
箱根
岐阜
小浜
鳥取
名古屋
浜松
福知山
桑名
岡崎
府中
下田
米子
京都
宮
草津
関
四日市
御油
新居
掛川
大坂
兵庫
明石
安濃津
鳥羽
姫路
松江
岡山
奈良
宇治山田
安乗
温泉津
浜田
福山
堺
津井
高野山
益田
尾道
鞆
高松
和歌山
新宮
広島
萩
津和野
金毘羅
徳島
赤間関
今治
高知
田辺
大島
芦屋
小郡
松山
浦戸
福岡
小倉
日田
府内
唐津
佐賀関
宇和島
平戸
久留米
佐賀
熊本
延岡
長崎
八代
佐土原
京泊
鹿児島
山川
坊津
0
500km
N

列島の水上と陸上交通

東廻りでは佐渡の小木湊から新潟まで二十四里、新潟から瀬波まで三十七里と始まり、粟島・飛島・酒田・秋田・戸鹿・能代・松前・南部・仙台・金華山・銚子・江戸品川までの里程と風向が記され、西廻りでは小木から柏崎・今町・下関までが二百九十五里、下関から大坂まで四十五里、大坂から伊豆下田まで百六十四里、下田から江戸まで四十五里の里程と風向が記されている。

この西廻り航路の整備により上方船や西国船が日本海に進出し、早くから蝦夷地に進出していた近江商人も、松前藩の家臣の商場の交易を任され、運上金を納める場所請負制により盛んに取引し、蝦夷地海産物を上方に販売した。

## シャクシャインの乱と長崎貿易

蝦夷地を知行する松前藩は、一定の河川流域の知行地を家臣に与え（商《あきない》場《ば》知行権）、その知行地（商場）でのアイヌとの交易で得た産物を、江差・松前・箱館の三つの港に運び、畿内・北陸から来た商人と交易した利益を所得とし、藩はその入港税を徴収し財源としていたのだが、寛文五年（一六六五）に財政難から交易のレートを従来の米二斗＝干鮭百本から、米七升＝干鮭百本と一方的に変更したので、アイヌに不満がたまっていた。

輪をかけたのがアイヌに交易を強要する「押買」や、鷹を捕獲する鷹侍や砂金掘りの山師が、蝦夷地内陸部に入り、松前藩船の大網により鮭を大量捕獲するなどして生業基盤を脅かしたことである。アイヌは河川の流域に集落（コタン）を形成してサケやマスを捕獲、山では狩猟、山菜・木の実の採集、簡単な農耕を行なっていたが、内部の対立もあって、シブチャリ以東の太平洋沿岸に居住するアイヌ集団メナシクルと、シブチャリからシラオイにかけてのアイヌ集団シュムクルが、慶安元年（一六四八）頃からシブチャリ地方の漁猟権をめぐって対立を深め、寛文八年に戦闘に及んだ。

そこでシュムクルの首長オニビシが松前藩に兵具・兵粮を借用するために使者を派遣すると、その使者が病死した。アイヌ側は日頃の松前藩への不満から、これを松前藩の毒殺と捉え、メナシクルの首長シャクシャインが、蝦夷地のアイヌに蜂起をもとめたので、寛文九年に石狩地方のアイヌ以外が蜂起し、和人二七三人を殺し、商船十七隻を襲った。

報告を受けて驚いた幕府は、藩主の一族で旗本の松前泰広を派遣して軍事指揮にあたらせるが、松前藩はアイヌ側に和議を申し入れ、その講和の席上、シャクシャインら首長十五人を殺害、これによってアイヌは降伏するに至る（シャクシャインの乱）。乱をへて幕府はアイヌの松前藩和人地や津軽などへの自由往来を禁じ、境界を設定してアイヌの居住や往来を蝦夷地に封じ込め、津軽・下北両半島に住むアイヌを分断したので、これにより北方地域は安定した。

この時期、長崎での貿易管理も新たな段階に入っていた。明暦元年（一六五五）に糸割符制が廃され、相対売買仕方による自由貿易となって貿易量が増大し、その支払いのために金銀の流出が増大したので、これを抑制するために寛文十二年（一六七二）に「貨物市法」を定めた。「市法会所」が入札により輸入品の値段を決定して一括購入し、この取引で仕入れた品物を他の都市商人に売却し、差額の六割が長崎に還元され、それが市街地の整備にあてられた。

海上交通の整備は、河川交通、陸上交通の整備と連動していた。政治・軍事上で重要な五街道は幕府直轄とされ、一里塚を築き、街道沿いに並木を植え、東海道が寛永元年（一六二四）に完成、日本橋から小田原、駿府、浜松、宮、桑名、草津を経て、京都・三条大橋までの五十三次、その延長部の京街道（大坂街道）の四宿を加えて五十七次となる。

日光街道（日光道中）は寛永十三年（一六三六）頃に完成、日本橋から千住、宇都宮、今市を経て日光までの二十一次。奥州街道（奥州道中）は正保三年（一六四六）に完成し、日本橋から宇都宮までは日光街道を経て、宇都宮から陸奥・白河までの二十七次である。

こうして五街道が整備されてゆくと、先へと延伸し、それにつながる脇街道も整備され、宿駅が整えられた。寛永十年（一六三三）に宿場の問屋に専用の飛脚を常駐させ、その費用の「継《つぎ》飛脚給米」を宿駅に支給する継飛脚の制度を整え、急ぎの場合、江戸・京都間なら片道七十時間で運行できた。万治二年（一六五九）に大目付兼任の道中奉行が置かれ、街道の伝馬・宿駅・飛脚などを管轄するようになり、寛文六年に「東海道路行之図《みちゆきのず》」、寛文十二年に「東西海陸之図《とうざいかいりくのず》」などの宿駅の里数・駄賃・名所旧跡を記す道中図が刊行され、交通は著しく便利になった。

諸藩の大名飛脚、大名・武家、町人も利用する飛脚屋・飛脚問屋も発達した。紀州・尾張両藩が整備した「七里飛脚」や加賀藩の「江戸三度」（月に三便）、雲州松江藩の「七里飛脚《しちりびきゃく》」（七里ごとに小屋を置く）が生まれ、民営の飛脚屋・飛脚問屋は寛文三年（一六六三）幕府の許可を得て開業したのに始まって、大坂・京都・江戸の三都を中心に発達、大坂から毎月二・十二・二十二日の三度発する

「三度飛脚」も生まれた。

## 商売の巧者

三都商人の活動と各地の商人の成長を活写したのが井原西鶴《いはらさいかく》の『日本永代蔵《にほんえいたいぐら》』である。貞享五年（一六八八）に大坂北御堂前の書肆森田庄太郎を主版元に、京都の金屋長兵衛、江戸の西村梅風軒を相版元に出版された。西鶴は寛永十九年（一六四二）に大坂に生まれた有徳の町人であったが、名跡を手代に譲って自由な暮らしに入り、俳諧を好み、西鶴と名乗って浮世草子を書くに至った。

出羽坂田（酒田）の舟問屋鐙屋《あぶみや》惣左衛門が、才覚によって近年に栄え、諸国の客を引き請けて、「北国一番の米の買い入れ」を行なっている話は、西廻り海路成立の恩恵を受けたものである。小橋の利助は入船の多い越前敦賀の湊での商いにより大問屋になったと語り、奈良、大津、紀伊の太地、豊後の府内、伏見、駿府、長崎、淀などの商人についても記しており、所により商売の違いがあるという。

西鶴の情報の入手先の一つに俳諧に関わる知識があった。松永貞徳《まつながていとく》の弟子松江重頼《まつえしげより》の俳諧作法書『毛吹草《けふきぐさ》』は、畿内をはじめ駿河の安倍川紙子《あべかわかみこ》、甲斐の甲州判、出羽の最上紅花、佐渡の金銀、出雲の鉄、備中の檀紙、阿波の材木、豊後の塩硝《えんしょう》など多くの名物を記しているが、この名物は俳諧師の基本的知識であり、各地で句を詠み交流するなか、知っておく必要があった。

西鶴に俳諧を指導した西山宗因《にしやまそういん》は、肥後八代《やつしろ》の加藤家に仕え、牢人となり京都に移って連歌師となった。正保四年（一六四七）に大坂天満宮連歌所の宗匠として迎えられ、松江重頼の影響を受けて寛文年間から俳諧に関心を向け、各地に赴いて俳諧を指導し談林風の創始者となった。

『日本永代蔵』は商売の巧者が長者となる成功譚を主に記すが、やや違った視点から記すのが「大和にかくれなき木綿屋《きわたや》」の川端九助の話である。地道な心がけによって農具・道具を工夫し稲や綿の収穫に励み、唐伝来の唐弓《とうゆみ》を用いて綿をこなし、「一日に三貫目づつ、繰綿《くりわた》を買ひ込み」と繰綿を買って多くの人を雇い大和では隠れなき綿商人になると、河内の平野、大坂京橋の富田屋・銭屋・天王寺屋など綿問屋に送り、摂津・河内から木綿を買い取って打つなどして、三十年余りに千貫目を稼ぎ出したという、農村生まれの在郷商人の動きをも記している。

その商品の木綿であるが、戦国期に畿内から三河に及ぶ地域で生産され、需要の拡大とともに木綿商人が大きな利益を得るようになった。木綿は畿内周辺から大坂の船積問屋に集められ、江戸の荷受け問屋に送られ、そこからさらに関東周辺へと販売された。常陸下館《しもだて》の中村兵左衛門家の店卸《たなおろし》の帳簿では、繰綿の取引を仙台・江戸・大坂などと行なっており、同国真壁の中村作右衛門家の店卸でも、大和繰綿商人・大坂問屋・仙台商人との取引が知られ、常陸から陸路をさらに仙台に運ばれた。こうした在郷商人の活動は、上野《こうずけ》の富岡、信濃の松本、越前の今立郡五箇村、近江の日野など各地でも知られている。

## 芸の巧者・役者

町人や百姓が職業に精を出すなか、余裕が生まれて趣味・娯楽を楽しむようになって、成長をみたのが遊芸である。『慶長見聞集』巻七は、吉原町の見せ物について「江戸にてはやり物品々ありといへども、よし原町のかぶき女にしくはない」と「かぶき女」が流行の最先端であった、という。出雲の「くに」が舞った「男舞かぶき」を諸国の遊女が学んで、一座に役者をそろえ笛・太鼓を鳴らし、ねずみ木戸を立て見物させるようになり、佐渡島正吉、村山左近、幾島丹後守らが座頭として興行した。幾島丹後守は江戸の中橋に高札を立て、能舞台を設けて舞楽・勧進能・蜘蛛舞・獅子舞・相撲・浄瑠璃を演じると、僧俗老若貴賤が群集した。

『武江《ぶこう》年表』には、江戸では寛永元年（一六二四）二月に中村勘三郎が中橋で歌舞伎芝居を興行したと見え、三味線を弾き、五六十人の遊女が舞台に登場し、虎や豹の毛皮を使って豪奢な舞台を演出する遊女歌舞伎が行なわれたと見える。ところが寛永六年にその遊女歌舞伎が禁止されており、常に歌舞伎は風俗取り締まりの対象になった。

代わって若衆（十代の少年）の役者が演じる若衆歌舞伎が注目を集めた。浅井了意《あさいりょうい》の仮名草子『江戸名所記』は「かの若衆どもの髪うつくしく結ひ、うす化粧して、小袖の衣紋《えもん》尋常に着なし、ほそらかなる声にて小歌うたひ、はしがかりに練り出でたる」舞を、「芝居のやから」「桟敷にある方々」が見物している、と記している。「芝居」とは舞台を見物する芝の空間のことで、桟敷から見物する客席とは違っていた。

寛永十一年に葺屋町《ふきやちょう》で村山又三郎が芝居を興行し（後の市村座）、寛永十九年に江戸の山村座が開場するなど、芝居興行は広がった。若衆歌舞伎も承応元年（一六五二）に停止され、役者の前髪が剃り落とされ、成人の手になる野郎歌舞伎が広がる。遊女歌舞伎は踊りが主であったが、若衆・野郎歌舞伎では演技とセリフの劇的要素が強まり、野郎歌舞伎が中心になったことで、さらに芸が重視された。万治三年（一六六〇）に『野郎虫《やろうむし》』、その二年後に『剝野老《むきところ》』などの役者評判記が出版され、当初は評判記も野郎歌舞伎の容色が中心だったが、演技中心になっていった。

それとともに慶安三年（一六五〇）に右近源左衛門が「海道下り」を演じてから、女方の役柄が成立し、寛文年間に一幕・二幕と続く「続狂言《つづききょうげん》」も成立、寸劇からストーリー性をもつ劇的な世界が演じられ、目の肥えた観衆の視線にさらされ、工夫が凝らされて芸の巧者が生まれ、歌舞伎の芸能が定着し、多くの観衆が生まれた。

万治三年に江戸に森田座が開場し、寛文・延宝の頃には中村座・市村座・森田座・山村座の四座に公認の証として「櫓《やぐら》を上げる」のが認められ、興行は安定していった。

寛文十二年の「百人一種」という「落書」には、「浄瑠璃ハ葦大夫観喜院」「能ハ宝生大夫　謡ハ喜多七大夫」などの芸能者と並んで、「歌舞伎ハ上村吉弥」と歌舞伎役者の名が見え、歌舞伎役者にも巧者が現れた。さらに「画師ハ狩野探幽」「博学ハ弘文院（林鵞峯）」「理学ハ伊藤源六（仁斎）」「心学ハ熊沢了介（蕃山）」「朱子学ハ山崎闇斎」と九十九種の職種の巧者が記されている（『談海』）。様々な職種の専門家が芸を磨いていた。

## 俳諧文化の広がり

俳諧の文化は町人の間で広がった。松永貞徳の貞門風に続き、西山宗因の自由・奇抜で軽妙な趣向の談林風が一世を風靡し町人に支持された。延宝三年（一六七五）、宗因は江戸町人の田代松意《たしろしょうい》や野口在色《のぐちざいしき》らに請われ江戸に下って、『談林十百韻《だんりんとっぴゃくいん》』に「さればここに談林の木あり梅花」の発句を提供。田代松意は「恵み雨深し独活《うど》の大木一夜松」の句を、遠江の材木商で江戸に住む野口在色は「花を踏んで洗足をしき夕かな」の句を詠んだ。

宗因の本拠の京では、「伴天連社高政《たかまさ》」こと菅野谷《すがのや》高政が「木食やこずゑの秋になりにけり」を、田中常矩《たなかつねのり》が「魂を盗まれにゆく花見哉」を詠み、大坂では「阿蘭陀俳諧」の井原西鶴が「大晦日定めなき世の定め哉」と、因幡出身の岡西惟中《おかにしいちゅう》が「擂《すり》ばちやうごき出たる山のいも」の句を詠んだ、その撰の『俳諧三部抄』には美作津山の俳人四十六人が句を寄せた。

伊勢の射和《いざわ》商人の家生まれの大淀三千風《おおよどみちかぜ》は、奥州松島の雄島《おしま》の庵室で俳諧に精進、談林風の句を詠んで、『松島眺望集』に「作者五百余人、詠草《えいそう》のとめ句五千余韻《よいん》侍り」と、多数の歌を集め、一日二千八百句を独吟して句集『仙台大矢数《せんだいおおやかず》』を編んで、巻頭句の「空花《くうげ》を射る矢数や一念三千句」から三千風と称した。天和《てんな》三年（一六八三）に全国行脚に出発、旅はほぼ日本全国に及び、各地の自然に触れ、名所を訪問、俳人と交流を重ね、甲斐に赴いた時には市川の一瀬調実《いちのせちょうじつ》に句を贈り、甲府では柳町の伴野氏に宿をとって甲府の連衆と交流し、紀行文にはその連衆の松木安貞《やすさだ》・森一峰・伴野長行ら十三の発句が載る。

元禄八年（一六九五）に西行の「心なき身にもあはれは知られけり」の歌に因んだ相模大磯の草庵「鴫立庵《しぎたつあん》」に居住し、湘南地域に俳諧の種を蒔いた。その三千風を元禄二年の『奥の細道』の旅で仙台に訪ねた芭蕉は、伊賀上野に生まれ、寛文十二年（一六七二）の春、江戸に出て、江戸の俳人と交流して談林風の句を詠み、漢詩文をも読んで新たな句風を目指して頭角を現すと、俳人の榎本（宝井《たからい》）其角《きかく》や服部嵐雪《らんせつ》が入門した。

其角は江戸の儒医で「日の春をさすがに鶴の歩み哉」の句を詠み、天和三年に『虚栗《みなしぐり》』を発刊、嵐雪は江戸の武士で「元日やはれて雀のものがたり」の句を詠み、『若水』を刊行した。甲斐出身で「目には青葉山ほととぎす初松魚《はつがつお》」の句を詠んだ山口素堂《そどう》や、京から下ってきた伊藤信徳《しんとく》らと交流し、延宝五年（一六七七）に『江戸三吟』を刊行、同八年に『桃青門弟独吟二十歌仙《とうせいもんていどくぎんにじっかせん》』を刊行して、宗匠の地位を確立した。

芭蕉はその冬に日本橋小田原町から居を深川に移し、「芭蕉庵」と称し、老荘や仏教思想を学びその影響が濃くなってゆく。「芭蕉野分《のわき》して盥《たらい》に雨を聞く夜哉」の句を詠み、「侘《わ》びてすめ月侘斎《つきわびさい》が奈《な》良茶哥《らちゃうた》」の侘びの境地、静寂で孤独な生活感に溢れた句を詠んで、俳号を桃青から芭蕉に代えた。天和二年（一六八二）の火事で芭蕉庵が類焼し、翌年に再建された芭蕉庵に移ってからは旅に出るようになり、『野ざらし紀行』『鹿島詣』『笈《おい》の小文《こぶみ》』『更級紀行』などの旅が続いた。

元禄二年（一六八九）は西行の五百回忌の跡を訪ねる旅となった。「月日は百代の過客にして、行かふ年も又旅人也」と始まる『奥の細道』の旅では、三月二十七日、弟子の曾良《そら》を伴い深川を出て日光街道から奥州・羽州、日本海を経て八月下旬に大垣に着く、全長が約六百里に及んだ。

多くの名句を詠んだが、出羽の大石田では高野平右衛門亭で「五月雨をあつめて早し最上川」を詠み、「このたびの風流、ここに至れり」と記し、この辺りから芭蕉は改めて俳諧に思いを致すようになって、天地は不変、景色は変化する、俳諧は常に新味を求めても、求めるよい句は変わらない、という「不易流行」の考えが芽生える。変わらぬ本質と流れ行く変化、その両面を見つめ、名句「夏草や兵どもが夢の跡」「閑さや岩にしみ入る蟬の声」「荒海や佐渡によこたふ天河」が詠まれた。

旅を終えた芭蕉は、大津の幻住庵で俳文『幻住庵記《げんじゅうあんのき》』を書いて来し方を振り返り、新たな決意を示し、『奥の細道』の執筆にあたるなか、「軽くやすらかに、ふだんの言葉ばかり」と詠む「軽み」を求めてゆく。この蕉風は向井去来《むかいきょらい》・野沢凡兆《のざわぼんちょう》の編んだ俳諧選集『猿蓑《さるみの》』にうかがえる。

『猿蓑』は「俳諧の古今集」と称され、芭蕉は『笈の小文』で俳諧の「風雅」について、「西行の和歌における、宗祇の連歌における、雪舟の絵における、利休が茶における、その貫道するものは一《いつ》なり」と記し、日本の古典と自然に学び、中国の漢詩・漢文で理論づけた。門人には蕉風俳論書『去来抄』を著した長崎生まれの向井去来、同じく蕉風の俳論書『三冊子《さんぞうし》』を著した伊賀の武士出身の土芳《どほう》、尾張の武士出身の内藤丈草《ないとうじょうそう》、加賀金沢の野沢凡兆、許六《きょろく》・杉風《さんぷう》・曾良・惟然《いぜん》・支考《しこう》・野坡《やは》らがいた。

廻国修行と彫像

大淀三千風や芭蕉は諸国を行脚して俳諧に新たな道を拓いたが、廻国修行を本旨とする僧の活動もユニークで、承応三年（一六五四）に来日した黄檗宗《おうばくしゅう》の僧隠元《いんげん》に参じた肥後生まれの鉄眼道光《てつげんどうこう》は、「大蔵経」刊行を発願、諸国を行脚して資財を集め、刊行を始めてから十二年後の天和元年（一六八一）に完成させた。

鉄眼の下、難波瑞竜寺で出家した京生まれの仏師松雲元慶《しょううんげんけい》は、諸国行脚をして豊前の羅漢寺で五百羅漢像を礼拝、その制作を発願すると、江戸に下って十数年かけて元禄八年（一六九五）に完成させ、目黒の五百羅漢寺に寄せた。江戸生まれの真言律宗の僧宝山湛海《ほうざんたんかい》は、江戸の永代寺《えいたいじ》や高野山などに修学し、役行者《えんのぎょうじゃ》や白山を開いたとされる泰澄《たいちょう》を慕って、きびしい苦行体験を経て、不動尊・聖天信仰を鼓吹し、奈良の唐招提寺に不動明王像を安置、生駒に宝山寺を建てた。

異彩を放ったのが円空《えんくう》で、美濃に生まれ、庶民救済の神仏像の制作を本願とし、鉈《なた》や鑿《のみ》の荒々しい感触をのこす鉈彫《なたぼり》の技法により、素朴で力強い神像・仏像をつくって遊行し、十二万体の制作を発願した。寛文三年（一六六三）に美濃郡上《ぐじょう》の神明社《しんめいしゃ》に天照・八幡・阿賀田神を造像し、寛文六年に蝦夷地で多くの観音菩薩像を造り、今に四十五体が残る。

約一年の蝦夷地滞在後は、飛騨・美濃・尾張を中心に活動し、寛文九年に美濃関の白山社《はくさんしゃ》に本地《ほんじ》仏《ぶつ》を納めてからは、仏像の背面に真言の梵字を書くようになり、群像を彫って名古屋の鉈薬師《なたやくし》に納め、円空特有の微笑仏を製作した。その仏神像は中部を中心に、東北・北陸・関東の東日本の各地

円空仏（写真：蓮田市提供）

に広く分布、今に五千三百体強が残されている。美濃羽島の中観音堂の「十一面観音像」、名古屋竜泉寺の「馬頭観音像」、荒子観音寺《あらこかんのんじ》の「木端仏《こっぱぶつ》」がよく知られ、円空の素朴な仏像は、芭蕉の「さび」に通じるものがある。

　これと対照的なのが野々村仁清《ののむらにんせい》の「色絵藤花文茶壺」や尾形乾山《おがたけんざん》の「色絵紫陽花文角皿《いろえあじさいもんかくざら》」の洗練された陶芸の美である。仁清は丹波出身の陶工で、名が清右衛門、洛東の粟田口焼で修行し、尾張国に出向いて瀬戸焼を学び、茶人金森宗和《かなもりそうわ》の推挙で京都仁和寺門前に御室《おむろ》窯をひらき、上絵付法《うわえつけほう》をもとに色絵を完成して京焼を大成した。作品はロクロや彫塑による、成形の妙に特色がある茶器・懐石道具など富裕層むきの高級奢侈品で、藤、山寺、吉野山、若松、けし、月梅などの図様の茶壺は意匠が独創的で、法螺貝や雉をモチーフの香炉は洒脱である。

　この仁清の作陶を学んだ尾形乾山は、京の雁金屋《かりがねや》の三男で、元禄十二年（一六九九）に陶法修得の証として秘伝の陶法書を仁清から伝授され、装飾的で変化に富んだ高雅な意匠をうみだし、独特の絵付けをおこなった。兄で絵師の光琳の大胆な空間構成や鮮やかな色彩による意匠性の画風をいかし、絵と書と陶を融合させた斬新な意匠であって、色絵楽焼に学んで茶陶の世界に新境地をひらいた。派手好みの芸能を好んだ光琳の明快な造形美に対し、隠逸を好んで脱俗的で滋味豊かな情趣美に持ち味があり、好対照をなしている。

芭蕉の死去の地、大坂の俳諧では、摂津伊丹出身の上島鬼貫《うえじまおにつら》が談林風を経て世上の俳諧を看破し、「誠の外に俳諧なし」（『独言』）と悟って、詞より心に重きを置く「青麦や雲雀が上がるありやさがる」「行水の捨て所なき虫の声」の句など、作為を加えずに自然のままを詠む独自の俳風を開くと、摂津・河内・和泉辺に俳諧愛好者が多く生まれ、在郷商人三田浄久《さんだじょうきゅう》『河内《かわち》鑑《かがみ》名所記』には、元禄年間の南河内郡中では「女童」「山賤《やまかつ》」までもが俳諧をもてあそぶようになったと記されている。

同じく談林風俳諧を出発点とした井原西鶴は、延宝元年（一六七三）春に大坂生国魂《いくくにたま》神社の南坊で万句俳諧を興行（『生玉万句』）、同三年に千句の妻追善の興行（『誹諧独吟一日千句』）、同五年に生国魂神社で一昼夜千六百句独吟を興行してから、矢数《やかず》俳諧の創始を主張、仙台の大淀三千風が三千句を詠むとこれに対抗して、一昼夜四千句、二万三千句の独吟を行なって「二万翁」と自称した。

西鶴は、天和二年（一六八二）に浮世草子『好色一代男』を出版、主人公世之介の人生を『源氏物語』五十四帖になぞらえて記し、最後は京の島原、大坂の新町、江戸の吉原、長崎の丸山などの代表的遊里で遊び、天和二年、好色丸に乗って海の彼方の女だけの女護島をめざして船出、それきり消息が絶える。この『好色一代男』が成ったのは、大坂の新町が寛永八年（一六三一）、京の島原が寛永十七年、江戸の吉原が明暦三年（一六五七）と、三大遊里が形成され、その所帯が整えられ、色の道に関わる作品を手掛ける環境が整っていたからであろう。藤本箕山《ふじもときざん》が延宝六年（一六七八）に著した色道論書『色道大鏡《しきどうおおかがみ》』の影響も大きかった。

### 上方の演劇

西鶴に少し遅れて登場した近松門左衛門は、父が福井藩の武士だったが、寛文四年（一六六四）頃に浪人になって、京都に移り住んで成長し、正親町公通《おおぎまちきんみち》に仕えていたが致仕、俳諧を山岡元隣《やまおかげんりん》に習った。元隣は町医者だが、北村季吟に師事して俳諧・和学に通じ、著書の『宝蔵《たからぐら》』は俳文のさきがけとなり大きな影響を与えた。近松は公通の使いで評判の浄瑠璃語り宇治加賀掾《うじかがのじょう》のもとに行ったのが縁で浄瑠璃を書くようになる。

浄瑠璃は、琵琶や扇拍子の伴奏により、座頭が語っていた牛若丸と浄瑠璃姫の恋物語に始まり、伴奏に三味線を使うようになって題材・曲節両面で多様に展開、金平《きんぴら》・播磨・嘉太夫《かたゆう》節が盛行するなか、人形操りと結んで人形浄瑠璃芝居が成立していた。加賀掾は芸道を志して一流を開き、延宝三年（一六七五）に四条に宇治座を創設、浄瑠璃を謡に近づけ節章を解説し、床本を公開する新機軸を打ち出すと、これと近松の文才がマッチしたのであろう。

天和三年（一六八三）九月に上演の曾我兄弟仇討ちの後日談『世継曾我《よつぎそが》』は、近松が加賀掾に提供した作品で、曾我兄弟の恋人の虎と少将を主人公に据え、遊里の場や恋慕・悲哀を情緒豊かに描いて評判になった（『今昔操年代記《いまむかしあやつりねんだいき》』）。貞享二年（一六八五）には加賀掾の弟子竹本義太夫《たけもとぎだゆう》が大坂道頓堀に竹本座を開き『世継曾我』を語って評判をとった。竹本義太夫は摂津天王寺村の百姓で、京に出て宇治加賀掾の弟子となり、延宝五年（一六七七）には四条河原に座を構えるもうまくゆかず、地方巡業に出た後に大坂で旗揚げしたのである。

加賀掾は竹本義太夫に対抗するため、一座を引き連れて大坂に乗り込むと、この頃に浄瑠璃を書いていた西鶴に依頼、『暦』『凱陣八島《がいじんやしま》』を上演して評判はよかったのだが、芝居小屋が火事にあって加賀掾は帰京した。これに対して、近松に依頼して浄瑠璃を語るようになった義太夫の記念碑的作品が貞享二年の『出世景清《しゅっせかげきよ》』である。貞享三年の竹本座上演の『佐々木大鑑』に初めて作者「近松門左衛門」の名が見え、以後、近松は義太夫と組んで浄瑠璃の作品を書いてゆく。

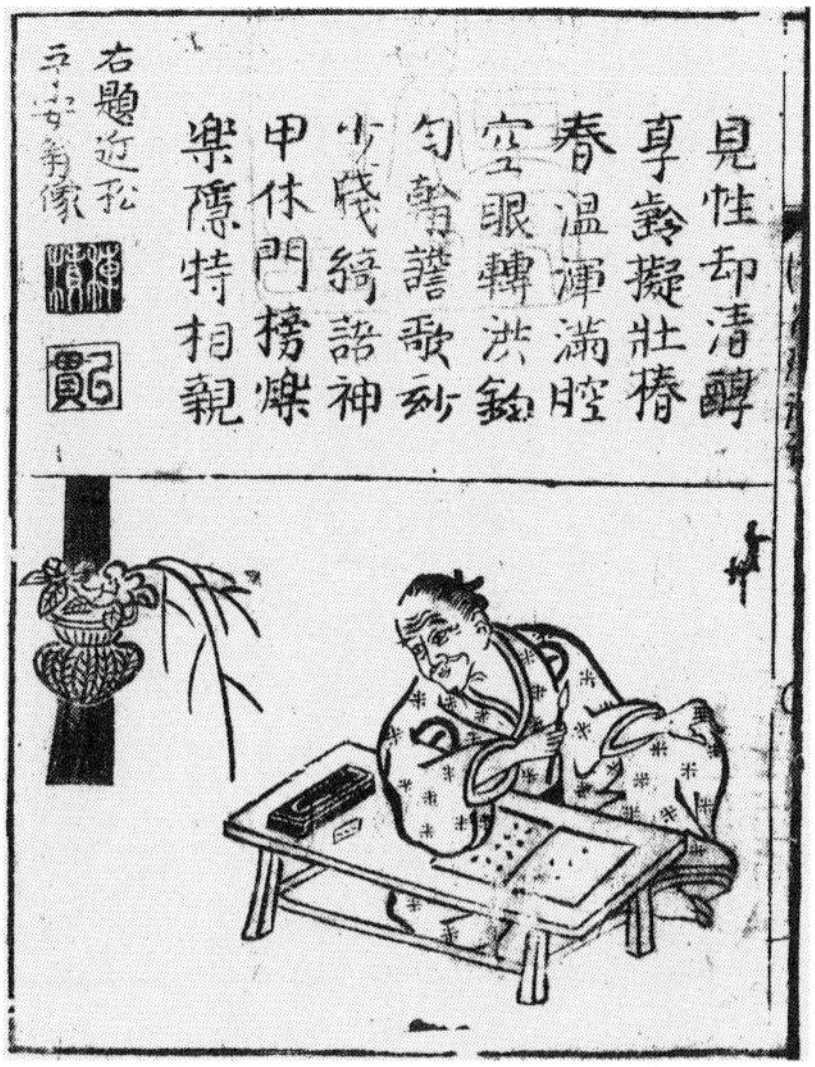
近松門左衛門『難波土産』（元文3年刊）挿絵（東京大学総合図書館蔵）

歌舞伎に「続き狂言」が上演されて、戯曲性を備える演目が求められたことから、福井弥五左衛門や富永平兵衛などの作者が現れ、

坂田藤十郎　『野良関相撲』（元禄6年刊）挿絵（東京都立中央図書館蔵）

浄瑠璃作者の近松も元禄六年（一六九三）に京の都万太夫座《みやこまんだゆうざ》で坂田藤十郎《さかたとうじゅうろう》の出た芝居の台本『仏母摩耶山開帳《ぶつもまやさんかいちょう》』を書き、歌舞伎作者としての地位を築く。

近松の地位を高めた坂田藤十郎は、京の座本《ざもと》の坂田市左衛門の子で、老女形の名優杉九兵衛《すぎくへえ》、能の小鼓の名人骨屋庄右衛門から教えを受け、延宝四年（一六七六）の役者評判記にその名がみえ、十一月の「滝口」の演技で、末たのもし、と絶賛された。

同六年に大坂新町廓の名妓夕霧の死を受けて作った『夕霧名残の正月』（『廓文章《くるわぶんしょう》』）の藤屋伊左衛門をつとめて人気を博し、この役をくり返し演じて和事芸《わごとげい》を確立させた。

近松・坂田の提携により上方歌舞伎は隆盛を極め、元禄九年（一六九六）から五年間、藤十郎は都万太夫座の座本となり、十二年に『傾城仏の原』で梅永文蔵、十五年に『傾城壬生大念仏』で高遠民弥の、やつし芸（貴人が身をやつす役柄）で完成した演技を示し、近松の浄瑠璃の代表作『曾根崎心中』は元禄十六年に書かれ、実際の心中に取材した世話物の第一作で、お初・徳兵衛道行の場面の名文は荻生徂徠《おぎゅうそらい》をして嘆息させた。

## 江戸歌舞伎と劇場

華やかで妖艶な上方歌舞伎に対し、江戸では金平浄瑠璃を歌舞伎化した勇壮活発な演技が人気を博した。金平浄瑠璃は、坂田金時の子金平が四天王の一人として活躍して超人的な力を発揮する演劇で、市川団十郎が延宝元年（一六七三）に『四天王稚立《してんのうおさなだち》』の金時役で初舞台をふみ、金平浄瑠璃を積極的に取り入れた。

この団十郎は江戸に出て芝居の道に入り、最初は市川海老蔵を名乗り、延宝三年（一六七五）から団十郎、同八年の『遊女論』での不破伴左衛門が当たり役となり、貞享二年（一六八五）、江戸市村座での『金平六条通《きんぴらろくじょうがよい》』に坂田金平役は、初期歌舞伎の「荒武者事」と金平浄瑠璃の荒事とを加味し、荒事芸を成立させた。

初代市川団十郎の竹抜五郎（鳥居清倍画　東京国立博物館蔵　ColBase https://colbase.nich.go.jp/）

上方での和事芸では台詞に特徴があるが、江戸の歌舞伎はお国なまりが交錯するなか、身体を生かした荒事芸が人気を集め、独特の隈取り、誇張された衣装、荒々しい六方《ろっぽう》の足拍子、見得を切る所作などで大評判となった。その「荒事」は団十郎によって大成され、『勝鬨誉《かちどきほまれ》曾我《そが》』『助六』『暫《しばらく》』は絶大な人気を

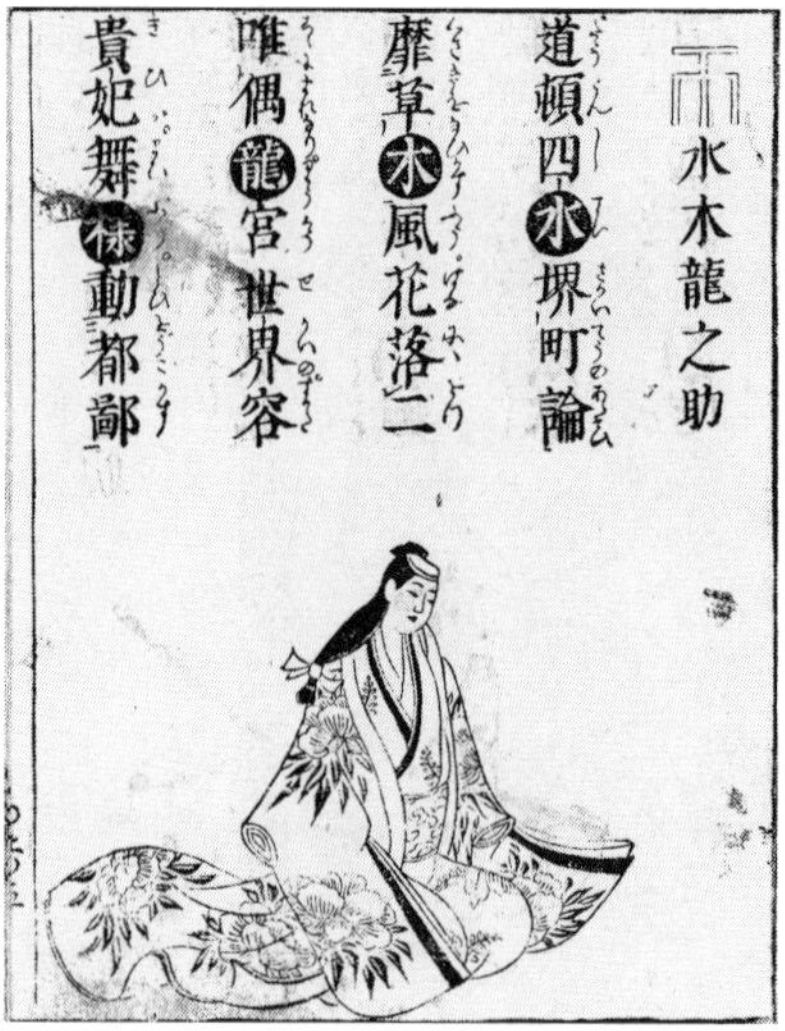


芳沢あやめ　『雨夜三盃機嫌　３巻』（国立国会図書館蔵）

博したが、元禄十七年（一七〇四）、市村座で『わたまし十二段』の佐藤忠信役を演じている最中、役者の生島半六に舞台上で刺殺されてしまう。団十郎と並んで江戸で人気があった中村七三郎は、和事《わごと》を得意として曾我物で十郎を演じ、元禄十年に上洛、京の観客を魅了した。

歌舞伎では立役、敵役、若女房、若衆方、花《か》車方《しゃがた》、道化方、子役など役柄の分化が進展し、立役や女形役者に名優があらわれ、貞享年間に大坂で嵐三右衛門、その一座から初代竹島幸左衛門、藤田小平次、荒木与次兵衛などの名人、元禄期には京の竹島幸兵衛、山下京右衛門、坂田藤十郎が台頭し、女形の演技は上方の水木辰之助こと芳沢あやめ、荻野沢之丞らの名が高かった。

上方歌舞伎に特徴的なのは「仕組み」の多くが「お家騒動」の構造をとるところで、お家騒動は危機的状況における義理や人情、恋、因果、愁嘆など人生のさまざまな局面を盛るのに適し、各種の役柄にそれぞれの持ち場・見せ場をあたえた。

芝居の小屋は、京では四条大橋の東側に歌舞伎・浄瑠璃の芝居小屋が七箇所、四条通り南北に面して立ち並び、大坂では道頓堀を中心に歌舞伎物真似・からくり物真似・狂言物真似など六箇所が免許された。江戸では都座、村山座、山村座、森田座が現れ、後の堺町の中村座、葺屋町の市村座、木挽町の森田座など江戸三座が成立した。

寛文期から幕府の芸能統制で町奉行公認の「名代」と称する興行権が必要とされ、江戸では名代・座元・芝居ともに一人の持主が相続した。中村座は勘三郎、市村座は羽左衛門が役者として興行権を持ち、世襲的に興行したが、上方では直接興行をおこなう座本が芸団を編成して名代を借り、劇場と契約を結んだ。

公許によって常設の小屋が整備されて劇場施設の改良や拡充が進み、桟敷《さじき》・引幕《ひきまく》が使用され、板塀や筵屋根が設けられるようになり、劇場が全蓋形式となり、それとともに歌舞伎役者・浄瑠璃太夫・説経太夫・舞太夫の社会的地位が向上、観客数も増加した。歌舞伎小屋の様子は、菱川師宣《ひしかわもろのぶ》の『歌舞伎図屛風』の右隻に華やかな舞台と賑やかな客席を描き、左隻に雑然とした楽屋に隣接する芝居茶屋での遊興の様子を描いている。小屋の櫓に掲げられた銀杏の紋と看板の役者名から、元禄五年（一六九二）以降の中村座における総勢二八五名の表情や姿態を巧みに描いたものである。

### 悪所を描く画の巧・師宣

歌舞伎のような演劇、浮世草子のような出版など多様な娯楽の広がりとともに絵画の方面で才覚を発揮したのが菱川師宣である。父は縫箔師《ぬいはくし》で、明暦の大火後に江戸に出て御用絵師の技法を学び、町絵師として時代に即応する絵画様式を開拓、縫箔を職として上絵を描いていたが、古版絵入り本の復刻の挿絵や名所絵で腕を磨き、寛文十一年（一六七一）の噺本『私可多咄《しかたばなし》』、絵入り本や絵本を数多く手がけた。

延宝五年には地誌絵本『江戸雀』挿絵を描き、延宝八年の『月次のあそび』の序文で自らを「浮世絵」「浮世絵師」と、『大和絵つくし』では「大和絵師　菱川吉兵衛尉」と署名し、故事、伝記、説話を大和絵で表現した。これにより当世絵本、風俗絵本の評価が高まり、仮名草子、浄瑠璃本などの挿絵の研鑽に励んで、絵入り本や、絵本の吉原もの、歌舞伎もの、名所記、風俗画でも個性を発揮し、元禄三年に道中図『東海道分間図絵』を描いた。絵図師の遠近道印《おちこちどういん》は寛文十年に『江戸大絵図』を刊行したが、今回は師宣を起用した。

師宣の代表作『見返り美人図』は、寛文美人画とは違って背景のない美女の立姿を描き、色の地に菊と桜の刺繡を施した着物を身にした美人が歩みの途中で、ふと足を止め振返る印象的な作品で、榎本其角『虚栗』に「菱川やうの吾妻俤《あづまおもかげ》」と詠まれた。師宣が屛風や絵巻、掛幅などに描いた肉筆浮世絵は、御用絵師が対象としない江戸の二大悪所である歌舞伎と遊里を描いたのである。

大量製作のために工房に門人を組織して肉筆画を売り出し、鑑賞性の高い風俗絵本で木版画の地位を高め、「吉原の躰」「江戸物参躰」「大江山物語」など墨一色で稀に筆彩された独自な様式の版画を制作、大量印刷によって価格も安かったので浮世絵は多くの人に好まれた。

師宣は狩野派に絵を学びそこから画技を広げたが、久隅守景《くすみもりかげ》も狩野探幽門下の四天王と謡われるなか、そこから離れ、自然と一体になって自足する理想郷を農耕生活に見て、鷹狩や鵜飼、釣り、水辺の納涼などを『四季耕作図屏風』に描き、田園生活を愛しく描いた『夕顔棚納涼図屏風』は、武将で歌人の木下長嘯《ちょうしょう》子《し》の「夕顔のさける軒端の下涼み男はててれ女はふたの物」に取材した。

狩野探幽の弟安信《やすのぶ》の弟子の英一蝶《はなぶさいっちょう》は、伊勢亀山藩の侍医の子で、岩佐又兵衛や師宣などと交わるなか風俗画や浮世絵を描くようになり、元禄十一年（一六九八）に三宅島に配流になったが、江戸に戻ってから旺盛に画業に励み、『朝暾曳馬《ちょうとんえいば》図《ず》』『四季日待図巻』『吉原風俗図巻』などを描いた。

見返り美人図（菱川師宣画　東京国立博物館蔵　ColBase https://colbase.nich.go.jp/）

元禄文化の担い手は、近松が「世のまがひもの、唐の大和の教へある道々、妓能・雑芸・滑稽の類まで知らぬことなげに口にまかせ、筆にはしらせ、一生を囀《さえず》りちらし」と辞世文に書いたように、芭蕉にしても、西鶴にしても、広く多く諸方を見聞し、知識・思想に触れ、文化に新生面を開き、その生業を職業として成り立たせていった。そこに職業意識が醸成されたのであるが、このことは農家における職能としての農業や、商家における職能としての商業でも同様であった。

## 二　幕府の制度整備

### 大老酒井忠清の政治

寛文《かんぶん》十二年（一六七二）の「百人一種」に「威ハ酒井雅楽頭《うたのかみ》忠清」と見える酒井忠清《さかいただきよ》は、寛文六年に大老になると、久世広之《くぜひろゆき》・土屋数直《つちやかずなお》・板倉重矩《いたくらしげのり》らの新老中とともに将軍家綱を補佐して、公儀の全国支配の整備に力があった。親交のあった林鵞峯《がほう》は、忠清を「和柔寛厚」「敏捷頓悟《びんしょうとんご》」と温厚ながら理解力にすぐれ決断が早い人物と評価しつつも、「文字の談」がない、儒学を好まないのが惜しい、と『国史館日録』に記している。

その日録は、他の幕閣について、「執政として久和牧（久世広之）は頗る文字を識る。板内膳（板倉重矩）は儒風を崇めること有り。且つ前橋（酒井忠清）は穎悟《えいご》、豊牧（阿部忠秋）は篤実、濃牧（稲葉正則）は敏捷にして達するなり」と評し、「未だ武家執政以来、当時の人物に及ぶを聞かず」と徳川政権においてこれまでになかった政治家であると高く評価する。

保科正之《ほしなまさゆき》の引退や阿部忠秋の死没とともに、忠清に権力が集中し、役宅が江戸城大手門の下馬札《げばふだ》前にあったので「下馬将軍」と称され、『文武太平記』は「重き御政道は皆雅楽頭（忠清）が計らひなれば、威勢自ら強く、諸大名もおもねり従ふ」と記している。多くの藩ではお家騒動が起き、それの解決が幕府に持ち込まれ、これに忠清が関わったことから威勢が増大した。

なかでも仙台藩六十二万石の伊達騒動は外様の大藩だけにその影響は大きい。騒動は万治《まんじ》三年（一六六〇）に伊達政宗の孫綱宗《つなむね》の不行跡に対し、叔父の伊達宗勝、義兄立花忠茂、義理の叔父京極高国らの親族が相談し、岡山藩の池田光政を介して酒井忠清に事情を打ち明けたことに始まった。忠茂・光政・宗勝らが忠清邸で参会して相談の結果、忠清が綱宗に意見をしたのだが、綱宗が聞き入れなかったので、八月二十五日に忠清邸に関係者が集まり、綱宗の隠居と二歳の亀千代（伊達綱村《つなむら》）への家督譲与が命じられた（万治の伊達騒動）。

これで一件落着するかに見えたが、寛文三年（一六六三）に伊達宗勝らの格式をめぐって、家老の奥山大学が幕府に訴訟をおこすと、逆に奥山の専横が訴えられて、奥山に代わって原田甲斐《はらだかい》が家老となる。その三年後の寛文六年、家老の伊達安芸《あき》宗重が領内で起きた境界争いを、藩内での解決を断念して幕府に裁きを依頼した。これが寛文の伊達騒動の始まりである。

三月に月番老中の板倉重矩邸での審問に続いて、忠清邸で評定が行なわれ、伊達藩家老の伊達安芸・柴田外記《げき》・原田甲斐・古内志摩《ふるうちしま》らが召され、老中の稲葉正則、町奉行の島田からの聴取があって、それが済んだところで、突如、原田甲斐が「我故」（おのれが故）と叫び、伊達安芸や柴田に斬りかかって安芸が死去、甲斐も忠清家侍に斬り伏せられて亡くなった。この時、原田が殺害に及んだのは、藩内で処理すべき事柄を幕府に訴えた安芸の行動に、藩取りつぶしの危機感を抱いたからであろう。それが功を奏したのかは明らかでないが、仙台藩は取りつぶしを免れて騒動は終わった。

続いて延宝二年（一六七四）には越後高田藩で藩主松平光長《みつなが》の嫡子綱賢《つなかた》の死に伴っての家督争いに発した越後騒動が起き、同七年に忠清が裁定にあたり、対立する二派のうち小栗美作《おぐりみまさか》を勝訴とした。このように頻発していた諸藩の訴えの処理に、忠清が幕政の最高責任者としてあたり、その力が頼られるなか、時に賞賛され、時に批判や非難も浴びたのである。

## 徳川綱吉の襲職

延宝八年（一六八〇）五月に病弱だった将軍家綱が亡くなると、家綱に跡継ぎの男子なく、弟の「甲府宰相」綱重は二年前に亡くなっていたので、後継には家光四男の綱吉が選ばれた。綱吉は家綱の養嗣子として江戸城二の丸に迎えられ、八月十九日の後水尾《ごみずのお》法皇の死の直後の二十三日、内大臣・右大将となって将軍宣下を受けた。

綱吉は正保三年（一六四六）に生まれ、近江など諸国から十五万石を与えられ、承応二年に従三位・左近衛中将に叙任し、明暦の大火で神田館《かんだかん》に移り、寛文元年（一六六一）に上野館林《こうずけたてばやし》藩主となって二十五万石の藩主、十二月に「館林宰相」徳川家が創設された。綱吉は基本的に江戸に在住し、家臣の八割が神田館に詰め、綱吉が館林に寄ったのは、寛文三年に家綱を随伴しての日光詣の帰路のみである。

幕府から設定された大名のため、家臣は幕府から付けられ、延宝六年（一六七八）に藩の財政難で酒井忠清に収入不足を訴えているなど、忠清との関係がよくなく、家綱の跡に朝廷から世継ぎを迎える案を忠清が披露しており、老中の堀田正俊《ほったまさとし》が綱吉を主張した（『常憲院殿御実紀《じょうけんいんどのごじっき》』）。

そうしたなかでの襲職だけに、綱吉は将軍主導に邁進した。処分が確定していた越後騒動の再審理を命じ、七月に当事者の小栗美作と永見大蔵《ながみおおくら》を呼び寄せており、政務については大目付・目付、さらに寺社奉行・町奉行・勘定頭の三奉行らに直接に職務精励を指示する「面命《めんめい》」を行なうなど、矢継ぎ早に手を打った。八月には老中の堀田正俊を農民統治担当の勝手掛に任じ、京都町奉行・勘定頭を付属させて幕領統治を協議させ、幕領の代官に対して「面々仕置」をよく行ない、蔵入する諸民を困窮させぬよう、精を入れ職務に励んで勤めさせるように計らうように命じ、仕置に粗略な輩は僉議《せんぎ》すると伝えた（代官仕置令）。

閏八月に「代官服務心得」八か条を布達、その第一条は「民は国の本なり。御代官の面々は常に民の辛苦をよく察し、飢寒等の愁これなき様に申し付けらるべき事」、第四条で「御代官の面々、常々その身を慎み、奢りなく民の農業、細かにこれ存知し、御取箇等、念宜しき様に申し付けるべく候」など、代官のあるべき政務の方針を示し、本格的な幕領所帯の整備に入った。また諸大名が老中に請託《せいたく》をする特別な配慮への依頼を禁じ、九月に寺社奉行に板倉重種《いたくらしげたね》を任じた。

こうした動きもあって忠清が病を理由に大老を辞すと、綱吉は追い打ちをかけて逼塞《ひっそく》を命じ、翌天和《てんな》元年に忠清の邸宅を没収して堀田正俊にあたえ、さらに忠清が五月に亡くなると、翌月に越後騒動の裁断を「御前公事」で行なって、小栗美作を「不忠の仕方、不届きの至り」として切腹、騒動を起こした永見大蔵を八丈島に流罪、藩主松平光長に領地没収の裁決を下し、「これにて決案す。

はやまかり立て」と発したので、幕臣を震感させたという。

諸国に巡見使を派遣して諸大名の藩政を点検させ、二月に総代官の年貢未進の調査を勘定役に命じるなど、江戸で成長し、幕政を近くで見ていたこともあり、新たな意気込みから幕政に臨み、政治の巧者を目指した。代官仕置令を発した翌年にも、勘定所に幕領代官の年貢未進を調査させ、勘定吟味役を勘定頭の下に翌天和二年に新設、不正な代官を糾弾して大量に処罰、その数は九年間で二十六名に及んだ。

大名にも職務精励を求め、「賞罰厳明」の方針で臨み、越後騒動での家臣統率に無能な高田藩主を改易、一門の越前松平家系大名を内紛処理の不手際で閉門・減封し、裁断に不正があったとして大目付の渡辺綱貞《つなさだ》を八丈島に配流、忠清の子忠能《ただよし》を、父が逼塞を命じられたのに遠慮を願わなかったとして改易、江戸の両国橋の架け替えに遅滞した上州沼田の真田信利《のぶとし》も改易、武蔵岩槻の板倉重種や播磨明石の本間政利《まさとし》、大和新庄の桑山一尹《くわやまかずただ》らも勤務怠慢や藩政の失策を理由に改易・減封した。

### 天和の武家諸法度

綱吉の政治方針や政策の推進には、勝手掛に任じられた老中の堀田正俊の働きが大きかった。正俊は家光に殉死した正盛《まさもり》の子で、若年寄を経て老中に任じられ、上州安中藩から天和元年（一六八一）に下総古河に移封され大老になった。その著の『勧忠書《かんちゅうしょ》』に「自己の身命はすでに主君に献げてあるもの」と、主君（綱吉）に没我の心をもって絶対の忠誠を尽くすと記している。

綱吉は代替わり令として七月に『武家諸法度』十五か条を発した。林家が起草し、寛文令二十一か条に比べて、条項が少なく大きな変更はないが、第一条で「文武忠孝を励まし、礼儀を正すべき事」とあるのは、それまでの「文武弓馬の道、専ら相嗜むべき事」とは違い、文武の奨励に追加して忠孝と礼儀の規定が入った。寛文三年制定の『諸士法度』の第一条「忠孝を励まし、礼法を正し、常に文道武芸を心がけ、義理を専らにし、風俗を乱すべからざる事」とあるのを踏まえたもので、今回は『諸士法度』を定めず、『武家諸法度』に『諸士法度』の内容を統合させたのである。

第三条の「人馬兵具等、分限に応じ相嗜むべき事」の規定のごとく、諸大名・諸士に相通じる条文が多くあり、武家と諸士両者を等《ひと》し並《な》みに扱っている。諸士の勤めを諸大名にも求めたものであって、第一条の「忠孝に励め」も、大名に対し綱吉に忠誠を尽くすよう命じ、大名を官僚として捉えている。すでに幕府の役職には役料《やくりょう》が与えられるなど、官僚化の傾向が強まっていたが、それを一層進め、譜代大名をも官僚化していった。

忠孝を特に強調したのは、綱吉が母桂昌院から学問・教育に意を注がれて育ったこともあった。孝心あつく、母を江戸城中の三の丸に居住させ、従三位《じゅさんみ》、さらに従一位にするなど厚遇している。忠と孝とは、孝を尽くすことがすなわち忠である、と忠・孝が一体と考えられていた。

天和二年三月には、駿河富士郡今泉村の百姓の孝行を賞して年貢を免除し、林鳳岡《ほうこう》にその伝記を作成させ、五月に諸国に「忠孝を励まし、夫婦兄弟諸親類にむつまじく、召仕之者に至る迄、憐愍《れんびん》を加ふべし。若し不忠不幸の者あらば、重罪たるべき事」という「忠孝札」と称される高札を立てさせ、人民教化を進めた。
『武家諸法度』第一条の規定を、広く民衆にも求めたもので、「礼儀を正す」としたのは、武家の身分内での序列を明確化させる意図があった。延宝九年（一六八一）の徳川秀忠の五十回忌では、将軍と三家、国持大名・四位以上大名、譜代の大名の四位と諸大夫、他の官位ある大名、無官の大名について、儀式の空間と時間、衣装の別など、序列化して礼の秩序をはかった。

礼の観念と関係するのが服忌令《ぶっきりょう》であり、天和三年六月に案文作成を林鳳岡・木下順庵《じゅんあん》・人見《ひとみ》宜郷《よしさと》らに命じ、貞享元年（一六八四）三月に定めた。近親者が亡くなった場合、近親の度合により喪に服する期間を定めて大名や旗本に伝達した。服忌のシステムは、礼の秩序と穢れを忌む慣習からなっており、武家社会には広がらなかったが、幕府の服忌令制定は五回の改訂を経てなされ、これを契機に死や血を忌む慣習が武家に広がると、その規定を町々の名主に写しとらせ、家持・借家・店借・地借り町人にまで触れて聞かせたことで、民間にも広がった。

延宝八年（一六八〇）十一月、幕府は出仕に関する「疱瘡《ほうそう》、麻疹《はしか》、水痘《すいとう》遠慮の事」の法令を出し、疱瘡は、発病後三十五日を過ぎてから、看病人は、三番湯掛かり（酒湯による洗蒸の仕上げ）を経て、麻疹と水痘は、病人・看病人ともに三番湯掛かりの後とした。

### 文化政策の基調

綱吉は学問を重んじ、延宝八年（一六八〇）五月死去の鵞峯の跡を継承した林鳳岡（信篤、春常）と、幕府医師の子人見竹洞を召して経書を討論するように命じると、鳳岡は『大学』の進講を毎月行ない、翌年二月に訓点を正した『四書』『五経』『小学』『近思録』を献じた。天和二年（一六八二）七月に京から木下順庵を召し、翌年十一月には、徳川創業に関わる歴史書『三河記』の校正を林・木下らに命じ、徳川家康の事績を顕彰する『武徳大成記《ぶとくたいせいき》』を、林・人見・木下らに命じた。

儒学とともに、仏教を深く信仰し、新義真言宗の亮賢《りょうけん》・隆光《りゅうこう》を護持僧に任じ、亮賢に護国寺を創建させ、隆光を知足院《ちそくいん》に招いて江戸城鎮護を祈らせ、知足院を移転して大伽藍の護持院となした。神祇では、吉田神道の吉川惟足《これたり》を天和二年に幕府神道方に任じたが、惟足は江戸に生まれ、京で萩原兼従《かねより》に吉田神道を学び、江戸にもどって吉田神道を唱導して紀伊の徳川頼宣《よりのぶ》、会津の保科正之らの信仰を得て幕府に召されたもので、儒学との習合を進めて神儒一致論を説いた。

綱吉は儒・仏・神道だけでなく、天文暦学では、幕府碁師の安井算哲《さんてつ》の子渋川春海《はるみ》が陰陽道の土御門家で天文観測を行なって作成した「貞享暦《じょうきょうれき》」を「宣明暦《せんみょうれき》」に代えて採用し、春海を幕府天文方に任じた。歌学では、松永貞徳に俳諧を、飛鳥井雅章《まさあき》らに和歌・歌学を学んで古典の注釈書を著した北村季吟《きぎん》を招き、歌学方に任じ和歌や古典の研究をさせた。

絵師では狩野派のほか、京都から住吉具慶《ぐけい》を招いている。その父如慶《じょけい》は、土佐派を復興した土佐光則《みつのり》に学び、後西《ごさい》天皇の勅許により独立して住吉派を立てた逸材で、具慶はその画芸を継ぎ、大和絵系の伝統的な細密画法を江戸の地に移植した。

このように綱吉が学問や宗教・文化に関わり、それらを幕府内部に取り入れたのは、経済的繁栄とともに芸能・演劇が広まり、諸分野に職業の巧者が現れるなかで育ち、その文化に触れていたからである。「延宝至聖徳、芸者召出さる書付」という文書（国立公文書館蔵）には、「三百俵　儒者　木下順庵」「百俵十人扶持　医師　森雲仙《うんぜん》」「百俵　神道者　吉川惟足」「百俵　天文職　安井算哲」「二百俵　医師并歌学者　北村季吟」「百五十俵　河村瑞賢」「百俵　儒者室新助（鳩巣）」と見え、木下順庵らは「芸者」として幕府に召し抱えられていた、と記されており、その芸とは文武の芸であった。

## 光圀と元禄文化

常陸水戸の徳川光圀も元禄文化のただ中にあって、青年期に四書・五経を読み、「士」とは学問をむねと励むべきも、「仁義礼節の道」を知って「人倫の大義」を明らかにし、史書を読み歴史上の「治乱」を鑑みて、詩文を嗜む「誠の士」たらん、と考え行動するようになったという（『西山随筆』）。

早くから日本史の史書の編纂に乗り出し、藩主になると修史事業を本格化させ、寛文十一年に神武天皇から桓武天皇までの本紀二十六冊の草稿がなって、十二年に駒込邸内の史局を小石川邸内に移し、『春秋左氏伝』序の「彰往考来《しょうおうこうらい》」に基づき史局を「彰考館」と名づけた。

光圀は寛文五年（一六六五）に明の遺臣朱舜水《しゅしゅんすい》を長崎から招いていたが、舜水は経世済民の実理を重んじる儒者で、その儒学と実学を結びつけた学風が水戸藩に根づくことになる。天和元年（一六八一）九月には明の曹洞宗の僧東皐心越《とうこうしんえつ》が長崎の興福寺にいるのを聞いて招請している。心越は詩才豊かで絵画・篆刻・書に勝れ、持参した七絃琴は日本に普及した。元禄二年に光圀の依頼で光圀の母久昌院《きゅうしょういん》の菩提を弔う『仏涅槃図《ぶつねはんず》』を描くと、光圀はそれに賛を書き、母帰依の日蓮宗久昌寺を整備し、京都から日乗を招聘して住職にすえ、それに寄せた。

修史編纂では史料調査のため使者を各地に派遣し、本紀の修正・紀伝の追加と南北朝史の編纂を進め、神武天皇から後醍醐天皇までの本紀の清書を終え、天和三年には『新撰紀伝』百四巻が完成した(後の『大日本史』)。人見懋斎《ぼうさい》を初代彰考館総裁となし、舜水弟子の安積澹泊《あさかたんぱく》が彰考館に入る。

歴史だけでなく光圀は地理の関心も高く、延宝元年(一六八一)に藩内北部を巡検、翌年には南部も巡検し、江戸への帰府に際しては下総から上総に出て上総湊から船で金沢に渡って鎌倉を見物、英勝寺を拠点に名所・名跡を訪ね小石川藩邸に戻るが、この旅の記録を『甲寅紀行《こういん》』『鎌倉日記』にまとめ、改めて鎌倉の現地調査を行なわせ、貞享二年(一六八五)に『新編鎌倉志』八巻を刊行した。

建造した巨船「快風丸」で蝦夷地探検も行なわせた。水戸の外港の那珂湊を出た快風丸は、元禄元年(一六八八)に松前から北上して石狩まで到達し、塩鮭一万本、熊皮、ラッコやトドの皮などを積んで帰還している。

元禄三年に隠居が許されると、翌年に久慈郡新宿《あらじゅく》村西山に設けた隠居所(西山荘)に隠棲すると、水戸藩領の下野那須郡馬頭《ばとう》村に隣接する湯津上《ゆづかみ》村にあった那須国造碑周辺の土地を買い取り、佐々宗淳《むねきよ》に命じて碑の修繕や鞘堂《さやどう》の建設を行なわせ、碑近くの古墳(上侍塚・下侍塚)を那須国造の墓と推定して発掘調査を行なわせている。学術調査の始まりである。藩医の穂積甫庵《ほづみほあん》には『救民妙薬』

を編ませ、薬草から約四百種の製薬方法を記させるなど、隠居を幸いに多くの調査・研究を行なわせた。

歴史書編纂については、本紀・列伝の完成を考え、修史以外の編纂事業を縮小、史館員を増員して総勢五十三人であたらせた。彰考館では朝廷の恒例・臨時の朝儀・公事に関する『礼儀類典』、仮名の名文を収録した『扶桑拾遺集』、漢から明までの草書を抜き出した草書字典『草露貫珠《そうろかんじゅ》』、諸家の花押を集めた『花押藪《かおうそう》』を編纂した。

万葉集の注釈書『万葉代匠記』を契沖が著したのも、光圀の求めによるもので、契沖は熊本藩加藤家に仕え牢人となった下川元宜《もとよし》の子で、出家して高野山で阿闍梨となり、俳人の下河辺長流《しもこうべちょうりゅう》と交流して日本古典を渉猟し和学に邁進していた。

### 元禄文化の前田綱紀

加賀金沢の前田綱紀《まえだつなのり》も元禄文化のただ中で成長した。藩政は祖父利常《としつね》が後見として輔佐していたが、万治元年（一六五八）に利常が死去し、岳父の保科正之が後見していて、寛文九年にその正之が後見を退いて、綱紀の親政が始まった。若年寄役を側近として設置し、職制、軍制を整え、農政では十村《とむら》制度を整備し、算用奉行、改作奉行・山奉行の下で十村が村方を支配する体制が整った。

寛文九年の飢饉に際しては生活困窮者を助けるための施設（「非人小屋」「御小屋」「御救《おすく》い小屋」）を設けて、この施設に二千人近くを収容、米を支給し、医者を派遣して医療体制も整え、九十歳以上の長寿者に扶持米を与えた。荻生徂徠《そらい》は「加賀侯非人小屋を設けしを以て、加賀に乞食なし。真に仁政と云ふべし」と述べている。

利常の代に始まった御細工所《おさいくじょ》は、正保三年に機構が整い、武具・細工・弓矢・鉄砲の四部門とされ、その管理・修復や新調も行なうようになっていたが、綱紀は貞享四年に、奉行・小頭・御細工者数十人からなる機構として整備した。その関わった細工の種類は、具足・兜・縫掛革《ぬいかけかわ》・刀鍛冶・研物《とぎもの》などの武具関係に始まり、針や小刀・紙・蒔絵・象嵌・茜染《あかねぞめ》など藩主内用の細工など二十数種に及び、加賀鐙《あぶみ》など幕府や諸大名への進物もつくった。

綱紀は能を嗜んで腕前は能楽師に引けを取らなかったといわれ、宝生流を加賀藩の能となし、将軍の前で舞を披露したこともあり、細工所は能装束の誂《あつら》えや修復も行なった。学問・文芸を奨励し、書物奉行を設けて古書の多くを編纂・収集した。豊富な書籍が収蔵された書庫は、新井白石に「加賀は天下の書府」と賛えられた。他家の古文書の保管にも意を注ぎ、京都の東寺の文書を保存するために百合《ひゃくごう》の箱を送って「東寺百合文書」として保管、伏見宮・高辻家・高山寺の文書も補修し、さらに娘婿三条西公福《さんじょうにしきんとみ》の三条西家に伝わる『実躬卿記《さねみきょうき》』を発見して補修した。

綱紀自身が研究家で、百科事典『桑華字苑』を編纂したほか、古書・筆録を修正した『秘笈叢書《ひおいそうしょ》』、大部の古文書集『古蹟文徴《こせきぶんちょう》』を著し、工芸の実物標本を集めた『百工比照《ひゃくこうひしょう》』を著している。儒学の松永尺五《まつながせきご》や木下順庵、室鳩巣《むろきゅうそう》らを招聘、本草学の稲生若水《いのうじゃくすい》を招いて『庶物類纂』の編纂にあたらせた。大陸の古典籍に記載された動植物・農作物・金石などを書き抜き、二十六類、千巻に編修する計画のもので、若水の生存中は完成しなかったが、門人の丹羽正伯《しょうはく》の手によって延享《えんきょう》四年（一七四七）に完成を見た。なお綱紀の側近からは『武家昆目集《ぶけこんもくしゅう》』の馬淵高定《まぶちたかさだ》、『松雲公夜話』の中村克正、『浚新秘策』の青地礼幹《あおちのりもと》らが育った。

こうした文運とともに金沢城下では俳諧も盛んで、天和元年（一六八一）に金沢上堤町《かみつつみちょう》麩屋五郎兵衛板行の句集『加賀染』には金沢を中心に宮腰・七尾・松任・小松など二十か所の俳人の句が載っている。その金沢に芭蕉が訪れたのは元禄二年（一六八九）で、斎藤一泉亭において「秋涼し手毎《てごと》にむけや瓜茄子《うりなすび》」（『おくのほそ道』）の句を詠んでいる。

### 綱吉と元禄文化

綱吉は元禄文化でひろがる庶民の奢侈や享楽を嫌った。天和元年（一六八一）五月、上野寛永寺参詣に赴いた時、浅草黒船町の豪商石川六大夫が華美な着物を着、妻女が豪奢な町屋を借りて見物しているのを咎め、闕所《けっしょ》・江戸追放に処した。七月に諸職人が「天下一」と称して腕を競うのを、風俗を乱すと禁じ、同三年二月には町人の帯刀を禁じ、倹約令を頻繁に出して、百姓・町人の衣服は絹・紬・木綿・麻布のうちから、分限に応じて着用するよう命じるなど遊興の取締りを行なった。

出版統制も行ない、寛文十三年（一六七三）に江戸町奉行が板木屋《はんぎや》と町中に、諸人の迷惑事や珍事の出版を届け出るよう触れ、天和二年に越後騒動を記す『越後記』の著者の虚無僧の一音を「無根の空事を流伝」したとして流罪に処し、忠孝札の高札に、「新作のたしかならざる書物、商売すべからざる事」という出版取締りを掲げ、諸国に触れ、出版取締りを強化した。

自身は絵・書を好み、腕を振るって堀田正俊に『虎図扇面』を、柳沢《やなぎさわ》吉保《よしやす》に『桜馬図』と『過則勿憚改』（過ちては則ち改むるに憚ること勿れ）の書を、加賀の前田綱紀には書『徳不孤』（徳は孤ならず）を与えた。「能狂」と言われるほど能も愛好し、自ら舞って人に見せ、側近や諸大名に舞うよう強制、能や囃子の会を頻繁に開いた。

貞享元年（一六八四）四月に出版統制令を出し、三月の服忌令の触れを指図も受けずに開板し、しかも勝手に加筆したとして牢に入れた例をあげ、「公儀」批判に関わる事や世の珍事を開板する時には、町奉行に届け出るように厳命し、十一月の出版統制令では、町々の家主に江戸の町中で小歌や流行事、変事を刷物にして売る者を調査させた。

貞享元年（一六八四）八月、江戸城中で堀田正俊が若年寄稲葉《いなば》正休《まさやす》に刺殺される事件がおきた。正休は綱吉の近習で、天和二年（一六八二）に若年寄になり、延宝二年（一六七四）の大洪水の淀川対策として、大目付・勘定奉行とともに摂津・河内地方の調査を命じられるなどしており、正俊が刺殺されたのは、農政をめぐる対立と見られ、正休はその場で他の老中に斬り殺された。

正俊の死とともに側用人三人が解任され、側用人として残った牧野《まきの》成貞《なりさだ》と新任の柳沢保明《やすあきら》（吉保）が、綱吉の意を老中に伝える役を担うようになり、幕政に深く関わったことを考えると、そこに綱吉の意思が働いていた可能性もあるが、この事件を契機に綱吉の政治は過激化してゆく。

貞享四年（一六八七）六月、勘定組頭に総代官の会計検査を命じ、この調査に基づいて処分された代官は十七人に及ぶ。様々な理由により貞享四年から元禄二年（一六八九）にかけ、お目見え以上の旗本だけでも、側用人三人、若年寄一人、寺社奉行三人、勘定頭五人、勘定吟味役一人、納戸頭四人、大目付二人、目付一人、財政・民政役人七十人が罷免された。

綱吉政権による民衆統制にもかかわらず、文化は華やかに展開した。出版点数は増え続け、万治二年（一六五九）に約千六百点だったのが、元禄九年（一六九六）には約七千八百点に増え、種類も仏書・日本古典・漢籍、日常生活に必要な知識を集めた重宝記・案内記など実用書が出版された。書店数も増え、江戸では明暦年間の十軒から、万治・寛文の頃には二十六軒、延宝期には五十八軒、元禄期には八十軒と激増している。

大坂でも寛文期十軒、延宝から天和にかけ二十六軒、元禄期には六十二軒と増えた。三都の本屋で本を仕入れ、広範囲に販売や、取次・小売を専門とする地方の業者も生まれた。

それとともに大衆芸能が広がりを見せた。相撲は祭礼での神事相撲や寺社の造営費用を調達するための勧進相撲、武家の抱えの相撲取りによるものがあったところに、広小路や四辻での辻相撲が民衆の娯楽として広がった。慶安元年（一六四八）五月から元禄七年（一六九四）にかけて断続的に辻相撲の禁止が触れられたのは、辻相撲熱が一向におさまらなかったからである。

そのため相撲熱を吸収すべく貞享元年（一六八四）に江戸での勧進興行を許可し、元禄十五年（一七〇二）に柳川文左衛門・中川浅之助が願い出た深川八幡社境内での勧進相撲も許可、以後、勧進相撲が許可され、相撲年寄による内部統制へと方向転換した。能では大名能に四座の能役者が招かれていたが、町人の間でも能が愛好され、勧進能も行なわれ、貞享三年九月の小石川で行なわれた勧進能では「大小神祇組」の「かぶき者」が騒ぎを起こしたので、二百余名を捕えて十一人を打ち首にしている。民衆の享楽を厳しく取り締まった。

## 大衆社会の構成

江戸は人口が激増して百万都市となり、多くの出版物が流通し、交通が整備されて各地から情報が入り、公共事業が盛んに行なわれて経済が活況を呈するなど、大衆社会となった。その社会の構成を示しているのが、元禄三年（一六九〇）刊行の『人倫訓蒙図彙《じんりんきんもうずい》』で、人々（「人倫」）の仕事や職業を図解している。

寛文六年（一六六六）発刊の図解百科『訓蒙図彙』の好評をうけ、天和四年（一六八四）に『武具訓蒙図彙』、貞享三年（一六八六）に『難字訓蒙図彙』が相次いで刊行された流れに沿って、『訓蒙図彙』の「人物」篇を拡大し、多数の人々を分類・整理して図解し出版された。「上は貴き公卿より、庶人の卑しきに至るまでの其の所作を、くわしく家々を尋ねて、来由をただし」たと、公卿から庶民までの所作を図示し、調査を重ね制作したものである。

①公家・武家とそれに仕える人々に続いて、「能芸」部では、②文武にわたる諸芸能者、「作業部」では、③産業・交通の従事者、「商人部」では、④呉服屋・御錦屋以下の商売屋、「細工人部」では、⑤金彫師・絵師以下の細工職人、「職の部」では、⑥大工・木挽き・左官以下の建築や衣食住の職人、

さらに⑦島原の茶屋や芝居などで働く人々と、「勧進餬部《かんじんもらい》」として鐘鋳《かねい》勧進・針供養など勧進する人々を掲げている。

ここに元禄の大衆社会は、①を頂部に、②以下が都市の民衆社会を構成、⑦がその底部をなす七層のピラミッド構造をなしていた。『人倫訓蒙図彙』は、京都で出版されたものだが、江戸や大坂でも出版されており、同年刊の『江戸惣鹿子名所大全《えどそうがのこめいしょたいぜん》』に見える江戸の諸職名匠諸商人の項には、③や④⑤の職種の人々が記され、職種に多少の違いはあるものの、枠組みは共通する。

元禄十三年（一七〇〇）から宝永八年（一七一一）にわたる十二年間の江戸南伝馬町名主高野家の『日記言上之控』は、大衆社会の状況をリアルに記す。高野家の支配地（京橋の北側の地域）で起きた事件を町奉行所に提出した報告の控えであり、全期間あわせて約八百の事件を報告するが、約半数は欠落人《かけおちにん》で、ほかに盗人や捨て子・行き倒れ・自殺・犯罪などの人事案件、義絶・勘当など家族案件、捨て物・落し物など遺失物件からなる。事件をおこした人々の職種は、瓜問屋・油売り・豆腐屋・質屋などの商人、大工・木挽・左官などの職人、絵師・仏師などの細工人が多い。

彼らは様々な関係性を結んでいた。元禄七年（一六九四）には、江戸の小間物問屋の大坂屋伊兵衛の発案から、菱垣廻船の下り荷物の海難事故に、共同で対処するため十組問屋《とくみどいや》（塗物店組《ぬりものだな》・酒店組・紙店組・通町組《とおりちょう》・内店組・釘店組《くぎだな》・表店組・薬種店組《やくしゅだな》・錦店組・河岸組《かし》）を結成したのはその一例である。綱吉政権もその動きに対応し、元禄十二年に建築職人の肝煎《きもいり》を定め、「町中の家持」から「借家、店借・地借の職人」「弟子、手間取」には、その指図に従うよう命じている。肝煎が設定されたのは大

工方・木挽方・塗師方・錺《かざり》方・鍛治方・畳方・屋根方・壁方・桶方・瓦方・石切方・張付方である。

大衆社会状況は、上層の大名や武士、町人にも認められ、元禄七年（一六九四）から十六年（一七〇三）の間の噂話を集めた『元禄世間咄風聞集』は、ⅰ大名・旗本関係のトラブル・不始末・内幕話、ⅱ落首・落書・狂歌、ⅲ民間のニュース、ⅳ巷説、ⅴ犯罪、ⅵ奇談・怪談・由来談、ⅶ落し咄、ⅷ雑知識・民間療法・地名・産物など、まさに雑多な話からなる。

## 生類憐みの令

綱吉による大衆社会状況への対策は民衆教化策にあり、「生類憐みの令」もそれにともなうもので、貞享二年（一六八五）七月十四日、将軍御成の際の道筋に犬・猫を繋ぐことを禁じ、九月に馬の筋延べを禁じている。ともに再令であるが、十一月七日には、江戸城で公家の饗応以外に鳥類・貝類・海老などの料理を止めさせているなど、この年から生類を大事にする動きが強まった。

翌貞享三年七月に大八車で犬や猫を轢《ひ》かないよう命じ、野犬への餌やり、生類の取引をさせない、「生類あわれみ」の志をもって対応するよう命じるなど、「生類あわれみ」の語が登場、貞享四年からは本格的な法令が出されてゆく。正月に病馬を捨てること、二月に魚鳥類を生きたまま食用として売ることを禁じ、四月には捨て子の養育、傷ついた鳥類・畜類の扶助、犬への食事やり、「犬ばかりに限らず、すべて生類人々、慈悲の心を本とし、あはれみ候儀、肝要」と通達した。

これらに違反して病気の馬を棄てた武蔵の民十人を遠流に処し、鳩に投石したり、吹矢で燕撃ちをした旗本とその家臣を処罰、元禄元年（一六八八）に鳥が巣を作った木を切った武蔵新羽《にっぱ》村の民を処罰、元禄二年には病馬を捨てた陪臣十四名、民二十五名を神津島に流した。犬の保護には特に意を用い、十月に病気の犬にも餌を与えるよう命じ、「犬公方」と称された。

元禄六年に綱吉を風刺する文書が作成されると、犯人探索のために江戸の三十五万人強の人から調書をとり、犯人の筑紫門右衛門を市中引き回しにして斬罪に処した。元禄七年十月に老中は諸役人に向け、この法令は「政道」のためにも、下々の者までもが「仁心」を持てば、間違ったことにはならない、という将軍の考えによるものであるから、よく守るよう申し渡している。儒教の「仁政」に基づく人民教化の意味合いがあった。

元禄八年五月には喜多見・四谷・大久保・中野に犬小屋を作り、二万五千坪の大久保、十六万坪の中野の犬小屋には、四万二千疋の野犬を収容、多い時には中野の犬小屋の二百九十棟に八万二千疋の犬がいて、年間の費用は九万八千両に及んだ。その犬小屋の建設は関東諸国が負担、相模高座郡羽鳥村から中野までは十五里あるが、元禄八年十一月に「から竹　百五十本」「ない竹　千本」を命じられて銭で納めている。維持費は江戸の町人が負担し、間口一間に金三分を納めた。同九年に犬虐待の密告者への賞金を定め、犬殺し密告者への賞金を三十両と布告している。

生類憐みの令は生き物を殺してはならないという「不殺生戒《ふせっしょうかい》」に基づくもので、仏教徒たる国王は、国内の民に殺生禁断令を発するものとされていたから、人民を統治する立場に基づいていたのだが、発令の動機は仏教の慈悲だけではなかった。綱吉自筆の久能山東照宮の『稼穡《かしょく》図屏風』は、民衆が稼穡（農事・農業）に勤《いそ》しむ様子を描き、為政者たる武士は民の苦労を思い起こし、自らの政治姿勢を正すようにという鑑戒《かんかい》画で、そこに綱吉の考えが認められる。

綱吉の儒学好きは元禄三年から高じて、七月には自ら『大学』を幕臣に講じ、毎月一度『四書』を講じるものとし、諸役人にも学問を奨励し、近臣の邸宅への御成の際には儒書の講書が慣例となった。同年、上野の忍岡《しのぶがおか》の林家《りんけ》の私的家塾と孔子廟を湯島台に移転させて、孔子聖堂を建設し、昌平坂と命名したが、その大成殿の文字は自ら書いて掲額させ、翌四年正月には林鳳岡に束髪を命じて、法名春常を信篤《のぶあつ》と改名させて大学頭《だいがくのかみ》に任じた。

それとともに幕府の儒者の木下順庵・和田春堅《しゅんけん》・林春益《しゅんえき》らも還俗して僧侶の身分から解放され、儒者の幕府内での地位が確立する。二月に聖像が湯島に移されると、綱吉は大成殿に参って儒礼を執り行ない、祭祀用に千石を寄進、自ら講書を行なって、儒学は幕府の官学になった。綱吉は元禄五年六月に尾張・紀伊・水戸の三家及び甲府・加賀の大名らに『大学』を講じ、加賀の前田綱紀に『中庸』を講じさせるなど諸藩でも儒学が広がっていった。

### 寺社の修復と朝廷への対応

綱吉は、亮賢死後には隆光を信任し、元禄四年（一六九一）からは隆光の知足院別院に頻繁に参詣して、一切経を奉納し、隆光を僧正・大僧正に任じ、知足院を護持院と改称して大伽藍を造成、さらに護国寺と改称させた。

元禄五年五月の家綱の十三回忌の法要では、諸宗あわせて百四十六の新地の寺院については、旧跡を継ぐとして認めたが、以後、新寺院の創設を認めなくなる。寺社の造営や修復は日光、伊勢神宮、熱田神宮、春日社、鶴岡八幡宮、駿河浅間社、久能山東照宮、石清水八幡宮・比叡山・高野山など、修復費だけでも金二十万両、米八千六百石にも及んだ。なかでも元禄三年の日光東照宮の修復工事は仙台藩の手伝い普請だが、幕府も金十三万両余と米八千六百石を支出した。

東大寺の大仏殿は、永禄十年(一五六七)の松永久秀の兵火により焼失して以来、荒廃し、貞享元年に僧公慶《こうけい》が諸国に勧進を行なって元禄五年に大仏開眼供養を行なったが、その後は続かず、桂昌院や隆光を通じて幕府の支援を申し入れると、柳沢吉保がこれを綱吉に伝え、綱吉は「天下安全、武運長久、庶民快楽」の祈禱を理由に、幕領・諸大名領から強制的に資金を集める勧化を認め、宝永五年(一七〇八)に大仏殿が完成して供養が行なわれた。

綱吉による寺社の修復・修造には朝廷対策の面もあった。幕府や水戸藩が歴史書を編むなか、朝廷の存在に改めて関心が集まり、朝廷の儀式や祭礼を幕府の手で整備し、朝廷を守護する幕府の存在を明示することが目指された。延宝七年(一六七九)に石清水八幡宮の放生会《ほうじょうえ》を二百十四年ぶりに復活するのを助成すると、この機運に乗じた霊元《れいげん》天皇は、翌年の後水尾《ごみずのお》院死後、難波・東園の近習を取次とし、武家伝奏の花山院《かざんいん》・千種《ちぐさ》を用いて「朝廷復古」をめざした。

天和二年(一六八二)に鷹司房輔《たかつかさふさすけ》が関白を辞めると、その次は幕府との協調をはかる左大臣近衛《このえ》基熙《もとひろ》が順番であったにもかかわらず、右大臣の一条兼輝《いちじょうかねてる》を任じて朝廷再興に取り組んだ。貞享三年には東山《ひがしやま》天皇に譲位して院政を始め、文正元年（一四六六）以来途絶えていた大嘗祭の挙行を幕府に要請した。これに幕府は乗り気ではなかったが、行幸禁止を理由に禊行幸は拒否したものの、大嘗会復活を認めた。

幕府は、一歩譲歩したうえで、霊元院政に歯止めをかけたもので、朝政の運営には関白・武家伝奏・議奏が諸事相談して行なうよう、上皇は禁裏の政務に口を挟まないように、と伝え、元禄三年（一六九〇）に関白が辞すと、近衛基熙を任じるよう伝えた。その基熙が関白となって、禁裏御所は天皇―関白―武家伝奏・議奏、院御所は上皇―院伝奏・評定衆という別個の系列が成立、朝廷は幕府との協調路線を歩み、武家伝奏は朝廷が人選し幕府の了承を得る方式に代わった。

元禄七年に賀茂社の葵祭《あおいまつり》が復活し、十年に天皇山陵の調査が行なわれ、京都所司代の命で南都奉行が大和山陵図、大坂城代が河内・和泉・摂津の山陵図を製作し、計六十六陵が修復されるなど、幕府主導で朝儀が復興した。

## 幕府財政の窮乏対策

多くの寺社の修造や朝廷対応、諸大名の屋敷への御成、困窮した諸大名・旗本への拝借金などで、多額の費用がかさんで経済は活況を呈するも、幕府財政は著しく悪化し、寛文元年（一六六一）に江戸城の金蔵には三百八十万両あったものが、減少の一途をたどっていた。

この状況に加え、慶長金銀の損傷が著しく、佐渡金山など鉱山からの金銀産出が減り、貨幣流通量の増大に対応できなくなった事情から、貨幣改鋳の提言が出され、元禄八年（一六九五）に踏み切った。延宝二年（一六七四）に勘定吟味役になった荻原重秀《おぎわらしげひで》は、同五年に畿内検地を行ない、元禄三年に佐渡奉行になって生産量が落ち込んでいた金山の再生をはかり、検地を行なって年貢の収量を増やすなど、幕府の財政部門を歩んで実績をあげてきていて、貨幣改鋳はこの荻原重秀を中心に、勘定組頭三人、勘定四人の財務官僚が実行にあたった。

純度八十四・二九パーセントの慶長小判を、五十七・三パーセントの元禄小判に、八十パーセントの慶長銀を六十四パーセントの元禄銀にした。当初は幕府手持ちの金銀をあてたが、やがて市場に流通する金銀の回収につとめ、元禄金が千三百四十一万両、元禄銀が三十二万六千貫ほど流通し、市場の慶長金八百八十二万両、慶長銀二十八万七千貫が回収された。この改鋳によって五百万両の益金が生まれ、幕府財政は一息ついたのである。

このことが可能だったのは政治が安定し、その信用によって通貨が安定していたからであるが、金銀の品位の引き下げには差があり、元禄金が三十二パーセント、元禄銀が二十パーセントの引き下げで銀高傾向が強まり、金銀の公定相場が崩れると悪影響も出た。萩原ら財務官僚は元禄十年（一六九七）に地方《じかた》直し政策をも進めた。

寛永十年（一六三三）に旗本の大番・書院番・小姓組番の三番士の組織替えにともない、千石以下の者への加増と、蔵米取りから地方知行に変更し、元禄十年（一六九七）には五百俵以上の旗本への蔵米支給をやめて知行地を与える「御蔵米地方直し令」を発令した。

対象となった旗本は約五百五十人、支給されていた蔵米額は三十四万俵にのぼる。それとともに、検地を行ない、知行地割替えの地方直しを実施し、地方直しと関係のない旗本二百人からも、知行地の一部または全部を上知《あげち》して代知割を行なった。

この上知は関東の知行地を対象としたので、江戸に隣接する生産性の高い地域や広大な山林、多額の運上金のある地域が幕領となり、代知には中部・近畿地方があてられ、年貢米の運搬経費が節減された。幕領は綱吉初政の延宝八年に石高三百二十六万石、年貢量九十四万石だったのが、この間に百八万四千石、年貢米が四十四万三千石増加した。

検地や地方直しを行なった勘定頭の萩原、勘定組頭の辻、勘定の石井以下の八名のうち、六名は綱吉の神田館からの吏僚で、彼らを登用するのに力があったのが、側用人の柳沢吉保である。吉保の父は幕臣から館林藩主綱吉に仕えた安忠《やすただ》で、吉保は延宝三年に小姓組を勤め、綱吉の将軍襲職とともに幕臣の小納戸《こなんど》となり、元禄元年十一月には若年寄上座の側用人として一万二千石の大名に取り立てられ、元禄三年には二万石加増となった。

側用人は将軍と老中・若年寄とを取り次ぐ役職で、直接に政策に関わるわけではないが、将軍の吉保邸御成が五十八回もあって、新井白石《あらいはくせき》『折たく柴の記』が「天下の大小事、みな彼の朝臣の心のままにて」と記したように、将軍の寵臣として政治を支え、将軍の手足となる官僚の配置にあたった。

## 全国支配の取り組み

綱吉政権は全国支配の強化を目指した。貞享三年（一六八六）四月に幕領・私領を問わず鉄砲改めを命じた。寛文期の鉄砲改めは関東の農村に限られていたのだが、これを全国に拡大し、町や村でも鉄砲の種類と所持者を登録させ、猟師・足軽以外の百姓の鉄砲使用について鳥獣対策用の鳴物にのみ認めた。鳥獣を保護するとともに、鳥獣の害を防ぐことを目的としていた。

元禄七年には宿駅制度を整備した。宿駅に人馬を常備するため周辺の村々に夫役を課す助郷制《すけごうせい》を拡大し、宿場から二・三里以内の村からの定《じょう》助郷、以遠の村からの大《だい》助郷を、東海道・中山道に設け、宿問屋には助郷帳を置いて幕領・私領の別なく人夫を徴発した。これにより宿場を介した地域文化が形成されたが、百姓負担が増大したため、荻原重秀は、宝永四年（一七〇七）に助郷の村のみに負担させず、国役として幕領・私領の別なく一国単位で費用を徴収し、宿駅の費用にあてる策を提案したが、新井白石は助郷の村の疲弊は役人や伝馬不足であるとして反対した。

元禄九年（一六九六）には正保の国絵図から五十二年たっていたので、国絵図と郷帳《ごうちょう》の作成を老中の土屋正直《つちやまさなお》に命じ幕閣に伝えた。正保図は国内の体制整備と海防政策が関連していたので大目付が担当したが、今回は寺社奉行の井上正岑《いのうえまさみね》を総裁に、町奉行能勢頼相《のせよりすけ》、勘定奉行松平重良《しげよし》、大目付安藤重玄がチームを組んで遂行した。国ごとに絵図の調進を担当する絵図元の藩を定め、正保の国絵図を貸し出して修正箇所のみを描くとしていたのだが、絵図様式を完全に統一して国境を明確にする方針となった。

「国境・郡堺」の争いは、「内証」で済まない場合、「公儀に訴へ、裁許うけ候やう」、「国境・郡堺のほかの出入りは、裁許に構なく」絵図を立てるように、国境・郡境の別を公儀が裁定することとした。「御領・私領、寺社領の高、仕分け無用に候」と、領分の区別は必要なく、「郡色分け紛れざる」と郡区分を明確にし、石高のない村も描くこと、純粋な国郡図として、日本全国が公儀の支配地であり、私領、寺社領は公儀から与えられたものであることを明示した。

絵図の料紙には大型で上質な越前紙（「越前生漉間似合紙《きずきまにあいし》」）を用い、幕府御用絵師の狩野良信《よしのぶ》が清書して美麗なものとなった。十五年十二月の播磨国絵図の提出まで、六年に及ぶ大事業で、提出された国絵図は本郷の絵図小屋で繋ぎ合わされ「日本御絵図」が作成された。松前藩による蝦夷地図、薩摩藩による琉球国図が含まれ、綱吉は眼下に日本国を捉えた。

国絵図とともに作成された郷帳は、村ごとに貢納の石高を列記し、郡・国ごとの村数と石高の合計を記し、全国の収納高を把握する意図から領知関係の記載はなく、作成の途中で検地が行なわれたので、郷帳にその新知行高が記された。二部作成され、一部が勘定所に、一部が幕府の紅葉山《もみじやま》文庫に保存され、これが以後の幕府財政上の基本帳簿となった。

綱吉の治世は民間の隅々まで取り締まろうとしたため、様々な不平・不満が起きた。その世相を記しているのが『元禄世間咄風聞録』や戸田茂睡《とだもすい》の日記『御当代記』である。茂睡は駿河大納言徳川忠長に仕えた渡辺忠の子で、戸田政次の養子となり江戸に出て仕官し、延宝八年（一六八〇）頃に出家して茂睡と称した歌人で、『御当代記』はその延宝八年五月から元禄十五年（一七〇二）までが残されている。

天和二年(一六八二)七月に彗星が現れると、江戸の童が、国のまつりごとが素直であれば天は順、悪ければ天は逆であって、天に変異が現れた時はまつりごとを改めるべきなのに、政治に慈悲がなく万民の困窮を救うことがない、と噂したという。同三年に江戸城の門松が倒れ、五月に日光山で地震が起き、六月には江戸本町で手拍子で踊りが行なわれた。これらは為政者に警告を発したものと人々は噂したという。また「諸人困窮」「商売はならず、諸色は高嶺」を繰り返し記している。

元禄十一年に絵師の英一蝶《はなぶさいっちょう》が三宅島流罪になったが、尾張藩の御畳奉行の朝日重章《あさひしげあき》の記す『鸚鵡籠中記《おうむろうちゅうき》』は「江戸の有様、戦々兢々たり」「しばらく聖経賢伝に御心よせ給ふといへ共、御行跡驚奇にして人意の外に出る事多し」という噂を記している。綱吉政権は公儀に不平・批判を記す出版を取り締まり、不穏分子の行動を徹底的に穿鑿して捕まえたので、表面上は大きな問題は起きなかったが、溜まった抑圧は何らかの切掛けで爆発する。

### 江戸大火と赤穂事件

元禄十一年(一六九八)八月に柳沢吉保が造営の責任者として着工していた寛永寺の根本中堂、文殊楼、仁王門が落成し、九月六日に根本中堂に掲げられる東山天皇宸筆の「瑠璃殿」と書かれた勅額《ちょくがく》が到着したその日に、江戸が大火になったので「勅額火事」と称され、将軍の日光社参は延期となった。

山下門外の京橋南鍋町の仕立物屋から出火、南風に煽られて多くの大名・旗本屋敷を焼き尽くし、神田橋の外に延焼、駿河台から下谷、神田明神下、湯島天神下・浅草にも拡大、寛永寺境内も本殿や新築仁王門、厳有院（徳川家綱）廟を焼き、三ノ輪から千住に及んだ。日本橋方面に広がる火は両国橋を焼いて本所に及び、半日以上燃え盛って大雨によって鎮火、大名屋敷八十三、旗本屋敷二百二十五、寺院二百三十二、町屋一万八千が焼失した。

「火事と喧嘩は江戸の花」と言われ、江戸では火事が頻発、これまでにも明暦の大火、天和二年の芭蕉庵を焼いた「八百屋お七の火事」などの大火があり、これらは江戸が大都市として発展するなかでの大火であったが、今回は違って、江戸の発展がピークに達していたこともあり、大火は人心を政治に向けさせ、しかもこの年にはもう一度大火があった。

人心に不満がくすぶるなか、元禄十四年（一七〇一）三月十四日に起きたのが、赤穂城主浅野《あさの》内匠頭長矩《たくみのかみながのり》が江戸城松の廊下で吉良上野介吉央《きらこうずけのすけよしひさ》に刃傷に及んだ事件である。東山天皇の勅使と霊元上皇の院使が、江戸城の白書院で綱吉に面謁する直前、接待役の浅野が、高家肝煎の吉良に小刀を振って斬りかかり、吉良が額と右肩を斬られて逃げ惑ったその跡が血に染まり、浅野は幕府留守居番の梶川与惣兵衛《かじかわよそべえ》に取り押さえられた。

この一件は上申され、柳沢吉保、老中松平輝貞《てるさだ》、若年寄が相談の上、綱吉に報告され、浅野・吉良のもとに派遣された目付が事情を尋ねると、浅野は申し開きをせず、己れの宿意によるものであり、前後を忘れて事に及んだ故、どんな仕置も受ける、と語り、吉良は怨みをうける覚えはなく、浅野の乱心と見える、と語ったという。

この結果、浅野は「折柄と申し、殿中を憚らず、理不尽に切り付け候段、不届きの至極」という理由で、一関藩邸に預けられて、即日に切腹となり、吉良は「御構えこれなく、手疵養生いたせ」と伝えられた。血や死の穢れを忌み嫌い服忌令を定めた綱吉は、朝廷の使者を迎えた時節柄といい、殿中を汚した暴行といい、浅野の行為は許しがたく、激怒して、同じ切腹でも庭先で行なわせて名誉を踏みにじり、浅野家を改易、赤穂城の明け渡しを命じ、弟で旗本の浅野大学長広《ながひろ》を閉門とした。

殿中での刃傷事件はこれまで三件あるが、いずれも被害者は大老堀田正俊のように殺害されていて、生存しているのは初めてのことであり、しかも以前は咎めがなく、刃傷の事情も明らかでなかった。そこから問題が広がった。

事件を受けた浅野家の家臣の間には、「主人片落ち切腹仰せ付けられ」（『堀部武庸筆記』）たのは、喧嘩両成敗法に違えるものであると、綱吉の裁断に不満がもたれた。浅野家は家老の大石内蔵助《おおいしくらのすけ》（良《よし》雄《お》）を中心に協議、籠城や追腹《おいばら》を検討し、浅野大学による浅野家再興の道を探ったが、大学の閉門が決まり、再興の道が閉ざされたため、主君の敵である吉良を討つ道を選択した。

元禄十五年十二月十四日、大石良雄以下四十七人は吉良邸に侵入して吉良上野介を討ち取ると、一行は吉良邸から引き揚げ、吉良の首を長矩の墓前に供えて幕府に報告し、幕府の指示に従って切腹を遂げた。主人の敵を討つ事件は多くなく、むしろ珍しく、彼らを動かしたのは「武士のいきどをり」であり、「武士の名利」を守ることにあった。

寛文三年制定の『諸士法度』の第一条に「忠孝を励まし」「常に文道武芸を心がけ、義理を専らにし」とあるが、大石らは幕府の「忠孝」を励まし、「義理を専ら」にする政策に基づいて敵討ちに臨んだものであって、幕府の政道を間接的に批判したことになる。

この赤穂事件をめぐっては、新井白石の推挙で幕府儒官になった室鳩巣が『赤穂義人録』を翌年に著わしてから、多くの著作が現れ、武士の在り方や政道との関わりが議論されることになった。事件から八年後の宝永七年（一七一〇）には、歌舞伎『鬼鹿毛無佐志鐙《おにかげむさしあぶみ》』『太平記さされ遺志』『硝後太平記《さざれいしごたいへいき》』、浄瑠璃の『碁盤太平記』などが、事件を『太平記』の世界に移して脚色上演された。

### 元禄大地震と宝永火山

元禄十六年十一月二十三日にマグニチュード八・二と推測される大地震が関東諸国を襲った（元禄地震）。新井白石の『折たく柴の記』には「夜半《よわ》を過《すぐ》るほどに、地おびただしく震ひ始《そめ》て、目さめぬれば、腰の物どもとりて起出《おきいず》るに、ここかしこの戸障子皆たふれぬ」とあり、地震で目を覚まし、仕える甲府藩の藩邸に向かうと、「多くの箸を折るごとく、また蚊の聚《あつま》りなくごとくなる音の聞こゆるは、家々のたふれて、人の叫ぶ声なるべし。石垣の石走り土崩れ、塵起こりて空を蔽《おお》ふ」と記している。柳沢吉保の『楽只堂年録《らくしどうねんろく》』は、「希有の大地震」により、急ぎ登城したところ、江戸城の大手門付近の堀の水が溢れるほどだったという。

小田原城下では地震後に大火が発生、城の天守が焼失し、小田原領内での倒壊家屋は約八千戸、死者約二千三百、東海道の諸宿場でも家屋倒壊の被害は川崎宿から小田原宿まで顕著で、十二月十八日になってやっと震動は止んだ。

江戸では、江戸城諸門や番所、各藩の藩邸や長屋、町屋などに建物の倒壊はあったものの、被害は軽微であったが、綱吉は怯えたのであろう。元禄四年(一六九一)・五年に綱吉に謁見したドイツ人医師ケンペルは、殿中に地下室があって雷が鳴る時にはその地下室にゆく、と記しており、将軍の御座所には地震の間があった。綱吉は江戸の護持院や畿内近国の伊勢以下二十二社や延暦寺・東寺に国家安全の祈禱を命じた。

地震の被害が及んだ地域について、柳沢吉保は「武蔵・相模・安房・上総・下総・伊豆・甲斐七箇国」で特に「強きは安房・相模両国」と記し、被害は津波に襲われた相模湾岸・房総半島南部に大きかった。鎌倉では流死者が六百人、八幡宮の二の鳥居まで海水が押し寄せた。房総半島では波の高さが十メートル以上に及んだ地域があり、死者は六千人を超えた。半島の南部では地盤が隆起、野島が陸続きとなり、海岸段丘が生まれ、そこに漁村が多く生まれた。

地震の影響で元禄十七年(一七〇四)三月十三日に宝永と改元されたが、この地震を契機に綱吉の政治への意欲が減退し、諸大名邸への御成が元禄十五年四月二十八日に加賀前田家への御成以後、なくなってしまう。この年の四月に紀伊の徳川綱紀に輿入れの娘の鶴姫が亡くなり、すでに嫡男の徳松が亡くなっていて、これで実子はいなくなった。

そこで甥の甲府徳川家の綱豊《つなとよ》(兄綱重の子)を跡継にすることを十二月五日に家門・譜代に伝え、十二月九日に綱豊が西丸に入って家宣《いえのぶ》と称し、代わりに柳沢吉保が甲府城主となるが、それとともに期待は家宣へと変わってゆく。翌宝永二年六月に母桂昌院が亡くなった際、綱吉は病の母の脈をうかがい、腹と背をあん摩していた、と『金地院隆光日記』は記している。宝永二年三月に右大臣となって、『論語』為政篇から「思邪無《おもいよこしまなし》」と書したが、天変地異に怖れを抱いていた綱吉をさらに動揺させる事態が発生した。

宝永四年十月四日の宝永地震（マグニチュード八・四）である。震源は南海トラフ、被害は東海道・紀伊半島・四国に及び、死者二万人以上、倒壊家屋六万戸、津波による流失家屋は二万戸に達した。有史以来の最大規模の地震であって、余震が続くなか、十一月二十三日に富士山の南東斜面から白雲のようなものが湧き上がり、急速に大きくなって噴火が始まった。

東斜面に高温の軽石が大量に降下して家屋を焼き田畑を埋め尽くし、噴煙の中に火柱が見え、火山雷による稲妻が飛び交うのが目撃された。噴火は十二月三日まで続き、相模の足柄上郡山北村の記録によれば、十一月二十三日から十二月八日まで砂が降り続き、一面、砂でうずまった。砂降りの範囲は二十里に及び、相模・武蔵の麦作が全滅した。江戸では白石が、昼前から雷鳴が聞こえ、黒雲が広がって空を覆い、雪のような白い灰が降ってきて、大量の降灰で町は昼間でも暗くなり、燭台の明かりをともさねばならなかったと記す。

富士山近くの降灰の被害は甚大で、小田原藩は二年前に酒匂川《さかわがわ》の洪水により周辺の村々の田畑が流失していたところへの砂降りであったから、酒匂川は河床が上昇して翌年には大洪水となった。

降灰は、山北《やまきた》で一メートルを超え、平塚から神奈川宿にかけて二十センチから三十センチも積もったという。藩は被災地への食料供給が十分にできず、藩主の大久保忠増《おおくぼただます》が幕府に救済を願い出ると、幕府は伊奈忠順《いなただのぶ》を災害対策の責任者となし、翌年の閏正月に被災地復興の「諸国高役金」への拠金(石高百石に対し金二両)を全国の幕領・大名領に課して財源とした。

## 家宣政権の政策と武家諸法度

幕府は財政政策で、宝永五年(一七〇八)に金銀貨ばかりでなく、銅銭にも大銭《たいせん》という品質が落ちる銅貨を鋳造し、寛永通宝十枚の価値で通用させようとしたが、経済の混乱を招いた。江戸城の北側に御殿を造る計画を進めて民家の移転を図ろうとした。

その秋から全国的に麻疹《はしか》が流行した。十二月初旬に家宣が発病、加賀藩に嫁いでいた松姫も発病、二人は中旬に回復したものの、二十八日から今度は綱吉が発熱、翌宝永六年(一七〇九)正月三日、麻疹と診断され、十日朝に病状が急変し死去した。享年六十四。

家宣は柳沢吉保を呼び、生類憐みの令を死後も続けるようにという綱吉の遺命があったのだが、罪を蒙るものは何十万にも及んでおり、この令を廃止しないと士民は苦しみから逃れられないと話すと、吉保はその考えは孝行になる、と答えて同意したという(『徳川実記』)。

綱吉の遺言は無視され、柳沢吉保は家督を吉里に譲って引退、正徳四年に元禄年間に作庭した駒込の六義園《りくぎえん》で没する。家宣は、綱吉政治の一新を図った。側用人の松平輝貞・松平忠周《ただちか》を罷免し、甲府藩の家臣二百名を幕臣となし、寵臣の間鍋《まなべ》（間部）詮房《あきふさ》を側用人に起用した。

詮房は浪人から甲府藩に仕えた間鍋（西田）清貞《きよさだ》の子で、元禄十二年（一六九九）に用人、宝永元年の将軍の継嗣により、側用人、老中格として老中会議に出席して合議に加わり、人事案件の伝達や政策立案を取次いで家宣政権を支えた。顕房のもとでの政策立案には、侍講《じこう》の新井白石があたり、宝永六年二月新設の「御用方右筆」が配されたが、もう一人の側用人の本多忠良《ただよし》には右筆が配されなかった。

白石は明暦の大火直後に上総久留里藩の土屋利直《としなお》に仕えていたが、延宝五年（一六七七）に起きた土屋家内紛に連座・追放されて浪人になった後、天和二年（一六八二）に大老の堀田正俊に仕え、元禄四年（一六九一）に堀田家を去って再び浪人、木下順庵の門人となり、順庵の推薦で元禄六年に甲府藩の徳川綱豊に仕えて侍講となり、綱豊の信頼を得て将軍の諮問に応え、政策立案に関わった。

綱吉の死の十日後に生類憐みの令が停止され、二月の大赦で幕臣二十名、大名家臣三千七百三十七名が赦免、赤穂事件での遺児も赦された。中野などの犬小屋の入用金の負担が停止され、酒造者に課されていた運上金も廃された。

この間に白石は正月に「急務三か条」を進言、朝廷の皇子・皇女の処遇についてなどを記し、二月には幕府財政について幣制改革を進言し、四月には長崎貿易にも進言した。白石の進言や提言で生まれたのが、宝永七年四月制定の『武家諸法度』である。十七か条からなる条文は仮名交りの和文で、白石が条文を解説する『新令句解《しんれいくかい》』を付すという、これまでにない法度である。

林家草案の天和令との違いは、第一条の「文武の道を修め、人倫を明かにし、風俗を正しくすべき事」とあった「忠孝を励まし」の一文を削除し、代わりに「人倫を明かにし、風俗を正しくすべき」の条文を入れている。主従関係の側面ではなく、『新令句解』に「文を以て治を致し、武を以て乱を定む」とあるように「士君子の道」として「学を講じ、芸を習ふ」など修養に努めることを求めたもので、「父子親あり、君臣義あり、夫婦別あり、長幼序あり、朋友信ある」の「人倫」の五つの教えを明らかにし、上下の間の「風俗」を正すようにしたのである。

第二条では、「国郡家中の政務、各その心力を尽し、士民の怨苦を致すべからざる事」と、政務に力を入れ、「家中の上下」の士や、「農工商等」の民から怨み苦しみを招かぬよう求め、儒学に基づく撫民政策、仁政を意図した。

正徳元年（一七一一）に越後村上領の八十五か村の訴訟が裁決された際、大庄屋の非行から農民側の勝訴となったが、この時に白石は「天下無告の民、いづれの所に来たりてうったふべき」と語って、「民の父母たるべきもの」としての将軍の立場から親切で綿密な調査を命じるように主張していたが、それが通ったのである。

文武の修養の武については、第三条で軍役の兵馬の整備、第四条で参勤交代、第五条で城郭の新築禁止を定め、第六条で諸役・諸番役の勤めについて、役人が権勢や公儀の威をかりて私的な営みを行なうのを禁じ、公務に精励すべしと命じ、第七条では賄賂を禁じた。この二か条は役人の綱紀粛正を意図したもので、これまでの武家諸法度には規定されておらず、権勢に基づく不正に厳しい態度で臨むようになったのが家宣政権であった。

### 対外関係と礼文政治

第十八条は天和令にはない「耶蘇の厳禁」であるが、これにはイタリア人在俗司祭シドッティが、宝永五年八月に屋久島に上陸して捕えられた事件と関係がある。翌年十一月に江戸小石川のキリシタン屋敷でシドッティを尋問した白石は、シドッティの人格と学識に感銘を受け、シドッティも白石の学識を理解し信頼して、互に敬意を持ち接して対話をした。

白石は宣教師が西洋諸国の日本侵略の尖兵であるとの認識は誤りであることを知って、シドッティの渡来の事情や尋問の内容、獄死に至る経緯を『西洋紀聞』上巻に、正徳二年に江戸参府中のオランダ人などから尋ねた海外事情を中・下巻と『采覧異言《さいらんいげん》』とに著し、対外認識を深めていった。「耶蘇の厳禁」を掲げつつも、シドッティの扱いについては、切支丹、伴天連を見つけ次第に拷問にかけ、転宗させる幕府の方針とは異なる三つの意見を上申した。

その上策は本国に送還、中策は囚人として幽閉、下策は処刑であり、幕府は、中策を採用、宣教をしてはならぬとの条件でシドッティを切支丹屋敷に幽閉した。切支丹屋敷は寛永二十年（一六四三）に筑前に不法入国し、江戸に送られたイタリアの宣教師を収容するために作られていた。

法度第十二条は、衣服居室、饗宴や贈答などを規定、奢侈の禁止が理由ではなく「礼文の節」に基づいて、名分を守るものとして求めた。社会の秩序に適する礼法を整備し、人々に社会的職分の自覚を促そうという儒教的理想主義に基づいていた。宝永六年（一七〇九）八月、江戸城での重陽の節句の儀式に出仕する万石以上の武家には、花色の小袖を着用するように装束規定を設けている。

白石は『武家官位装束考』を著し、「百年にして礼楽興る」という歴史観から「武家の旧儀により万代の礼式を議定あるべきは、まことに百年の今日を以て、その期なり」と、幕府成立から百年を期し、朝廷の官位制度に規制されず、中国や朝鮮から低く見られない武家独自の官位を構想し、古代にあった勲位制度に基づいて、老中に勲一等を与えることなどを主張した。

白石は、家宣に日本の歴史を文徳《もんとく》天皇から徳川氏まで進講し、徳川政権の必然性と正統性を語ったが、これが礼文政治のバックボーンであった。ただ白石の提言は受け入れられず、外に向けての礼法のみが受け入れられ、琉球使節・朝鮮通信使の待遇が整えられた。

両使節は将軍の代替わりを祝賀するために登城し、琉球使節は宝永七年十一月十八日に謁見が行なわれた。江戸城本丸御殿の大広間、上段の間に将軍が座し、中山王の使者が中段の間に献上の太刀目録を置いて、下段の間に座し、外国の使者並みの扱いを受けた。朝鮮通信使の謁見は正徳元年十一月一日であったが、これを迎える際の礼法の諮問を受けた白石は、大君の称号が朝鮮では王子の嫡子をさし、国王よりも身分が低いことや、日本では天子の意味になるので天皇に失礼にあたることなどから、国王号を求めた（『国書復号紀事』）。

白石の提言は朝廷の関係を重く見てのものであるが、その秩序とは別に、武家は「天」から授けられたと考えており、天皇と将軍とは「共主」の関係にあり、将軍は「国王」として天皇を守護し、天皇は天子として将軍を守護すべきであって、そのことから「武家の世の栄えをも衰えをも、ともにせさせ給ふべき」である天皇の子孫を冷遇すると、徳川家の子孫が栄えることも望めない、と考えていた（『折たく柴の記』）。

そのためこれまで皇太子以外の皇子は出家していたのを改め、天皇家継続のために新たな宮家の創設を提言し、宝永七年に東山天皇の第六皇子直仁《なおひと》親王の宮家設立が実現した。室町期の伏見宮、江戸期の桂宮、有栖川宮に続く、第四の世襲宮家（閑院宮家）であって、将軍家綱・綱吉の子孫が絶えたという現実を踏まえてのことでもあった。

## 経済政策の立案

家宣の将軍就任直後、荻原重秀が新将軍御座所の新築経費の捻出を理由に、金銀貨の改鋳を願い出ると、家宣はこれを退けて白石に意見を聞いた。白石は、重秀が報告した幕府の財政状況には偽りが多いと見て、その行動に疑いの目をもっていた。元禄八年からの貨幣改鋳について、幕府の出費拡大の穴埋めのため、金銀の如き天地から生まれた大宝に混ぜ物をした結果、天災地変を招いたのであり、この悪政は前後に類を見ない、と酷評した。

しかし重秀は、年貢の収入が予想外に多いとして、御座所の建設を進め、宝永六年（一七〇九）十一月に完成、その経費は七十万両に達した。武家諸法度の公布日には、乾字金《けんじきん》・永字銀《えいじぎん》・三宝銀《さんぽうぎん》を改鋳し、二朱金を廃止した。乾字金は裏に乾の字の極印がある小判で、慶長小判と同じ含有率に戻し、重量が半分であったので元禄小判の回収には至らなかった。

さらに正徳元年（一七一一）に四宝銀《しほうぎん》を新鋳し、金銀貨の新改鋳を積極的に行なったのに対し、白石は不信感を抱き罷免を訴えるが、家宣から、真の人財は得難く、目下のところ国家の財政をつかさどらせる適当な人財はいない、と退けられた。そこで白石は、翌年六月に、勘定所が天下の財源を預るのに、この激務を一人（荻原重秀）で処理するのは無理で、勘定吟味役を再び置き、幕領の年貢、代官の適不適を調べるよう進言して、荻原美雅《はぎわらよしまさ》と杉岡能連《すぎおかよしつれ》が勘定吟味役となり、八月に巡見使が全国の幕領十か所に派遣された。

白石は、九月に再び勘定奉行荻原重秀の罷免を訴え、「荻原重秀弾劾書」を提出、意見が通らぬ場合は侍講を退任させてほしいと迫ったので、その強い意志に押され、重秀は罷免となった。その罷免後一か月して家宣が亡くなる。

家宣死後の後継者について、尾張の徳川吉通《よしみち》を将軍にする案もあったが、白石が家宣の子鍋松をすぐに将軍にすべしと意見を述べ、その意見が通ったという。将軍となった家継《いえつぐ》政権下でも、白石は経済政策にも関与、元禄金銀および宝永金銀を回収、乾字金や四宝銀を慶長金銀の品位に復帰する良質の正徳金銀を鋳造する政策を主導したが、これについては通貨不足のため旧貨との割合遣を余儀なくされた。

大量の金銀が海外に流出した結果、長崎貿易そのものが困難となっていたので、長崎奉行の大岡《おおおか》清相《きよすけ》とともに、貿易を縮小する政策（海舶互市新例《かいはくごししんれい》・正徳新例）を打ち出した。銀・銅の産出能力に見合う輸出量と貿易船数を設定して、中国船とオランダ船に守らせ、貿易不振で困窮する長崎町人に、貿易出来高にかかわらず配分銀や飯米を保証するものとした。外国船からの積戻りの不満には、物々交換の代物替で補い、統制の難しい中国船には、貿易制限順守を約束した船に「信牌《しんぱい》」（割符）を与えて、取引を許可した。以後、長崎貿易はこの政策で推移してゆくことになる。

正徳六年（一七一六）四月に徳川家継が早世し、将軍家徳川秀忠の男系男子が絶え、尾張・紀伊・水戸三家から将軍を迎えることになるが、尾張の吉通は正徳三年に亡くなり、子も同年に死去、吉通の異母弟継友《つぐとも》が藩主になっていた。継友には間部（間鍋）詮房や新井白石らの支持があったが、家宣の正室天英院《てんえいいん》、家継の生母月光院が紀伊の吉宗《よしむね》を支持して、吉宗になった。

## 学者の道、政治家の道

白石は致仕《ちし》し、五月に間部詮房とともに任を解かれたその「丙申の十月四日」に、白石は『折たく柴の記』を起筆、自らの歴史観や史学研究法、史料の扱いなどのその実証主義的史学は、木下順庵から多くを学び、「証なく拠なく疑わしき事は、かりそめにも口より出すべからず」（『人名考』）という順庵の戒めを守った、と記した。順庵の門下の室鳩巣や雨森芳洲《あめのもりほうしゅう》、祇園南海《ぎおんなんかい》、榊原篁洲《さかきばらこうしゅう》、南部南山《なんぶなんざん》、松浦霞沼《まつうらかしょう》、三宅観瀾《みやけかんらん》、服部寛斎《はっとりかんさい》、向井滄洲《むかいそうしゅう》ら（「木門十哲《もくもんじってつ》」）との交流からも多くを学んだ。

白石の歩んできた道は、儒者の範疇では捉えきれず、それは学者の道であった。役者、芸者、作者、儒者など文化を担う職業が広範に成立しており、学者の道も成立してきたのである。元禄三年

（一六九〇）刊行の『人倫訓蒙図彙』は、巻二の能芸部で「学者」について「世俗学者と称するは儒者をいふなり」と記し、儒者について説明した後、「医は医学者、歌は歌学者、それぞれの師あるなり」と記し、様々な領域で専門とする学者が生まれていた。

天明八年（一七八八）刊行の『学者《がくしゃ》角力《すもう》勝負《しょうぶ》付《づけ》評判《ひょうばん》』は、勧進元に菅原道真、行司に桃花老人（一条兼良）・朱舜水・林羅山の三人を配し、「元禄年中より天明八年迄、日本博士書籍院にて角力興行仕り候」と、元禄年間からの学者を番付に載せていて、東の大関に熊沢蕃山、関脇に荻生徂徠、西の大関に白石、関脇に伊藤仁斎を配している。番付が元禄年中から始まっており、学者は元禄年中から確かな社会的地位を獲得するに至ったのである。

白石は『折たく柴の記』に「世の中の事、なに事もあれ、見聞かむほどの事、ただにはうち過べからず。よくよく其事を詳にすべき事なり」と記しているが、それは歴史学者の考えそのもので、それもあって学者としての生き方を自伝に記し、歴史書『読史余論』を著した。これは家宣に行なった日本史の講義案をもとにしたもので、摂関政治から徳川政権成立に至るまでを「本朝天下の大勢、九変して武家の代となり、武家の代また五変して五代に及ぶ」という、公家の時代の変革を「九変」、武家の時代のそれを「五変」と捉えた独自の時期区分により叙述している。

徳川政権の正統性を論じるとともに、「百年にして礼楽興る」という歴史観から「武家の旧儀により万代の礼式を議定あるべきは、まことに百年の今日を以て、その期なり」と、徳川政権成立から百年して新たな政治に向かうべきことを人々に訴えたのである。

儒者の室鳩巣は、吉宗について「一統に褒め申す儀に候」「殊更御賢徳の事、日頃、群臣仰ぎ望み奉る事に候」と、群臣がその賢徳を仰いでいたと記し、「日頃、勇力の御聞へこれ有り」とも記し（『兼山秘策《けんざんひさく》』）、期待をしていた。

吉宗は、貞享元年（一六八四）十月に光貞《みつさだ》の子として生まれ、元禄十年（一六九七）に将軍綱吉にまみえ、越前丹生郡《にゅうぐん》三万石の葛野《かずらの》藩主となったが、葛野藩に赴くことなく、宝永二年（一七〇五）に長兄の藩主綱教《つなのり》が死去し、頼職《よりもと》が跡を継いだところ、同年に父光貞、さらに頼職も病死したため、紀州家の藩主となった。

紀州藩は年貢の収量が比較的安定していたが、江戸屋敷の火事、綱吉の娘との結婚、綱吉の御成《おなり》、光貞と頼職の葬儀に多大な費用を要し財政難に悩んでいた。そこで吉宗は財政再建のため出費の抑制と収入の増加に取り組んだ。質素倹約につとめ、家臣や領民に励行を命じ、紀州城下に町廻りの横目を巡回させて監視した。宝永五年に小役人ら八十人を整理、家中から二十分の一の差上金（藩士の五パーセントの禄高）を宝永七年まで課し、和歌山城大手門前に訴訟箱を設置し訴願を募り、文武奨励、孝子への褒章も行なった。

勘定方役人の井沢為永《いざわためなが》や学文路《かむろ》村庄屋の大畑才蔵を登用し、大規模な灌漑用水工事を行なわせた。大畑は紀ノ川の北岸に全長十一里の小田井《おだい》用水を開き、紀ノ川流域の新田開発を行なった。井沢は算術・土木技術に優れた地方巧者《じかたこうしゃ》として、藩の勘定添奉行に任用され、大畑らとともに多くの用水・溜池を開鑿・改修した。

基幹産業の捕鯨では、熊野の鯨組に軍事訓練を兼ねた大規模捕鯨を紀州熊野の瀬戸・湯崎で二度実施させて観覧し、熊野灘の鯨山見《くじらやまみ》から和歌山城まで狼煙を使っての海上保安の連絡網を設けた。財政が改善すると差上金を返却でき、将軍就任時には藩の繰越金は金十四万両、米十一万六千石となった。待望されての将軍であり、実績を引っ提げての異色の将軍誕生である。

## 三　吉宗の享保政治

### 藩主から将軍に

正徳《しょうとく》六年（一七一六）七月、幕府で葬儀が続いたために享保元年に改元されるなか、吉宗はその八月に将軍になった。就任が家康の没後百一年目にあたることもあって、吉宗は「元祖血脈への復古」を目指し、「諸事権現様（家康）御定の通り」「天下の御政務」にあたると標榜、旗本からは「天下の御長久の基と群臣安堵し奉り候」と期待された（『兼山秘策』）。

紀伊藩政の経験を活かして政策を展開、その手足となったのは、新設の御側御用取次になった紀州藩以来の家臣の加納久通《かのうひさみち》・有馬氏倫《ありまうじのり》らであって、将軍を補佐し、将軍と幕閣の間の連絡役として重要な役割を果たした。紀州藩の隠密御用の藩士を隠密御用の広敷伊賀者《ひろしきいがもの》に任じ、様々な情報を入手させ、これは後に御庭者《おにわもの》と称された。

最初に吉宗が行なったのは鷹狩と鷹場の復活である。鷹狩は綱吉の生類憐みの令で中止されていたが、享保二年（一七一七）五月に亀戸・隅田川で復活させた。戦国大名はこれを好んで、鷹を贈答し、家康も大いに好んでいたが、政権を握ってからは諸大名や公家の鷹狩を禁じ、一部の大名にのみ鷹狩を認め、鷹狩を王者の独占とした。鷹狩好きの吉宗はその家康に倣って鷹狩を復活させたのである。

享保二年の代替わりの『武家諸法度』では、綱吉の天和令に戻した。その第一条「文武忠孝を励まし、礼儀を正すべき事」に見える「文武」の「文」の政策は、基本的に綱吉の政策に沿うものであり、「武」を強調する形で鷹狩を復活した。以後、『武家諸法度』は変更されずに代替わりごとに出されてゆく。吉宗は家康・綱吉の政策を継承して政権を発足させたのであり、直前の正徳の治との違いを出す意味合いから、朝鮮通信使を迎えるにあたっては、朝鮮から日本への宛所を「日本国大君」に戻し、簡素化していた通信使の待遇を厚くした。

幕閣の老中を、将軍になるのを援助した「援立の臣」として留任させ、抵抗を少なくし、新任は、享保二年に阿部正喬《あべまさたか》が辞任したかわりに、岡崎藩主で若年寄、京都所司代の要職を歴任した水野《みずの》忠之《ただゆき》を起用しただけで、抜擢人事と言えば、享保二年二月に松野助義《まつのすけよし》が老齢で町奉行を辞任したので、山田奉行・普請奉行を勤めた大岡忠相《おおおかただすけ》を登用した。

町奉行は江戸市中の武家地・寺社地を除く町地を支配し、町及び町人に関する行政・立法・警察・消防を担当して、寺社奉行・勘定奉行とともに評定所に出席し、幕府の政策決定に携わっていた。また、享保三年に勘定吟味役に、農政に関する意見書『辻六郎左衛門上書』を記した地方巧者の辻守《つじもり》参《みつ》をあてた。

吉宗は藩主の時に林信篤《はやしのぶあつ》から講義を受けており、将軍になる直前の五月にも召して種々尋ねているので信篤に期待しており、享保二年には昌平坂で経書を非番の直参や諸藩の武士、江戸町人の有志を対象に講じる公開講釈を毎日定時に、在塾中の優秀な学生に一日交代で行なわせた。享保三年には信篤に江戸城内での開講を始めさせ、その講釈日を決めて行なう講釈には、武士の聴聞を「勝手次第」にさせるとともに、講師には林家一門だけでなく、古学派からも採用した。

湯島の聖廟とは別に享保四年に高倉屋敷（学館）で室鳩巣や木下菊潭《きのしたきくたん》・服部寛斎《はっとりかんさい》ら木門の儒者に経書の講義を行なわせた。その一人の室鳩巣が正徳五年に君臣道徳や武士道を論じる『名君家訓』を著すと、これを吉宗が気に入って享保七年（一七二二）に侍講となったが、儒学に「不案内」な吉宗は、「委《くわ》しく申し上げ候ても御得心遊ばされ難く候」「唯道理を第一に申し上げ候様」と、道理に基づく助言を求められるのみであったという（『兼山秘策』）。

吉宗は実用の学問を重視していて、江戸城中奥の茶坊主の成島道筑《なるしまどうちく》が、諸学万般にわたる知識をもって法律や朝廷の旧儀などを調査し、日々、吉宗に進講した。

### 財政再建に向けて

将軍吉宗の喫緊の課題は財政再建にあった。前代から続く財政難解消のため長崎奉行に貿易の実態調査を命じたところ、輸出額と貿易船の制限を設定した正徳の長崎新例には一定の効果があるとの報告を得たので、その継続を指示し、「信牌《しんぱい》」を所持せぬ唐船には、享保二年（一七一七）に抜荷《ぬけに》購入を禁じ、豊前・筑前・長門諸国に唐船追放を命じた。

財政支出削減のために自ら絹の着物を避けて綿服を着用するなど、広く倹約を命じ、大奥の経費削減では、役人に命じて大奥女性のなかから美人を書き上げさせ、その五十人ほどに暇をとらせたという(『兼山秘策』)。美人ならば大奥を解雇されても大丈夫との思いからであった。

享保四年に評定所の事務経費削減を狙い「相対済《あいたいす》まし令《れい》」を出した。多くの「公事」(訴訟)によって評定所が繁忙を極め、この年の江戸町奉行所が扱った公事は二万六千件もあって、そのうち貸借関係の「金公事《かねくじ》」が二万四千件に達していた。そこで金公事は受理せず、当事者同士の直接交渉で済ませた。これにより困窮する旗本・御家人の救済をもはかったもので、経費削減は寺社修復費にも及び、年間千両以内に抑えられた。

朝鮮通信使の来朝には手厚い待遇をする方針で、経費が膨らむことから、享保四年六月に畿内から東海道沿いの国々十五か国に、高百石に金三分余の国役金《くにやくきん》を課し(国役令)、上方から江戸への人馬の通し費用にあて、あわせて助郷《すけごう》の負担を軽くした。

国役による負担抑制策は、享保五年五月の諸国堤川除普請令《つつみかわよけぶしんれい》にも認められ、大河川の堤防護には国持大名や二十万石以上の大名に従前通り自普請で行なわせるも、それ以下については幕府が主導して十分の一ほどを負担、残りは国役で徴収、普請工事は町人に請け負わせた。幕領・私領の別なく課す国役により公共工事の幕府負担を少なくした。

享保四年五月に法度・機構の見直しを諸役人・諸番頭に指示したところ、新規の申し出がなかったため、翌五年八月五日に改めて寺社・勘定・町奉行と勘定吟味役、京・大坂・長崎・日光・駿府・堺の各奉行に「統治心得」として伝達、評定所を構成する三奉行に刑罰の基準を予め定めて記すよう命じ、法令・機構の整備に入った。

勘定所の事務機構を公事方と勝手方とに分け、公事方に訴訟・請願を扱わせ、勝手方には幕領の年貢収納・河川用水、金銀米銭の出納、旗本の知行割や代官の手当てなど財務一般を扱わせるものとし、勝手方の下に、年貢収納を担当する御取箇方《おとりかがた》、新田開発担当の新田方、幕臣への知行・俸禄支給を担当する知行割方、街道担当の道中方など分課を配した。

巨大都市化した江戸の対策も重要な課題で、江戸は人口が百万、町数が正徳三年（一七一三）に九百三十三町に達しており、町奉行のもとで町年寄が江戸惣町《そうちょう》の支配を担当していた。その町年寄は樽屋・奈良屋・喜多村の三家が世襲し、触《ふれ》を町名主に伝え、新地の地割や受け渡し、人別の集計や名主の任免、商人職人の統制、公役・冥加・運上の徴収など多くの業務を担った。

町名主は、町年寄のもとにあって、町触《まちぶれ》の伝達や人別改めを始めとして、個別の町の町用・公用に関わった。草創名主、古町名主、平名主、寺社領門前を支配する門前名主などがあって、名主役を専業として世襲した。その数は正徳五年に百九十六名で、日本橋組合、霊厳島組合、斯波組合、神田組合、浅草組合など地域ごとに名主組合をつくっていた。

町奉行忠相の課題は物価高にあって、米穀の増産で需要よりも供給が上回って米価が値下がり、需要に供給が追いつかない諸物価高が生じていた。酒造制限を撤廃、生産地の米を貯え置く「置米」を命じるが、効果はなかった。諸色物価高は庶民の生活を脅かすので、消費の抑制や新規商品の禁止をはかった。

享保五年五月、幕府は、「諸色潤沢に候とも、猥《みだ》りにつかひ捨て申さざる様」と、多くの品々が潤沢になっているが、使い捨てなどをせぬよう、主食である米穀と医薬品以外は増産や新製品の生産を禁止する触れを出した。翌六年七月には女子の遊びの羽子板、雛、雛道具、人形、破魔矢などの色や飾りから、大きさまで制限する触れを出すなど、倹約令を繰り返し出したが、容易に物価高はおさまらなかった。

### 環境政策

木造家屋の密集する町人地では、火事が頻繁に発生していたので、防火対策に着手した。奉行就任直後の享保二年（一七一七）二月、大岡忠相は神田の護持院が焼失すると、跡地を火除地《ひよけち》にしてから以後、火災跡地を火除地としていった。翌年五月に町家を立ち退かせて火除地をつくる方針を示し、享保四年三月には相生・八軒・松永各町、神田元乗物《もとのりもの》・佐柄木《さえき》・本銀《ほんしろがね》・紺屋各町を収公して火除地とし、同五年にその地に家財道具などの持ち込み、群集するのを禁じた。

火消し体制も強化した。従来は「大名火消」と旗本・御家人の「定火消《じょうびけし》」が中心であったのだが、享保三年十月に「町火消」の設置を命じ、町火消組合が設けられた。「出火の節の儀、この度、絵図を以て、組合極めなされ候間、絵図朱引の通り相心得、組合外えは出し申すまじく候」と、延焼防止と駆け付け消火にあたる火消組合が、町毎に三十人一組で作られ、享保五年八月には町火消組織「いろは四十七組」も編成された。

これだけでは延焼が防げないので、忠相は町家を瓦葺にして飛び火を防ぐ案を町名主に提示し、土で柱を隠し漆喰仕上げの塗屋造りを提案、ともに名主の反対にあったが、あきらめずに享保八年に横山町・市ヶ谷門前、十四年に麹町など、順次可能な範囲で瓦葺や塗屋造りを進めていった。

吉宗は民間から批判や意見を聞くべく、享保四年に「願いの筋相立ち候はば、取り上げ吟味いたし候」と、道理に適う訴願ならば取り上げる、という触れを出し、同六年には訴願の手続きを定めた。享保五年閏七月に日本橋に高札を立て、目安箱を評定所前に毎月二日、十一日、二十一日に置くので政治上の有益な意見や役人の私曲に関する情報を提供するように伝えた。

これに応じたのが小石川の町医師小川笙船《おがわしょうせん》である。同七年正月、目安箱に投書し、困窮者や孤独な者のための「施薬院《せやくいん》」建設を提案すると、吉宗が忠相に検討を命じ、小石川薬園内に小石川養生所を建築費二百十両で建設し、十二月四日に開業となった。笙船父子や小普請組の医師が病人の療養にあたり、年間、二百九十両強で運営され、八年八月十八日の入院患者は五十七、外来患者は三百十四名となり、日本初の総合病院として成長してゆく。

江戸の美化にも力を注ぎ、享保二年に隅田川の堤の左右に桜を、享保五年には北郊の飛鳥山に桜を植えたほか、南郊の御殿山に吉野の桜を植えるなど、江戸近郊に行楽地を形成し、風紀を整えるため、新吉原の遊郭の外にある寺社門前の岡場所で営業する私娼を取り締まり、享保五年に遊女の抱え主や遊女を置く家主の家財を没収し、その身を追放に処すとした。享保七年の江戸の町方人口は男三十一万、女十七万と女性が著しく少なく、参勤交代により武士が家族を故郷においていた事情もあって、この措置となったのである。

## 寺子屋と私塾の制度

吉宗は民衆教化のため、明の洪武帝の六か条の訓戒を解説した范鋐《はんこう》の『六諭衍義《りくゆえんぎ》』を入手すると、その大意を室鳩巣に和文で記させて『六諭衍義大意』を享保七年（一七二二）に出版したところ、たまたま鷹狩で訪れた武蔵豊島郡島根村の医師吉田順庵《よしだじゅんあん》が手習所で法令類をテキストに教えていることを知り、広く『六諭衍義』を手習師匠に頒布した。

手習所は元禄頃に京の香月牛山《かつきぎゅうざん》が『小児必用養育草《しょうにひつようそだてぐさ》』で、手習は朝十返、昼三十返、夜十返習い、手本一つを十五日とさだめ、五日に一返清書し、三度目の清書は手本を見ずに書くよう、手習師匠の方針に任せること、女の童に七、八歳から十二歳まで手習所にやるのは「はなはだ悪しき風俗」であることなどを記しており、京では広く男女児が手習所に通っていた。

元禄八年（一六九五）に笹山梅庵《ささやまばいあん》が『寺子制誨之式目《てらこせいかいのしきもく》』を出版、その三十七か条の第一条は「人と生きて物書かざるは人に非ず」と子どもに手習をすすめ、第二条で「寺子」の髪、帯の結び、歯の白さなどに気を付けるようなど、行儀作法や躾方を説いている。なお寺子はこの書が初見という。出羽庄内藩の手習所の元禄十六年の掟には、早朝から学習に励み、反復練習し、仲間同士で教え合い、わからなくなったら師匠に聞く、終日手習いに精をだし、いたずら・悪口などせず、清書は中一日おいて実施、一人ずつ師匠の前に出て清書し、指導を受ける、とあって、東北地方にまで手習所が普及した。正徳四年（一七一四）に堀流水軒《ほりりゅうすいけん》の『寺子教訓書』が出版されている。民間の私塾も盛んになっており、享保二年に摂津《せっつ》平野《ひらの》郷の含翠堂《がんすいどう》、同八年に江戸深川の会輔堂《かいほどう》、同九年には大坂の豪商五人が出資して、三宅石庵《みやけせきあん》を学主に迎えて懐徳堂《かいとくどう》が開設された。

含翠堂は、戦国期の自治的な郷町である平野郷の伝統の上に、土橋友直《つちばしゆうちょく》・宗信《むねのぶ》、中村保之、成安栄信、徳田宗雪、井上正臣、間宗好ら七人の上層町人の「同志中」が「創立興生員」として設立され、「助力生員」の町人が掛金や寄付金を出し、設立を援助して経営に関わった。教育には教授と講師・留守居役があたり、教授は招聘されて講義に当たる者、住み込んで講義する者がいて、留守居役は事務や管理業務にあたり児童に素読を授けた。

読書日はある日は論語、ある日は中庸、ある日は大学で、読み書き算盤なども教えた。成人教育は三・五・七・十日に会合して行なわれ、「大学章句」「論語聞書」「孟子講義録」「古文後集《こぶんこうしゅう》」「童子《どうじ》問《もん》」など広く講義がなされ、定日以外にも特別講義があった。主な教授陣には陽明学の三輪執斎《しっさい》、古義堂の伊藤東涯《とうがい》や大内青渓《せいけい》・三宅万年《まんねん》などがあたった。

大坂の懐徳堂は、享保九年（一七二四）、三宅石庵の私塾を前身とし、豪商（三星屋武右衛門《みつぼしやぶえもん》・富永芳春《とみながほうしゅん》・舟橋屋四郎右衛門《ふなはしやしろうえもん》・備前屋吉兵衛・鴻池又四郎）の五同志が出資し、石庵を学主に迎えて大坂尼ヶ崎町に設立され、享保十一年（一七二六）に石庵の弟子中井甃庵《なかいしゅうあん》の奔走により、将軍徳川吉宗から公認を受けて官許学問所となった。教育方針は、庶民教育に主眼をおき、学問は忠孝を尽くし、職業を勧める上であることとされ、講釈もただこの趣旨のために行なうものとされ、学主・預人・支配人（町役）の組織からなり、学風は朱子・陸王・古学の折衷兼学であった。第四代の学主中井竹山《なかいちくざん》の時に大きく発展した。

## 全国の行政と国勢調査

吉宗は紀州藩主から将軍になっただけに、将軍就任早々に老中を呼んで、幕府一年間の年貢収納高を質問していたことから明らかなように、幕領のみならず私領（大名領）を含んだ全国的体制の構築と整備を目指した。幕領の統計については『大河内家記録』や向山誠斎《むこうやませいさい》『誠斎雑記』から知られるが、『誠斎雑記』の記事が享保元年（一七一六）に始まるのは、この時期から政策の基礎をなす統計が整えられたことを物語るものである。

享保二年には日本総図の再編を命じた。勘定奉行を責任者に、実務は正保図編集（八十一頁参照）の北条氏長の子氏如《うじすけ》があたり、享保四年からは正確を期して数学者関孝和の門人建部賢弘《たけべかたひろ》があたった。国境の基準となる山（見当山）を選び、それとの方角を計る望視調査を行なって、享保八年に一応の完成を見ている。離島調査により別図も作成し、最終的には享保十三年に完成した。

正徳三年（一七一三）の対外貿易に基づく国産糸奨励政策を引き継ぎ、物産の国産化政策も推進した。採薬使《さいやくし》を諸国に派遣して薬種を探査・採集させ、享保四年（一七一九）に朝鮮人参の絵図や性状を対馬藩に問い合わせ、植村左平次を幕府の薬草御用に任じ、享保五年に丹羽正伯《にわしょうはく》・野呂元丈《のろげんじょう》を伊勢から招いて箱根・日光・富士山で薬種を採集させ、享保六年には植村・丹羽らが畿内近国や東国で採薬を行なうなど、採薬事業は全国に及んだ。

野呂が伊勢に送った書状には「このたび薬草一事興起、諸山から珍物ども出し候」「後世まで本朝の重宝」「国家のため相成候」と、薬草採取の意義を語っている。それにあわせ幕府直営の麻布の薬園から移転していた小石川薬園の規模を拡大、享保五年に駒場に薬園を設け、六年に小石川薬園を四万九千坪に拡張した。享保七年七月には江戸の伊勢町に和薬改所を置き、八年からは唐や西洋の薬種を積極的に輸入するようになり、その検査体制を整えた。

享保六年六月に全国の面積・戸口調査を行なった。「諸国領地の村々、田畑町歩、郡切りに書き記し、ならびに百姓・町人・社人男女・僧尼等、その外に至る迄、人数都合領分限りに書き付け差出さるべく候」という触れで、面積の調査は郡・国単位で集計、戸口調査は武士を除く百姓・町人・社人・僧尼を領域単位で集計し、奉公人、「又もの」（陪臣）は除外した。享保十一年二月にも同調査を行なっており、以後、古代の戸籍を手本に子年・午年の六年毎に行なってゆく。

書物への関心の高い吉宗は、天体観測や本草学など自然科学・技術の振興を考え、享保五年に漢訳洋書の輸入の禁を緩和し、同七年に幕府の紅葉山文庫《もみじやまぶんこ》に欠本の『本朝世紀』『律集解《りつのしゅうげ》』『令』『弘《こう》仁式《にんしき》』など十七点の書物を公示して提出させた。違反出版物の取り締まりには厳しく、享保七年十一月に五カ条の出版条目を発し、儒書・仏書・神書・医書・歌書などの新説を交えた「猥《みだら》な」新刊書の発行を禁じ、既出版の好色本の類を絶版にし、奥書には作者と出版元を実名で記させ、公儀批判の本の出版を禁じた。

## 上米令と新田開発令

吉宗の財政再建策を求められた室鳩巣は、京や大坂の富裕な商人から借金するのがよい、と提案したが、吉宗は「左様の儀は当分の儀」と退け、享保七年（一七二二）五月十五日、水野忠之を勝手掛老中に任じ、本格的な財政再建に取り組んだ。その再建策は「納《おさま》り方之品《かたのしな》」（年貢の増徴）、「新田等の取り立て」の二つであった。

当面の策として七月一日に諸大名への上米《あげまい》の賦課を選択した（上米令）。大名に石高一万石につき米百石を幕府に献上させ、その見返りに参勤交代を半年在府・一年半在国に緩和する措置をとった。旗本に編入した御家人が増え、切米《きりまい》や扶持米《ふちまい》が増加、このままでは城米《じょうまい》不足に対処できず、御家人の数百人は扶持を召し放つ事態になるとして、「御恥辱を顧みられず、仰出され候」と、苦渋の決断として求めたのである。これにより、上米の年間の総額は十八万七千石になり、享保十六年（一七三一）に切米・扶持米の充当には十分となって、上米令は撤回され、参勤交代も旧に復した。

経費削減策の第二弾は、足高《たしだか》の制の採用で、享保八年に役職別に基準高を設け、就任する役人の知行高が基準に達さない場合、不足分を在職期間中に限って支給した。たとえば八百石の旗本が、基準高三千石の町奉行になると、幕府から二千二百石を支給するというもので、これにより小禄の者も役職に相応する俸禄を受け取るので、人材登用が進み、石高加増による財政膨張を抑制することができた。

抜本的増収策は、「新田等の取り立て」の審議により出された新田開発令である。享保七年七月二十六日に日本橋に「新田開発奨励」の高札を立て、幕領と私領の境界地での新田開発を申請するよう、五畿内では京都町奉行所に、西国・中国筋では大坂町奉行所に、北国・関八州では江戸町奉行所に出すよう命じた。九月二十八日には私領の地先《じさき》の山野海浜の新田開発は、公儀が行なうものとした。

新田開発は寛文期に積極的に試みられたが、飽和状態になって各地で問題が生じていたこともあり、消極的になっていたのだが、転じて積極策をとったのである。開発の不可能な、開発除外地を見つけ、その地の開発を促すもので、民間の力を借りるとともに、公儀も積極的にあたった。

八月九日に下総の佐倉・小金牧《こがねのまき》の新田開発を代官の小見山昌世《こみやままさよ》に命じているが、昌世は農政の要書『田園類説』を著した地方巧者で、前年に代官に登用されており、その開発によって佐倉・小金新田の年貢の十分の一を与えられた（代官見立新田《だいかんみたてしんでん》）。

利根川と鬼怒川の合流する北部に広がる飯沼の開発は、計画が進捗しなかったところ、高札を見た飯沼湖畔の尾崎村の名主左平太が、岡田・猿島・結城三郡の村々とともに開発を申請、一万両を拝借し、幕府勘定方に転じた井沢為永《いざわためなが》の指導を得て、享保十年に干拓工事が完了、千五百町、石高一万四千石、三十一か村の新田が生まれた。

日本橋に住み幕府御用の硫黄商を営む竹前小八郎も、高札を見て、日本海に臨む越後蒲原郡の紫《し》雲寺潟《うんじがた》の開発を申請し、五年の歳月をかけた難工事の末、新田が千七百町歩、四十二の新田村が生

見沼通船堀　吉宗の命で利根川から見沼代用水を引き1200町歩の新田を開発した。その後、村々と江戸を結ぶ見沼通船堀がつくられた。（写真：さいたま市教育委員会提供）

まれ、竹前家は五百町歩を与えられた。

武蔵足立郡では見沼溜井《みぬまためい》の水を用いる下流域での用水不足を解消し、見沼を干拓するため、利根川から三万間の水路（見沼代用水）を引く計画を立て、享保十年から翌年にかけて現地を井沢為永が検分・測量して着工、埼玉・足立両郡内十五万石弱を潤した（見沼代用水新田）。

武蔵野新田は享保七年に地方御用兼務となった大岡忠相の指揮下で開発され、多摩郡に四十、入間・高麗郡ともに十九など計八十二新田、石高一万二千石の畑地が生まれた。図は見沼代用水である。

### 年貢増徴と百姓強訴

新田開発が進められるなか、享保十一年（一七二六）八月に三十二か条の新田検地条目が定められ、その間にも年貢増徴が図られた。年貢の徴租は収穫時に稲の作柄を定め、収穫量を推定して徴収する検見取法《けみどり》が主に行なわれていたが、享保三年（一七一八）から数年間の年貢の平均高を算出し、一定期間、作柄の豊凶にかかわりなく年貢を徴収する定免法《じょうめん》が、「享保六年迄は諸国一同検見取に候処、同七寅年より年季に限り、定免相初申候」（『刑銭須知《けいせんすち》』）と、享保七年から実施に入った。

検見取法では、稲作の多品種化など農業の発達にあわなくなっており、検見役人の不正も頻繁に起きていたので、定免法を採用し、これを機に免率を変更して増収へとつなげようとしたのである。幕府の勘定吟味役の辻守参が著した『地方要集録《じかたようしゅうろく》』によれば、定免法は上層農民に有利で、小百姓に不利である、と記し、武蔵川崎宿名主の田中丘隅《たなかきゅうぐ》の『民間省要《みんかんせいよう》』も、村落の上層の者が善政と喜んだと記すように、上層農民には有利な徴租法ではあるが、過分な損亡が起きると農民には不利になったので、村全体が願い出た時は定免法を止め、検見取法を採用するものとした。

さらに畿内・西国の畑地については、耕地の三分の一が畑地であるとして三分一銀納《さんぶいちぎんのう》で徴収していたが、享保七年にその三分一銀納法を止めることを伝え、村との間で銀納の換算率を引き上げる交渉を行ない、増徴につなげた。しかし年貢増徴ともなれば、百姓の反発も大きかった。

吉宗は将軍になる前に紀伊藩で藩政改革を行なって財政難に対処したが、諸藩でも財政難から年貢増徴に踏み切っており、百姓の反発が起きていた。享保元年に石見浜田藩で飢饉から年貢事前割当制を導入しようとしたので、城下に百姓が強訴して五年間の容赦となっている。翌二年には鳥取藩で年貢減免・救米を求めて城下に強訴、備後福山藩・周防岩国藩でも、享保三年には備後三次藩、安芸・備後の広島藩と中国地方で連続して強訴がおきるなど、全国的に広がった。

享保三年に上野《こうずけ》館林《たてばやし》藩《はん》、同五年に陸奥《むつ》白河藩《しらかわはん》などで強訴が起きると、警戒した幕府は享保六年二月に「百姓、何事に依らず大勢相催し、神水を呑み誓約致し、一味同心徒党ケ間敷義、堅く制禁之事」という百姓の徒党を禁じる法令を出している。しかし幕領でもおきた。

享保七年に陸奥の幕領信夫《しのぶ》・伊達《だて》両郡の川俣・大森代官所に赴任した岡田俊陳《おかだとしのぶ》が、同九年に定免法を実施、その子俊惟《としただ》も同十二年に十年定免法での年貢増徴を試みたので、同十三年の凶作で困窮した百姓が翌年に一揆を起こして代官所に詰めかけたが、埒があかないので、福島城下に逃散したのである。年貢増徴とともに各地で強訴が起きたのであって、幕府はこれに一歩もひかず、岡田俊惟は九州日田の代官に移ってからも九州幕領の年貢増徴に邁進した。

こうした新田開発や年貢増徴などによって、幕領の総石高は享保七年の四百万石から十五年の間に四百五十万石に増加し、年貢収納高も二十万石ほど増えた（『大河内家記録』『誠斎雑記』）。

### 制度の思潮と士農工商

吉宗は、多くの人々意見を求めて政治を推進した。享保七年（一七二二）に側衆《そばしゅう》の有馬氏倫《ありまうじのり》を通じ幕領代官の小見山昌世の『地方問答書』を読み、儒者の成島道筑《なるしまどうちく》を通じて武蔵川崎宿名主の田中丘隅の意見書『民間省要』を読むなどして、地方巧者の意見を新田開発や定免法採用の参考にした。侍講の室鳩巣からも享保六年に『論語』進講を受けており、多くの意見を聞いた。同じ学者でも吉宗の政策に多大な影響を与えたのが荻生徂徠《おぎゅうそらい》である。

吉宗は享保六年に徂徠の『太平策《たいへいさく》』を読み、その所説を知るところとなるが、徂徠の意見は『政《せい》談《だん》』として享保十一年に成った。徂徠は綱吉の侍医荻生方庵《ほうあん》の子で、柳沢吉保に仕えて将軍綱吉に拝謁、公用日録の作成や綱吉の一代記『憲廟実録《けんびょうじつろく》』の編纂に従事した。宝永六年（一七〇九）の綱吉の死と吉保の引退で、茅場町に住み、私塾の蘐園塾《けんえんじゅく》を開いて弟子を育て、正徳四年（一七一四）の『蘐園随筆』で広く世に知られ、秦・漢以前の古文に基づく解釈学（古文辞学）の立場を鮮明にした。

徂徠は『答問書』に「見聞広く事実に行きわたり候を学問と申す事候故、学問は歴史に極まり候事に候」と記し、白石同様に歴史学者の面もあったが、徂徠の言は政治学者そのもので、現実を直視して論を立てた。その『政談』の考えの基本は、巻末で「肝心の所は、世界旅宿の境界なると、諸事の制度なきと、此二つに帰する事也」と記した。人民が旅人のように居場所が定まらない状況と、諸事にわたって制度がないことの二つに政治の課題をみていた。

徂徠は制度を「衣服・家居・器物、或は婚礼・音信・贈答・供廻りの次第迄、人の貴賤・知行の高下・役柄の品に応じそれぞれに次第有を制度といふ」と定義し、制度を定める必要性を力説し、古代の聖人が制度を定めたので上下の身分の差別が定まり、贅沢を抑えて世の中が豊かになったのだが、時代が下り古代の制度を用い難くなり、大乱も起きて制度が滅んだので、新たに制度を定めねばならない。道理のわからぬ人は、制度は今もあるかに思っているが、それは世の中の成り行きで生まれてきた習慣であり、「誠の制度」（本当の制度）ではない。

本当の制度とは、過去の歴史を振り返り、未来を予測し、世の中が平和で、いつまでも豊かになるよう、君主の計らいで定めるものである。制度を定めないため、「衣服より家居・器物等迄」、諸般にわたって貴賤の「階級」が定まらず贅沢がおさまらない、江戸の城下では「せわしなき風俗と制度なきとの二つ」が加わり、武家の輩は「米を貴ぶ心なく、金を大切のもの」と思うようになって、武士は身上を商人に吸い取られて窮乏している。

このような現状認識から、礼法に基づく制度、つまり幕府の財政の仕方や諸大名、旗本・御家人の困窮を救う制度、物価や金銀の量、貸借の制度などをいかに定めるかを具体的に提案しており、その基本は倹約にあった。「上下倹約を守り、奢なきようにする仕方、是にまさるものなし」と、倹約に勝るものはなく、「公儀」から「上は大名より下は小身の諸士に至るまで」、さらに「町人百姓共」にも倹約を推奨した。

古代中国の聖人のやり方や、日本の律令格式により一国を治める形が生まれた、という歴史認識に基づいて「制度」を発見し、これを採用すべし、と主張したのである。

吉宗の政策はその考えに応じたもので、制度の根幹となる法令の整備を行ない、享保五年（一七二〇）に評定所の三奉行に幕府の民事・刑事訴訟に関する法令や判例・取り決めの整備を指示、享保九年に『法律類寄』八十六か条を編纂している。

徂徠は、制度の基本となる士農工商について、「農は田を耕して世界の人を養ひ、工は家器を作りて世界の人につかはせ、商は有無をかよはして世界の人の手伝をなし、士は是を治めて乱れぬようにいたし候へ共、相互に助けあひて、一色かけても国土は立申さず候」と、その各職分を記した上で、農と工商との関係を、「本を重んじ末を抑ゆるといふ事、是又、古聖人の法也。本とは農也。末とは工商也」と、工商が盛んになって農業が衰えれば、諸国は難義をすることになるとする農本主義の立場にあった。

室鳩巣は『名君家訓』において、「古より四民とて、天下の人を士農工商の四色にわかちをき、それぞれに主どる所の職をつけ申事にて候。しかるに農は耕作をつとめて米穀を出し、工はあるひは梓匠となりて室屋をかまへ、あるひは陶冶となりて器物をつくり、商は売買をいとなみて、有無を通じ、此三民にて天下の用をたし申候」と、農工商の三民の職分を記した後、「義理と申もの一つをば、士の職と定申事にて候」と、士の職分を義理に求めた。

### 百姓と商人の身分論

下野《しもつけ》烏山《からすやま》の医者で俳人の常磐潭北《ときわたんぼく》は、享保十一年（一七二六）に著した『百姓分量記《ひゃくしょうぶんりょうき》』で、「民は国の本也」「農人は四海の命の本」と記し、百姓は天地のうちの地にあって、卑しまれて身の程に落としても、農業を大事と勤め、天から与えられた職分を尽すものであり、そのことで天の道を守るが故に、人は万物の霊長と尊ばれ、百姓なくして人の道はない、とその存在の重要性を説いた。「天子、諸侯、卿大夫、士、庶人と分量は違いあれども、道に替りなき」と、どんな身分でも「道」に変わりなく、庶人も君子として尊ばれるものであるという。

西川如見《にしかわじょけん》は、慶安《けいあん》元年（一六四八）に長崎に生まれ、木下順庵《きのしたじゅんあん》門下の南部草寿《なんぶそうじゅ》から木門の実学を学び、向井元升《むかいげんしょう》に伝わった天文暦学をよくし、吉宗にその天文学が認められ、江戸に招かれて幕府に仕え、享保四年（一七一九）に長崎の町人の存在を通じて町人の心得『町人嚢《ちょうにんぶくろ》』を著した。

冒頭で町人の道を楽しむのには、町人の品位、町人の理をわきまえ、心を正して身を修めるべき、と町人のあるべき様を記し、それは「聖人の書」から考えられるところであり、町人を人倫の中に位置づけている。人間には天子、諸侯、卿大夫、士、庶人の五つの品位があり、この「五等の人倫」を日本にあてはめると、天子は禁中様、諸侯は諸大名衆、卿大夫は旗本の物頭、士は無官の旗本、庶人は諸侍であって、庶人はさらに四つの「品」(身分)があって四民、士農工商といい、士は諸侍、農は耕作人で百姓、工は諸職人、商は商売人で、これら五等・四民が「天理自然の人倫」である、と身分秩序を整理し、四民なくしては五等の人倫は成り立たないという。

四民のうち工・商を町人といい、町人は百姓より下座にあったが、天下が貨幣経済になって金銀財宝を司るのが町人であり、その「品」は百姓より上にある。その町人像について、「下に居て上をしのがず、他の威勢あるを羨まず、簡略質素を守り、分際を安んじ」る。「畢竟、人間は根本の所に尊卑有べき理なし」と述べ、町人の尊厳を強調した。

二年後には『百姓嚢』を著わし、「百姓といふは士農工商の四民総ての名なり」と始まり、いつのころからか商工を町人、農人を百姓というようになったと指摘した後、百姓＝農人こそが人倫の根底をつくっているのであると説く。時代が下り世界の金銀が町人の手に移ったため、百姓の風俗がいやしく見られ侮られる世になったが、この賤しめられる風俗こそ百姓長久の幸いと思い、奢侈の振舞いなく四民の下座にへりくだり、公の掟を恐れ謹み、農業を怠りなくして正直を守り、家内の人を憐れみ恵み、郷党の信実を本とするならば誠の道にかなう、と百姓のあるべき像を語っている。

地方巧者の立場から百姓のあるべき像を記したのが田中丘隅(休愚)の『民間省要』である。丘隅は武蔵多摩郡平沢村の名主の子に生まれ、東海道川崎宿の本陣田中兵庫の養子となり、宝永元年(一七〇四)に家督を継いで名主・問屋を兼ね、享保五年(一七二〇)に西国行脚の旅に出、江戸に遊学、享保六年に『民間省要』を著すと、翌年に成島道筑を通じて吉宗に献上された。

『民間省要』は、士農工商における百姓を位置づけ、士農工商の名は分かれていても、もとは天子・国主も四民から出たもので、四民はともに家を起こすが、その功を子孫に伝えるのは難しく、自分の器量が優れ、地の利、人の和によって天の時にかなったものが、その業を起こすのであって、四民はその官位に従って身の分限を不都合のないようわきまえるべきで、四民それぞれに慎み恐るべきことを記し、総じて「上一人より下万民に至る迄、その国を治め、その家を斉る事、其の品各別なりといへども、心を用る事は以て一つなり」と、四民が身を慎み、奢りがないようにと強調している。

丘隅は『民間省要』の上覧後、享保八年に井沢弥惣兵衛《いざわやそべえ》の指揮下で武蔵の荒川や多摩川、六郷・二ケ領用水の川除普請御用に携わり、十一年には相模酒匂川《さかわがわ》の治水工事を行なうなど、地方巧者の本領を発揮し、十四年に新田開発と用水管理の功で地方役人に登用され、七年に地方奉行を兼ねた大岡忠相支配下の支配勘定格となっている。

士農工商はあくまでも身分論であって、現実の身分の在り方はもっと多様であったのだが、このように四民それぞれの職分を論じられるなかで、新たな地平が開かれ、やがて四民平等の考えへと到達することになった。

## 遊民と戸籍制度

士農工商の職分や在り方が説かれるなか、それから外れた存在を、『町人嚢』は「四民の外の人倫をば遊民といひて、国土のために用なき人間なりと知るべし」と、「遊民」と記し、徂徠『政談』も「ぼていふり・日用《ひよう》取りなどの遊民も、在所をはなれて御城下に聚る」「日用をやとふよりして、御城下に遊民おほく集り」と、在所をはなれた遊民が日用（日雇い労働者）として雇われて城下に多く集まると記し、遊民は士農工商の制度から把握されていない存在であった。『政談』が問題の根本として指摘した「旅宿の境界なる」とは、その点に関わっていた。

大量の人口流入で江戸は無秩序状態になり、犯罪が多発、治安が悪化、風俗が乱れており、財政や金融・経済の問題も起きていた。参勤交代による武士の江戸集住で、「諸国の工商悉く御城下に集ひて、町の家居 夥《おびただしく》 敷成り、北は千住より南は品川まで立続く」という城下町の膨張により「旅宿の境界」の状況となっていた。

徂徠はこの大衆社会状況を正すためには、人の郷里を定め、武士を知行所におくのがよい、と提言し、盗賊や追剝《おいはぎ》、博奕の類の横行には、取り締まる盗賊奉行や町奉行支配下の歳番・牢屋見回り・町廻りなどが職務の与力や同心、目明しの問題点を指摘し、武家屋敷も町方も木戸をつけ、木戸番を置き、肝煎《きもいり》に命じ警戒を怠らず、武家地・町人地ともに整備すべきである。

次に、出替奉公人《でがわりほうこうにん》の欠落（契約期間中の逃亡）や取逃《とりにげ》（金品の持ち逃げ）、引負《ひきおい》（使い込み）が多く生じているのは、彼らの雇い主や請人、家主などの在り方に問題があるといい、それへの対策としての「よろしき制度」は、出替奉公人の出てきた田舎において、名主が代官・地頭に報告するものとし、「戸籍」をつくることが重要であるという。

「戸籍」は、治の根本に立ち返り、法を立て直すための、人を地に付ける制度であり、今の世の人別帳ではなく、村・所の屋別に、家々の亭主や家内の人数、譜代の者まで残らず記し、嫁、養子、子の、その死や出家などをも記すもので、これにより「日本国中の人、江戸も田舎も皆所を定めて、是はいづくの人といふ事を極る仕形」、すなわち日本中の人の住所を定め、いずこの人かとわかる仕組みである。

その目的は、「田舎」では農業を、「御城下」では工商の業を、それぞれ勤めぬ者がいないようにすることであって、さらに「路引《ろいん》」という「旅人道中の切手」の制度により道中を往来する者を把握するのによいが、この制度は戸籍がしっかりしてさえいれば必要はないともいう。

ただ戸籍制度を整えても、業の勤めをしない人々が多くいて、たとえば「しまうたや」（仕舞屋）といって財をなして業をやめ、工商の勤めをせずに町屋敷を人に貸して収入を得、屋敷に「家守」

を置いて奉行所との交渉をさせているような者、田舎でも大百姓が自分で農業をせずに田地を小作につくらせ、江戸の仕舞屋のように暮らす者がいるが、これらは禁じ、「実なる筋の家業」を勤めるように計らうようにしなければならない。

では浪人はどうか。武家に奉公してその人別に編入されているが、武家から離れたので、就職するまでは町や村に居住していても、商人でも、百姓でもなく旅人に近いので、帰るべき郷里をもたないので店借《たながり》として扱う。道心者《どうしんしゃ》はその頭がおらず所属がないので、鰥寡孤独《かんかこどく》の身寄りのない者と同類で、剃髪時の師匠を保証人とし店借同様に扱う。寺方の隠居・旅僧の類については寺門の前に限って置くのがよい。

**戸籍による町支配**

士農工商の身分制で把握できない人々には戸籍制度を整え、人をその住居において把握するのがよいとした。昔は普請などでは日用を雇わなかったが、今は金で日用を雇うため、城下に遊民が多くなっているので、これには、人返しによって戸籍の地に戻せば、城下の遊民は少なくなるという。城下の町には本百姓のような家持と水呑百姓のような店借がいることから、家持も店借も「何年何月幾日に永く御城下の民」であることを人別帳に記し、店替をする時はその事と年月日とを記すのがよいとする。

城下の屋敷地は、宝永七年（一七一〇）二月に幕府の命で江戸市中の「沽券絵図《こけんえず》」が作成され、そ

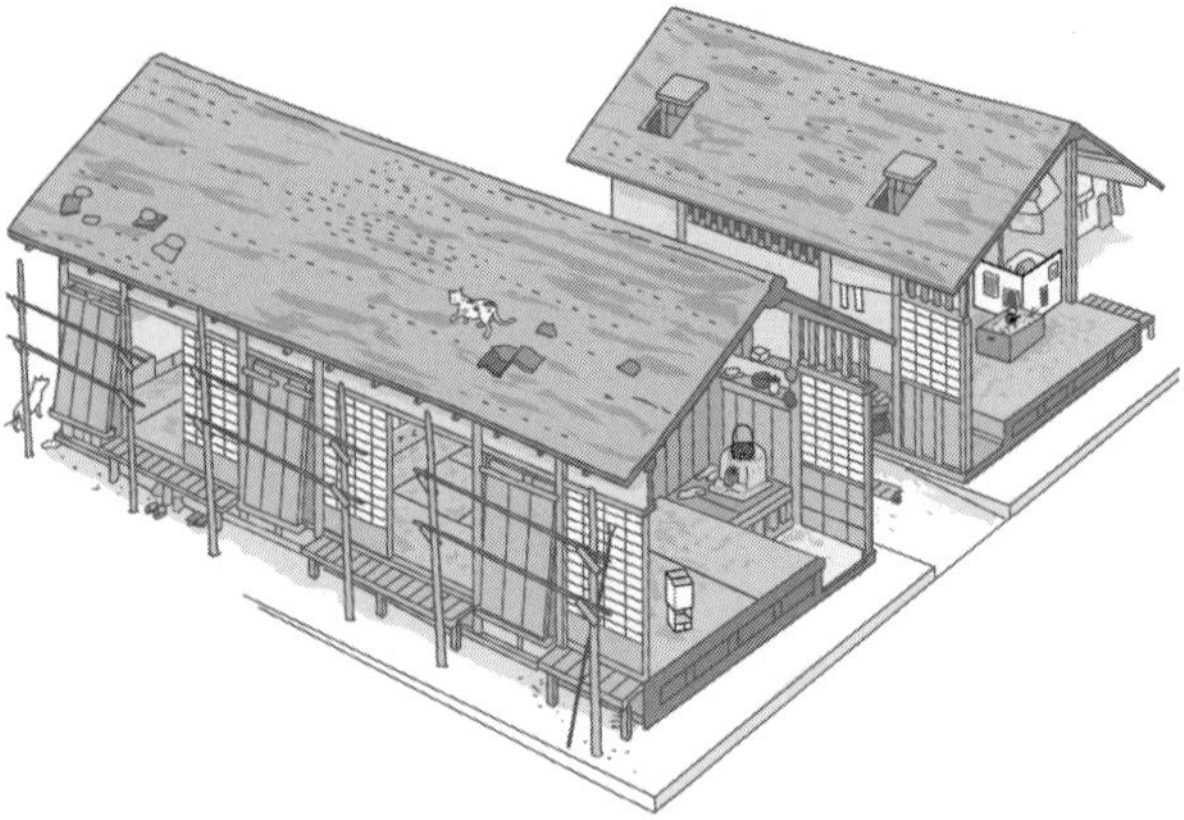

長屋の暮らし（参考：深川江戸資料館）

れには町屋敷の一筆ごとに土地の間口と奥行の寸法、売買の値段あるいは相場価格である沽券高、表間口の一間高である小間高、地主、家守《やもり》（家主）の名前などが詳しく記された。そのうち地主は町に居住する者と不在の者がおり、後者では家守に家屋敷を預けて管理させたので、沽券絵図にはその家守の名も記された。

三井の越後屋のように大商人が、町方中心部の土地を集積したことから、不在地主が多くなっており、町の住民は家持《いえもち》・家守と屋敷地の地借《じがり》・店借などからなる。不在地主に代わって雇用された家守は町内の役務を代行し、店借を統制するなど町の運営を担った。家持・地借は表店にあって商売を主に営み、店借は家屋敷の表店を借りる表店借が主に商を、裏店を借りる裏店借は様々な職業に携わり、多くの日用はこの裏店借であった。上図は江戸の長屋暮らしである。

幕府は屋敷地を通じて統制をはかった。享保四年（一七一九）六月に市中の家賃・地賃の制を定め、翌享保五年に家屋売買の法を定め、速やかに告知し戸籍を書き換えるよう命じている。享保六年六月には全国の戸口・面積調査を実施、武士を除く百姓・町人・社人・僧尼を把握した。享保十一年には武家地では武家同士、農地では百姓同士、町屋敷では町人同士の譲渡を認めるが、それ以外を禁じた。

こうした屋敷地を通じ、人別帳（戸籍）を作成するだけでは、膨張する江戸で横に結ばれてきた多様な関係は捉えきれず、この横断的関係を把握する方策としてとられたのが仲間組合の結成である。元禄七年（一六九四）に十組問屋《とくみどいや》仲間が結成されていたが、享保六年（一七二一）になって町奉行の忠相が「米価安の諸色高」の物価高騰対策や倹約を兼ねて、「新規仕出し物」を取り締る意見書を提出、これが認められて商人・職人の仲間の結成を町奉行所に命じた。

小間物問屋・絹紬問屋・紙問屋など十五種の問屋、紺屋・版木屋・菓子屋などの職人、関連商品の小売商など九十六種の調査により、問屋・小売・職人を問わずに同業種の者を一組とする仲間結成を命じた。本来、商人の組合仲間は商品流通を円滑にするためには障害となり、同業者仲間による価格協定や販売方法についての申合の恐れがあって、認めていなかったが、そうも言えない段階にあった。衣類・小間物・家具・菓子・人形類など多くの仲間が結成され、物価の変動に責任を負わされた。

## 仲間組合と頭支配

享保七年（一七二二）、大岡忠相は町名主の数が多く、様々な問題が起きているので、その削減を求めると、これを契機に市中の町名主二百六十三名が、町入用の縮減を理由に十七組からなる組合の設立を願って許可され、これまで散発的に生まれていた名主番組が共同組織として町奉行に公認されて整備された。

名主組合には年番名主が置かれ、町触などの伝達にあたり、支配下の名主の不正や不勤の監督をした。さらに盗品に関わって紛失物の調査をし、質屋・古着屋・古着質・小道具屋・唐物屋・古道具屋・古鉄屋・古鉄買の八種類の商売人の組合がつくられ、名前帳が提出され「八品商売人《はっぴん》」の組合も結成された。問屋のみを対象とした米・味噌・炭・薪・酒・醤油・水油・魚油・塩・木綿・真綿・銭など地廻りで江戸に送られる主要十二品目の問屋仲間も結成され（享保八年には十二品問屋）、江戸の問屋は十二品・十組問屋のいずれかに属することになった。

公共事業を請け負う火消組合や辻番請負組合、上水組合などが結成された。火消組合は二十町を単位に「いろは四十七組」に編成され、各組ごとにその地区の消火にあたり、番組ごとに頭取が置かれ、その下の小組は頭・纏・纏持・梯子持・平人・人足らで構成され、組織的な火消を行なう体制が構築された。日用はこの町火消組合に雇われたり、人宿《ひとやど》と呼ばれる周旋業者の番組人宿組合を通じ、武家奉公人として雇われ、また運輸・運搬・荷役に関わる肉体労働者として飛脚の六組飛脚組合に雇われたりした。

もう一つ「日用頭《ひようがしら》」と呼ばれる人足請負業者に抱えられ、雑業に従事していたことも見逃せない。日用頭とは、寛文五年（一六六五）に設けられ、日用札の交付と札役銭を徴収して日用を統括し幕府の御賄方御用人足を請け負った日用座の頭である。その日用座の管轄する日用の種別がしだいに広がってゆき、日用頭は多くの日用を編成していった。

この頭に編成される組織には他に穢多頭《えたがしら》がある。関八州の穢多頭である弾左衛門《だんざえもん》は幕府の皮革御用の責任者となり、被差別民の穢多や非人を統括していた。さらに願人《がんにん》頭の存在も知られる。享保十四年（一七二九）四月に江戸市中に出された町触は、願人が謎かけの刷り物を町方店々に配り置き、後にその代金を請求する行為があったならば、願人を捕え願人頭に預けるように命じている。願人とは願人坊主と称される乞食僧で、路上で経を唱えたり、謡や踊りを演じたりして施しを得て、生計を立てていた。

徂徠は、こうした頭支配には言及していない。それは、弾左衛門が浅草新町に屋敷を構え、職場単位に人別帳を作成していたことや、願人が江戸橋本町に集住していたからである。逆に問題視したのが、頭がおらず所属もない道心者《どうしんしゃ》であって、これについては剃髪時の師匠を保証人とし店借同様に扱うべしとしている。仲間組合や頭の制度に共通するのは、諸役や公共事業を様々な形で請負っている点であり、そのことが社会を安定化させる仕組みとなっていた。

## 大江戸の繁盛

士農工商の身分制、戸籍の整備、仲間組合や仲間の結成、頭の支配など、制度が定まっていった背景には、大きな人の流れや、物流がある。享保九年（一七二四）から十五年にかけ、物価統制のために大坂の荷物の移動調査が行なわれ、繰綿《くりわた》・木綿・油・酒・醬油・米・炭・魚油・塩・薪・味噌の十一の商品書上「十一品江戸積高覚」が作成されている。

同年に諸色物価引下げ令が出され、享保十一年の江戸に入る商品の入荷高が調査され、米が約八十六万二千俵、味噌が約二千八百二十八樽、酒が約八十万樽、炭が約八十万千樽、薪が約千八百二十一万束、炭が約八十万千俵、油が約九万俵、魚油が約五万樽、醬油が約十三万三千樽、木綿が約三万六千筒、繰綿が約八万千本、塩が約百六十七万千俵、銭が約二万箇（一箇十五貫文入）であった（『享保通鑑』『吹塵録』）。

この二つの調査を享保十一年分で比較すると、繰綿・油・醬油の三品は、大坂から江戸への入津高が七十パーセント以上もあり、江戸入津高の大きな部分を占めていた。江戸の繰綿問屋が享保九年に書き上げた「生綿出所」は、大和の丹波市・今井・下田村、摂津の大坂・平野、河内の久宝寺であって、繰綿は大坂周辺の産地から大坂経由でもたらされた。油は原料の大豆などが大坂に入って生産され、醬油は紀伊の湯浅で製造されたものや大坂で製造されたものが江戸に入ってきた。

木綿は三割と少ないが、これは元禄頃から三河木綿や伊勢木綿、尾州木綿など東海地域を産地とする木綿が江戸に入っており、七割がこれらの地域からのものと考えられる。他の商品の大坂からの比重は低いが、米は米相場の関係もあって変動が激しいためであり、この年は三俵しかない。二年後の享保十三年には三万七千俵、十四年に七万五千俵と多くなっている。酒は流通に複雑さもあり、塩は瀬戸内海から直接に塩廻船で下ってきた「下り物」や、行徳や上総など関東でも生産されていたからである。炭や薪、魚油などの日用品は関東からの「地廻り物」であった。なお銚子でも醬油が生産されるようになっていた。

元禄五年（一六九二）の井原西鶴《いはらさいかく》『世間胸算用《せけんむねさんよう》』の巻五の四話「長久の江戸棚」は、江戸の様子を「天下泰平、国土万人、江戸商《あきなひ》を心がけ、その道々の棚出して、諸国よりの荷物、船路・岡付けの馬方、毎日数万駄の問屋づき」と記したうえで、通り町の繁昌や日本橋の人足、船町の魚市、神田須田町の八百屋物、瀬戸物町・麴町の雁鴨、本町の呉服物、伝馬町の積物綿など、大晦日の賑わいの風景を描いている。

このうち須田町の八百屋物とは神田の青物市場のことで、「毎日の大根、里馬に付け続きて数万駄見えけるは、とかく畠のありくが如し。半切に移し並べたる蕃椒（唐辛子）は、秋深き竜田山を武蔵野に見るに似たり」と記し、ここには地廻り物の蔬菜が入荷していた。

元禄八年に本草学者の人見必大《ひとみひつだい》が著した『本朝食鑑』には、その地回りの蔬菜の産地が記されている。葱は下野の梅沢・日光・足利・佐野、大根は練馬・板橋・浦和、相模の波多野、まくわうりは武蔵の川越・鳴子・府中、牛蒡は武蔵の忍・岩槻、蒟蒻《こんにゃく》は下総の鍋山・佐倉、薯蕷《とろろ》は武蔵の八王子・練馬・下野の日光、駿河の富士根・甲州の郡内、煙草は甲州の門前・小松、信州の和田、上野の高崎、葡萄は八王子・甲州（岩崎）・駿河などがあって、これらの地から江戸に送られ神田の青物市場で取引されたり、振り売りされていた。

### 「天下の台所」大坂

江戸への下り物の供給地である大坂は、寛文年間からの経済的発展が著しく、承応二年（一六五三）には野菜・果実の卸売市場として天満青物市場《てんまあおものいちば》が公認され、元禄十年（一六九七）には堂島川の米市場が対岸の堂島に移って、堂島米市場が成立、魚市場（雑喉場《ざこば》）とあわさって大坂の三大市場が生まれた。

西鶴の『日本永代蔵』は「惣じて北浜の米市は、日本第一の津なればこそ、一刻の間に五万貫目のたてり商も有る事なり」「難波橋より西、見渡しの風景、数千軒の問丸、甍を並べ、白土、雪の曙をうばふ」とその風景を描いた。人口は寛文九年（一六六九）時の二十八万から宝永六年（一七〇九）に三十八万となって四十万をピークに推移するが、そのピーク時の正徳四年（一七一四）の大坂への移出入商品の統計調査が行なわれていて、これによれば移入の品目は百十九種類で総額が銀高二十八万六千貫、移出品目は九十五種類で総額は銀高九万五千貫であった。

移入品の一位は米の銀高四万貫強（二十八万二千石）で、菜種《なたね》（銀二万八千貫）、材木（二万五千貫）、干鰯《ほしか》（一万七千貫）、白木綿（一万五千貫）、紙（一万四千貫）、鉄（一万二千貫）の順で続く。移出品は一位が菜種油で、銀二十六貫、以下、縞木綿が七貫、長崎下り銅が六貫五百、白木綿が六貫二百、綿《めん》実油《じつゆ》が六貫百、古手《ふるて》が六貫と続いている。

移入品トップの米は商人米で、これに大名・旗本の蔵米百十二万石をあわせると百四十万石ほどが入っていた。二位の菜種を原料に大坂の種絞油屋二百五十軒が製油し、京口油問屋や江戸積油問屋、出油屋が販売にあたり、精製された菜種油（水油）が移出品の一位である。移入品は薪や銅、木綿などの原材料が多く、移出品はそれらの加工・完成品が多い。たとえば銅は伊予の別子銅山などから七千貫が移入され、製錬業者の銅吹屋《どうふきや》十七軒が製銅し、長崎から海外に輸出した。

別子銅山は大坂泉屋の経営で元禄四年（一六九一）に開かれ、同七年には鉱山人口が一万五千人に達し、同十一年の産出高は二百五十三万斤で、全国の四分の一を占め、幕府は別子を泉屋の請負とした。生産量は以後しだいに低下してゆくが、元禄八年の幕府による新規銅山の開発奨励による貿易振興策にのり、出羽秋田や陸奥南部の銅山が台頭した。秋田藩の阿仁《あに》鉱山は金から銅産出へと移行、南部藩の尾去沢《おさりざわ》銅山は正徳二年（一七一二）に山師の経営から直営に切り替えられ、米代川積み下ろしの能代《のしろ》湊利用をやめ、領内の陸奥湾の野辺地《のへじ》から大坂に向けて船積みするようになった。

商品や物資の移出入には主に西廻り海運が関わっていたが、幕府領城米の江戸廻米にあたったのは、備前の日比浦《ひびうら》、摂津の伝法《でんぽう》、讃岐の塩飽《しわく》・直島《なおしま》などの廻船であって、なかでも塩飽諸島の廻船は、新井白石が『奥羽海運記』に、堅固で性能よく、水主《かこ》が航海技術に秀で、純朴で詐《いつわり》がない、と高く評価したように、奥州にもその名が知られ、米や多くの商品を大坂に運んだ。幕府城米御用船に雇われたことで、享保六年（一七二一）には二百石積から千五百石積の廻船は百十艘もあったという。だが幕府は享保五年から六年にかけ、江戸の廻船問屋の筑前屋作右衛門に北国・出羽・陸奥の城米の廻米を命じ、城米の請負方式を採用したので、塩飽廻船が城米運送に携わる機会が減ってゆくことになる。

### 阿波藍と越中富山の薬売り

大坂や江戸・京都には各地の特産物が入ってきたが、その特産物を記しているのが『和漢三才図会』の諸国の「土産」の項であり、阿波国では素麵や藍玉《あいだま》、鹿尾菜《ひじき》、和布《わかめ》、材木をあげている。藍玉は、葉藍《はあい》を発酵させたスクモに藍砂をまぜ突き固め、木綿の染料として移出された。「藍は京洛外の産を上と為す。摂州東成郡の産最も勝れて、阿波・淡路の産これに次ぐ」とあって、製藍技術の改良で生産高が向上し、元文五年（一七四〇）には、吉野川流域の北方三郡で三千町歩へと作付面積が広がった。

阿波の特産物は阿波の撫養《むや》や北泊の湊町から海路を運ばれたが、その紀淡海峡の海路を経て四国に渡ったのが四国遍路の人々で、阿波・土佐・伊予・讃岐に点在する寺々を巡礼した。承応二年（一六五三）に澄禅《ちょうぜん》が『四国遍路日記』で、一番札所の阿波霊山寺から始まる八十八か所廻りを記し、貞享元年（一六八四）に宥弁真念《ゆうべんしんねん》が遍路手引書『四国遍路道指南』を刊行し、元禄二年（一六八九）に寂本《じゃくほん》が『四国徧礼《へんろ》霊場記』で霊場について詳しく記したことから、聖や僧以外の庶民にも四国遍路が広がり、多くの人々を四国にいざなった。

旅の広がりには陸路・海路の整備や案内記の刊行などもあったが、心配は旅先での病であって、薬が必要とされ、家の中でも常備薬が求められ、こうした需要に支えられて越中富山の売薬がこの時期に広まった。財政難に悩まされていた富山藩二代藩主の前田正甫《まえだまさとし》は、薬に興味を持って合薬研究を行ない、富山反魂丹《はんごんたん》を開発、その売薬で起死回生を図った。長崎に入って大坂に運ばれた原料を移入して薬を製造し、販路は広く諸国に求めた。

飛驒街道を通じて美濃から南の太平洋沿岸へと通じ、日本海の海路を経て全国へのルートを確立し、売薬商人は行商に出かけていった。万治年間には、行商を九州の豊前から豊後・筑後、肥後に広げ(「薬種屋権七由来書」)、元禄の頃には中国筋や仙台へも出かけた。売薬の本格的行商の開始は享保年間で、南部・常陸・下野・美濃・尾張・三河・遠江・越後・越前・五畿内・因幡・肥前・薩摩に及んだ。

享保六年(一七二一)には仲間組「福井十三人組」「鹿児島九人組」が結成され、やがて地域を十八のブロックに分けて株数を定め、広域の関東組・九州組・五畿内組・奥中国組・四国組と、国単位の越中・飛驒・江州・伊勢組からなる。各組には三人の年行事が配され、「反魂丹商売方之儀諸事」を管轄し、合議機関である向寄《むより》が藩と交渉して免許や販売権を獲得していった。

この富山売薬の全国的な組織化は、『富山売薬の縁起』に「立山信仰」を起源とすると見えるように、立山の修験者の活動が手本であった。修験者は護符や、立山竜胆《たてやまりんどう》(胃腸薬)、硫黄(外科用)、クマノイ(胃腸薬)を配って信仰を弘め、特定の地方とつながりをもった。泉蔵坊は遠江・甲斐、大仙坊は大和・河内、日光坊は尾張、実相坊は豊前、玉泉坊は上総・安房、竜泉坊は駿河・相模など全国各地を地域分けして檀那場としていた。

越中富山の薬売りの販路は九州に及び、薬の原料は長崎からもたらされたが、その長崎の「土産」を記しているのが西川如見の『長崎夜話草《ながさきやわぐさ》』（享保五年刊）で、そこには眼鏡細工、硝子《びいどろ》、土圭《とけい》細工（時計）、天文道具、象眼鐔《ぞうがんつば》、唐様鋳物、塗物道具などの道具・細工にはじまって、花手拭・染唐紙・造花・線香・珠数・花毛氈・畦足袋、花筵・算盤・玉細工などの生活用品、煙草・南瓜・西瓜・八升豆・じやほ・赤芋琉球芋・唐菓子などの産物があり、多くは異国伝来の土産である。

## 出羽修験と最上紅花、蝦夷昆布

修験は九州では英彦山《ひこさん》、紀州は熊野三山、加賀の白山、出羽三山なども盛んで、このうち出羽三山には芭蕉が元禄二年（一六八九）に訪れており、その頃から「道者」（信者）による出羽三山巡拝が盛んになった。宝永六年（一七〇九）の丑年は湯殿山の縁年ということから、道者の数が特に多く四万五千人を数えた（「大蔵村小屋家文書」）。

翌宝永七年には荒沢の東水《とうすい》が撰述する『三山雅集《さんざんがしゅう》』が刊行され、信者を多く三山にいざなった。この名所図会には最上川や鳥海山に始まり、三山とその周辺の名勝を詠んだ俳句・詩歌を収録し、挿絵を添え三山の縁起や風景を記す。貞徳や宗因・芭蕉など著名な俳人、遠くは京・大坂・近江・三河・江戸・関東の俳人、そして地元の山形・庄内地域の俳人の句を載せており、その俳人は最上川の舟運によって栄えた商人である。

最上川河口の酒田湊は西廻り航路の起点とされ、幕府の「御米置場」が設けられて幕領の廻米が運ばれてきた。中流には清水・大石田・船町の三つの河岸が成立し、正徳三年（一七一三）の大石田の問屋沼沢又左衛門の記録には、幕領米が五万三千俵、山形・米沢など諸藩の廻米が二十二万俵あって、ほかにも最上川流域の特産物の紅花や青苧《あおそ》の下り荷が見える。このうちの紅花は紅の鮮やかな色調が好まれ、京都西陣の染料用に出荷された。

『和漢三才図会』は、紅花の産地として「羽洲最上及び山形の産を良とす。伊賀・筑後これに次ぐ、予洲の今治及び摂播二州の産又これに次ぐ」と記し、最上・山形の紅花を最も良質と記している。最上川中流域の村山盆地の土地は肥沃で、開花期の朝霧が栽培に適していた。享保十六年の最上の仲買人の調べでは、諸国の紅餅《べにもち》（出荷用に乾燥させたもの）生産高は千二十駄、そのうち最上紅花が四百十五駄、奥州仙台が二百五十駄、奥州福島が百二十駄の順で、最上紅花は他を圧倒していた。享保二十年に京都の紅花問屋十四軒は幕府の指定を受け、荷を独占的に取り扱ったが、在方の問屋も成長していて、芭蕉をもてなした鈴木清風《すずきせいふう》はその一人である。

青苧は苧麻《からむし》の茎の皮から取り出した繊維で、青みを帯びているのでこの名があり、越後産の青苧は中世から流通していたが、最上苧《もがみそ》も酒田を経て奈良に送られて奈良晒《ならざらし》の原料とされ、さらに越中高岡や越後小千谷方面に多く送られ、正徳・享保年間からは米沢地域では越後縮《えちごちぢみ》の原料として撰苧《えりそ》の栽培が始まり広がっていった。

紅花や青苧が日本海を経て運ばれたように、多くの物資が日本海を経て各地に運ばれたが、その最たるものが蝦夷地の昆布である。『和漢三才図会』は「松前の土産」に鷹・鶴・鯨・昆布・干鮭などをあげ、昆布について「東海に生ず。蝦夷松前及び奥州の海底、石に付生す。蝦夷が島に亀田と号する地有り。凡そ三十余里海中、寸地も亦たこれ有り云ふこと無し」「凡そ蝦夷松前の産は黄赤色にして、味甚しく美なり。最上と為す。津軽の産は厚くして秋美ならず」と記し、蝦夷地や奥州で収穫されていた。昆布は若狭に送られ、小浜の市人が調製して四方に送ったが、京でも調製が行なわれ「故に京、若狭共に名を得」と記している。

### 西陣焼けと桐生織物

京都には日本海経由で海産物、瀬戸内海経由で衣料・海産物が入り、琵琶湖や伊勢湾ともつながりがあって、各地から物資が入ってきていた。なかでも中国から輸入されていた白糸を織物の原料としていた京の西陣は永らく絹織物生産の頂点にあったのだが、各地の在方《ざいかた》商人が台頭し、京の商人の地方への進出の動きもあり、技術の移転が始まっていた。

そこに享保十五年六月の大火が西陣を襲った。上立売通室町の大文字屋から出火し、西陣を中心に百三十四町、民家だけでも三千七百九十八軒が焼け、高機七千余のうち三千余りを失ったこの「西陣焼け」の影響は大きく、これを機に丹後や桐生《きりゅう》の織物業が盛んになった。丹後ではもともと西陣から織製法が伝えられて丹後縮緬《たんごちりめん》が発祥し、西陣焼けでさらに技術移転があって、織物業が発展していた。

桐生では桐生新市という六斎市《ろくさいいち》が立ち、『和漢三才図会』の上野の土産に「日野絹　新田山絹」という周辺農村で織り出された絹織物をはじめ、糸・小間物・青物など様々な品目の取引が行なわれていた。しかし質の悪い和糸を使用し、旧式の織機の居坐機を用いた平絹織物であったが、近くの大間々市《おおままいち》と競合しつつ、江戸や京都の商人と取引をするなか、幕府が白糸の輸入制限を行なうようになり、国産糸の需要が伸び、正徳二年（一七一二）に群馬郡桃井荘下村の馬場重久が『蚕養育手鑑《かいこよういくてかがみ》』を著して養蚕の技術が広まり、養蚕業が盛んになった。

享保七年（一七二二）には三井越後屋が出店を桐生に設け、同八年に京都から久兵衛という職人が吟手染めという染め方を伝えたという。享保十六年に桐生は市日を三・七として大間々市の前日に変更して対抗し、大間々市への出市を控える申合せを絹買仲間が行なっている。この絹買仲間は江戸や京都の問屋への買次を行なう「のぼせ買」の仲間として結束を強めていった。

享保十八年には京都の染物師の張屋久兵衛・頼兵衛らにより紅染の染織技術が伝えられ、西陣焼けとともに京都から高機が元文三年（一七三八）に伝えられたので、新井藤右衛門は平絹に代わる紗綾を織り出す技法の講習会を開いた。「京都より西陣織物召し連れ来たり候間、行く行く当所産物にも相成候」「飛紗綾機御所望の方。遠慮無く御取立成らるべく候」と、仲間を公開の講習会に誘っている。こうした努力により生産量は増加してゆき、桐生は織物生産の一大産地となった。

## 大商家の経営システム

桐生と江戸、京都西陣を結んでいたのが三井越後屋であるが、三井のような商人が成長し、定着を遂げたのも元禄から享保期にかけてのことである。享保七年（一七二二）に三井《みつい》高利《たかとし》の長男高平《たかひら》が記した遺訓『宗竺遺書《そうちくいしょ》』や、三男高治《たかはる》が記した『商売記』からその点がよく窺える。『宗竺遺書』は高利が元禄七年に記した遺書をもとに高平（宗竺）が子孫に示した家法である。

伊勢松坂で金融業を営んでいた三井高利は、延宝元年（一六七三）に長男高平を江戸に送り込んで本町一丁目に呉服屋「越後屋」を出店、自身は本拠を松坂から京に移して呉服業を開業して以来、越後屋は急速に業績を拡大、江戸に両替店を併設し、京都にも両替店を設け、大坂にも両替・呉服店を設けて大商店へと発展し、貞享四年（一六八七）に幕府の納戸御用、元禄二年（一六八九）に元方《もとかた》御用、同三年には幕府の為替御用を勤めた。

三井高利は、息子たちを集め、遺産の分配を相談して遺書を作成、息子らから誓約書をとった。三井家の資産は、江戸の呉服・両替・綿店、方々家屋敷、京都の所々仕入所、両替店、家屋敷、大坂の呉服・両替店、家屋敷、伊勢の方々家屋敷などがあり、簡単には分割できないので、本家・分家といった形での分割相続はせず、資産は子十人に配分しても資産全体を共有財産とし、幕府の為替御用を兄弟全部の事業とし、呉服御用だけを長男の高平に担当させ、兄弟が高平を父代わりと思って敬うように、とはかった。

長男の指導下で兄弟の共有財産としたもので、あわせて同年に高平の兄弟らは家政と家業の統括機関「三井大元方」を設立し、各家の家政と三井家の事業を分離させた。この協同経営方式が順調に進んだことから、高平が『宗竺遺書』で、子孫が守るべき心得を記し、手代の見立てについて述べた後、「親分の事ならびに仕置の次第」「隠居料」「女子の事」などを詳しく記したのである。本家六軒、連家三軒からなる同苗を定めてその結束を求め、同苗の親分の決め方、賄料、重役会の大元方などについても定めている。

続いて公儀御用について「御用に付き公儀相勤候面々、己をへりくだり、上を尊み、又商徳の筋、忘るるなかれ」「手前は商人也。御用は商人の余情と心得べし」など商売上の心得を示し、他国勤めや紀伊藩御用、さらに重役の元締めに至るまでを記している。

こうして『宗竺遺書』は三井家の「家憲」として永く守られてゆく。この『宗竺遺書』の趣旨をよりわかりやすく理解するため、高平の子高房が『町人考見録』を著し、京都商人の没落事例を具体的に書いて、大名貸などの取引を戒め、地道な商売の必要性を説いた。

三井と並ぶ大坂の豪商である鴻池善《こうのいけぜん》右衛《え》門《もん》正成は、摂津伊丹で酒造業を始めた父に従って大坂に出て、酒の江戸積み、貨物の輸送、商品取引、金融業など手広く商売を広げた父が慶安三年（一六五〇）に亡くなった後、明暦二年（一六五六）に両替屋を開業、延宝期には諸藩の蔵屋敷や掛屋を任され、蔵米の管理・販売・送金にあたり、寛文十年（一六七〇）から毎年の決算簿として「算用帳」を記すようになる。

孫の三代目宗利は両替商経営をさらに発展させ、元禄期には三十二藩と金融上の取引があって、宝永二年（一七〇五）からは旧大和川流域の新田開発を行ない（鴻池新田）、地主経営にも乗り出し、享保三年（一七一八）には資産が銀三万八千貫となり、享保十七年（一七三二）に成った鴻池家の経営方針である「家定記録覚」は、以後、永く守られていった。

三井や鴻池などの三都に基盤を置いた豪商に対し、近江の蒲生・神崎・湖東三郡に基盤を置いた近江商人は、東北地方から蝦夷地などの要地や、三都の間の産物廻しによって富を蓄え、その資金を金融・醸造業に投じ、共同企業や複式簿記など合理的経営法を採用して富の増殖を図っていった。

全国的な人と物の流れは元禄の頃から盛んになり、享保の頃にはその流れがシステムとして整備され、江戸・大坂・京都の三都をめぐる物流、三都商人と在方商人との交流システムが整えられてきた。それにともなって三井や鴻池家のように家の経営システムが整ったのである。

## 四　制度整備と新思想

### 日光社参と幕府予算案

享保十三年（一七二八）四月、吉宗は日光社参《にっこうしゃさん》を挙行した。家綱が参詣して以来、途絶していて六十五年ぶりの将軍社参で、大名・旗本は軍役の規定で石高に応じて供奉隊列を整え、日光街道を往復した。利根川を渡る際の船橋の架橋に四か月と二万両の日時・費用を要するなど、多額の出費がかかった。次の安永度の日光社参では総計二十二万両もかかっており、今回もその程度の費用を要したであろうが、財政難の中で社参を行なったのは、これまでの成果を東照宮に報告し、誇示する狙いがあった。

五月には広南《かんなん》（ベトナム）生まれの牡牝象二頭が長崎に船載され、長崎の唐人屋敷に入ったとの報が入ると、江戸に連れてくるよう命じたのも、将軍の権威を示そうとしたのである。牝象が九月に亡くなり、牡象のみ翌年三月に長崎を出発、四月二十八日には京で中御門《なかみかど》天皇がこれを見物、五月二十五日に江戸に到着した。沿道の人々を熱狂させ、二十七日に江戸城に入り、将軍に上覧された後に、浜御殿で飼育されることになる。

享保十五年の幕府の予算案が残されている（『大河内家記録』）。米建てと金建てからなり、米建ての収入は年貢米五百二十万石、支出は幕臣への俸禄米が十七万六千石、扶持米が七万四千石、諸城の在番役人への合力米《ごうりき》が七万五千石、諸入用が十四万四千石などで、足りない部分は上米で補っている。金建ての収入は、年貢・雑税が五十万両、献上・運上金などが七万四千両で、支出は幕臣への俸禄金が十三万八千両、町奉行方・火消方・普請方など「諸向渡《しょむき》」が二十三万両、大奥女中への合力金が六万両、臨時予備金が五万両である。

まだ上米に依存しているが、このように予算案を作成したのは、幕府財政の再建に一定の目途がたったことを意味しており、翌年には上米の制を廃し、参勤交代を復活させている。幕府は財政難を脱しつつあったのだが、諸藩では財政難に苦しめられていて、享保十五年六月に幕府は藩札発行を許可している。宝永四年（一七〇七）に貨幣の流通を促進するため、諸藩に札遣いを停止していたのだが、この段階で発行を認めた。

幕府は米価の低落に直面しており、これを克服するのには、諸大名の協力が必要だったので、藩財政再建に助力した。以前に通用していた藩札に限って、二十万石以上では二十五年、以下では十五年の通用期間を定め、期限後の適用は勘定奉行の許可を必要としていて、事実上、藩札は制限なく発行されていった。

この年に藩札を発行したのは、八月の宇和島藩、秋月藩、十月の伊予松山藩、十一月の萩藩、広島藩、福井藩、徳島藩、松江藩、十二月には岩国藩のほか、岸和田、大和郡山、赤穂、岡山藩など西国の諸藩に多い。諸藩では以前から専売制や藩札の発行で財政難を切り抜けようと試みていた。

延宝八年（一六八〇）には赤穂藩が、塩専売制と藩札発行とを組み合わせて財政難の解消に取り組んでおり、藩札は特産品の買い上げ資金としての役割を果たしていた。

### 米価低落と堂島米市場相場

諸物価が高いのに、米の供給過剰によって米価が相変わらず低落傾向にあったのは、年貢米の売却によって財政を支えていた幕府や藩にとって、大きな痛手となっていた。幕府は米価の低落に対し、享保十年（一七二五）七月に諸大名に「囲米《かこいまい》」を命じ、領内の年貢米を大坂に廻漕せず、領内に備蓄するよう命じたが、大名が江戸参勤を全うするためには、大坂の堂島で米を売却せねばならないので、これの実行には無理があった。

そこで同年十一月、江戸材木町の紀伊国屋源兵衛など三人の商人に、大坂米会所の設立を許可し、江戸と大坂での買米を命じるが、はかばかしくなかった。幕府は買米資金を市場に投入するが、財政難の幕府には単独で行なう力はなく、享保十六年四月に前田・島津・伊達・黒田・細川・浅野・毛利・池田ら二十万石以上の大名に対し、幕府と歩調をあわせて買米を行なうよう指示、五月に江戸の米商人十八人に米穀の買い入れを命じ、同じく七月・十月に大坂の町人に買米を命じた。

享保十三年七月、幕府は大坂での米切手《こめきって》による蔵米の延売買（転売）を許可した。米切手とは諸藩が蔵屋敷で発行する払米の保管証書のことで、入札によって米仲買に蔵米を販売する際に米切手を発行し、仲買は現物が欲しい時にはその切手を提示して現物を得る仕組みである。米切手の転売は既に行なわれていたが、それを幕府が許可したことで、米切手の売買により活況が生じ、米価が安定する、と見たのである。これによって堂島米市場は現物売買の商品市場というより、有価証券となった米切手の証券市場へと変わっていった。

同十五年八月には堂島で行なわれていた流相場商（延売買信用取引）を許可し、帳合米商（空米取引）を公認するが、これは帳簿に記入計算するのみで、物件代金の授受をともなわない先物取引を認めたものであって、この帳合米取引の相場が正米市場の相場を長期的に安定させるものと考え、米価安定の面から認めたのである。

米市場での商慣行を公認し、十六年十二月には米市場に参加できる商人の仲買株四百五十一、米方両替株五十を公認、これにより堂島米市場は発展を遂げ、米の買い上げ、大坂への年貢米廻漕などの政策によって、米価はしだいに安定化していった。

吉宗の進めた倹約と統制による経済政策は、デフレ政策であったので、不況を招いた。その不況の様を書籍の出版点数から見ると、元禄五年（一六九二）に七千二百四点あったのが（『広益書籍目録』）、享保十四年には三千四百十七点と半減した。なかでも仏教書や儒書・経書、詩集、医書などの学問関係の書籍の落ち込みが著しく、さらに仮名和書や歌書・物語・俳諧書など文芸書も激減している。

好色本の出版が許可されなかった出版統制の影響もあろうが、主な原因は不況にあって、この不況への批判から、勝手《かって》掛《かかりがた》方老中の水野忠之は病を理由に享保十五年六月に辞任したが、事実は吉宗の経済政策の失敗の、詰め腹を切らされたもので、不況にともなう罷免であった。

## 尾張藩と久留米藩の動き

尾張藩では享保十五年（一七三〇）十一月に兄継友《つぐとも》の急死で藩主になった徳川宗春《むねはる》が、幕府の政策とは違う行動に出ていた。翌年の正月に江戸藩邸内での歌舞音曲や、藩士の夜の外出を許可し、四月の名古屋城入りでは、自ら鼈甲《べっこう》製の唐人笠と足袋までも黒づくめで、漆黒の馬に騎乗し、家臣たちには華麗な衣装を纏わせた。

先代の倹約令を廃し、武士の芝居見物を許可、盆踊り等の祭りを華やかにし、女・子供が歩けるよう提灯を城下に数多く置くなど、開放・規制緩和政策を進めた。その施政方針を『温知政要《おんちせいよう》』に記して藩士に配布、第八条で、国に法令が多いのは「恥辱の基」であり、規制は必要最小限でよく、法令は少ないほど守ることができる、と記した。

第九条は、過度な倹約や省略はかえって無益、第十二条は、芸能は庶民の栄養、見世物や茶店なども許可する、といったもので、「世こぞって希代の名君」と讃えた。宗春が参勤交代で江戸にくると、吉宗は享保十七年五月に小姓組番頭・目付を派遣し、江戸で物見遊山にふけり、嫡子の節句に家康拝領の幟を飾って濫《みだ》りに町人に見物させ、奢侈遊蕩を旨としているなど、倹約令を守っていない、と詰問・譴責したのであるが、宗春は譴責を受けても方針をいささかも変えなかった。

このインフレ施策によって名古屋の町は活気づいた。西小路・葛町・富士見原に遊郭が置かれ、十八か所もの芝居小屋が認可され、遊女や役者が名古屋に集まり賑わった。享保八年に米穀の先物取引による延米会所を設立し、享保十年代に在郷市の開設を許可するなど、在郷経済が活況を呈し、産業の振興も著しく、「名古屋の繁華に京（興）さめた」とまで評された。

そのため風紀が乱れ、藩財政が悪化した。元文《げんぶん》元年（一七三六）に藩の赤字額は米三万六千石、金七万四千両に達し、八年前の享保十三年には黒字の米三万八千石、金一万三千両であったので、その落ち込みは惨憺たるもので、この危機感から家老の竹腰正武《たけのこしまさたけ》は、吉宗側近や老中松平乗邑《のりさと》と相談、宗春を退けるべく動いた。

同三年に乗邑は、藩の重臣に宗春を諭すよう指示、元文三年六月、国元の尾張藩評定所が、宗春の江戸滞在の留守中を狙い、政治をすべて継友の時代に戻すことと定め、翌元文四年に乗邑は家老を集め「身持不行跡」を理由に、宗春の蟄居謹慎を言い渡し、宗春の治政は終わった。

宗春とは違った形で藩政刷新に挑んだのが、九州久留米藩の藩主有馬則維《ありまのりふさ》で、財政立て直しと機構整備にあたっては、下級家臣を登用し家老らの合議制を廃し、役人約四十人を役払いとし、地方知行制を廃して俸禄制に改めた。領民には各種の新税を賦課して増収をはかり、治水・灌漑施設の修理を行なった。

吉宗政権の政策にならったものだが、その性急で強引なやり方は大反発を受け、夏年貢の税率を従前の十分の一から三分の一とする増税から、享保十三年（一七二八）に藩全域で五千七百人もの農民が一揆をおこし大混乱となった。この混乱に家老の稲次正誠《いなつぎまさざね》は危機打開に乗り出し、藩主が登用した役人らを捕え、新税を停止、藩主を隠居させ、世子の頼種《よりたね》を藩主に据えて何とか危機を乗り越えた。藩レベルでは、財政難からの性急な制度刷新が容易ではなかった。

### 諸藩の専売制と享保の飢饉

藩の財政難について、徂徠弟子の太宰春台《だざいしゅんだい》は『経済録』（享保十四年刊）を著して、処方箋を提示した。藩の政治の肝要事は八つあって、食貨がその第一・第二である、と指摘、食貨の食とは人の喰物、米穀の類であり、貨とは貨在、宝貨であって、「天下国家を治《おさめ》る人」は食貨の道をよくよく心がけ、臣民を養わねばならない、と諸侯（藩主）の食貨について論じた。

諸侯は「国」の経費が不足し、甚だ貧困になっていて、家臣の俸禄を借り、「国民」（領民）から金を出させ、それでも足りないと、江戸・大坂・京の富商から借りるので、負債が積もり、国の政治が混乱に陥っている。この事態を救うためには、今の世は金銀が流通しているので、それをいかに入手するかを計らねばならない、と指摘、売買を通じて国の用を足している国々を例示した。

対馬は僅か二万石の小国なのに、朝鮮人参や朝鮮からの貨物を安く買い入れ、高く売って二万石の諸侯に比べてなお余裕がある。松前藩は七千石だが、国の土産と蝦夷の貨物を占有し高く売るので五万石の諸侯も及ばぬ富を得ている。石見四万石の津和野藩や五万石の浜田藩は、半紙を造って売り、それぞれ十五万石、十万石に相当する豊かさである。薩摩は大国である上に、琉球の貨物を独占して売るので富は海内に勝り、中華の貨物も琉球を経て伝わって、諸国に売られて巨大な利を得ている。

古来、諸国では米穀を租税として定め、山海から出る諸物、民家から出る布・帛《きぬ》・糸・綿などの類や細工など貨物については、税を二三十分の一などで運上させてきたが、今の世は田租を多く収めているため、山海の貨物に税をかけると、民が苦しむので税をかけていない。しかしそれでは国の経費が賄えず、税をかけると「農民叛き、騒動に及ぶ」ことになる。したがって今の「経済」としては、領主が金を出して「国の土産、諸の貨物」を買い取って売り、江戸や京・大坂に運んで売るのがよいと、藩の専売制を強く主張した。

春台は延宝八年（一六八〇）に信州飯田に生まれ、江戸に出て徂徠に学ぶなか、徂徠が制度を中心に据えて政治を論じたのに対し、制度からさらに進んで食貨について論じたのである。その著『経済録』の「経済」とは「経世済民」「経国済民」を意味し、「天下国家を治るを、経済と云ふ」と、国を治め、民を救済する意味であって、現代的意味での経済に相当するのが「食貨」で、その食貨を論じた春台は今の経済学者に相当する。多くの藩は春台の主張に沿う形で専売制を導入し、財政難に対応していった。

享保十七年（一七三二）三月に天下飢饉、疫癘《えきれい》となり、西海道では、小倉で男女七万人が疫餓死し、肥前佐賀でも十二万余が疫餓死、筑前の三十六万人のうち男女疫餓の死人は九万六千七百二十人に及んだ（『成形図説』）。飢饉は「七・八月に到り、西国・九州・四国・中国筋すべて稲虫が一時に生じ、次第々々に五畿内まで移り」「田畑夥しく損亡これあり。土民飢渇に及び、五畿内大坂辺まで道路に倒れ候もの数しれず」であった（『草間伊助筆記《くさまいすけ》』）。翌十八年にまで及んだというが、この時の稲虫は蝗《いなご》と言われているが、はっきりしない。

『日本災異誌』によれば、この飢饉での損亡率は五十パーセント以上の藩が四十六、飢人の数は幕領で六十七万人、諸藩で二十万人、餓死人は一万二千に及んで、米の不作によって米価が上がり、七月に一石が六十四五匁だったのが、九月には百二三十匁に値上がりした。飢饉の影響は江戸に波及、米価安のところに米の急な値上がりから江戸で初めての打ちこわし事件が翌年正月二十五日に起きた。

米商の高間伝兵衛《たかまでんべえ》は、昨年冬まで幕府の命で大坂で買米を行ない、三十万石まで買ったところ、これに不作が重なって、米価が高くなったため、江戸の「町中」が、今年は「江戸中難儀」と奉行所に訴えるが、「御取り上げ」がなかったので、群衆が高間伝兵衛宅に押し掛けた。その数は二万人に及んだという（『至享文記』）。初めての打ちこわしである。

## 享保十八年の疫病と富士講

飢饉にともなって疫病が翌年六月から秋半ばにかけて流行、摂津・和泉・河内の流行は著しく、六月まで患者・死亡が多く、大坂市中で、患者一万六千四十六人うち全癒者が「家持」八百九人、「店借の者」七千七百三十八人、「下人下女」八百八十二人であわせて九千四百二十九人、死亡が「家持」百九十人、「店借の者」二千三百三十七人、「下人下女」七十二人であわせて約二千六百二十人となった。六月現在の患者は「家持」百九十二人、「店借の者」三千六百五十九人、「下人下女」百四十五人で、あわせて三千九百九十六人という（『虫付損害書留』）。

大坂三郷の患者は約三十三万千四百十五人といわれ、堺市中の患者は、総計で三百二十一人、全癒が百六十、死亡が五十人であり、摂津の東成・西成郡、河内の茨田郡の諸村の総計は、現在患者が百七十六人、全癒が百十六人、死亡が三十七人となる。海内均しく憂い、老幼で逃れた者は、百人中一、二人に過ぎず、古より未曾有であった、という。

江戸では、七月からほとんどが罹り、出仕した幕臣はわずか三十四人、往来人も一両人に過ぎず（『柳営年表秘鑑』）、『武江年表』は、七月十三、十四日に大路の往来が絶え、藁で疫神の形を作り、送るといって、鉦・太鼓を鳴らし、囃しつつ海に送ったという。

幕府は、勘定吟味役の神谷久敬《かみやひさよし》ら勘定所の役人を被災地に派遣して調査させ、島津・細川・浅野・毛利・池田・山内・有馬・立花・宗（対馬領主）など西国の諸大名に対し、各一万両規模の拝借金を貸与、幕領には夫食米《ふじきまい》を支給、種籾や牛馬代を貸与し、富裕者に窮民の救済を促すなど、飢饉・疫病対策をとった。

享保十八年（一七三三）十二月には「時疫（流行病）流行候節、この薬を用ひて煩いをのがるべし」という触れを出し、薬を渡している。「大粒の黒大豆をよく炒りて壱合、かんぞう壱匁、水にて煎じ出し、時々呑みてよし」とあり、以下、茗荷の根と葉、牛蒡、芭蕉の根の用法を記し、典拠をも記している。続いての触れは、「一切の食物の毒にあたり、又いろいろの草、木の子、魚、鳥、獣など喰い煩いをのがるべし」と、毒にあたっての苦しみの対処法を記している。この処方は、奥医師の望月三英《もちづきさんえい》と丹羽正伯《にわしょうはく》が、『医渥』『肘後備急方《ちゅうごびきゅうほう》』『孫真人食忌』『農政全書』『本草綱目』『衛生易簡』『千金方《せんきんほう》』『夷賢志《いけんし》』などの本草書や医署から書き抜いていた。

江戸ではすぐに米価が下がり、幕府が米五万俵を賑給して、打ちこわし騒動はおさまったが、この米価急騰と打ちこわしに遭遇した富士講行者の食行身禄《じきぎょうみろく》は、米を買い占めた米商人やそれを野放しにした役人を糾弾し、こうした世を直して「みろくの世」に「ふりかえな」ければならない、と広く訴える『お添書《そえがき》の巻《まき》』を著した。

富士講は富士山登拝の信仰集団で、食行身禄は伊勢一志郡の農村に生まれ、江戸に出て富山家に奉公した後、独立して行商を営み、油商人となって資産を得、その間に富士講五世の行者と出会って、富士信仰を支えに商業に励み、毎年、富士登拝を行なうなか、六世の行者になった。

享保十四年に著した『一字不説の巻』によれば、その教理は商の道を通じての正直や勤勉の実践にあり、富士山の神体を仙元大菩薩として崇敬し、富士の「お山」の本体は「チチハハ様」の神格で、世界と人間を創造し、人間はその分身であるという。

享保十五年に富士登拝をした際、山頂で「仙元大菩薩」にまみえたことから、苦行の末にこの地での入定を決意し、江戸に帰って資産を縁者に配分し、「気違身禄、乞食身禄、油身禄」と称されつつも、布教活動を繰り広げるなか、かの享保十八年の社会不安に遭遇し、怯える民衆に「身禄の御世」の到来を予言したのである。そこで入定の時期を早め、同年六月から富士山の烏帽子岩に籠り、その際に身禄が語った言葉を富士山北口御師《おし》がまとめたのが『三十一日之御巻』である。

それによれば、母の食する米の偉大な活力によって胎児は生育するのであって、米は「菩薩」である、といい、その菩薩である米を買い占め、不当な利益を上げたが故に、米商人を「極悪人」として糾弾したのであった。士農工商の四民について、士は、主君への勤めに尽くし、農・工・商は、それぞれの業を怠ることなく勤めることによって「生まれ増す」（よりよく生まれる）と説いた。身禄は四民のうちの農・商の職分に基づく道徳実践と富士信仰とを結びつけ、四民の平等の考えを主張する新たな信仰の道を拓くに至ったのである。

### 商人の道を求めた石田梅岩

身禄が新たな信仰に向かった享保十四年（一七二九）、石田梅岩《いしだばいがん》は京の車屋町で講席を開いた。梅岩は貞享二年（一六八五）に丹波桑田郡の農家に生まれ、京の呉服商の黒柳家に奉公、寸暇を惜しんで学問に励み、三十歳を過ぎてから学問の師は定めずに、神道や儒学・仏教・老荘の学など諸方の講義を聞きまわり、主家を去って道を説く準備に入ったが、迷っていたところ、在家の仏教者の小《お》栗了雲《ぐりりょううん》に出会い、悟りを開いたという。

学問とは「心を尽くし、性を知る」ものであり、一人一人の「心」が究極の存在であるとする「心」の哲学、心と自然とが一体になって秩序をかたちづくるとする性理の学（「石門心学《せきもんしんがく》」）を形成したのである。四十五歳で念願の講席を開くと、六年後の享保二十年（一七三五）に高倉錦小路の大長屋で一か月の連続講義を行ない、そのほか講席を大坂でも開くなか、町人の門弟が増え、その門弟との間で月三回の月次の会を開いて問答を重ね、実践倫理を求め、商売や商人の社会的意義を高く評価し、元文四年（一七三九）に『都鄙問答《とひもんどう》』を著した。

商人は「其余りあるものを以て、その不足《たらざる》ものに易《かへ》て、互に通用するを以て本とする」ものであって、計算に念を入れ、その日その日の渡世をし、一銭を軽んぜずに富を重ねてゆくのが商人の道である、といい、売買によって天下の財宝は通用し、万民の心が休まる、と説いた。

士農工商について「士農工商は天下の治る相《たすけ》となる。四民かけては助け無かるべし。四民を治め玉ふは君の職なり。君を相《たすく》るは四民の職分なり。士は元来位ある臣なり。農人は草莽の臣なり。商工は市井の臣なり」と規定した。

市井の臣としての商人の職分を「其余りあるをものを以て、その不足ものに易て、互に通用するを以て本とする」ものと捉え、商人の利潤とは職分遂行のための報酬であるから、君に仕える士の俸禄に比することができ、「商人の買利も天下の御免しの禄なり」「売利を得るは商人の道なり」と、商業活動を積極的に位置づけて意義づけ、商業の本質は交換の仲介にあり、他の職分に劣らないとした。

延享元年（一七四四）の『斉家論《せいかろん》』には、士農工商が相互に通い合う四民平等の考えがあって、多くの商人から支持され、最盛期には門人が四百人に達し、石門心学は京都呉服商人の手島堵庵《てじまとあん》、『松翁道話』を著した布施松翁《ふせしょうおう》、『鳩翁《きゅうおう》道話』の柴田鳩翁らに継承されていった。

## 飢饉への幕府の対策

享保の大飢饉の前後には新たな信仰や学問が誕生した。古義学の青木昆陽《あおきこんよう》は、江戸町奉行大岡忠相の与力加藤枝直《かとうえなお》の邸内で塾を開くなか、救荒食料として甘藷（薩摩芋）に着目、その効用を説く『蕃諸考《ばんしょこう》』を著し、町奉行の忠相に提出した。飢饉により稲が腐ったため田地を暮らしの中心とする家が多くつぶれ、畑を所持していた家はつぶれずに済んだ、という話を聞いたからという。

これが将軍の目にとまり、昆陽は薩摩芋御用掛に任じられ、小石川の薬園や吹上苑、下総馬加《まくわり》村で試植して成功、苗を諸国に分け、栽培の仕様書も記して普及につとめたが、普及は進まなかった。吉宗は林信篤《はやしのぶあつ》に命じて薩摩芋の徳を記す効能書を開板させたことで、賞翫されるようになった。

武蔵橘樹《たちばな》郡大師河原《だいしがわら》村の名主池上幸豊《いけがみゆきとよ》は、多摩川河口に新田を開発し、宝暦十二年（一七六二）の検地で十四町強の池上新田を成立させると、甘藷の栽培を普及させ、砂糖製造法を改良し、各種産業を手掛けて『種芸拾穂集』を著した。薩摩芋だけでなく、ハトムギなどを所々に植えさせ、人参を作るようになり、砂糖も江戸で製造された（『明君享保録』）。

人参栽培は、享保十八年（一七三三）に和人参の製法商売を大坂平野町、江戸柴井町各一名、河内富田林二名が出願し、朝鮮人参の種で栽培した和製人参の栽培に成功しており、植村左平次は人参寒養のために享保十八年十二月に日光に赴き、享保二十年三月に江戸の長崎屋源右衛門方に唐人参座が設立された。

薬種や物産の国産化を進めた幕府は、享保十九年（一七三四）三月、『庶物類纂』の編集主任の丹羽正伯からの問い合わせがあったならば、諸領主・代官に領内のすべての産物とその俗名・形などを書き上げるよう命じた。丹羽は加賀藩の稲生若水《いのうじゃくすい》の弟子で、これまで薬種の調査を畿内近国や東国を中心に行なっていたが、この産物改めを契機に全国調査へと進めてゆき、元文四年（一七三九）に『諸国産物帳』が作成された。統一的基準に基づく農作物や動植物・鉱物の一覧で、珍しい動植物には食用の適否を記した。様々な動植物の分布がわかり、列島の動植物相がわかった。

元文元年三月に岡山藩は『備前国備中国之内領内産物帳』を提出、各藩も順次提出してゆき、現在、四十余国の産物帳の存在が知られる。幕府はこれを諸国の物産の幕府への貢上に利用し、飢饉対策にも利用した。徂徠が『政談』で、公儀の入用には大名がその身上に応じ出させるようにすべし、と提言し、越前の奉書・錦、会津の蠟燭・漆、南部・相馬の馬、上州・加賀の絹、仙台・長門の紙をあげていたが、これに応じたものである。

飢饉対策を行なうなか、年貢増徴にともなう不穏な動きから、悪党が出没するようになったことから、享保十九年八月二十六日、幕領の代官所に「悪党」が押し掛けてきた際には、幕府に伺いをたてる暇がない場合、近辺の大名に出兵を要請するよう伝えている。それというのも享保七年四月、幕府が質流地禁止令《しちながれちきんしれい》を出したところ、越後頸城郡や出羽村山郡の農民が、地主から自分の田畑を取り戻そうとして、代官の陣屋に押しかけたところ、代官所がそれを鎮圧できず、近辺の藩の応援を頼らざるをえなかったことがあった。

## 朝儀への幕府支援と年貢増徴政策

享保二十年（一七三五）三月、中御門天皇が譲位して桜町《さくらまち》天皇が践祚したが、その前年十月、吉宗は大嘗祭の再興を朝廷に打診していた。中御門天皇の代には大嘗祭を行なわないという「勅約」があったのを、今回は、経費を負担するので大嘗祭を挙行したらどうか、と問い合わせたのである。朝廷は二年前に亡くなった霊元《れいげん》法皇の「勅定」を理由に断ったが、即位後の元文《げんぶん》元年（一七三六）に関白近衛《このえ》家久《いえひさ》が辞任すると、翌年に月次祭か新嘗祭のどちらかを挙行したい、と幕府に伝えてきた。この二つは応仁の乱後に廃絶されていた重要な神事である。

そこで幕府は、再び朝廷に大嘗祭挙行の意思があるか、と伝え、ようやく元文三年（一七三八）に大嘗祭が行なわれ、翌年には新嘗祭も行なわれ、豊明節会も再興された。幕府の要請に基づいて朝儀が再興されたのは、朝幕関係が新たな段階に入ったことを意味するもので、幕府は官位叙任の制度をも確認させた。

元文四年に法印・法眼などの僧位、僧正・僧都などの僧官、門跡や神位階について、朝廷に調査させ、官位叙任やその執奏で収入を得ていた門跡・公家の厳格な管理をはかった。延享元年（一七四四）には、朝廷が豊前宇佐宮・筑前香椎宮《かしいぐう》に幣物を奉る奉幣使《ほうへいし》を発遣することをも認めた。

吉宗は朝廷の代替わりを捉え、朝廷の制度を整えることにしたのであって、武家が朝廷を支え、朝廷が武家を支える、そのためには自らの手で朝儀を復興させる必要があったわけだが、それとともに将軍の後継体制の構築も考えていた。世嗣の長子家重《いえしげ》は、室鳩巣らの教育を受け成長していたのだが、病弱で言語に不明瞭なところがあって、次男の宗武《むねたけ》には享保十五年（一七三〇）に田安家を興させ、後に四男の宗尹《むねただ》に一橋家を興させることになる。

幕府が朝儀復興に積極的になった背景には、財政が再建されてきたこともあげられよう。譲位した中御門上皇に御料として一万石を進めている。幕領は享保七年の約四百万石から元文元年（一七三六）には約四百五十万石に増えていた。その石高の増加の多くは新田開発にともなうものだが、元文元年に享保鋳造の金銀を改め、新たに元文金銀を鋳造したことにもよる。その金貨の品位は六十五・七一パーセント、銀貨は四十六パーセントという価値の低い悪貨で、この貨幣量増加と改鋳益金によって、財政は好転した。

元文二年（一七三七）六月一日、神尾春央《かんおはるひで》が勘定奉行に、十四日に松平乗邑が勝手掛老中となって、年貢増徴政策のさらなる推進が図られた。神尾は元禄十四年（一七〇一）から賄頭《まかないがしら》や納戸頭など経済官僚畑を歩み、勘定吟味役から勘定奉行になり、松平乗邑の下で年貢増徴の実務に取り組んで税収入の上昇を図った。

目をつけたのは関東地方の河川や湖沼地の堤外の地である流作場《りゅうさくば》で、勘定組頭の堀江荒四郎芳極《ほりえあらしろうただとう》とともに巡見して、流作場を村請で開発させ、葭畑《あしはたけ》・芝畑などの地目を新田検地で打ち出し、新たな山林原野を「林畑」として把握するなど現地の新田検地を行なって増税につとめた。寛保《かんぽう》元年（一七四一）の「関東川々流作場検地」に関する堀江の書付によれば、関東地方の流作場は一万町歩に及び、幕府は金一万五千両の収入を得たという。

## 洪水と農政の展開

寛保二年（一七四二）七月二十八日から上方は大風雨となり、京都の三条大橋が流失し、淀川が氾濫、八月には関東地方を未曾有の洪水が襲った。武蔵入間郡久下戸《くげど》村の豪農奥貫友山《おくぬきゆうざん》の『大水記《おおみずき》』は「寛保二年壬戌年八月、関東大水、別て信州・上州水害つよく、村里を押し流し谷となり、谷を埋めて岡となし、人馬死亡おびただし」と始まる大水害について記す。

関東中心に信州に及び、出水した河川は、荒川・多摩川・利根川・神流《かんなが》川・烏川・江戸川・横川・中川・綾瀬川・渡良瀬川・権現堂川・赤堀川・向川・中島川・星川・小貝川・岡明川などの主要河川で、流屋・潰屋は一万八千軒、死者は千人余、水死馬は七千頭、被災村数は四千もあったという。『大水記』は「享保十二年丁未の年七月十八日より天気もめ、十九日九ツ時より大雨降、廿日にいたりてやまず。廿一日晴申候所、荒川水増申候」という、享保十二年の荒川の氾濫についても記しているが、それを上回るもので、この時の教訓が生きた。

幕府もただちに浅草の米蔵を開いて「村々多少の吟味に及ばず、御料・私領のわかちなく米を相渡させ申すべき」旨を指令して、救出活動に乗り出し、国役普請とともに御手伝普請を萩藩・岡山藩など十一の大名に命じ、十一月から復旧工事が始まった。

災害対策や民間の智恵が功を奏し、大水害の被災を切り抜け、松平乗邑・神尾春央の農政は軌道に乗り、延享二年（一七四五）までの八年間に面積にして二万三千百町歩、地代上納分二万七千両を得た。その農政の基本は旧来の代官を罷免して新代官を起用、支配を勘定所に一元化し強引な年貢増徴を進めるものであった（「松平左近将監（乗邑）風説集」）。
延享元年六月、神尾は堀江らを率いて畿内・中国地方の幕領を巡検したところ、二毛作が発達し土地柄が豊かなのを見て、代官を督励、「此度廻村、不埒の儀これある国々、五千人、七千人にても死罪或は遠島、追放御仕置き有之」と、威嚇して増収を命じたという。これは「有毛検見法《ありげけみほう》」「田方木綿勝手作法」によるもので、有毛検見法で実収高を常に五公五民の割合で徴収、田方木綿勝手作法で田方の綿作を百姓の勝手作とし、仮に凶作のため田方の綿作が全滅しても、その村の稲作の一番よい出来で年貢を徴収した。

そのため「あづまより神尾若狭がのぼりきて、畠をも田をも堀江あら四郎」という落首が書かれたという（「窓のすさみ」）。神尾については、本多利明《ほんだとしあき》『西域《せいいき》物語』も「神尾氏が曰く、胡麻の油と百姓は、絞れば絞る程出るものなりと云へり。不忠不貞云べき様なし。日本へ漫《はびこ》る程の罪人とも云べし」と、胡麻の油と百姓は絞れば絞るほど出るものと言い放って、年貢の増収を行なったので農民が行き詰まり、子を間引きすることが流行したと記す。

勝手掛老中の松平乗邑は農政だけでなく法令の整備にも腕を振るった。その整備は享保五年（一七二〇）から吉宗の指示で行なわれ、当初は刑事・民事にわたる公開の基本法の整備にあったが、これをうけ大岡忠相を中心に裁判規定や判例の整備もなされ、享保九年に『法律類寄《よせ》』が編纂され、さらに裁判規範の統一化の努力が重ねられた。元文二年（一七三七）閏十一月、勘定奉行杉岡能連《すぎおかよしつれ》が司法問題の御定書の編纂主任を命じられ、翌元文三年に草案（『元文三年御帳』）を編むと、事業は評定所一座の三奉行に引き継がれ、元文五年五月に松平乗邑が編纂主任となって進められた。

**法令整備、古文書整理**

寛保二年（一七四二）に『公事方御定書』が、吉宗・乗邑・評定所一座による審議を経て一応の成立を見て、その後、翌年三月に条文の題や文言の改定があって完成に至る。上下二巻のうち上巻は、評定所の規則や高札の法文、公事訴訟や刑罰執行に関する規定など三奉行の施策の上で準拠すべき重要法令八十一カ条からなり、下巻は刑法典を中心とした総合的法典であって、『御定書百ヶ条』と称された。

民法関係の法令が少ないが、これは仲裁人の調停による「内済」を基本としていたからであって、総じて評定所一座の裁判管轄の別を基本に据え、手続法、実定法、刑罰執行規定など、体系的で実務的な法典となった。ただ公布されずに内規の扱いであったのだが、何時しか知られるようになり、書写されていった。

寛保二年七月、松平乗邑は大目付・目付・表右筆組頭に対して、幕府創設以来の御触書の書抜を評定所御定書御用掛（『公事方御定書』の編纂機関）に提出するよう命じ、これを受けて慶長二十年（一六一五）から寛保三年までの百二十九年間に出された三千五百五十点の条目や高札・触書を、テーマごとに分類・整理し、延享元年十一月に『御触書』（『御触書寛保完成』）五十一巻として完成した。以後、順次『御触書集成』が延享元年から宝暦十年までの『御触書宝暦完成』などの形で編集されてゆくことになる。

町奉行関係では、『公事方御定書』の追加編集とは別に、大岡忠相が町奉行与力の上坂政形《うえさかまさかた》に命じて享保元年からの町奉行関係の諸法令の立法・公布過程をも記す関係書類を整理させ、享保十年に『撰要類集』が編まれ、その後の増補作業も忠相が勘定奉行になる元文元年にまで続けられてゆき、後任の町奉行に継承されて宝暦三年（一七五三）に『享保撰要類集』として完成する。

法令の整備と関連して公文書の整理が行なわれ、その管理がシステム化された。寛政期の支配勘定で幕府の財政関係文書を整理した大田南畝《おおたなんぽ》の『竹橋余筆《ちっきょうよひつ》』によれば、幕府は享保五年から公文書の所在・概要調査を行ない、江戸城大手の多聞・土蔵・座敷に保管されてきた公文書について、同七・八年頃に公文書目録を完成させた。総数は郷帳・年貢・普請・地方勘定・上知・知行割・検地帳・反別帳・人別帳など九万四千冊にのぼり、これらの文書は、勘定所で年別・類別・郡別に整理され、利用に不都合がなくなった。

文書とともに吉宗の関心の深かった書物も整理・管理が進められた。享保十四年に全国の寺院に対して、伝来する仏教書の保存と補修を促し、その目録の提出を求めている。享保十七年に青木昆陽を書物方御用に任じ、江戸城の紅葉山文庫の充実を図り、所々に書物の提出を求めた結果、偽書や重複の多いことが判明し、林信篤に鑑定・整理させたが、その鑑定に誤りが多いため、京都から招いていた国学者の荷田春満《かだのあずままろ》に調べさせた。

荷田春満は京都の伏見稲荷神社の神職の子で、神道説や和歌を学ぶなか、古義学の影響を受けて

『万葉集』などの古典の文献学的研究へと進み、江戸と京都を往復するなか、和学に通暁していたことから、吉宗の命により享保七年に幕府書物奉行の下田師古《しもだもろひさ》に和学の相伝を行ない、さらに幕府書庫の蔵書に関係するようになった。

文書調査は、元文元年になって今川・北条・武田など戦国大名作成の古文書を集めて写しを作成し、同五年からは青木昆陽を甲斐・信濃・武蔵・相模・伊豆・遠江・三河など徳川氏の旧領に派遣、古文書を蒐集させ、これらの必要部分は江戸に送られて影写された後、原本は所蔵者に返されるが、集められた文書は「諸州古文書」として編纂された。

昆陽は古文書の返却に際し、所蔵者に大切に保存すべきことを諭していて、文書の保存は幕府機構のみならず、郷村でも進められた。元文五年九月十日、幕府は村々では村の収支がわかるように帳面を付けることを命じる触れを出している。村では災害の記録をつけるようになっていたことも相俟って、村に関わる文書が作成され、蓄積してきた文書や記録が整理、保存されるようになった。

### 御免勧化と勧進興行

寛保二年(一七四二)五月、寺社の修造に新たな方針として御免勧化《ごめんかんげ》(勧進)の制度が整った。幕府は寺社の修理に年間の上限を千両としていたが、これだけでは重要な寺社の修復費用はとても賄えず、大破した熊野三山の再建の訴願では、財政負担を少なくするため、享保七年に諸国に勧化して再建するように取り計らった。享保十年九月の興福寺の伽藍造立、十二年の出雲大社の造営、十五年の河内誉田八幡宮・摂津天王寺の修造でも、勧化による費用捻出を認めていたが、その後の十年間は勧化を認めなかったのが、ここに至って広く制度として認めるようになった。

寺社奉行連印の勧化状を持参した者が、幕領・私領・寺社領の在町に巡行してきた際、これまでは勧化を停止することがしばしばあったが、今後は停止させないようにと命じたのである。これにともなってこの五月の出雲国日御碕《ひのみさき》神社をはじめ、寛保二年に八社寺、翌三年には五社寺と、連年、勧化による再建や修造が行なわれるようになった。

勧進相撲の興行も寛保二年に許可している。元禄の頃には町人の興行師が興行主となり、相撲取り集団と交渉することで、三都では定期的に開催されていたが、それとともに興行の名目が「勧進」から「渡世」のために願うことが多くなり、相撲取りが興行主になる場合が増え、表向きは勧進をうたいながら、内実は渡世のための興行という性格が強くなっていたので、幕府はこれを認めなくなり、正徳元年には江戸で町人の抱え相撲を禁じ、相撲興行を全面的に認めなくなっていた。

そのため諸国の相撲取りや行司は、江戸を離れ京・大坂に集結するようになり、その興行主は相撲取り出身の頭取であった。この勧進相撲興行を江戸での復活を認めたことから、京・大坂同様に相撲取り出身の年寄が勧進元になり、相撲も渡世のために行なわれた。

延享元年には寺社奉行が先決して認め、興行の体制が整った。江戸では春秋二度、夏は京、秋は大坂で四季に行なう三都の相撲興行が「四季勧進相撲」として定着して賑わった。この二年後、吉宗が将軍職を退いているので、勧化・勧進両制度は寺社奉行の管轄に関わり、大岡忠相が寺社奉行になっていたことから見て、忠相が将軍引退の花道とすべく、動いたとも見られる。狂言作者の並木正三は、宝暦《ほうりゃく》三年（一七五三）十二月、三条定助座の二の替り狂言「けいせい天羽衣《あまのはごろも》」で、屋根の上に三人、下屋に四人がいる屋台をそのまませりあげる大掛かりなせりあげで、大坂町中を喜ばせた。

### 歌舞伎興行

江戸の賑わいといえば歌舞伎があるが、元禄歌舞伎の賑わいに大きな影を落としたのが、大奥の女中の絵島《えじま》の事件で、正徳四年（一七一四）、将軍家継の生母月光院に仕える絵島一行百三十人が、月光院の代参で芝増上寺、上野寛永寺に詣での帰途、木挽町の山村長太夫座で芝居見物した後、長太夫宅に招かれて狂言作者中村清五郎、絵島お気に入りの役者生島新五郎らと酒宴を開いた。

この豪勢な遊興によって江戸城への帰りの遅くなったことが問題となり、評定所の審理で絵島は信州高遠に預けられ、長太夫ら三人は遠島処分、千五百人が連座で処分され、山村座は断絶となった。それとともに江戸三座（中村座・市村座・森田座）には様々な禁令が出され、寺社境内の宮地芝居や他の芸能興行も停止された。

享保期に入ると、幕府の倹約令や名優の死去もあって、歌舞伎狂言は華やかさがなくなったが、これを契機に江戸三座の制が定着、劇場整備が心掛けられた。舞台と楽屋を結ぶ橋掛かりに代わって花道が設けられ、役者と観客の交流の場が広がった。見物席は一部の桟敷を除いて屋根がなく雨天では興行できなかったのが、本舞台・桟敷・一般見物席をすべて蓋う大屋根のある全蓋式の劇場が成立し、本舞台が広くなり、大道具が発達し、観客を魅了する仕掛けが次々と生まれた。

大坂では歌舞伎に代わり人形浄瑠璃で活気にあふれ、竹本座《たけもと》が近松門左衛門の書いた世話浄瑠璃『曾根崎心中』(元禄十六年)の大当たりで不振を脱すると、竹本筑後掾《ちくごのじょう》、竹田出雲と座本が変わっても大当たりが続き、『冥途の飛脚』(正徳元年)、『心中天の網島』『女殺油地獄』などの名作が上演された。この竹本座から出た豊竹若太夫創設の豊竹座は、座付作者に紀海音《きのかいおん》、人形遣に辰松八郎兵衛《たつまつはちろべえ》を迎えて竹本座と競り合い、『梅田心中』(正徳五年)、『傾城無間鐘《けいせいむげんのかね》』(享保八年)などの作品が上演された。人形浄瑠璃の黄金時代となった。

歌舞伎は江戸で出された禁令が大坂でも出され、正徳五年に上演された人形浄瑠璃の近松作「国性爺合戦」の大当たりに押されるなどして、「歌舞伎は無が如し」と称されるようになっていたが、やがて人形浄瑠璃を取り込むことにより活性化した。享保元年に京、大坂で上演された『国性爺合戦』の歌舞伎は、翌二年に江戸の三座でも上演され、以後、人形浄瑠璃を取り込んで、歌舞伎の人気は回復し、歌舞伎独自の魅力が磨かれていった。

元文三年(一七三八)正月の江戸中村座『宝曾我女護島台《たからそがにょごのしまだい》』の大詰めの七里ヶ浜の場における、曾我五郎と工藤祐経との船中における碇を引き合う場面は、「七里が浜、大道具の仕掛けよく」と評され、翌年の同座『鎌倉風新玉曾我《かまくらふうしんぎょくそが》』の平敦盛の妻に扮した若女方辰岡久菊《たつおかひさぎく》が、二階作りの道具の屋根から傘を差し舞台に飛び下りる、大道具を使っての演技は「見物誠に肝をけす」と評された。

寛保三年（一七四三）十二月の大坂の中村十蔵座『大門口鎧襲《おおもんぐちよろいがさね》』での初代沢村宗十郎は「二階ざしきを二めんにせり上し」と評され、せりあげの機構により観客の目をひきつけた。

## 吉宗から家重へ

延享二年（一七四五）七月七日、吉宗は、諸大名に右大将の家重が成長したので、近々に引退して将軍職を譲ることを伝え、九月二十五日に西ノ丸に移り、代わって家重が本丸に入って、十一月二日に将軍宣下が行なわれた。この間の十月九日、老中の乗邑が罷免された。その理由は、「前々より権高に相勤候様子、相聞候」ということで、吉宗から注意があったにもかかわらず、「我意」を立てた取り計らいが不調法の至りであったという（『大岡忠相日記』）。

吉宗政治への批判を乗邑罷免でかわしたものであり、乗邑の下で動いていた春央は、金銀銅山の管理や新田開発、検地奉行、長崎掛、村鑑《むらかがみ》、佐倉小金牧などの諸任務を一手に担当していたのが、延享三年（一七四六）九月、それらの職務権限は勝手方勘定奉行全員の共同管理とされ、すべて相役と相談するべしとの触が出され、影響力が著しく低下した。

将軍家重を補佐したのは、享保九年（一七二四）に家重付の小姓となった大岡忠光《おおおかただみつ》で、家重の将軍就任とともに小姓組番頭格となり、翌延享三年に御側御用取次、六年には側用人になった。言語不明瞭な家重と意思疎通できたのは忠光のみであったという。家重政権は吉宗の後見と、老中・評定所の集団指導体制で運営された。吉宗は引退後、体調がすぐれず、やがて半身不随となってしまい、延享四年に次男の田安宗武が家重から謹慎させられたが、それは知らされていなかったという。

朝廷との関係については、桜町天皇が若くして延享四年に譲位し、桃園《ももぞの》天皇が践祚、学問を好んで近臣の進講をうけるなか、進講者の一人の徳大寺公城《とくだいじきんむら》が、山崎闇斎《やまざきあんさい》の垂加神道《すいかしんとう》を信奉する竹内式部《たけのうちしきぶ》の教えを受けていたので、吉田神道の吉田兼雄《よしだかねお》が反感を抱き、その訴えから式部は宝暦九年（一七五九）に京都を追われた（宝暦事件）。

その式部が伊勢にいたところを、明和四年（一七六七）に江戸に召され、疑いは晴れたものの、追放中にもかかわらず、京都に立ち入ったことが発覚し、八丈島に流された。式部の門人の藤井右門《ふじいうもん》は、赤穂藩の藩士の子で、式部が京都を追放されたので、江戸に移って山県大弐《やまがただいに》の門人となり、その各種の「雑談」が不敬、不届きとされて極刑に処された。

大御所吉宗の病状は一時回復したが、寛延四年（一七五一）五月に悪化、六月十九日には「御危篤」が伝わって翌二十日に死去した。大岡忠相は、吉宗の葬儀に関わっていたが、その頃から著しく体調を崩し、十一月二日に寺社奉行と奏者番を辞し、十二月十九日に吉宗の跡を追うかのように亡くなる。その後の幕政は、寛延三年（一七五〇）に勝手掛老中になった酒井忠寄《さかいただより》を中心に、吉宗政権の政策基調を継承して運営され、幕府機構では部局別の予算額が定められ、部局毎に経費削減が行なわれた。

亡くなった吉宗を最大級に讃えたのが、幕府の正史『徳川実記』である。長きにわたり政治を主導してきた。吉宗に費やした記事の分量は家康の五分の四もあり、吉宗に次ぐ家光ではその四分の一しかない。吉宗の政策をきちんとまとめて記し、その上で「すべて此御時に定め給ひし事ども、一として天下の要務、後世の亀鑑とならざるはなし」と絶賛している。実際、多くの吉宗の施策はその後に継承された。

吉宗政権の後世への影響は政策だけではなく、学問の広がりがあった。その実学志向から発展するようになったのが蘭学である。吉宗は漢訳洋書の輸入を緩和し、元文五年（一七四〇）に幕府御書御用掛の青木昆陽と幕府御目見医師の野呂元丈《のろげんじょう》に蘭学の学習を命じ、二人は江戸参府中のオランダ人の宿舎を訪ねて質問をするなどして、オランダ語を学び、これにより昆陽は『和蘭文字略考』『和蘭文訳』を著し、医学を山脇玄修《やまわきげんしゅう》、本草学を稲生若水に学んでいた野呂元丈は『阿蘭陀本草和解《わげ》』を著し、その後の蘭学の礎を築いた。

## 新たな学問の展開

吉宗に登用されて和書の鑑定を行なった荷田春満の和学は、その甥で養子になった在満《ありまろ》や弟子の賀茂真淵《かものまぶち》により国学として発展するようになる。在満は春満の家学を継ぎ、田安宗武に仕えて、歌道のみならず律令や有職の学にも通じ、元文四年に『大嘗会便蒙《だいじょうえべんもう》』を出版して、朝廷の秘儀を公開したとして筆禍を蒙ることもあったが、『令三弁』『国歌八論』など多くの著作を残した。

賀茂真淵は遠江敷知郡《とおとうみふちぐん》の賀茂新宮の神主の子で、漢学を太宰春台の弟子渡辺蒙庵《わたなべもうあん》に学び、古典や歌学を学ぶなか上洛し、春満に入門して古典や古語を学び、春満の死後に江戸に下って歌学者としての評判を得、在満と同じく田安家に延享三年（一七四六）に和学御用として召し抱えられた。『万葉考』『国意考』などを著し、儒教や仏教などの外来思想を排撃、日本固有の思想的伝統である「古の道《いにしへ》」を明らかにし、「国の手振り」である理想的社会を求め、大きな影響を与えた。

吉宗の制度整備に大きな影響を与えた荻生徂徠の学統は、経世の面は太宰春台が継承し、詩文の面は服部南郭《はっとりなんかく》が継承した。南郭は北村季吟《きたむらきぎん》門人の京都の商家の次男に生まれ、歌学を志して柳沢吉保に仕え、正徳元年（一七一一）頃に徂徠の門人になってその文学の方面を継承し、詩酒風雅の道を歩み、『唐詩選』を公刊して唐詩の流行をもたらし、門人の手になる南郭の筆録『唐詩選国字解』は版を重ね多くの文人に愛好された。

服部南郭が仕えた柳沢吉保邸で、徂徠・南郭と交わりをもった出羽庄内出身の田中桐江《たなかとうこう》は、詩をよくしたが、吉保の家臣を斬殺して奥州に逃れ、やがて摂津池田で結社「呉江社《ごこうしゃ》」を開いて子弟に教え、優雅な生活を送った（『樵漁余滴《しょうぎょよてき》』）。その呉江社で詩を学んだのが町人学者の富永仲基《とみながなかもと》である。

仲基は、父徳通《のりみち》が大坂で醬油醸造を営み、懐徳堂《かいとくどう》創建に関わっていた環境から、学問に勤しみ、儒学・仏教・神道に考察を加えた。物事を源流にさかのぼって歴史的展開に即して把握し、批判を加える方法であって、延享二年（一七四五）に『出定後語《しゅつじょうこうご》』を著し、仏教の展開する必然性を「加上」という法則的把握で論じ、和文の『翁の文』では、神道を同様な方法を用いて批判を加え、神仏儒の三教に代わる「誠の道」を提唱した。西川如見『百姓嚢』の「誠の道」の考えを、正面から提唱したもので、翌年に三十二歳の若さで亡くなってしまい、その独創的な学問のさらなる展開を見ることはできない。

独創的といえば、元禄十六年に秋田藩秋田郡二井田村の農家に生まれ、家が没落したために延享元年（一七四四）に八戸城下に移り医者を開業した安藤昌益《あんどうしょうえき》がいる。昌益は、元文四年（一七三九）の二万石の八戸藩が一万一千石もの損亡に見舞われた凶作が相次いだ厳しい風土にあって、独学で多くの書物を読むなか、神仏儒の三教を批判したが、仲基とは全く違う形で行なった。万人が土地を持ち、生産活動を行なう「自然世」を理想とし、武士が農民を支配する「法世」の現実を批判、その秩序を支える三教を批判したのである。

これらは聖人のつくった制度であると批判の矢を向けた。制度といえば、徂徠が「世界の物体を士農工商の四民に立候事も、古の聖人の立候事にて、天地自然に四民これあり候にては御座なく候」（『徂徠先生答問書』）と、聖人が立てた制度の意義を強調し、士農工商の身分制を評価したのだが、昌益は「士農工商、是れ聖人の立てた四民なり」といい、それが聖人により作為されたものであるとして否定した。

聖人が「直耕」する農民のほかに、士・工・商をつくって「制度」としたために、直接生産者が少なくなり、それに寄食するものが多くなって、世の中が乱れた、と指摘した（『自然真営道《しぜんしんえいどう》』）。四民の士農工商を制したのは、聖人の大罪であり、大失敗であるといい、士・農・工・商それぞれについてその非を説いたのである。

士とは武士、君の下に武士の身分を立てて庶民の直耕の所産である穀物をむさぼるようになった、工とは工匠で、諸種の器材をつくるが、これは聖人が美しい家を建て華美を尽すために立てられた身分であって、天下の費えになる。人々は直耕し自分で器物を製作すべきであり、商人は諸物を売買するやからで、これを制度として立てたのも聖人であり、金銀が通用するようになったので、庶民はこれを貯え飾ることが心のままになり、欲心が盛んに横行している、と指摘した（『統道真伝《とうどうしんでん》』）。

昌益の著作『統道真伝』が成立したのが宝暦二年（一七五二）、『自然真営道』をその翌年に著わした昌益は、宝暦八年に故郷に戻って、門人たちを村寄合を通じて指導し、宝暦十二年に亡くなった。この時期、昌益や仲基のような在野の学者や文人が多くの書物を著すようになっていた。

### 百姓一揆の頻発

享保末年から続いていた年貢増徴政策にともなって百姓一揆が頻発するようになった。享保八年（一七二三）に質流地禁止令を撤廃したことで、地主経営が体制的に容認され、元文五年（一七四〇）には小作料を年貢同様に公権力が取り立てる地主保護が法制化され、さらに延享元年（一七四四）六月に田畑の移動や集積を事実上公認した影響が、しだいに広がっていた。

各地での一揆多発の様相を、元文三年から四年にかけて見れば、七月に摂津武庫郡の青山丹後守領六か村で農民二百人が代官の悪政を訴え、九月に陸奥岩城平《いわきだいら》藩全領の民八万四千が、二十一か条の「惣百姓願書」を提出して強訴した。十月に三河刈谷《かりや》藩の四十一か村の農民、丹波上総鶴牧和田村の農民四百人が強訴、十二月には但馬生野代官領の農民・鉱夫が強訴、翌元文四年二月には伯耆《ほうき》鳥取藩の領内全域の農民三万人が一揆、三月二日には美作幕領勝北郡三十五か村の農民三千人が飢饉救済を求めて一揆、三月七日には播磨《はりま》作用《さよ》郡二十か村の一揆といった具合である。

一揆に対し、『公事方御定書』の、「地頭に対し強訴、その上徒党をいたし逃散の百姓御仕置事」は、頭取を死罪、名主を重追放、組頭を田畑取上所払い、惣百姓を村高に応じて過料という方針で臨んでいたが、一揆はやまなかった。なかでも寛延《かんえん》元年（一七四八）十月からは多発し、羽前村山郡水沢村など三十九か村の農民の訴え、十二月から翌年にかけての播磨姫路藩の農民一揆では五千人、一万人と膨れ上がった。

寛延二年二月には越後村上藩の数千人、五月には武蔵忍《おし》藩十三か村、八月には丹波篠山《ささやま》藩の百姓二千人、十月には常陸笠間藩二十七か村の農民千人、岩代二本松藩の農民八千人、十一月には佐渡二百七か村の農民、そして十二月には岩代の幕領六十八か村の農民一万七千人、陸奥三春藩の領民数万人、会津藩の領民数万人が訴えた。翌寛延三年になっても、正月に讃岐多度津《たどつ》藩、伊予大洲藩、下総佐倉藩、肥前諫早《いさはや》藩など強訴が続いて起きた。そこでついに幕府は正月に、強訴・徒党・逃散などの百姓一揆を厳罰に処すことを法令に定め、禁圧に乗り出した。

この法令は、町村に義務づけられていた五人組作成の五人組帳に遵守すべき法令を記す前書として載せられ、その浸透が図られた。しかし根本的解決を示すものではなく、一揆は一旦鎮静しても、再び頻発することになったが、それは諸藩では多くの問題が起きていたからである。

宝暦元年（一七五一）に上総勝浦藩の上村恒朝が親族殺害の件で幕府に虚偽の報告をしたことから

所領を没収され、宝暦五年に美濃加納藩の安藤信尹《のぶただ》が家中の不取締を理由に減封され、籠居となっている。『久留米騒動記』によれば、宝暦四年（一七五四）に久留米藩では藩財政の困窮による税制の苛酷さと、大庄屋・豪農・御用達商人の横暴に抗して、農民十六万八千人が筑後川の八幡河原に集結して藩側と交渉、要求をのませたという。

諸藩では年貢増徴とは違う形で藩政刷新に取り組むようになっていた。宝暦二年から萩藩、七年から熊本藩や松代藩、十一年から徳島藩などが進めたが、それには困難が大きかった。薩摩藩は享保七年（一七二二）の内検で八十六万石を出した大藩で、宝暦六年（一七五六）の家臣団の数が鹿児島士三千六百人と外城の郷士二万三百人と過大なため、琉球貿易の利を得ても、藩財政は常に窮乏にさらされていた。そこに宝暦三年、幕府から御手伝普請として木曾三川の治水工事を命じられた。濃尾平野を流れる木曾・長良・揖斐の三川の流れを分流させて、洪水を抑える工事である。延享四年（一七四七）に二本松藩が始めて、薩摩藩に継承されたもので、その大改修工事は同五年に完成するが、出費の総額が四十万両、病死者が三十三人、割腹者が五十三人の犠牲者を出した。総奉行の平田勘解由はその責任をとって自刃している。

さらに幕閣をも巻き込んだのが美濃郡上《ぐじょう》藩で起きた郡上一揆である。郡上藩では延宝五年（一六七七）に領主遠藤氏の年貢増徴に反対して一揆が起きたことがあり、宝暦四年（一七五四）八月には、領主金森氏が定免制《じょうめんせい》を廃し検見取《けみとり》による年貢増徴策を選んだことから、百姓が反対して一揆をおこした。この徴収法の変更には老中本多正珍《ほんだまさよし》が関わっていたこともあって一揆の要求が認められずに長引いた。

長期化とともに百姓の側にも徹底抗戦派「立者《たてもの》」と穏健派「寝者《ねもの》」との分裂が起き、同藩預り地である越前石徹白《いとしろ》の白山中居神社での社人間の争いも絡んで、幕府の評定所での審議となった。この結果、宝暦八年に百姓らの四人が獄門、不正に絡んでいたとして九月に本多正珍が老中を罷免され、若年寄の本多忠央《ただなか》が遠江相良藩を改易、十二月に郡上藩主の金森頼錦《よりかね》も改易となった。

### ロシアの南下

目を対外関係に向けると、元文四年（一七三九）五月二十一日に異国船三艘が陸奥国牡鹿郡田代浜沖に漂着し、伊達宗村《だてむねむら》が家臣を派遣して警固にあたらせるなか、その四日後に同じ牡鹿郡長浜にロシア船が漂着した。「綱島沖異国船二艘見え候由、漁船乗り出し見物いたし候処に、船形四角に、三千程も積申すべき程に御座候」「船は黒塗の様に見え候、鉄をのべたるごとくに丈夫に候。船の両脇は例のごとく大石・火矢・弓を仕掛けこれ有り。一艘七十人程も乗組み申し候かと見え申し候」（『元《げん》文世説雑録《ぶんせせつざつろく》』）という報告があった。

これはロシアのシバンベルグを隊長とする日本探検隊による三隻の探検船のうちの二隻で、ベーリングを隊長とする探検隊の別働隊である。すでに十七世紀末にはカムチャツカでロシア人と日本人との出会いがあり、ロシア領内に船に乗って遭難した人々もいて、一七〇五年には日本語学校がつくられていた。

一七二四年にロシアのピョートル帝はアジア大陸とアメリカ大陸とが陸続きかどうか調査するためにベーリング探検隊を派遣、一七二八年の航海でユーラシア大陸とアメリカ大陸の間の海峡とカムチャッカ湾を発見し、四一年にはアラスカとアリューシャン列島を発見したが、その別働隊が千島列島のウルップ島まで南下し、島々を海図に記録し、やがて日本沿岸に到達したのである。

そのうち一隻のアルハンゲル・ミハイル号は、仙台湾に停泊して田代島や網地島の島民と船上で物々交換をした。黒船出現に驚いた仙台藩は数百人の藩兵を派遣しての大騒動となった。もう一隻のワルトン指揮の聖ガブリエル号は、房総半島まで南下して安房天津《あまつ》村に上陸し、井戸から水をくみ上げ、畑の大根とともに船に持ち帰ったという。

いずれもすぐに出帆したので、争いは起きなかったが、幕府はこれらの報告を得て、六月に沿岸の領主・代官に対し、異国船来航時には、異国人が上陸したならば捕えおき、逃げたならば深追いをするなと命じた。なおシバンベルグ隊は一七四二年にもカムチャッカ半島から三隻の船で日本を目指したが、濃霧でたどりつけなかった。

ロシアはこれを契機に千島列島(クリル列島)のうちウルップ島までの北千島を支配下に置くことになり、それとともにラッコなどの毛皮を求めるロシアの毛皮商人が千島列島に進出して来て、アイヌや和人と接触するようになった。このように太平洋を航海して漂流した商人・漁師や、蝦夷地に向け交易を求めた商人、そして蝦夷地や千島列島に住むアイヌの人々と、南下するロシア人らとが頻繁に接触するようになって、やがて外交問題になるような事件がおきる。

# 第Ⅱ部　近世後期

# 一　田沼政権

## 田沼意次の台頭

郡上一揆の最中の宝暦八年（一七五八）九月、将軍側衆の田沼意次《たぬまおきつぐ》が加増され一万石の大名となり、「執政と同じく評定所に伺候して、訴訟うけ給はるべし」と命じられ、幕府評定に参加することになると、これを契機に意次が政界で大きな地位を占めた。

意次は、明和《めいわ》四年（一七六七）、板倉勝清《いたくらかつきよ》の後任として側用人《そばようにん》、同六年に老中格となって政治を牽引した。御家人から側用人・老中になった初めての例である。宝暦《ほうれき》十年（一七六〇）、家重が将軍職を長男家治《いえはる》に譲ると、意次は新将軍家治からの信任も厚く、老中となった。吉宗から後事を託されていた松平武元《まつだいらたけちか》がいるなか、幕閣が推進していた政策を実施し、主導権を握るようになったのだが、特に目立った政策を展開したわけではない。

蘭学者で医師の杉田玄白《すぎたげんぱく》は、『後見草《のちみぐさ》』にこの時期の社会の動きを詳しく記し、宝暦十年（一七六〇）から明和八年（一七七一）までの天変地異の記事について、載せているのでそれを見ることにしよう。

宝暦十年二月四日　江戸赤坂今井谷の武士の家から出火。
　　二月七日　一明専明という悪党が神田旅籠町《はたごちょう》の社に放火し、江戸大火。
明和元年
　　暮　朝鮮使節守護の津島藩主に仕える下男が使節を殺害。
明和三年春　武蔵秩父郡八幡山の百姓ら二十万人が五郡に集って騒動。
　　　　　　御蔵門徒《おくらもんと》の邪法を取り締まる。
明和四年春　山県大弐《だいに》・藤井右門の倒幕計画が発覚。
　　夏　髪切が流行し、飯綱《いづな》の法、つむじ風、感冒も流行。
明和七年秋　箒星《ほうきぼし》出現、旱天で京都・江戸など水争いが起き、赤い空。
明和八年春　伊勢神宮へのお蔭参り。
　　夏　上州安中の藩主の桜田館に物の怪出現。

明和九年（一七七二）の江戸大火に至るまでの「天変地妖《てんぺんちよう》」を記したが、特に大きな事件というべきは、明和の大火である。目黒行人坂の大円寺から出火し、南西からの強風に煽られ、麻布・芝・日本橋・神田・下谷・浅草・千手に至るまで延焼、死者・行方不明あわせて二万に及んだ。出火は大円寺に盗みに入った願人坊主《がんにんぼうず》の放火という。この年は物価高から「年号は安く永くと変れども諸色高くて今に明和九」という落首が詠まれたように、安永《あんえい》に改元された。
田沼政権の政策の中心は経済政策であった。前代から続く幕府財政の悪化から増収をはかったもので、その一つが同業者組合の株仲間の奨励と公認である。かつては商業関係の組合仲間に専売制など営業上の特権（株）を認め、商品価格を安定させることを目的としていたのだが、この時期には、特権の見返りに冥加金を上納させて増収をはかろうとした。

大坂では、明和元年（一七六四）から安永期（一七七〇年代）にかけ、仲間組織の出願を受けつけて、その株仲間を公認し冥加金を上納させ、その数は百二十七に及んだ。江戸でも始まって、明和七年（一七七〇）公認の出油《であぶらや》屋仲間の江戸口京口油問屋は、年に銀三十枚、五十枚の冥加金を納入、同九年公認の京飛脚仲間は三十両を納入した。

明和九年公認の大坂の菜種問屋・綿実《わたのみ》問屋・綿実絞り油屋のように、当初の冥加金納入は少ない場合もあったが、同九年から両種物（菜種と綿実）問屋は銀十枚を納入している。

幕府勘定所は、明和八年（一七七一）から安永三年（一七七四）にかけ、関東諸河川の河岸を調査し、百五十八の河岸に河岸問屋株を設けた。これにより倉庫業を営む河岸問屋は、荷の積み下ろしの権利を独占するようになり、船持ちから口銭《こうせん》を受け取ってその利益から冥加金を納めた。在方にも問屋株が設定されたのである。

## 田沼政権の経済政策

幕府財政自体は好転しなかったが、各種の事業を民間が出願して、独占的に請負う会所が生まれ、その冥加金上納が増収へと繋がった。たとえば繰綿《くりわた》の先物売買を仲介する繰綿延売売買会所は、宝暦九年（一七五九）に堺、同十年に大坂で開設された。大坂では庶民向け金融機関の銭小貸会所《ぜにこがしかいしょ》が、明和元年（一七六四）に投機的な帳合金《ちょうあいきん》の取引をする金銭延売会所が生まれ、その冥加金は年千五百両にのぼった。

独占的事業の請負業や新たな営業にも運上金が課され、宝暦十二年（一七六二）の八王子石灰《いしばい》、明和六年（一七六九）の江戸城の浚渫《しゅんせつ》請負、安永四年（一七七五）の野州《やしゅう》石灰、下総銚子・本所深川蠣《かき》殻灰《がらばい》などの営業に運上金が課された。政権の経済政策は民間の経済活動を後押しし、その利益に基づく運上金で財政を好転させようとしたのである。このため「遠近の国にて色々の課役懸り、上下窮する事、大方成らず」と、運上金や課役によって困窮する人々も増大した（『翁草《おきなぐさ》』）。

もう一つの経済政策は、勘定所の権限を拡大し、長崎貿易を強化することにあった。宝暦十二年（一七六二）、長崎奉行を兼任した勘定奉行の石谷清昌《いしがやきよまさ》は、長崎に直接に乗り込んで長崎会所を改革、貿易統制を強めて幕府からの拝借金を完済した上、毎年一万五千両を例格上納金という形で幕府に運上した。

政権は、主要な輸出品である銅の積極的な開発にも乗り出し、宝暦十三年（一七六三）に銅山の新規の開発令及び再開発令を出し、宝暦十四年に秋田藩の阿仁銅山の上知《あげち》を命じると、これには秋田藩が抵抗し、老中の松平武元や意次らに工作、上知は撤回となった。幕府は銅確保のため明和三年（一七六六）に大坂の銅会所を廃止、代わりに銅座を設け、ここで国産銅すべてを買い上げ、銅吹屋仲間に精錬させ、貿易と地売りによって利益をあげた。

輸出品の銀は、産出量が激減して逆に輸入に転じていたことから、銀貨の鋳造をはかった。宝暦十三年（一七六三）に中国から三千貫の銀を輸入、明和二年（一七六五）からはヨーロッパの銀貨をも輸入、その年から五匁銀を、安永元年（一七七二）に良質な南鐐《なんりょう》二朱銀《にしゅぎん》の鋳造を始めた。南鐐二朱銀は八枚で小判一両（金貨）と交換できるものとし、その流通を浸透させるため、二年間に金高五万両分（南鐐二朱銀四十万枚）を両替屋に無担保・無利息で貸し渡した。

こうして関西の銀遣い、関東の金遣いの統合をはかって、不安定な通貨制度が安定化し、それとともに銅に代えて、鉄や真鍮で銭を鋳造し始めた。明和二年（一七六五）に江戸亀戸、同四年に伏見鋳銭定座《じょうざ》で鉄銭、同五年に真鍮四文銭の鋳造が始まる。明和四年五月には、金・銀・鉄・鉛鉱山の開発を全国的に促すなど、鉱山資源の開発を積極的に行なった。

銅とともに中国向けの干鮑《ほしあわび》など高級食材の俵物の輸出をはかった。長崎・大坂・下関に置かれていた俵物会所は、輸出用俵物の生産を奨励し、日本海側や三陸など各地に俵物を集荷する指定問屋を設定して増産をはかり、天明《てんめい》五年（一七八五）に長崎の俵物会所を俵物役所と改め、各地の俵物会所が俵物を集荷し、俵者役所に送るようになった。

蝦夷地は俵物の産地で、蝦夷地の開発も貿易と絡んでおり、箱館に俵物会所を設置し、勘定所の役人が集荷事務にあたった。貿易だけでなく、綿作生産に必要な肥料として鰊《にしん》や鱒《ます》の脂を搾った〆《しめ》粕《かす》の需要が増大すると、それを賄うためにも蝦夷地の開発が進んだ。さらに金銀鉱山の開発も蝦夷地でもくろまれ、明和三年（一七六六）に小人目付《こびとめつけ》を松前に派遣して金山調査を行なった。

蝦夷地への商人の進出は著しく、飛驒下呂の材木商飛驒屋久兵衛は、松前藩に金を貸し付け、明和八年の七千両の貸付の引き当てとして、安永三年（一七七四）にエトモ・アッケシ・キイタップ・クナシリの四場所を、翌年には宗谷《そうや》場所を請け負っている。

## 蝦夷地の開発と平賀源内

宝暦期から明和・天明期にかけての田沼政権の動きとともに、様々な分野で新たな活動が広がった。その一つが本草学である。田村元雄《たむらげんゆう》（藍水《らんすい》）は阿部将翁《あべしょうおう》から本草学を学び、元文《げんぶん》二年（一七三七）に幕府から朝鮮人参の種を下付されて人参国産化の研究に入り、諸国産物を調査、宝暦七年（一七五七）に湯島で薬品会を、同八年に神田で薬草会を開くなど、以後の本草学発展の基礎を築いた。

朝鮮人参や甘藷、木綿を研究、その栽培技術の普及に努め、『人参譜』『甘藷製造伝』の著作がある。

藍水から本草学を学んだのが平賀源内《ひらがげんない》で、讃岐の志度浦《しどうら》に生まれ、宝暦二年（一七五二）頃に長崎に遊学、本草学とオランダ語、医学、油絵などを学び、同六年に江戸に出た。幕府の鉱山開発振興策とともに民間に鉱山熱が高まって、多くの「山師」が出現するなか、源内は同十一年に伊豆で芒消《ぼうしょう》（硫酸ナトリウム）を発見し、幕府から伊豆芒消御用を命じられるなど、実業家タイプであった。

宝暦十二年（一七六二）、本草学の薬品会「東都薬品会」を湯島で開催し、全国の同好の士に在所の産物や所蔵する産物を送るよう依頼、「産物請受取所」として江戸中村屋、京の千切屋《ちきり》・薬草屋、大坂の天王寺屋・豊後屋を指定、長崎から武蔵・下野までの二十五か所を「諸国産物取次所」に指定するなど、全国的なネットワークで、薬品会には千三百余種が集まり、源内は藍水とともに「草木、鳥獣、魚虫」の「珍品奇種」を出品した。

翌宝暦十三年、薬品会出品の二千余種のうちから三百六十種を選んで、その産地を示し解説を加えて、源内は『物類品隲《ぶつるいひんしつ》』を刊行した。全六巻の第五巻の産物図絵には珍品三十六種を図示しており、この産物図絵は、南蘋派《なんぴんは》の絵師の楠本雪渓《くすもとせっけい》が描いた。南蘋派は享保十六年（一七三一）に長崎に渡ってきた沈《ちん》南蘋の画系で、花鳥画を得意としていたので依頼したのであろう。源内も絵画に手を染め『黒奴を伴う赤服蘭人図』『西洋婦人図』などの西洋画風の絵画を描いた。

平賀源内（国立国会図書館デジタルコレクション）

源内は関心を本草学から物産学へと向け、明和元年（一七六四）に火浣布《かかんぷ》（アスベスト、石綿）を造るのに寄与、さらに鉱山開発へと向かった。明和七年の長崎遊学で、『阿蘭陀本草』の翻訳を目的としつつ、鉱山開発・精錬の技術を学ぶと、帰路の西国では摂津の多田銀銅山、吉野金峰山を調査するなど鉱山を「大抵さがし」、安永元年（一七七二）に「古今の大山師」となって江戸に戻って、秩父中津川鉄山の事業に乗り出し、翌二年には、出羽秋田藩に招かれ、吉田理兵衛とともに院内銀山・阿仁銅山を視察して、鉱山開発を指導した。この結果、秋田藩は阿仁産の銅から銀を絞ることにより、一年に銀七十貫の利益を得るところとなる。

源内は著作の執筆にもあたった。風来山人《ふうらいさんじん》の名で、辻講釈師深井志道軒を主人公とする談義本『風流志道軒伝』を著して、風刺を遺憾なく発揮、遊里めぐりから架空の国々をめぐる話を書き、浄瑠璃を福内鬼外《ふくうちきがい》の筆名で明和七年（一七七〇）に『神霊矢口渡《しんれいやぐちのわたし》』を、安永四年（一七七五）に『忠臣伊呂波実記』を執筆、江戸外記座《げきざ》や肥前座、結城座などで上演された。そんな源内は、安永八年に誤って人を殺し獄中で病死した。その墓碑銘に杉田玄白は「ああ非常の人、非常の事を好み、行ひこれ非常、何ぞ非常に死するや」と記した。

### 蘭学の事始

源内と同じく藍水の弟子の若狭小浜藩の医師中川淳庵《なかがわじゅんあん》は、明和八年（一七七一）に杉田玄白・前野良沢《りょうたく》とともに『解体新書』の翻訳にあたった。この翻訳の経過については、文化十二年（一八一五）の杉田玄白『蘭学事始《らんがくことはじめ》』が記している。「今時《きんじ》、世間に蘭学といふこと専《もっぱ》ら行はれ、志を立つる人は篤《あつ》く学び、無識《むしき》なる者は漫《みだ》りにこれを誇張す。その初めを顧《かえり》み思ふに、昔、翁《おう》が輩《ともがら》二三人、ふとこの業《わざ》に志を興《おこ》せしことなる」と始まって、五十年に及ぶ蘭学の歴史を回顧し、蘭学の発祥と展開を語っている。

玄白の父は若狭小浜藩医の杉田甫仙《ほせん》で、寛永十八年（一六四一）頃から「和蘭《おらんだ》流外科」には、西流、栗崎流、桂川流などの流派が生まれ、玄白は西流の西玄哲《げんてつ》から蘭方外科を学んだ。将軍家宣《いえのぶ》の時、和蘭通詞の西善三郎、吉雄幸左衛門らが、オランダ語を学ばせてほしい、と公儀に願い出て認められ、それから「横文字」が学ばれ、青木昆陽《こんよう》や野呂元丈《げんじょう》らによるオランダ語研究が始まった。

豊前中津藩の医師の前野良沢は、昆陽の門に入り、『和蘭文字略考』を授けられ、オランダ語を学んでいた。ある日、良沢が玄白の家に訪ねきて、ともに和蘭人の客屋に赴いたことがあったが、その頃から舶来の「珍器の類」を好む人々が増えた。外科の巧者バブルの弟子で大通詞の吉雄幸左衛門が、長崎から江戸に来たので、玄白はその門に入り、医書『シュルゼイン(外科治術)』を閲覧、図を写し、豊前中津藩邸に赴いてから、良沢と懇意になった。

オランダ人逗留の客屋には多くの人々が集まり、同じ藩の中川淳庵も田村藍水とともに来て知己になった。淳庵は江戸麹町に住み、山形藩医の安富寄碩《やすとみきせき》にオランダ語を学んでいた。平賀源内とも知り合い、源内がエレキテルなど「奇器」の働きを示して周囲の人々を驚かせ、蘭書や蘭器を集めていたので、「和蘭実測窮理《じっそくきゅうり》のことどもは驚き入りしことばかりなり」と話をしたことがあった。

そのオランダ人逗留の客屋に通ううち、玄白はオランダ医学書『ターヘル・アナトミア』を見せられ、小浜藩に願い出て、その解剖書を入手すると、実物を見て照らし合わせたい、と強く思った。時に「この学、開くべき時至りけるにや」と実感する。

かつて小杉玄適《げんてき》が、宝暦四年(一七五四)閏《うるう》二月に京都所司代の小浜藩主の許可を得て、山脇東洋《やまわきとうよう》の死刑囚の腑分けに立会ったことを聞いていた。東洋は丹波亀山の医家清水家に生まれ、後藤艮山《こんざん》から実践重視の古医方を学び、カワウソの解剖から陰陽五行説に基づいた人体の内景に疑問を抱いて、宝暦四年（一七五四）に京都所司代の許可を得て死刑囚の腑分けに立会い、宝暦八年にその解剖図録『蔵志』を刊行した。これによりながら東洋の弟子栗山孝庵《こうあん》も、宝暦四年三月に萩城下郊外の刑場で二番目の人体解剖を行なっていた。

明和八年（一七七一）三月三日夜、江戸小塚原で死体の腑分けが行なわれるとの情報を得たので、それを実際に見ようと、玄白が中川淳庵・前野良沢を誘うと、翌朝、参会した良沢も、『ターヘル・アナトミア』を持参、三人は現地に赴いて腑分けを見学するうち、「携《たずさ》へ行きし和蘭図に照らし合せ見しに、一《ひとつ》として、其図にいささか違《たが》ふことなき品々なり」「ただ和蘭図に差《たが》へる所なき」と、和蘭の図と一つとして違わないことに一同「驚嘆せるのみ」であったという。

## 解体新書の訳業と影響

腑分け見学の帰路、医術の基本となる「人の形体の真形《しんけい》」を知らずして、医業を勤めてきたのは面目なかったと反省、「実験」に基づいて医業をする、と決意した玄白は、二人に提案した。「何とぞ此ターヘル・アナトミアの一部、新たに翻訳せば、身体内外の事、分明《ぶんみょう》を得、今日治療の上の大益あるべし、いかにもして通詞《つうじ》らの手をからず、読み分けたきものなり」と、話すや、「同志にて力をあはせ給はらば、憤然として志を立て、一ト精出し見申さん」と、一同志として一致、築地鉄砲洲の中津藩邸の良沢の宿所で翻訳に取り組んだ。

わからなかった字の訳語が浮かんできた時、「その時の嬉しさは、何にたとへんかたもなく」という経験を何度もし、「思いを労し、精をすり、辛苦せし」との苦労もあった。「会業怠らずして勤め」と、訳業に勤しむなか、「次第に同臭の人も相加はり、寄り集ふ」と、多くの同好の人々が参加、安永三年（一七七四）の『解体新書』の刊行に至る。

出版元の日本橋室町の申淑堂《しんしゅくどう》の須原屋市兵衛《すはらやいちべえ》は、前年に『解体新書』の内容見本『解体約図』を出版し、これが公儀からの注意がなかったので印刷に踏み切り、翌年に発刊となった。

『蘭学事始』の下巻は、解剖の書を見、腑分けを「実験」したことから、その書のすべてを知りたいという思いから、四年かけて訳業を進め、「腑分け」を「解体」と訳し、「解体新書翻訳の業」が成就し、社中はいつしかこの学問を「蘭学」と名づけるようになった、と記し、訳業に「雷同」した「社中」の人々、桂川甫周《ほしゅう》や中川淳庵、奥州一関の医官建部清庵《せいあん》・大槻玄沢《おおつきげんたく》、美作津山の藩医宇《う》田川玄真《だがわげんしん》、因幡の医師稲村三伯《いなむらさんぱく》らの労苦を讃えている。

玄白が腑分けを見てから語った「この実験に本づき、大凡にも身体の真理を弁へて、医をなさば、此業を以て天地間に身を立つるの申訳もあるべし」という思いからは、まことに蘭学を追究する科学者の精神が伝わってくる。玄白は「真の医理」は「遠西の阿蘭」にあると知ったのであるが（『形《けい》影夜話《えいやわ》』）、良沢は西洋の自然科学を「本然学」と訳し、安永六年（一七七七）の『管蠡秘言《かんれいひげん》』で、その自然科学的世界観を「和蘭都に諸学校有り。その中に別に窮理学校となづけたるもの有り。その教を立つるや、三才万物に即いて、その本源固有の理を究む」ものと、本然学と名付けた。

窮理の学とは天・地・人の「三才」、すなわち万物について、その「本源固有の理」を究める「本然の学」であり、この自然科学観に基づいて、神仏を尊崇し、政治を行なうことで、四民の業が安寧になる、と宗教・政治・社会にわたる世界観を記した。

玄白らの自然科学的世界観の影響を受けつつ、儒教の自然哲学に基づく世界観を構想したのが豊後の三浦梅園《みうらばいえん》である。享保八年（一七二三）、国東半島の医師の家に生まれ、延享《えんきょう》二年（一七四五）に良沢とともに長崎に遊学し、明末の游藝《ゆうげい》の『天経或問《てんけいわくもん》』をはじめ、儒仏道三教にわたる和漢の書物に哲学、文学、歴史、宗教、自然科学、政治、経済など多くの書物を、「学に志し、芸に志す者」として読破した（『梅園叢書』）。

宝暦二年（一七五二）の三十歳頃に気の哲学に開眼し、安永四年（一七七五）に『玄語《げんご》』を著したが、その玄とは、根源的存在をあらわす語で、それに関する理論を構築し、天地万物は、根源的な「元気」がさまざまなレベルにおいて現象したもの、その元気を頂点とするピラミッド構造をとり、そのなかの個々の存在の間の関係「条理」を認識する方法を「反観合一」と呼び、反観合一の方法により天地の条理の様態を記述した。

『玄語』『贅語《ぜいご》』『敢語《かんご》』、あわせて「梅園三語」が主要著書で、ほかにグレシャムの法則を述べた経世論『価原《かげん》』、杵築《きづき》藩主の松平親賢《ちかかた》の諮問に応じた政治意見書『丙午封事《へいごふうじ》』（天明六年〈一七八六〉）なども執筆、生物の解剖も行なった。二度目の長崎旅行で、望遠鏡や顕微鏡・寒暖計・八分儀などの科学器械、和蘭本草を見て、コペルニクスの地動説の話を聞き、医業と塾での門人教育にあたり、読書と思索と執筆に生涯を捧げた。

## 鈴木春信の錦絵、狂歌会

梅園は豊後国東半島で一人思索に励んだが、玄白らの科学的精神は、訳業に集まった同志の「社中」や「会」で育くまれてきた。こうした会は、田村藍水や平賀源内らの薬品会や、新作の落咄《おとしばなし》を披露する「咄の会」なども生まれていた。安永二年（一七七三）の『坐笑産《ざしょうみやげ》』の巻末広告に見えており、安永九年出版の『万の宝《よろずたから》』には松平近貞《ちかさだ》主催の咄会の作品があり、天明六年（一七八六）に烏亭焉馬《うていえんば》の主催、向島武蔵屋で狂歌師百余名を集めた会が盛大に開かれた。

鈴木春信の錦絵は絵暦交換会から生まれた。絵暦は太陰暦の月の大小を表し、絵を描いた暦で、正月の挨拶に配る風習から、明和二年（一七六五）から交換会が流行、大きな画面や豊富な色彩の図柄が競われた。なかでも旗本の大久保甚四郎（俳名巨川《きょせん》）や阿部八之進（俳名莎鶏《しゃけい》）らの率いる連（グループ）が競いあって、木版多色摺りの技術が開発されるようになり、その絵師として頭角を現したのが春信である。

大田南畝の『浮世絵類考』は、「名人」春信が「明和のはじめより、吾妻錦絵を画出して、今に是を祖とす。是はその頃、初春大小摺物、大に流行して五六へん摺り初めて出来せり」と記している。春信は江戸に生まれ、京都に上り「中興浮世絵の祖」と称された西川祐信《すけのぶ》に上方浮世絵を学び、江戸に帰ってからは、「浮絵《うきえ》、紅絵《べにえ》、画本、歌舞伎役者絵」を描く西村重長《しげなが》に学んだ。浮絵や紅絵は透

弾琴美人（鈴木晴信画　東京国立博物館蔵）
Image：TNM Image Archives

視遠近法に基づく絵で、奥村政信《おくむらまさのぶ》は「浮絵・紅絵の始め、枕絵上手」といわれていた。

　春信は二、三色摺りの紅摺絵から、さらに多色摺版画を生み出し、その細身で可憐、繊細な表情の『笠森おせん』『鷺娘』『髪洗い二美人』『弾琴《だんきん》美人』などの美人画は、「世人大にもてはやせり」と人気を博した。代表作は『風流四季歌仙』『坐敷八景』『風流やつし七小町』『風俗六《む》玉川《たまがわ》』などのシリーズもので、古今東西の故事・説話から得た題材を、当世風俗に置き換えた「見立絵《みたてえ》」の作品が多い。

　大田南畝の『半日閑話《はんにちかんわ》』は、春信について「今の錦絵といふ物はこの人を祖とす。明和二年乙酉《いつゆう》の頃よりして、其名高く」と記すが、この南畝らが好んだ狂歌と春信の錦絵とは密接な関係があった。幕臣の南畝は、十五歳で「江戸六歌仙」の内山《うちやま》賀邸《がてい》に入門した。賀邸は和歌や和漢の学問を武士の子弟に教えるなかで狂歌をもよくしており、春信の描いた『瀬川菊之丞図』には、賀邸の「深き渕はまるひいきにあふ瀬川　音にもきくの上手とはしれ」の狂歌が添えられている。

　江戸の狂歌会は、唐衣橘洲《からごろもきっしゅう》（小島）が四方赤良《よものあから》（南畝）らを誘って、明和六年（一七六九）に始まった。南畝は、「江戸にて狂歌の会といふものを始てせしは、四ツ谷忍原横町《おしはらよこちょう》に住める小島橘洲なり」

と記し、『明和十五番狂歌合』に「いにし明和六年のころ、唐衣橘洲のもとにてはじめて狂歌の会興行しける」と見える。橘洲は田安家の家臣で、細川幽斎らの穏和で優雅な作風にあこがれ（『弄花集《ろうかしゅう》』序）、「臨期変約恋」と題し「今さらに雲の下帯ひきしめて　月のさはりの空ごとぞうき」の狂歌で、師に激賞され、赤人を狂歌会に誘ったのである。

これに赤人が大根太木《おおねふとき》、太木が木網《もくあみ》や知恵内子《ちえのないし》を誘って、同門の平秩東作《へづつとうさく》や浜辺黒人《はまべのくろひと》も参加した（『弄花集』）。太木は辻番の請負、木網・知恵内子は夫婦で湯屋を営み、東作は煙草屋、黒人は書肆など、狂歌は江戸町人の文芸として広まり、それぞれ面白い名を名乗った。南畝（赤良）は明和六年に『売飴土平伝《あめうりどへいでん》』を鈴木春信の挿絵入りで出版し狂歌の会に参加したという。翌明和七年に賀邸と歌人の萩原宗固《そうこ》を判者に迎え、初めての狂歌合が開かれ、橘洲、赤良（南畝）、木網、坡柳、医者の秀安、東作の六人が各十首をつくり、三輪花信斎《みわかしんさい》が絵を描き『明和十五番狂歌合』が出版された。

### 狂歌ブーム

狂歌会は深川要津寺《ようしんじ》での蓮華会、京橋伊勢屋勝助方での「木網狂歌の会」など、頻繁に開かれ（『奴凧』）、同好者が増えるなか、鋭い機智と笑いの赤良の作風が好まれた。安永三年（一七七四）二月、赤良は牛込恵光寺で、大根太木、橘《たちばなの》　実副《みさえ》（唐衣橘洲）、早鞆和布刈《はやとものめかり》（塙保己一《はなわほきいち》）、和気春画《はるえ》（小松百亀《まつひゃっき》）など十余人による「宝合《たからあわせ》」を主催、各自これぞと思う宝物を持ち寄り披露した。

安永元年に甲州街道最初の宿駅新宿に飯盛女郎が認められると、安永四年に赤良は洒落本『甲駅《こうえき》新話《しんわ》』を「風来山人」の名で、挿絵は勝川春章《かつかわしゅんしょう》の担当で出版し、翌安永五年に落合村で観月会を、安永八年（一七七九）にも高田馬場の茶屋「信濃屋」で七十名余りを集めた観月会を催し、深川の遊里を描いた『深川新話』を出版し、翌年、黄表紙の出版元で狂名「蔦唐丸《つたのからまる》」の蔦屋重三郎《つたやじゅうざぶろう》から『嘘言八百万八伝《うそはっぴゃくまんぱちでん》』を刊行した。

端正・典雅な作風で、赤良らの笑いをまき散らす狂歌を苦々しく思っていた唐衣橘洲は、天明二年（一七八二）に「平秩東作・もとの木あみ・蛙面坊懸水・ふるせの勝雄など」を語らって、『狂歌若葉集』の編集を始めると、この動きを知った赤良は、同じく幕臣で賀邸門下の朱楽菅江《あけらかんこう》を誘い、「古きを拾ひ、新しきを加へてかいつけ」て『万載狂歌集』の編集に入って、翌三年に両書が刊行された。

『狂歌若葉集』が六十七人の狂歌を作者別に並べただけであるのに対し、『万載狂歌集』は部立てや配列を勅撰和歌集『千載和歌集』に準じて行なっており、古人にはじまる二百三十人余の作品を、春・夏・秋・冬、離別、羇旅《きりょ》、哀傷、賀、恋、雑、雑体《ざってい》、釈教《しゃっきょう》、神祇《じんぎ》に分類し並べた。これに圧倒された橘洲は、しばらく鳴りを潜めていたが、「牛込（南畝）と四ツ谷（橘洲）のわけ合も、菅江さんはもちろん木網さんの取持でさっぱりすみやした」と両者の対立は和解へと至った。

こうして狂歌本、狂歌ブームが、「数十軒の本屋、狂歌・戯作をちょっと見ると、人、先へとつて板行にあらはす」と到来した（『狂歌師細見』）。南畝はこのブームに乗って、天明四年に狂歌を「かれこれゑりもとめて」「筆を加へ」て『徳和歌後万載集《とくわかごまんざいしゅう》』を翌年に出版、その配列は先の本と同じで全十五巻、八百七十一首からなる。さらに天明七年には『狂歌才蔵集』を編んで、広く狂歌は世に受け入れられていった。

狂歌師は連というグループを通じて活動したが、この連には、天明三年（一七八三）の普栗釣方《ふぐりのつりかた》編『狂歌知足振《きょうかしったりぶり》』の狂歌師の人名録には三百二十六名を数え、四人で始まった江戸狂歌はここまで広まった。女性の狂歌師も市川団十郎の娘「梅旭子《ばいぎょくし》」、朱楽菅江の妻「節松嫁々《ふしまつのかか》」、「智恵内子」らがいた。狂歌師の名を所属する連ごとに記し、スキヤ連、小石川連、朱楽連、吉原連、堺丁連、芝連、本丁連、四方《よも》連の八つの連が載り、ほかに四谷連や伯楽連などの存在が知られ、狂歌師の多くは連に所属して狂歌をつくっていた。

そのうち最も多いのが赤良の率いる四方連の六十四名で、「紀定麿」、「宿屋飯盛」、佐久間六左衛門の臣「子子孫彦《このこのまごひこ》」、医官「よみ人しれた」、高松藩士が「沢辺帆足《さわべのほたる》」ら五人、家根職「檜皮釘竹」、石工「大石小石のみかげ」、宿屋主「奈万須盛方《なますのもりかた》」「多の旅人」、画名一筆斎文笑《いっぴつさいぶんしょう》「つむり風」、書肆「普栗釣方」らがいて、次いで多いのが「スキヤ（数寄屋）連」で、「鹿都部真顔《しかつべのまがお》」と両替屋「馬場金《ばばきん》埒《らち》」が率いる五十九名、続く芝連も書肆「浜辺黒人」が総師で、四十八名の多くを数える。

連には四方連のように統率する狂歌師の名によるものと、数寄屋連や芝連など地名によるものがあり、地名の連の堺丁連には、歌舞伎役者の五代目市川団十郎「花道のつらね」、その門人市川升蔵「通小紋息人《とおりこもんいきひと》」、狂言作者の初代桜田治助「桜田のつくり」、団十郎の娘「梅旭子」、歌舞伎役者三代目瀬川菊之丞「御贔屓《ごひいき》つみ綿」、声色の名人喜久蔵「菊の声色《こわいろ》」ら歌舞伎関係者が多い。

吉原連には書物の出版元蔦屋重三郎、吉原妓楼大文字屋の「加保茶元成《かぼちゃのもとなり》」、その妻「相応内所《そうおうのないしょ》」、吉原の妓楼大黒屋の「たはらの小槌」、吉原の幇間「猿万里太夫」など、遊里吉原の関係者が多く、吉原を描いていた浮世絵の喜多川歌麿「筆《ふで》の綾丸《あやまる》」もいた。統率者の名による朱楽菅江の朱楽連には、幕臣小宮山常右衛門娘で菅江の妻「節松嫁々」、田安家の臣で画名花朗斎三輔の「古瀬のかつ雄」、左官の棟梁「加陪中塗《かべのなかぬり》」、牛込の名主「臍の穴主」、高松藩士「厩屋のまや輔」ら三十二名からなっていた。

### 川柳に続いて本の出版

菅江は洒落本も書き、安永六年（一七七七）に『売花新駅《ばいかしんえき》』を執筆、天明六年（一七八六）には狂歌絵本『絵本江戸爵《えほんえどすずめ》』を編むなど、洒落本や狂歌本に力を入れるとともに、安永九年に牛込御納戸町の川柳グループの蓬莱連に協力して、川柳評『川傍柳《かわばたやなぎ》』の序文を記している。

『川傍柳』は天明元年（一七八一）に菅江の序で出され、三編は南畝の和文の序と菅江の漢文の序で出されたもので、狂歌師との関りが深く、連とともにあった点で共通する。続いて麻布柳水連が『柳筥《やないばこ》』を、麹町高砂連が『柳籠裏《やなぎごり》』を著すなど、江戸の各地の連により板行された。

俳諧の前句附点者である柄井川柳《からいせんりゅう》の選んだ句の中から、呉陵軒可有《ごりょうけんあるべし》が選んで、下谷五条天神裏の書肆星運堂花屋久次郎《はなやきゅうじろう》が明和二年（一七六五）に『誹風柳多留《はいふうやなぎだる》』を刊行すると、それから毎年、続編が出版され、明和四年には桜木連の連句集『さくらの実』が刊行され、明和七年の『誹風柳多留』

には、組の連の名が記されている。川柳も連の活動を通じて盛んになった。

柄井川柳は、江戸浅草の名主で、宝暦七年（一七五七）八月に前句附点者《まえくづけてんじゃ》として最初の万句合《まんくあわせ》を興行し、それが川柳として広がったもので、柄井は選句を「高番《こうばん》」（古事、時代事）、「中番《なかばん》」（生活句）、「末番《すえばん》」（恋句、世話事、売色、下女）の三つに分類、世態人情を軽妙にうがって諷する詩風を樹立した。前句附とは、雑俳の一種で、題として示された七・七の前句に、五・七・五の付け句によって優劣を競う遊戯的文芸であり、発句から独立した俳句とは違い、季語や切れなどの約束がないため、広く受け入れられ、「うがち・おかしみ・かるみ」の三要素を特徴とし、人情の機微や心の動きを記す句が多くつくられた。

会や連を通じて狂歌・川柳が流行したが、それを仲介したのが版元で、川柳関係では、星運堂花屋久次郎が『誹風柳多留』に続いて、『誹風末摘花《すえつむはな》』を出版、狂歌では狂名「浜辺黒人」が、天明二年（一七八二）に『初笑不琢玉《はつわらいみがかぬたま》』を発刊、須原屋伊八が『万載狂歌集』を刊行して以後、狂歌本を次々に出版した。狂名「文屋安雄《ふんやのやすお》」の富田屋新兵衛は南畝の洒落本『甲駅新話』を出版した。

洒落本の最初の『遊子方言《ゆうしほうげん》』は、大坂から江戸に下ってきた書肆の丹波屋理兵衛が書いたもので、話は通人ぶった半可通が精一杯の見栄をはり、振る舞っていたところが、茶屋でのうぬぼれ話がばれ、最後には振られてしまう、といった筋書きで、明快な会話体で記されていた。浮世草紙の流れにあって、取材対象を遊里に求め、当世の風俗をうがつところから、南畝や平秩東作、朱楽菅江など狂歌作者も次々につくった。

日本橋大伝馬町の鶴鱗堂の鱗形屋《うろこがたや》孫兵衛《まごべえ》が、洒落本の影響を受けて、婦女童幼向けに出版するようになったのが草双紙の黒本・赤本・青本で、正月の初夢のために枕の下に入れる「宝船」も売り出した。吉原の遊女の案内書『吉原細見』も出版、宝暦八年（一七五八）に雪舟一代記を鳥居派の絵師と組んで、黒本で出すなど、読者の好みを取り入れた。

勝川春章に浮世絵を学んでいた恋川春町は、自画作『金々先生栄花夢《きんきんせんせいえいがのゆめ》』を安永四年（一七七五）に出版、これは謡曲『邯鄲《かんたん》の夢』の翻案物で、田舎出の半可通な主人公が遊里吉原で遊ぶ様を、やわらかな写実的画面とともに描いた青本で、この青本を成人向けにした黄表紙のジャンルが生まれた。安永六年に人気の戯作者朋誠堂《ほうせいどう》喜三二《きさんじ》を迎え、恋川春町画の黄表紙『桃太郎後日噺』を刊行した。喜三二は秋田藩江戸邸の留守居役で、洒落本『当世風俗通』を著し評判をとっていた。

日本橋通《とおり》油町《あぶらちょう》の鶴屋喜右衛門は、天明元年（一七八一）に大蔵流狂言師の芝全交《しばぜんこう》作、北尾重政画の草双紙『大違《おおちがい》宝船《たからぶね》』を出版、天明二年に北尾政演《きたおまさのぶ》（山東京伝）の黄表紙『御存知商売物《ごぞんじのしょうばいもの》』を刊行した。山東京伝は江戸の質屋の子で、浮世絵を北尾重政に学び、『御存知商売物』を書いて大田南畝に激賞され、うぬぼれの強い若者の愚行を『江戸《えど》生艶気樺焼《うまれうわきのかばやき》』で描いて、黄表紙の第一人者となった。

出版を広く手掛けたのが「蔦重」こと耕書堂蔦屋重三郎で、安永二年（一七七三）に吉原大門前に書店を開いて『吉原細見』を仕入れて売り、翌年に遊女評判記『一目千本　花すまひ』を、安永六年には朋誠堂喜三二作、恋川春町画の黄表紙『親敵討腹鼓《おやのかたきうてやはらつづみ》』を出版するなど出版業を拡大した。

狂名は「蔦の唐丸」で、狂歌師や絵師との付き合いから洒落本・狂歌本を刊行、天明三年（一七八三）に日本橋通油町に進出、洒落本、黄表紙、狂歌本、絵本、錦絵などを幅広く出版した。

天明四年に宿屋飯盛編、北尾政演画の『新美人合自筆鑑』、天明五年に山東京伝の黄表紙『江戸生艶気樺焼』、天明七年に喜多川歌麿画の狂歌本『画本虫撰《えほんむしえらみ》』、天明八年には喜多川行麿画の黄表紙『文武二道万石通《ぶんぶにどうまんごくどおし》』を出版した。この時期の文芸を主導した「蔦重」を『江戸作者部類』は「世才人に捷れたりければ、当時の諸才子に愛顧せられ、其資によりて刊行の冊子、皆、時好にかなひしかば、十余年の間に発跡して、一二を争ふ地本問屋になりぬ」と評している。

### 歌舞伎と江戸の繁盛、その世界

蔦重は浄瑠璃の富本節の正本の出版も手掛けていたが、狂言作者の桜田治助《さくらだじすけ》は富本節《とみもとぶし》など浄瑠璃《じょうるり》の詞章《ししょう》を歌舞伎にとりこむなど、新たな演出法で江戸歌舞伎界を活性化させた。天明二年（一七八二）十一月の中村座の顔見世狂言の三段目浄瑠璃は、二世富本豊前太夫の語る桜田治助作『睦月《むつましづき》恋《こい》の手取《てどり》』で、半四郎・菊之丞が春駒の姿で舞うと、「見物の声」が雷をなし、「吉原の遊女名寄の春駒、両人の所作奇々妙々いふべからず」と、山東京山《さんとうきょうざん》が『蜘蛛の糸巻』に記している。

桜田治助は宝暦七年（一七五七）に市村座の狂言作者となって上方で修業し、明和四年（一七六七）に森田座の立作者《たてさくしゃ》になった。同六年の市村座の『江戸花陽光曾我《えどのはなわかやぎそが》』が出世作で、三代目市川団蔵、五代目市川団十郎、初代中村仲蔵《なかぞう》、四代目松本幸四郎らのために執筆、江戸歌舞伎に人情の機微をうがち、洒落と警句と風刺を巧みにとりこむ世話狂言を確立させた。その脚本は『御摂勧進帳《ごひいきかんじんちょう》』『伊《だ》達《て》競《くらべ》阿国戯場《おくにかぶき》』『幡随院長兵衛精進俎板《ばんずいいんちょうべえしょうじんまないた》』『大商蛭子島《おおあきないひるがこじま》』など百数十篇もあって、常盤津・富本節・長唄などの詞章を得意とし、舞踊劇の作は百三十篇に及んだ。

治助と並ぶ存在が金井三笑《かないさんしょう》で、中村座の帳元から作者となって宝暦九年（一七五九）に立作者となり、世話物を得意とし、「三笑風」とよばれる合理的作風を編みだし、常盤津や富本節の作詞にもすぐれ、その作品は『うれしく存曾我《ぞんじそが》』など百余編に及ぶ。

二人の狂言作者を得て歌舞伎役者にも名優の中村仲蔵と市川団蔵が出た。仲蔵は、明和三年（一七六六）に『仮名手本忠臣蔵』五段目で斧定九郎《おのさだくろう》を演じて大評判となり、立役・敵役・女形、所作事を得意とし、『菅原伝授手習鑑』の菅丞相《かんしょうじょう》、『義経千本桜』の権太と狐忠信《きつねただのぶ》、『関の扉』の関兵衛、『戻籠《もどりかご》』の次郎作、『娘道成寺』の白拍子などが当たり役となり、「秀鶴《しゅうかく》型」という新演出を試み、舞踊志賀山流《しがやまりゅう》を継いで、舞踊劇を大成した。

市川団蔵は京都に生まれ、明和五年（一七六八）に江戸に下り、安永二年（一七七三）に四代目団蔵を襲名して、武道事や実事《じつごと》を本領とし、早替りでも知られた。もう一人が五代目市川団十郎で、宝暦四年（一七五四）に父が四代目団十郎を襲名すると同時に三代目松本幸四郎を襲名、明和七年（一七七〇）に中村座で五代目市川団十郎を襲名し、『暫』を初代団十郎から累代相伝の衣装で勤めた。芸風は細工をしないおおらかさにあり、荒事、実悪、女形など様々な役柄をつとめ、「東夷南蛮・北狄西戎・四夷八荒・天地乾坤」の間にある名人と評された。

安永三年の平賀源内『放屁論』は、歌舞伎界の盛況を、「栢莚《はくえん》（市川）が気どり、慶子《けいし》（中村）が所作事、仲蔵（中村）が巧者、金作（山下）が愛敬、広治（大谷）が調子、三五郎（嵐）がしこなし、梅幸（尾上）浪花をひしげば、富三郎（瀬川）東都に名を顕《あらは》し」と記し、さらに江戸の繁盛について「川口（善光寺）の参詣、浅草の群集《ぐんじゅ》、深川の角力《すまひ》、吉原の俄《にわか》、沙洲《さしゅう》（十寸見）は木挽町に河東節の根本を弘むれば、住太夫（竹本）は葺屋町に義太夫節の骨髄を語る。或は機関《からくり》・子ども狂言・身ぶり・声色・辻談義」と記している。江戸の狂言作者の中村伝七が考案したとされる回り舞台に続いて、並木正三は、舞台の下を掘ってそこで回すようにする大掛かりな方法を考案し、宝暦八年（一七五八）十二月に角《かど》の芝居で「三十石 艠 始《さんじっこくよぶねのはじまり》」を上演した。

この遊芸の広がりに、田沼意次の遺訓七箇条の第五条は、「武芸懈怠《けたい》無く心掛け」と、武芸に心がけることを求めた後、「かつまた武芸心掛け候うえ、余力をもって遊芸を致し候義は勝手次第」と記し、武芸に心掛けた後は、その余力で遊芸をたしなむのは勝手次第であると記し、禁じてはいない。遊芸についてわざわざ触れたのは、遊芸が広がっていたからであり、遊芸と武芸は大田南畝『寝惚《ねぼけ》先生文集』の「水懸論」に、「遊芸の武芸を笑ふは猶可なり」と記し、両者は共存の関係にあった。

江戸での遊芸の場は、連による会のほか、吉原の遊里と歌舞伎の芝居があり、遊里を舞台に黄表紙や洒落本、浮世絵などが描かれ、歌舞伎では劇・舞踊・音曲・脚本などの総合遊芸として演じられた。その歌舞伎作者の式法を記す『戯財録《げざいろく》』には、筋を組み立てるにあたっては、竪筋・横筋があり、「たとへば、太閤記の竪筋へ、石川五右衛門を横筋に入る」とあるように、「竪筋は世界、横筋は趣向」と指摘している。

この「世界」とは、筋や事件を展開させるための枠組み、時代設定であって、その「世界」を定める便覧として、歌舞伎の作法書『世界綱目』が著わされている。この歌舞伎用語で世の動きを見るならば、人々は遊芸の「世界」のなかで様々な世界観を抱いて「趣向」を凝らし、世界像を描いていたのである。

伝統芸能の能も、観世流十五世の観世元章《もとあきら》が将軍家治・家重の能指南役になると、明和二年（一七六五）に田安宗武や賀茂真淵の助力を得て、謡曲の改訂、演出法の変更、曲目の増加・廃止などを行なって『明和改正謡本』を出版、新たな世界を構築しようとしたが、「梅と云新謡を組入、我家の事を恣に改め、万づ随意に挙動ふ故に、他流より誹謗する事喧し」（『翁草』）といった批判が噴出し、元章が亡くなると、「新改」は廃棄されてしまう。

## 京の絵画世界の若冲

宝暦期から明和・天明期にかけ、京でも宝暦十一年（一七六一）に豊田養慶《とよだようけい》が薬品会を開き、同十三年から明和三年（一七六六）にかけ鑑古堂産物会が四回、明和二・三年に見道斎物産会が開かれるなど物産会が盛んとなり、上方でも狂歌の会、咄の会などの活動が広がったが、むしろ絵画の面で目を瞠《みは》らせるものがあった。

弄翰子《ろうかんし》編『平安人物志』は、京都在住の「学者」「書家」「画家」などの人名録で、初版の明和五年（一七六八）の「画家」には、大西酔月《おおにしすいげつ》、円山応挙《まるやまおうきょ》・伊藤若冲《いとうじゃくちゅう》・池大雅《いけのたいが》・与謝蕪村《よさぶそん》らをこの順で名を載せていて、明和五年の少し前から新たな動きが広がっていた。

実際、伊藤若冲の『動植綵絵《どうしょくさいえ》』三十幅の「梅花小禽図《ばいかしょうきんず》」が描かれたのは、宝暦八年（一七五八）で、同十三年に曽我蕭白《そがしょうはく》の『雲龍図』が描かれ、従来の絵画とは質を異にする作品が登場してきた。若冲は、享保元年（一七一六）に錦小路の青物問屋「枡源《ますげん》」に生まれ、四十歳の宝暦五年に家業を弟

群鶏図　伊藤若冲画『動植綵絵』（宮内庁三の丸尚蔵館蔵）より

に譲って、本格的に絵を描き始めた。当初は狩野派に学ぶも、個性を重んじないその「学画」に飽き足らず、個性的な「質画」を求めてゆき、沈南蘋の明清花鳥画に学んで、自宅の庭に鶏を飼って観察、「我、物象を画くに、真に非ざれば、図せず」と、真を求めて身近な動植物を描いた。

代表作の『動植綵絵』三十幅は、草木、鳥虫、魚貝などの多種多様な動植物を、絹地に濃厚な極彩色で描いた生命感溢れる作品で、写実と装飾の交錯する夢幻の世界を描いている。釈迦三尊像の周囲を飾る荘厳画として相国寺に寄進された。相国寺の大典《だいてん》和尚は、相国寺の慈雲院で得度して禅を修行し、儒学をも学び、漢詩にも秀でた詩僧であり、若冲に中国の絵画を見る機会を与えた。

若冲の『仙人掌群鶏図《さぼてんぐんけいず》襖』（大阪西福寺《さいふくじ》蔵）は、尾形光琳の画風をとりいれ、金地の画面にシャボテンを背景に、歌舞伎舞台の役者よろしき鶏を描いている。『鳥獣花木図屏風』は、動物の夢幻の園といった感があり、『野菜涅槃図』は、青物問屋に生まれたことから、大根を釈迦に見立て、周囲を野菜や果物による菩薩や羅漢、禽獣が集まって嘆き悲しむ様を描き、「奇想の画家」と称されるにふさわしい作品である。

若冲の印章は「法度の中に新意を出す」とあり、若冲は「法度」（旧来の制度）のその先を目指した。『乗興舟《じょうきょうしゅう》』では、木版を用いた正面摺り「木版画」の技法によって独自な世界観を表現し、淀川下りを楽しんだ折りの感興を描き、それに大典が詩を書き添えている。黒つぶしにされた漆黒の闇を背景に、月光に浮かぶ薄墨の夜景と、月光を受けて光る水面が刷り分けられている。

若冲の「丹青《たんせい》」（絵画）を、黄檗宗《おうばくしゅう》万福寺の住持は、「刻苦し妙神に通ず、奮然としてよく旧途轍《わだち》を革《あらた》む、水より出づる芙渠（蓮）は脱体新たなり」という偈頌《げじゅ》を与え、煎茶道を中興した売茶翁《ばいさおう》（高《こう》遊外《ゆうがい》）は「活手《かっしゅ》の妙、神に通ず」と称えた。

高遊外は、肥前鍋島藩の柴山常名の子で、黄檗宗万福寺の末寺肥前の竜律寺で出家、煎茶法を長崎で学んだ後、奥州や諸方を回って享保十六年（一七三一）に京都に移って、東山に通仙亭を開き、利休に始まる茶の湯や禅の堕落を批判、自ら茶道具を担ぎ路傍で茶を「一服一銭、ただよりは負け申さず」と提供する活動に入って売茶翁と呼ばれた。若冲は、道服を着て天秤棒で涼炉《りょうろ》と茶壺を担う『売茶翁図』を描いている。

相国寺の大典は、売茶翁が売茶の生活に入ったその心境について、「仏弟子の世に居るや、その命の正邪は心に在り。事跡には在らず。そも袈裟の仏徳を誇って、世人の喜捨を煩わせるのは、私の持する志とは異る」と記している。

## 蕭白・応挙・大雅

若冲に遅れること十四年、曾我蕭白は享保十五年（一七三〇）に京都の染物屋に生まれ、大徳寺真珠庵の障壁画を描いたとされる曾我蛇足《そがじゃそく》に私淑して「蛇足十世」と自称し、明和元年（一七六四）に描いた『鷹図』の落款に、「明大祖皇帝十四世玄孫蛇足軒　曾我左近次郎暉雄」と記し、明の大祖皇帝に遡ってその世界観を構築、画家個人の人格や心情を創造の基本に置く「胸中の丘壑《きゅうがく》」という、個人的視覚を重視する考えを貫き、『蝦蟇鉄拐図《がまてっかいず》』『寒山拾得図』『群仙図』などを描いたが、その絵

は狂気の世界を描くかのようで、世人から「狂人」と評された（『近世逸人画史』）。

蕭白が生まれて三年後の享保十八年（一七三三）、丹波の穴《あな》太村《お》に生まれた円山応挙は、京に出て四条通の柳馬場の尾張屋中島勘兵衛の玩具屋に勤めるなか、絵を狩野探幽の流れを引く石田幽汀《ゆうてい》に学び、尾形光琳の弟子で写生画を描いた渡辺《わたなべ》始興《しこう》にも学び、その影響もあって写生を重視、玩具店勤めの修行期には「眼鏡絵《めがねえ》」を制作した。西洋画の遠近法を応用し、「覗き眼鏡」という凸レンズを嵌めた箱を通して風景などを立体的に眺めたもので、『四条河原遊涼図』や『三十三間堂図』などの都の風景を眼鏡絵で制作した。

スケッチブックをいつも所持し、目につく面白いものはすぐに写生したという。描こうとするものが人の目にどう見えるかを追究、観察眼を働かせ、ものの様子をつぶさに描いたもので、その写生画は、主観をまじえずに対象を冷静に捉えた。『写生帖』には迫真の絵が描かれている。宝暦十二年（一七六二）から二年がかりで応挙が描いた『淀川両岸図巻』は、

雪松図屛風（円山応挙画　三井記念美術館蔵）

京から大坂までの淀川沿岸に取材して、川の青や山々の緑に彩られた朗らかな船旅の様子を、十六メートルに及ぶ大画面に描き、細かく彩色も入念で、濃淡で現実味を出している。一枚、十二メートルに及ぶ画絹が使われている、注文主は相当に裕福だったと見られる。

力強い雄松と優しい雌松が雪の光に浮かぶ様を金泥《きんでい》や金砂子《きんすなご》を多用して描いた『雪松図屛風《ゆきまつずびょうぶ》』が豪商三井家に伝来するが、これは三井寺円満院の祐常《ゆうじょう》門主の「耳目にちかき事を図せむ」という依頼による。明和五年（一七六八）に天災・禽獣の難、人災の難が頻発する京の諸難に取材して『七難七福《しちなんしちふく》図巻』を描き、祐常の知遇を得た応挙は、代表作の『孔雀牡丹図』『大瀑布図』を描くことになる。

上田秋成《うえだあきなり》の『胆大小心録《たんだいしょうしんろく》』は、応挙が現れてからというもの、京では「写生」が流行した、と記しており、応挙の影響は大きく、多くの門人が生まれて円山派が形成され、呉春《ごしゅん》、長澤蘆雪《ながさわろせつ》、源琦《げんき》らの画家が育った。そのうち呉春は、蕪村やその門人松村月渓《まつむらげっけい》に俳諧と絵を学び、蕪村死後に応挙に師事して文人画に写生を加味した『梅林図』などを描いた。呉春の住む四条には多くの弟子が集まって四条派が形成された。

池大雅は、中国の士大夫による画風である文人画に新生面を開拓した。黄檗宗の隠元が宇治に万福寺を開いたのを契機に、文人画や画譜『八種画譜』『芥子園画伝《かいしえんがでん》』がもたらされ、その柔らかな線を何回も重ねながら描く南宗画を手本に、さまざまな画風を取り入れて享保年間から描かれるようになり、祇園南海《ぎおんなんかい》、柳沢淇園《きえん》、服部南郭《なんかく》、彭城百川《さかきひゃくせん》らが出て、その跡をうけて大雅が登場した。

京都銀座役人の子で、柳沢淇園に才能を見出され文人画を伝えられると、二十六歳で京を離れて富士山に登り、諸国を廻り、立山・白山・富士山に登って、その三岳紀行の体験から『三岳《さんがく》紀行図巻』『浅間山真景図』を描いた。旅と登山の体験は、大雅の絵の特色をなす広々とした絵画展開、リズム感のある描線に生かされた。ありのままの自然に触れ、その本質を直感し、画想を肥やし、実際の景色を描く「真景図」に傑作を残した。万福寺の『五百羅漢図襖』は、中国の故事や名所を題材とした大画面の襖絵で、中国渡来の画譜類、室町絵画や琳派、西洋画の表現をも取り入れた。

明和八年（一七七一）の『十便十宜図《じゅうべんじゅうぎず》』は、中国・清の李漁《りぎょ》の「十便十宜詩」に基づいて、大雅と蕪村とが共作した画帖で、大雅は山荘での隠遁生活の便利さを『十便図』に、蕪村は季節や気象の移り変わりを『十宜図』に描き、この作品を契機に、遅咲きの蕪村の文人画の技量が上達した。田能村竹田《たのむらちくでん》は『山中人饒舌《さんちゅうじんじょうぜつ》』で「大雅の逸筆、春星（蕪村）の戦筆」「大雅は正にして譎《けつ》（邪道）ならず、春星蕪村は譎にして正ならず」と評し、同じ文人画でも両者への評価は大きく違うが、上田秋成の『胆大小心録』は「大雅堂の書画の名、海内に聞えて、今は字紙一枚が無価の宝珠となりし」、「蕪村が絵は、あたい今にては高まの山のさくら花」と記し、ともに絵が高値になったという。

## 蕪村の俳諧と俳画

蕪村は享保元年（一七一六）に摂津国の毛馬《けま》村生まれ、江戸に下って夜半亭宋阿《やはんていそうあ》（早野巴人《はやのはじん》）に師事して俳諧を学んだ。巴人は其角や嵐雪に学んで独自の句境を開いていて、句に「鳴きながら川飛ぶ蟬の日影かな」（『夜半亭句帖』）がある。蕪村は、巴人から「俳諧の道」は、師匠の作風にこだわらず「時に変じ時に化し、忽焉《こつえん》として前後相かへりみざるがごとくあるべし」と教えられ、「はいかいの自在」を悟り知りえたという。

巴人が亡くなり、行脚の旅に出て芭蕉の足跡を辿って東北地方を周遊、宝暦四年（一七五四）から丹後宮津の見性寺《けんしょうじ》で俳諧師と交わり、絵を広く学ぶようになった。丹後を去って京都に移る際に『天橋立図自画賛』を描くと、これについて名古屋の薬種商で俳諧師の彭城百川《さかきひゃくせん》は「明風」と称し、自身を「漢流」と記したが、百川は芝居がかった場面表現を特色としていた明清の画風を吸収し、俳画も始めていて蕪村に大きな影響を与えた。

蕪村は、宝暦八年に『寒山拾得図』、同十年に『清蔭双馬図』、同十三年に『野馬図屛風』を描くなど画業に精を出し、やがて讃岐の琴平で『倣銭貢《ほうせんこう》山水図』を、丸亀妙法寺で襖絵を描くなど多くの作品を手掛けた。明和三年（一七六六）に京の夜半亭門流の棟梁が亡くなると、大祇《たいぎ》・召波《しょうは》と俳諧の結社「三菓社《さんかしゃ》」を結成し、明和七年に夜半亭二世に推戴された。

翌年に夜半亭の文台を開いて「花守の身は弓矢なきかがし哉」の句を詠み、『十便十宜図』を描くところとなり、蕪村七部集最初の『其梅影』が編まれた。安永五年（一七七六）には、傑作『夜色《やしょく》楼台図《ろうだいず》』『富岳列松図』『鳶鴉《とびからす》図』『新緑杜鵑《とけん》図』『山水図屏風』を描いた。『夜色楼台図』は、雪がしんしんと降り積もるなか、かすかな明かりが家々にともされている京の街の風景を描いた。風景をそのままではなく、万菴原資の漢詩からの発想をえて、イメージとしての雪世界に描いている。心に映ったものの内的世界を描きだす「写意画」であり、「うづみ火や我《わが》かくれ家《が》も雪の中」の句が想起される。

『鳶鴉図』は、風に堪える鳥の姿に人生を重ねあわせて描く、静と動の対照の激しさが印象的作品で、「秋山行旅」の絵について、田能村竹田は「その屋宇・橋梁に至っては、布置点景これ辺邑僻境に有る所の寔景に取る、故に景新たにし法古く、意を用ふること最も深し」と評した（『山中人饒舌』）。俳人としての蕪村は、漢詩の世界や、芭蕉・去来の俳句の世界から着想を得ていたこともあり、蕉風回帰を唱えた。

安永六年に春泥舎召《しゅんでいしゃしょう》波《は》から俳諧について問われ、『春泥句集』の序に、俳諧は俗を離れることを尊ぶものであり、そのためには詩を読むように、画家に俗を去る論があるごとく、筆を投じて書を読むように、詩と俳諧は遠くにあるものではない、と離俗の法を提唱した。そうしたところから「菜の花や月は東に日は西に」の句では、明るく大きな自然の世界を詠み、「さみだれや大河を前に家二軒」の句は、絵画を思わせる自然と人との交わりを浮かばせ、「鳥羽殿へ五六騎いそぐ野分かな」の句は、鳥羽の御所に急ぐ歴史的世界を切り取っている。

蕪村の弟子の高井《たかい》几董《きとう》は京に生まれて蕪村を支え、蕪村死後に『蕪村句集』を編み、安永二年刊の『あけ烏』の序文で、「今や不易の正風に眼を開るの時至れるにならんかし」と、芭蕉の「正風」を志す時代が到来したと語り、尾張や伊勢・加賀でも蕉風の復興の動きは盛んだが、「平安・浪華のあいだにも、まことの蕉風に志す者少からず」と、京・大坂でもその動きが広がっていると記している。句に「白藤や猶さかのぼる淵の鮎」がある。蕪村門下の逸材と謳われた松村月渓は、尾張出身で京の金座に勤め、画や俳諧ともに蕪村に師事し、句に「深草の梅の月夜や竹の闇」がある。

## 図会と木村蒹葭堂

絵画の面では「図会《ずえ》」が多く刊行された。宝暦四年（一七五四）に大坂の平瀬《ひらせ》徹斎《てっさい》が、画師の長谷川光信を起用し『日本山海名物図会』を刊行、鉱山の記事から諸国名物の実物を写して解説する挿絵中心の図会で、近郊の農産物や水産物を扱うなど約七割が近畿の産物である。名物は美濃釣柿、宇治茶、紀州蜜柑、尾張大根、天王寺蕪、大和三輪索麵《そうめん》、淀鯉、明石章魚《たこ》から捕鯨に及び、福井の石橋（橋の半分が石、半分が木）のような名所や、豊後河太郎（カッパ）も取り上げる。

諸国のモノとヒトの流れの行き交う大坂ならではの作品で、京でも安永九年（一七八〇）に俳人の秋里《あきざと》籬島《りとう》が、浮世絵師の竹原《たけはら》春朝斎《しゅんちょうさい》を起用し『都名所図会』を刊行した。京都及び山城の地誌で、代表的な名所や隠れた名所、伝説・名物などを、実地踏査を踏まえて詳しく解説、豊富な鳥瞰図や風俗図を載せる。名所記はこれまで多くはあっても、鑑賞に堪える絵を載せたのはこれが初めてであって、京の世界を様々な角度から描く。

絵師の竹原春朝斎は安永七年刊の『浪花のながめ』（白縁斎梅好《はくえんさいばいこう》作）に、大坂の名所旧跡や名物案内の図に「俗に近き異物」を選んで、簡潔な説明や狂歌を添えた三十三景を描いている。絵は柔和な人物・風俗描写と写実的風景画からなり、京都市中から京郊外の山城各地域（宇治・八幡など）をも取り上げた。

京・大坂の交流は盛んで、大坂を拠点としていた文人が木村蒹葭堂《きむらけんかどう》である。若冲や売茶翁、画家の大雅や蕪村、応挙ら、大典顕常《だいてんけんじょう》とも交流があり、若冲は天明八年の京の大火後に訪ね、売茶翁は煎茶道具を譲っている。『蒹葭堂日記』に記されている来訪者は延べ九万人に及ぶ。画家や漢詩人、医師、本草学者、大名など幅広く交友した。上田秋成や本居宣長《もとおりのりなが》、佐藤一斎《さとういっさい》、細合半斎《ほそあいはんさい》、皆川淇園《みながわきえん》、高山彦九郎《たかやまひこくろう》、海保青陵《かいほせいりょう》、大田南畝ら数え上げるときりがない。

蒹葭堂こと坪井屋吉右衛門《つぼいやきちえもん》は、大坂の造り酒屋で仕舞多屋《しもたや》を兼ねる商家に元文元年（一七三六）に生まれ、絵を狩野派の大岡春卜《しゅんぼく》に学び、長崎から来た画僧の鶴亭《かくてい》に花鳥画を、京の大雅から山水画を学んだ。儒学者の片山北海《かたやまほっかい》に経書を学び、その影響を受けて漢詩文の詩文結社の蒹葭堂会を開いた。本草学を津島如蘭《つしまじょらん》や小野蘭山《おのらんざん》に学んで、本草会・薬品会・物産会の集まりに出て品評の執事も務めた。その活動は文学、物産学へと広がり、出版にも携わった。雅会や書画会に出て、書画や煎茶、篆刻を嗜むなど博学多才、骨董・書籍・地図・鉱物標本・動植物標本・器物などのコレクターとなった。

その『草堂箇条』は毎日の過ごし方として、早朝に経書をよみ、家業を疎かにせず、午後に歴史や故実書を読んで、夜に余力があれば詩文や書学を行なう、と記し、蔵書は三万巻ともいわれ、「百費を省き収むる所書籍に不足なし。過分といふべし」というほどで、それらは考案のために蒐集し、珍籍雅書二十部を蒹葭堂版として出版した。大典の詩集『昨非集《さくひしゅう》』、大槻玄沢の『六物新志《ろくもつしんし》』、自著の『一角纂考《いっかくさんこう》』、漢籍の『尚書大伝《しょうしょたいでん》』『毛詩指説《もうししせつ》』、さらに『天工開物《てんこうかいぶつ》』の復刻本などもある。

## 詩文と小説の世界

蒹葭堂会からは片山北海の混沌詩社《こんとんししゃ》が発展を遂げた。混沌詩社は菅甘谷《かんかんこく》門の細合斗南《ほそあいとなん》、岡白洲、葛子琴《かつしきん》、田中鳴門《たなかめいもん》、北海門の橘時中、福原丹安、木村蒹葭堂、清玄道、鳥山崧岳《とりやますうがく》門の丹羽文虎《にわぶんこ》ら十八人により明和二年（一七六五）に創立され、毎月十六日に北海の居宅「孤松館」で開催された。

この時期、詩文の世界の広がりは目覚ましく、荻生徂徠の学塾である蘐園《けんえん》に発し、弟子やその門弟が多くの詩文結社を結成した。早くは寛保のころに伏見の商家に生まれた龍草盧《りゅうそうろ》が京都に幽蘭社《ゆうらんしゃ》を開き、宝暦・明和期になると、服部南郭門の安達清河《あだちせいか》が江戸に市隠堂《しいんどう》を、京では服部蘇門《そもん》が長《ちょう》嘯社《しょうしゃ》、江村北海《えむらほっかい》が賜杖堂《しじょうどう》、金龍道人《きんりゅうどうじん》が南社、大江玄圃《おおえげんぽ》が時習塾を開いた。

片山北海は越後に生まれ、十八歳で京都に遊学し、宇野明霞《うのめいか》に師事した。明霞は徂徠学を講じるなかで疑問を抱いて、徂徠学に果敢に挑戦したが、師の龍草廬から、詩歌にばかりに耽って破門されてしまう（『先哲叢談』）。明霞死後に相国寺の大典と協力して師明霞の遺著を刊行した後、宝暦三年ころに大坂に居を移し、大坂詩壇の徂徠学派の菅甘谷や林東溟《とうめい》らと交流して混沌詩社を結成したのである。

草廬の門人からは五十一人が参加、佐々木魯庵、平沢旭山《ひらさわきょくざん》らがおり、頼春水《らいしゅんすい》、篠崎三島《さんとう》（篠崎小竹《しょうちく》の父）、尾藤二洲《じしゅう》、古賀精里《せいり》らが加わって、大坂で最も盛んな詩社となった。題と韻が出されると、メンバーは詩作して完成作のみを紙に書き、身分や年齢に関係なく、皆で論評しあい、推敲し、最後に北海がその善し悪しを裁定し、その後は酒や膳が出され、さながら宴席のような雰囲気だったという。

頼春水は安芸竹原の紺屋を営む商家に生まれ、明和元年（一七六四）に混沌詩社の創立に加わり、詩豪と呼ばれるほどに才能が開花し、安永二年（一七七三）大坂江戸堀の北に私塾青山社を開き、弟の春風、杏坪《きょうへい》あわせて「三頼」と称された。篠崎三島は「春水は四角く、春風は円く、杏坪は三角」と頼兄弟を評した。広島藩に藩儒として招聘され、安芸に移って藩内に学問所を創立、江戸勤番となってからは「寛政異学の禁」をはたらきかけた。

混沌詩社には菅茶山や大典顕常、中井竹山《ちくざん》なども参加したが、菅茶山は備後国に生まれ、京都の那波魯堂《なわろどう》に朱子学を学んで帰郷し、神辺《かんなべ》に私塾黄葉夕陽村舎《こうようせきようそんしゃ》を開くが、これは後に福山藩の郷学《ごうがく》と認められて廉塾《れんじゅく》と称するようになる。詩人としての名声高く、山陽道を往来する文人の多くは廉塾を訪れた。中井竹山は、大坂の懐徳堂の学主となって学校経営に力を注ぎ、松平定信の諮問に応え、『草茅危言《そうぼうきげん》』を献上している。

蒹葭堂の助けを得て文学的世界を切り開いたのが上田秋成である。享保十九年（一七三四）に大坂に生まれた秋成は、元文二年（一七三七）に堂島の紙油商・嶋屋の養子となり、俳諧を学び、戯作を読み、和漢の古典を探り、国学への関心を強めた。感化を受けたのは俳諧師の高井几圭《たかいきけい》で、国学では小島重家に契沖の書を奨められ、国学者の富士谷成章《ふじたになりあきら》や西宮の儒医勝部青魚《かつべせいぎょ》からは、中国の宋元代に始まる口語体による白話小説への窓を開かれた。

宝暦十一年（一七六一）に嶋屋を継いで、明和三年（一七六六）に浮世草子『諸道聴耳世間猿《しょどうききみみせけんざる》』を上梓し、同年に嶋屋が類焼で破産したため、木村蒹葭堂の助けを受け、生計のため医を大坂天満の儒医都賀庭鐘《つがていしょう》に学んだ。秋成は庭鐘からは医のみならず文学面でも影響を受けた。

庭鐘は、大坂に生まれ、京都に遊学して古医方や白話文学を学ぶなか、寛延《かんえん》二年（一七四九）に『英草紙《はなぶさぞうし》』を刊行した。『英草紙』は外題に「古今奇談」とあるように、白話小説『古今小説』『今古奇観』を意識して書かれ、両書の翻案である。例えば第二話の「馬場求馬妻を沈めて樋口が婿と成る話」は、両書に見える「金玉奴棒打薄情郎」を、日本の戦国期の世界に移した作品で、文章は和漢混淆・雅俗折衷、作中人物の性格を明確に示し、読む人の心情を動かして、生活の真実に迫ろうとしている。

## 上田秋成と山県大弐

都賀庭鐘が明和三年（一七六六）に刊行した『繁野話《しげしげやわ》』から直接の影響を受けた秋成は、明和五年頃から『雨月物語』を書き始め、安永五年（一七七六）に刊行した。同じ頃に建部綾足《たけべあやたり》が明和四年の源太騒動に取材して読本『西山物語』を著していて、これにも刺激を受けたと見られ、さらに賀茂真淵一門の加藤宇万伎《うまき》から古典研究の方法を学んでいたことも大きい。

白話小説の翻案と日本の古典研究の成果を取り入れ、異国的な奇譚世界と古典の伝統的な世界を融合させた作品である。文章は和漢混淆文体という和文的修辞のスタイルをとり、新しい文体の創造となった。『雨月物語』各話の章題は、「白峯《しらみね》」「菊花《きっか》の約《ちぎり》」「浅茅《あさじ》が宿《やど》」など短く、次々と話が連関してゆくのは、中世の説話集に倣ったのであろう。

第一話の「白峯」は、歌人の西行が讃岐に流された崇徳院《すとくいん》の陵墓・白峯陵に参拝した折り、上皇の亡霊が現れて二人が対論し、西行が上皇を諫めた話であって、『撰集抄』『山家集』『保元物語』『白峯寺縁起』などから想を得て、謡曲『松山天狗』の複式夢幻能にならって創作している。第二話の「菊花の約」は、契りを交わした衆道《しゅどう》の義兄弟が再会の約束を守るため、約束の日の夜、自刃した男が幽霊となって現れる話。白話小説『古今小説』の「范巨卿雞黍死生交《はんきょけいけいしょしせいのまじわり》」からの翻案で、『陰徳太平記』に見える尼子氏勃興の際の武人と清廉なる儒者との関係に置き換え創作している。

この二つの話は生者と死者との交流という点で共通するが、さらに第三話の「浅茅が宿」には二話での主題である友の間の信義から夫婦の間の愛情へと転じて連関させている。内容面では、話の運びや登場人物の人間性に重点を置き、読者に知識層を想定、思想や歴史観、作中での議論を盛り込んで、新しい世界観を提示したのである。

続いて秋成は『春雨物語』に取り掛かり、その間の安永八年（一七七九）に『源氏物語』の注釈書『ぬば玉の巻』、天明四年（一七八四）に『漢委奴国王金印考』、同五年に『万葉集』の研究書『歌聖伝』を発表、賀茂真淵述『古今和歌集打聴《うちぎき》』を校訂し、真淵の立場に沿って、同六年には思想や古代音韻・仮名遣を、本居宣長と論争している（日の神論争）。

神道では山県大弐が出て、理想的な政治を平安時代の朝廷政治に見て、それへと復興すべしと説いた。山県は享保十年（一七二五）に甲斐国巨摩郡北山筋篠原村に生まれ、父が与力の村瀬家を継いで、甲府百石町に移住して甲府勤番の与力となったので、寛保二年（一七四二）京都に遊学した後、甲斐山梨郡の下小河原の山王神社の宮司となって、垂加神道を加々美光章に学び、徂徠の古文辞学を太宰春台の弟子五味釜川《ごみふせん》から学んだ。

山崎闇斎《あんさい》の垂加神道は、国土と万物を創生した神が、この世を治める治者として定めたのが天照《あまてらす》大神の孫の瓊瓊杵尊《ににぎのみこと》であり、それが降臨してその子孫である天皇が、日本の国土と人民を治めるようになったと説いている。この影響を強く受けた大弐は、与力をやめて宝暦六年（一七五六）頃に江戸に出て、幕府若年寄の大岡忠光に仕えた。忠光の死後、江戸八丁堀長沢町に私塾「柳荘」を開き、古文辞学の立場から儒学や兵学を講じた。

宝暦九年（一七五九）に『柳子新論《りゅうししんろん》』を書き終え、「今の政をなす者は、おおむね皆聚斂《しゅうれん》附益の徒、その禍を蒙る者は、ひとり農甚だしとなす」と、利益追求の現今の政治を批判し、この事態を正すには、「礼楽」を立てる必要があり、そのためには平安時代の朝廷政治に戻すべきである、と説いて、士農工商は階級ではなく職務上の分担であると人間尊重を唱えた。

弟子に上野小幡藩の家老吉田玄蕃《げんば》をはじめ藩士が多くいたため、小幡藩の内紛に巻き込まれてしまい、明和三年（一七七六）に謀反の疑いがあるという密告で逮捕され、翌年に門弟の藤井右門とともに処刑された（明和事件）。その死罪の宣告文は、大弐が兵乱の兆しがあるといい、その証拠に明和元年の伝馬騒動《てんまそうどう》や兵学の講義で甲府城などの城郭の名をあげたことなどを、「恐れ多き不敬の至り、不届きの至極」と記す。

伝馬騒動とは、中山道沿いで発生した幕府の増助郷《ましすけごう》に反対する百姓一揆で、村役人が多数参画し、熊谷宿・鴻巣宿・桶川宿に集結して蜂起、武蔵・上野・信濃、下野の一部に広がり、二十万人が参加したもので、これに幕府は、助郷の追加負担を取り下げて沈静化を図った。

## 二　藩国家と公儀国家

### 百姓一揆と世界観

宝暦五年（一七五五）の東北地方の大飢饉は、五月中旬から八月末まで続いた降雨で冷夏になり、八月の大霜で稲作が壊滅し、四月から八月までヤマセが吹き、八戸藩では二万人近い死者が出た。八戸城下には飢人が大量に流入し、盛岡藩でも餓死者が五万人に及んだという。両藩では備蓄米を江戸や大坂に移出してしまっていたので大惨事となったのである。

仙台藩でも同様な廻米によって餓死者が二万人に及ぶなど、東北地方での餓死者は十数万にのぼった（宝暦の大飢饉）。この凶作や飢饉、藩の財政難による年貢増徴から、百姓の訴願が増加、一揆が頻発した。宝暦七年の加賀藩の越中砺波郡騒動、宝暦十一年の信州上田藩の上田騒動、明和元年（一七六四）の中山道の伝馬騒動、明和五年の新潟湊騒動、同八年に肥前唐津虹の松原一揆、飛驒高山で大原騒動が起きた。

一揆が起きると、経過を記す実録が作られた。砺波郡騒動では『川上農乱記』が、上田騒動では『上田騒動実記』『上田縞崩格子《じまくずれごうし》』、中山道伝馬騒動では『川越蠢動記』『天狗騒動実録』などである。これらは歴史を記すことで、後々に備える意味もあったが、さらに騒動を物語として伝える意味合いから作成されたものもある。

宝永《ほうえい》五年（一七〇八）から六年にかけ水戸藩でおきた百姓一揆を記す『宝永水府太平記』は、「頃は元禄三庚午初秋より、黄門公御隠居所太田西山え、御普請始る間もなく、成就せし所に」と、徳川光圀が西山の隠居所に退いた記事に始まって、松波勘十郎による藩政改革を記し、百姓の訴願によって改革の問題点が明らかになって、勘十郎は失脚して京に逃れたが捕まり、永牢となって「獄死して、跡は誠に宝永太平記と、万民歓楽と成りぬ」と終わる。

『太平記』の世界を借りて物語として作られたのである。享保十一年（一七二六）に起きた美作津山藩の山中一揆では『美国四民乱放記《みこくしみんらんぼうき》』が著わされた。「夫《それ》、迷の前の是非は是非とも非なり。夢の中、有無は有無ともに無なり」と始まり、『三河物語』の冒頭を借用し、『平家物語』や『太平記』をも引用する。作者の作州真島郡高田の「風軒竹翁」とは、『太平記』読みの講釈師であろう。

講釈は『太平記』読みから軍談を経て発展してきており、多くの講釈師は某軒と名乗り、百姓一揆物語を、『太平記』の世界を借りて描いている。元文四年（一七三九）に因幡《いなば》・伯耆《ほうき》を領する鳥取藩で起きた百姓一揆は、翌年に「咄聴堂集書先生《とっちょうどう》」によって『因伯民乱太平記《いんぱくみんらんたいへいき》』に記された。

「張本進み出、ヤア推参也。虎の威をかる狐づら、御上を掠め、下をも潰し、御褒美に目がくれて立毛も見えぬ夏勘定、とても餓死する我々なれば、存生の内に此一礼を申さんがため是迄おしよせ参りたり」という語りがあるのは、講釈師が語る合戦物語そのもので、鳥取藩主池田宗泰《むねやす》が一揆に対処した役人を処罰して終わる。その藩主を「楠正成の智信勇を備へ給ふと、御家中在町残らず敬ひ奉る」と賞賛し、国中が豊かになって「太平国と治まりぬ」と締めくくっている。

書名が、咄を聴き、書を集めという意味からしても、作者は講釈師であった。講釈は元禄期に名和清左衛門、赤松青竜軒が出てから、浅草を本拠にして狂講を行なった霊全、辻講を行なった深井志道軒、実講を行なった神田白竜子らが出て盛んになったもので、平賀源内は深井志道軒に仮託して談義本『風流志道軒伝』を宝暦十三年（一七六三）に著した。

百姓一揆が『太平記』の世界に移されて一揆の正当性が語られ、明君がその一揆の主張に応えて仁政をしき、太平の国となるという物語の型がつくられたのだが、このような一揆物語を講釈した馬場文耕《ぶんこう》は、講釈に世話物や俠客物を取り入れて演目の幅を広げ、宝暦七年に江戸の采女《うねめ》ヶ原《がはら》に仮設小屋を設けて『心学表裏咄』を講じ、宝暦四年（一七五四）から十六、七点もの講釈本を著した。

その一つの『明君享保録』は、将軍吉宗の政治を讃えた作品であったのだが、宝暦八年の『当代江都《えど》百化物』では、京都町奉行の土屋正方《まさかた》や儒者林家の大学頭信充《のぶみつ》、勘定奉行吟味役の青山宜長、出雲松江藩主の松平宗衍《むねのぶ》、旗本小栗信顕らを「化物」と称してその行状を記し、その口先が高じて『森の雫』では郡上一揆を語り、「且今般、金森家一件に付き私事の政事、多く候」と、当時の「缺《けつ》政《せい》」（悪政）を批判したため、宝暦八年に千住小塚原で獄門に処されてしまう（『只誠埃録《しせいあいろく》』）。

### 藩国家の自立

百姓一揆の世界像に応じ、仁政をしく「明君像」が広がった。佐賀藩有田出身の経世家・正司考《しょうじこう》棋《き》は、宝暦時に藩政改革に成功した藩主として「肥後銀台侯（重賢《しげかた》）、羽州上杉鷹山《ようざん》侯、信州真田侯、予州《よしゅう》大洲《おおず》加藤侯」をあげている（『経済問答秘録』）。

熊本藩で藩政改革を担った細川重賢は、天明元年（一七八一）に福岡藩の亀井南冥《なんめい》の『肥後物語』でも明君と記されている。兄の細川宗孝《むねたか》が延享四年（一七四七）に江戸城中で刺殺されたため国主になると、低い家禄の用人堀平太左衛門《ほりへいたざえもん》勝名《かつな》を大奉行に抜擢、大奉行の下に蒲池正定《かまちまささだ》（蒲池崑山《こんざん》）など六人の奉行を配し、職掌を分担させる機構改革を行ない、財政改革や藩校時習館の創立、刑法典制定にあたらせた。

堀は藩財政の改善のため、大坂の鴻池《こうのいけ》家に借財を要請して断られると、新興商人の加島屋と交渉、藩の年貢の一手引き受けを条件に資金を獲得、江戸藩邸費用に限度額を設けて、家臣団維持費を減額して質素倹約につとめた。年貢徴収は、春に年貢率を定めて少々の不作では減免しない「受合免《うけあいめん》」を採用、全耕地の再把握を行なうと、この年貢増徴策で宝暦年間末頃には藩財政は好転した。

藩の収入増加のため特産物の生産を奨励し、宝暦十年（一七六〇）に桑・楮《こうぞ》・櫨《はぜ》の栽培を奨励、櫨《はぜ》蠟《ろう》や紙、養蚕、製糸の奨励と流通統制を行なった。櫨は延享三年（一七四六）に櫨方《はぜかた》会所を設け、寛延二年（一七四九）に村方への櫨の栽培を奨励していたので、これを強化して宝暦五年には「櫨の仕立て生け垣のごとし」と評されるほどに増産となった。藩は櫨の実を収納し、櫨の蠟を作る作業所の高橋製蠟所を直営となし、安永三年（一七七四）にはすべてを藩が買い上げる専売制をしいた。

一方で領内の貨幣と富が領外に流出するのを阻止すべく、領外産物に依存せずに自給を目指し、宝暦五年（一七五五）には細工物の国産化へと動き、領外からの移入を制限、藩が職人に元手銀を手当てし、細工仕事を促し、元結・薬・塗箸・提灯など十五品目の移入を禁じた。高度な技術を要する扇子・轆轤《ろくろ》・絹織物などは、職人を領外から招いて技術移転を図った。

この特産品の国産化と専売制の導入によって藩国家としてのまとまりが生じ、国家意識が高まったが、それを教育面ですすめたのが宝暦四年（一七五四）設立の藩校時習館である。文武両道の教育機関で、教授に朱子学者の秋山玉山《ぎょくざん》をあて、士分以上の子弟であれば誰でも入学でき、優れた能力があれば百姓・町人でも、他国・他領の者も入学できた。年齢や成績による進級制度、試験制度が採用され、さらに医師の教育機関として医学寮の再春館を、宝暦六年に飽田郡宮寺村《あきたぐんみやでらむら》に創設して翌年開校し、付属して薬草園も作った。

重賢の改革は司法制度にも及んで、死刑か追放刑の二つだけであったのを変更、追放刑を廃止して笞刑と徒刑の二つとし、懲役刑の徒刑の代わりに、藩の各種事業にあたらせ、罪人の二の腕に入れていた墨をやめ、社会復帰を容易にした。この時に著された『刑法叢書』は、後の明治憲法下の刑法の手本とされ、多くの人材が熊本から司法畑に採用された。

### 米沢藩の国家像

米沢藩では明和四年（一七六七）に上杉治憲《はるのり》（鷹山）が倹約や産業開発など藩財政の建て直しにあたった。日向高鍋藩の秋月種美《あきづきたねみつ》の次男に生まれ、宝暦十年（一七六〇）に上杉重定の養嗣子となり、同十三年から尾張の折衷学者細井平洲《へいしゅう》から学問を学んでいた。

藩主になったものの藩財政は苦しく、石高が十五万石なのに、初代景勝の百三十万石時代からの家臣団を減らしておらず、江戸藩邸の支出増加と幕府の手伝普請などで藩財政は火の車であった。明和四年（一七六七）九月に「大倹」（厳しい倹約）執行の誓詞を捧げて財政立て直しへと向かうと、江戸家老の竹俣当綱《たけのまたまさつな》や側近で財政通の莅戸善政《のぞきよしまさ》を重用して改革にあたらせた。

明和六年に江戸城西丸の普請の手伝いを命じられ、出発は遅れてたが、支出を削減し緊縮財政を実行し、借財の整理、耕地の把握、財政規律の回復などで、借金をしていた江戸の豪商と酒田の本間家との金融関係の円滑化をはかった。凶作や飢饉に備えて籾を備蓄する義倉《ぎそう》や郷蔵《ごうぐら》を設置、荒廃した農村の復興にあたっては、藩主自ら農耕儀礼の「籍田《せきでん》の礼《れい》」を行ない、藩士には耕地の開発・再開発のために勤労奉仕を行なわせ、郡奉行制を復活、郷村頭取を設置するなど、農村支配機構を整備した。

特産物の生産を奨励し、産業振興につとめ、特産の青苧《あおそ》には原料生産を広げ、「晒布《さらしぬの》・縮布《ちぢみぬの》を織り出すことならば、二つ共に当国の産にも相成るべく候」（竹俣当綱『国政談』）と、縮緬《ちりめん》業の起業へと進んだのだが、改革は順調には進まなかった。

安永二年（一七七三）六月、改革政策に反対する藩の重役の千坂高敦《ちさかたかあつ》と色部照長《いろべてるなが》、江戸家老の須田満主《みつたけ》、侍頭の長尾景明《かげあき》、清野祐秀《すけひで》、芋川延親《のぶちか》、平林正在《まさあり》ら七人が、元藩儒で藩医の藁科立沢《わらしなりゅうたく》の教唆を得て、四十五箇条の訴状を提出し、改革の中止と、改革を推進する竹俣当綱一派の罷免を要求すると（七家《しちけ》騒動）、これに治憲は、断固拒否し、七月に裁決を下して、須田と芋川の切腹・改易、残る五人の隠居・閉門・蟄居・石高削減の処分を行なって改革を進め、その年に仙台から藍の職人を招いて藍染物役場を設置し、越後松山から縮織《ちぢみおり》の技術移転をはかり、藩営縮布製造所を設けて縮織加工を開始し、ここから米沢織が広がる。

安永四年には漆・桑・楮の木を各百万本植える計画を進めて樹芸役場を設け、江戸の豪商三谷家から融資を受け、買い上げた漆の実を蠟にする製蠟所を設けた。養蚕では樹芸役場の主導により陸奥の伊達地方から桑の木を購入して増産し、養蚕の熟練者も招いて技術の導入をはかった。

こうして国産奨励、特産物生産による領内の自給化と移出商品による国富政策を進め、『御代々御式目』などの法令を整備し、領内秩序の回復や風俗取締りを行ない、安永四年十二月には「文学之事は治国の根元」という考えから藩校の興譲館《こうじょうかん》を創設した。儒者片山一積の片山塾を補修拡充し、正面奥に聖堂、右に文庫、左に講堂、学寮二十室、食堂などがあり、提学二人（片山一積・神保綱忠）のもと「定詰勤学生」二十名を藩士の子弟から選び、学頭・書籍方をその中から任じ学政に参与させた。

学生は三年間寄宿して勉学に精励し、寄宿代は無料、定詰生の塾に寄宿する寄塾生は自己負担で、講義は月六回、一般藩士も参加を許され、月三回は定詰生と童生には礼式の作法を学ばせた。定詰生の心得十箇条では、席順は身分の上下によらず長幼の序により、休暇は月六回は帰宅を許された。後に医学館を国産会所に設け、同八年に教授法の一部を変え、学館内に「友于堂《ゆうゆどう》」を設置し、教師に読長一人と助生十二人を置き、同十年には試験を内試業、本試業、御前試業とした。

安永五年に細井平洲を招いて、庶民教化の先頭に立つ子弟の教育に当たらせ、歴史書を編纂して国家意識を高めていった。天明五年（一七八五）に家督を前藩主・重定の実子治広に譲って隠居した際に、「伝国の辞《でんこくのじ》」三か条「国家は先祖より子孫へ伝え候国家にして、我私すべき物にはこれ無く候」「人民は国家に属したる人民にして、我私すべき物にはこれ無く候」「国家人民の為に立たる君にて、君の為に立たる国家人民にはこれ無く候」を掲げ、国家と国主と人民とがどうあるべきかを記し、米沢藩の藩国家の世界像（国家像）を示した。

寛政七年（一七九五）初夏に痘瘡が流行すると、治憲は、家臣に、家の中に疱瘡・麻疹・水痘の人がいれば、出仕を遠慮するよう命じていたのを改め、遠慮に及ばないとし、広く生活困窮者が申し出れば手当を出し、医者への謝礼は不要とした。「薬剤方」「禁忌物」に関する心得書を刊行して、山間部の人々にまで配布した。鷹山は「御国民療治」の方針から、「国民」に必要な療治を受ける対策をとったが、代官からの届出によれば、七千三百四十三人で九百十九人が死亡、奉行所からの届出では千四十六人のうち百四十五人が死亡、合計八千三百八十九人に死者が千六十四人になった。それを悔やんで「痘瘡流行、国民夭折につき、年始の御儀式を略殺」している。

## 名君と蘭癖大名

信州松代藩の真田《さなだ》幸弘《ゆきひろ》は、宝暦二年（一七五二）に藩主になると、家老の恩田民親《おんだたみちか》を「勝手方御用兼帯」に任じて藩政の改革にあたらせた。幸弘は「国元の政道は心一杯に」と、全権を民親に委任、家老以下の藩士に対し、民親に従うという誓詞の提出を求め、一方で「虚言申すまじく候」「申したること再び変替致さず候」と、自らを律し、藩士だけでなく領民とも直接面談して、反発を受けずに改革を進めるように配慮した。

質素倹約を励行、贈収賄を禁じ、不公正な民政の防止など、弛んだ綱紀の粛正に取り組み、年貢の前納や御用金賦課を廃し、貢租の怠納を清算、新たに年貢上納を容易にする月割上納制を導入、さらに山野や荒地の新規開墾や殖産興業に力を入れた。逼迫した藩財政は改善しなかったものの、民親が取り組んだ公正な政治姿勢と文武の奨励で、藩士・領民の意識が改革し、松代藩士馬場正方《ばばまさかた》の『日暮硯《ひぐらしすずり》』は、民親の仁政を讃えている。宝暦十二年正月、民親が病を得て死去すると、幸弘自身が藩政を主導し、文学館を整備して教育の普及を図り、文化政策を奨励した。

伊予大洲《おおず》藩の藩主の加藤泰衑《やすみち》は、旗本加藤泰都《やすさと》の長男で、本家当主の加藤泰温《やすあつ》が死去したため、養嗣子として跡を継ぎ、財政再建のため、知行削減や倹約令を施行したが、幕命による朝鮮通信使の接待や勅使の接待役などによる出費で藩財政が悪化し、百姓に重税を強いたことで内ノ子騒動が起きた。それでも延享四年（一七四七）、泰温建設の藩校明倫堂が開校、藩儒の川田雄琴《かわだゆうきん》を教授となし、宝暦九年（一七五九）に加藤家の歴史『北藤録《ほくとうろく》』二十巻を編纂している。

名君といっても様々で、肥後藩の細川重賢は蘭学に傾倒して「蘭癖《らんぺき》大名」と称され、同じ蘭癖大名と称された薩摩の島津重豪《しげひで》や秋田の佐竹義敦《さたけよしあつ》の場合、藩政改革には消極的で、文化政策に邁進した。島津重豪は自ら長崎のオランダ商館に出向き、オランダ船に搭乗したほどで、安永元年（一七七二）に藩校造士館《ぞうしかん》を設立して儒学者の山本正誼《まさよし》を教授とし、武芸稽古場として演武館も設立して教育の普及に努めた。同二年には、明時館《めいじかん》（天文館《てんもんかん》）を設け暦学や天文学の研究を行なっている。医療技術の養成にも尽力し、翌年に医学院を設立したが、これらの学問所は武士や百姓・町人にも開かれていた。安永九年には外城《とじょう》衆中《しゅうじゅう》を郷士《ごうし》に改め、支配秩序の形成を図った。

秋田藩の佐竹義敦は、宝暦八年（一七五八）に父義明の死去により家督を相続、明和二年（一七六五）に初めて国に入り、飢饉や農村の荒廃、佐竹騒動などで藩政が混乱していたこともあって、絵を描くことに安らぎを覚えたのであろう、狩野派から絵を学び、藩士の小田野直武《おだのなおたけ》から教えを受け、日本画に西洋画を組み合わせた画法を作り出した。直武は義敦の命令により、平賀源内の下で絵の修業に励み、源内からその画技を賞賛され、杉田玄白の『解体新書』の付図の作画を行なった。

義敦と直武は日本最初の西洋画論である『画法綱領』『画図理解』を著しており、その洋風画は、秋田派とも秋田蘭画とも呼ばれ、作風は銅版画の影響が強く、近陰影がハッキリしているのが特徴で、義敦は「松に唐鳥図《からとりず》」「燕子花《かきつばた》にハサミ図」「竹に文鳥図」「湖山風景図」などの絵画のほか、膨大な数のスケッチを描き、『写生帖』にまとめている。そうしたこともあって、藩政改革は次の義和の代を待たねばならない。

## 田沼政権の対応

有力諸藩で藩政改革が行なわれ、藩校の設立による有能な人材の育成が行なわれるなど、国家像の模索が続くなか、田沼政権はどう動いていたのか。杉田玄白の記した『後見草《のちみぐさ》』のうちから、安永年間（一七七二〜八一）からの社会の動きを見て行くと、安永二年（一七七三）に疫病が大流行した。前年冬から始まり、東海道の遠江日坂宿《とおとうみにっさかしゅく》では人が絶えてしまったといい、江戸では「御救《おすくい》」として人参が貧民に与えられた。葬儀を商う棺屋《ひつぎや》が、町奉行からの呼び出しで尋ねられ、「死者はおよそ十九万ばかり」と答えたという。

安永三年には冬の大寒波で「所々の入江の氷厚く、船路絶え」の状況になって、両国川は氷で閉ざされ、城の外堀も閉ざされた。翌年、飛驒の「土民」数十万人が「徒党」をなして高山の陣屋に強訴し、隣国の藩が人数を出し、駆け付けた郡上藩が鉄砲で撃退した。「今の御代治まりて後、鉄砲を以て土民を殺し侍る」と、鉄砲使用は初めてのことだったという。

安永五年に「麻疹《はしか》」（疱瘡）が流行し、七年には伊豆大島に続いて薩摩の桜島も噴火した。八年には将軍家基が品川に狩に出かけて病になり亡くなる。同九年の夏は大雨で、利根川・荒川・戸田川をはじめ関東の大河川の水が溢れ、堤が崩れ、武蔵・下総一帯が洪水で「大海原」のような状態になった。公儀は窮民を救うため、米銭《べいせん》を船に積んで村々に分配したが、間に合わず、難儀の土民が食を乞うため江戸に入ってきた。

安永九年、下総の印旛郡を管轄する幕府代官の宮村高豊が、印旛郡の名主二人に印旛沼干拓工事の具体案の提出を促したので、その目論見書が勘定所に提出され、現地調査が行なわれた。享保年間に干拓が試みられて失敗していたのであるが、再び申請が出された。

安永十年は改元して天明元年となって起きたのが上州の絹一揆である。幕府が上野・武蔵の十箇所に絹糸貫目《かんめ》改所《あらためしょ》を設置し、「絹一匹毎に、銀二分五厘」の運上を定めたところ、「一国の民、是を嘆き、大勢打群、党を結び、要訴するよし」が伝わり、賦課は停止になるが、運上を進めていた在方の動きが知られて、打ちこわしが始まった。

一揆は西上州一帯に広がり、「名におふ上州者の気あらき者共寄集り、五百三百打連立、此家彼家押込て、土蔵をこぼち、戸を破り、衣類・調度のゑらびなく、引裂ては投出し、踏砕きては取てすて」の「狼藉至極の振舞」となり、高崎城下に流れ込んだ。

藩は鎮圧のために発砲、死者を多数出し、徒党が散らばって、一揆は終わったが、この騒動で財産を失ったものは数知れずであって、玄白は、識者の「近来のならはしにて、上に訴訟ある時は、土民必ず党を結び、狼藉を振舞故、領主・地頭の勢ひは、何となくおとろへて、下に権に落るに似たり」という声を記しており、一揆は新たな段階に入った。

### 浅間山噴火と天明の大飢饉

その年、関東各地から浅間山噴火とその被害の報がもたらされた。多くの史料によれば、噴火は五月九日から八月五日頃まで約九十日間の活動があり、七月二日には火山雷・噴石のため前掛山が

浅間山の噴火（「浅間山噴火夜分大焼之図」個人蔵）

火の海となり、三日には牙山にも噴石が落下し、山麓まで火事が及び、四日は北麓に吾妻火砕流が流出し、関東中部では降灰のため昼も暗夜のようになった。

　五日午前の大爆発とともに鎌原《かんばら》火砕流と岩屑《がんせつ》なだれが発生、北麓に流下し、下流では泥流に変化して吾妻《あがつま》川を塞ぎ、次いで決壊、多量の水が利根川に出て流域の村落を流失した。鎌原火砕流発生直後には鬼押出溶岩が北側斜面を流下した。

　死者は千百五十一人、流失家屋は千六十一棟、焼失家屋は五十一棟、倒壊家屋は百三十余棟に及んだ。「今度の焼砂蒙りし所、十余ヶ国に及ぶといへども、就中、西は信州追分、軽井沢を限り、東は上州吾妻郡は云に及ばず、高崎・前橋に至る迄を第一とす」「田畑俄に荒地となり、土民忽ち食をうしなひ」という事態となった。

最も大きな被害は、火砕流に襲われた鎌原村で、六百人程の村人の四百七十人程が「流死」し、九十三軒の家が「残らず流出」、土地のほとんどが「泥砂火石の入り荒れ」の状態になった。軽井沢宿では、百八十六軒の家のうち七十軒が倒壊、五十一軒が焼失、六十五軒が大破した。このため人々は「御救」を求め、千人、二千人と各地の城下に押し寄せた。

これに便乗したのが「近国近郷のあぶれもの」で徒党をなし、「餓民」と偽って、在々の富豪の家に押し寄せて打ちこわし、財産を奪った。徒党は碓井峠を越え、信州の小諸領・上田領・根津領へと向かったところで遮られ、雲散霧消するが、玄白は「近年、諸国の騒動は、皆、土民共の徒党して、所の領主へ要訴するにて侍りしが、是はそれに事替り、所々の群盗の乱暴をなすれば、真に一揆のきざし也」と、「真の一揆」の兆しであると記している。

この時期、西日本でも、天明二年（一七八二）からの凶作で米価が騰貴したため、天明三年正月に松江藩、同二月には大坂・京都でも打ちこわしがあった。江戸では浅間山噴火の影響で米価が高騰し、「遠国他国より入来る飢民」が行き倒れ、それは「万人」に及んだという。

天明三年から東北地方では、寒気が厳しくなり、五月の田植期には長雨と冷気の「霖雨《りんう》」によって、重ね着をしなくてはならぬほどになり、作物の生育は非常に悪く土用になっても「やませ」によって気温が上がらず、稲の成長が止まり、大風、霜害によって未曾有の大凶作となった（『内史略』）。弘前藩では天明四年六月までに餓死者が八万人にのぼり、藩の人口の三分の一、盛岡藩では天明四年に六万四千人余りで藩の人口の四分の一に及び、八戸藩では天明三年から四年までに三万人以上であった。弘前藩は、天明三年三月の岩木山噴火による降灰と重なり、天明二年からの年貢増徴があった上に、備荒蓄米と称して米を供出させ、非常時用に貯蔵していた米も強制的に買上げて、江戸へ廻米したり、上方の商人への借財の返済にあてたため、藩内の米が必要量に足りず餓死者が続出した。

## 天明の飢饉の影響、ロシア事情

天明六年に津軽を旅行した伊勢出身の医師 橘 南谿《たちばななんけい》は、秋田から津軽に入ってから道の脇に白骨が散乱しているのを見て、京都で聞いていた飢饉の惨状よりも百倍も凄まじい、と旅行記『東西遊記』に記し、三河の菅江《すがえ》真澄《ますみ》は本草・和漢の学を習得、天明七年（一七八七）に津軽に入ったところ、白沢村が天明三年（一七八三）からの飢饉で壊滅状態になり、訪れた時の家数は四、五軒に過ぎなかったという（『ゆきのもろたき』）。真澄は、飢饉でほぼ全滅になった村や、村人の知恵で一人の死者も出さなかった村なども訪れている。

北奥羽は壊滅的であったが、南奥では幾分か被害が少なく、それでも仙台藩は極度の財政窮乏状態を生じ、天明元年に「買米仕法《かいまいしほう》」を復活し、年貢米や上層百姓の余剰米を低価格で買い集めて江戸への廻米をし、藩財政の穴埋めをしたため、「郡留」や役人の不正取引で藩内の米流通が混乱し米価が高騰した。天明四年には藩札を発行し強制的に幕府正金《しょうきん》との引き換えをはかったが、藩札が暴落して領民の困窮が進み、飢饉を拡大させた。米沢藩は上杉鷹山による改革により備荒貯蓄制度を進め、飢饉時の対応策をとり、天明三年の救荒令により麦作を奨励し、越後と酒田から米を買入れ領民に供出した。

飢餓とともに疫病も流行、全国的には天明年間に九十万人もの人口減を招き、農村部から逃げ出した農民が都市部へ流入し治安が悪化した。田沼政権はこれに有効な対策をとらず、国富政策に沿って天明三年十月に御用金令を出した。大坂町奉行所が鴻池《こうのいけ》など十一軒の両替商を融通方に指定し、資金繰りに苦しい大名が融資を申し込むと、幕府の保証つきで貸し出した。御用金の総額は十四万五千両、両替商は年利八パーセントの範囲内で貸し付け、受取利息のうち年利五パーセントを幕府に上納、幕府はそのなかから年利二・五パーセントを両替商に戻し、幕府は懐を痛めずに利子収入を得る仕組みである。

飢饉の最中、天明四年四月に意次の子で若年寄の田沼意知《おきとも》が江戸城内で旗本の佐野政言《まさこと》に斬りつけられ、深手を負って亡くなる。意次が人脈を通じ党派を形成し、大奥を掌握、幕閣の人事を独占、次代にも継承されてゆくような措置への不満などであったと見られる。失意の意次であったが、天明四年五月、勘定奉行の松本秀持《ひでもち》から蝦夷地政策案が提出されると、これに応じ調査団を派遣することにした。この時期、蝦夷地へのロシア進出が著しく、宝暦・安永年間にはウルップ島からエトロフ島に達し、ウルップ島に植民のための根拠地を築き始めており、安永七年（一七七八）に、ロシア船がノッカマプ（根室）に渡来、ロシア商人が松前藩との交易を求め、翌年、飛驒屋久兵衛の請負場所のアッケシ（厚岸）付近に渡来したが、いずれも外国との交易は長崎に限られているとして、松前藩に拒絶された。

ロシアの南下が具体的になるなか、仙台藩の医師の工藤平助は、『赤蝦夷風説考《あかえぞふうせつこう》』を天明元年（一七八一）に著しロシアの事情を記した。平助は和歌山藩の藩医の家に生まれ、仙台藩医の工藤家に入って江戸の築地に居を構え、オランダ語通詞の吉雄耕牛《よしおこうぎゅう》と知り合い、江戸蘭学社中の杉田玄白・前野良沢・中川淳庵・桂川甫周《ほしゅう》らと交流、蘭学の知見や海外事情を吸収し、松前藩士らとの交流で蝦夷地の事情にも精通していた。工藤邸には桂川甫周・前野良沢などの蘭学者、仙台藩主に仕えた林子平、儒者で国学者の谷好井《たによしい》（谷万六《ばんろく》）、歌人で国学者の村田春海《はるみ》など多数の人々が出入りした。

平助は、蘭癖大名や富裕な町人とオランダ渡来の商品を取引し、公事沙汰や賄賂・請託《せいたく》の仲介をし、仙台藩の命で貨幣の鋳造や薬草調査を行ない、蘭学、西洋医学、本草学、海外情報の収集、訟弁護に幅広く活動した。私塾の晩功堂には長崎や松前からも来訪者が多かった。平助の著した『赤蝦夷風説考』は、蘭書の知識に基づいて、ロシアの東方経略の歴史とカムチャツカ（赤蝦夷）の現状を記し、ロシア対策として、蝦夷地の金銀山を開発しロシアと交易し、蝦夷地を開いてロシアの南下に備えるよう求めた。

### 蝦夷地調査と意次政権

天明三年（一七八三）、戯作者で狂歌師の平秩東作《へづつとうさく》が蝦夷地を調査して、蝦夷地の開拓を勘定組頭の土山宗次郎《つちやまそうじろう》に献策するなど、蝦夷地への関心が急速に高まるなか、翌年、工藤が勘定奉行松本秀持に『赤蝦夷風説考』の内容を説明すると、松本はこれをもとに蝦夷地調査の伺書を幕府に提出、意次が採用し、天明五年に蝦夷地調査隊派遣となる。

調査隊は東蝦夷・西蝦夷・松前留守隊からなり、東蝦夷隊は山口鉄五郎らが根室・納沙布を経てクナシリ島に向かい、最上徳内はさらに単身、択捉島とウルップ島に渡った。西蝦夷隊は庵原弥六・佐藤玄六郎らが宗谷からカラフトに赴いて、地理・産物・交易、金銀山の有無を調査し、佐藤は江戸に帰り報告書を提出して蝦夷地開発の許可を求め認可され蝦夷地に引き返し開発にとりかかった。

天明五年に林子平は『三国通覧図説』を著した。朝鮮・琉球・蝦夷地の三国の地図を載せ、日本との関わりや地理・民俗を軍事的観点から説明し、ロシアの蝦夷地侵略の可能性、蝦夷地の開発の重要性を指摘した。子平は元文三年（一七三八）、幕臣岡村良通《よしみち》の子として江戸に生まれ、宝暦六年（一七五六）に仙台藩士となるが、禄を返上して松前から長崎まで全国を行脚、大槻玄沢や宇田川玄随《げんずい》、桂川甫周、工藤平助らと交遊していた。

その『三国通覧図説』には、付図として「三国通覧輿地路程全図」「琉球全図」「無人島之図」「朝鮮国全図」「蝦夷国全図」があり、「国事にあずかる者、地理を知らざるときは治乱に臨みて失うあり、兵士をさげて征伐を事とする者、地理を知らざるときは安危の場に失うあり」と記し、「三国通覧輿地路程全図」には、日本のみならず周囲を広範囲に描いており、日本の境界をどこに置くかを強く意識したものであって、地理的世界観が広がった。

地図は、安永八年（一七七九）に長久保赤水《せきすい》がはじめて経緯度線を記入する精度の高い日本図『改正日本輿地路程全図』を作成、日本への地理認識は高まっていたのであるが、他の地域との境界認識が低かったため、子平は地図を描いたのである。

天明六年、蝦夷地調査団の報告書は、新田開発を提言するが、異国との交易には否定的で、金銀山開発に全く触れていない。時期尚早と考えてのことのであろう。それもあって調査自体は打ち切られる。懸案の印旛沼の干拓工事は、利根川から印旛沼に水が流れこむのを遮断し、沼の水位を下げる〆切普請を行なう形で、順調に進んでいたのだが、天明六年七月の豪雨で増水した利根川の水が締切り堤を壊し、印旛沼に大量に流れこんで挫折した。浅間山噴火の降灰で利根川の水底が高くなっていた影響もある。

意次政権の国益追求の国富政策の多くが成果を見なかった最大の原因は天災にあった。各地での噴火や地震、冷害・凶作による飢饉など、この時期に頻繁に襲ってきた。天災を食い止めることはできないにしても、その影響を最小限に食い止めるのが政治であるのだが、それを行なうための社会的施策に欠けていた。このことをよく物語るのが、意次の子意知を殺害した佐野善左衛門の事件以後、高騰していた米価が下がり始めると、佐野は諸人御救いのためこの世に生まれたとして人々が神に祀り上げ、「世直し大明神」と崇めたことである。

天明六年（一七八六）八月二十五日、将軍家治が亡くなった。家重の跡をうけて宝暦十年（一七六〇）に将軍となったが、父の遺言で意次を重用、「朝夕の御事まで下の意に任せ給て、万事自由なる御行ないも聞え給ず終り給し」(『後見草』)と評されたように、政治は専ら意次にまかせ、画業に専念、その絵に「政事之暇」の落款を押していたという。

その家治の死で意次は最大の庇護者を失い、八月二十七日、意次が老中職を辞すと、閏十月五日に家治時代の加増分の二万石が没収され、大坂にある蔵屋敷の財産も没収、江戸屋敷の明け渡し、さらに謹慎を命じられ、勘定奉行の松本秀持も罷免された。

翌年五月に天明の飢饉にともなう打ちこわし騒動が、諸都市で起き、その余波が江戸にも及んで、千軒もの米屋が打ちこわされると、これらすべてが意次を中心とする田沼派政治の責任とされた。十月に意次の相良城と二万七千石が没収され、意次は隠居・謹慎の身となり、僅かに孫龍助に一万石が与えられ、陸奥信夫郡に移封となった。

杉田玄白はこの急転直下の事態に「雨降って地かたまるといえるがごとく、もし今度の騒動なくば、御政事は改まるまじき申す人もはべり」と『後見草』に記している。この「騒動」とは江戸での打ちこわしであり、それが田沼を失脚させたと見ていた。

オランダ商館長のチチングは『日本風俗図誌』に、意次父子は熱心な開国論者であり、外洋に耐える船舶を設計して外国に積極的に乗り出す計画があった、と記している。意次は何も考えていなかったわけではなかった。これまで見てきた平賀源内の実業の世界、杉田玄白の科学的世界、伊藤若冲らの絵画の世界、林子平の地理的世界、等々の諸分野・諸領域における新たな精神世界は、意次の放任主義を追い風にして開かれてきたのである。

# 三　松平定信政権

## 松平定信の政治

天明《てんめい》七年（一七八七）六月、御三家一門などの支持を得て老中になった松平定信《さだのぶ》は、天明の飢饉後の幕政を推進した。御三卿田安宗武《たやすむねたけ》の第三子で、吉宗《よしむね》の孫であって、宝暦八年（一七五八）に生まれ、安永《あんえい》三年（一七七四）に将軍家治《いえはる》の命で白河藩松平定邦《さだくに》の養子となった。時に十七歳。天明三年（一七八三）に陸奥白河十一万石を継承し、同五年十二月に江戸城中の溜《たまりの》間詰《まづめ》になった。

溜間詰は老中と政務を議す将軍の顧問役で、田沼政治を間近に見るようになり、天明六年末頃に、「朝鮮人来朝」を始め、権門の賄賂収受の禁止、質素倹約、風俗の教化、新地築地・火除地の事、山川新田の事、長崎の事などに関する『意見書』を提出し、これを書くなかで意次《おきつぐ》を「心中その意を得ず」と、刺殺を考えたこともあったという。

それだけに天明七年六月に首座の老中になってからは、積極的に幕政に取り組んだ。その定信の考えは自叙伝『宇下人言《うげのひとこと》』に知られる。天明元年（一七八一）の二十四歳の時、藩祖である松平定綱《さだつな》の『牧民後判《ぼくみんこうはん》』を読んで感動、定綱の偉業を継承することを思い立ち、八月に『国本論《こくほんろん》』を著し、民が国の本であり、君主の収奪を戒める、という大名像をもとにして、備荒貯蓄や租税を論じ、翌年に学問や民衆・政治に関する『修身録』、飢饉対策や経済について『政事録』を著すなど、政治家としての心構えを示し、政治の指針を明らかにした。

こうして治世への関心を深めてゆくなか、国元の白河でも天明の大飢饉の影響を受け、天明三年（一七八三）八月二十二日に打ちこわしが始まった。前年からの凶作で米価が高騰したので、白河藩が「穀留《こくどめ》」を命じたが、他領でも穀留が行なわれていたため、米を買えず、米屋が米価引き上げを協議しているという噂が広がってのことであった。

藩は隠し米を摘発し、米の販売を一日一人三合の割合で米屋に命じ、藩士への禄米支給や江戸扶持米を補うため、会津藩から米を移入して事態の悪化を切り抜けたが、定信は病の藩主定邦に代わってこれを実施し、十月十一日には家中の家族以下に一律一日に男五合、女三合を支給する「人別扶持」を行ない、郡代には領民を飢渇させないよう命じ、豪農商から資金を拠出させて困窮者の救済にあたらせた。その後、十月十六日、家督を相続して白河藩主となった。

この代替わりには多額の費用がかかった。前藩主の隠居と家督相続で千五百四十七両、定信が従四位下になるために四百両、あわせて二千両を要し、さらにその工作のため不本意ながら田沼意次に多額の贈賄を行なったという。天明四年七月、質素な出で立ちで初入部して、家中に武芸を奨励し、非常事態に備えて番頭や物頭に城を宿衛させた。八月には目安箱を設置し、学問所を城内の会津町に設け、学問を志す者を集めて、自ら『大学』を講じ、家臣の服装を規定した。

天明の大飢饉への定信の施策について、陸奥泉藩の本多忠籌《ただかず》は、定信宛て書状で、奥羽では類を見ないほどに適切に対処され、救い米や種代、塩や味噌の支給にまで気を配られた「御仁政」に感銘した、と記している。定信も餓死者を一人も出さなかった、と誇っている。

定信に大きな影響を与えたのは、その本多をはじめとする諸大名で、伊予大洲《おおず》藩主の加藤泰候《やすとき》との親交は深く、熊本藩の細川重賢《しげかた》や会津藩の上杉治憲《はるのり》ら明君の治世から多くを学んでいた。そのため天明五年六月に江戸に戻ると、定信の評判を聞きつけた大名が、その政治手法を知るために集まってきて、田沼派に対抗する党派が形成された。

### 定信政権の始動

定信への声望が高まるなか、将軍家斉《いえなり》の実父で、御三卿の一橋治斉《はるなり》が、水戸藩主の徳川治保《はるもり》と相談し、「実義・器量の者」を老中にすえることを提案、御三家を動かし、江戸の大規模な打ちこわしを契機に田沼派が没落するなか、定信政権を誕生させたのであって、「士民」上下から「文武両道左衛門世直殿」と迎えられた。

天明七年（一七八七）七月、定信は幕府の諸役を城内に召集し、将軍家斉の命として、「毎々享保《きょうほう》年中の御規定・御作法等、御穿鑿《せんさく》も仰せ出され」と、幕政を享保の政治に復すると伝え、吉宗政権が確立した国家像を基準に政策を推進した。本多忠籌を若年寄、加納久周《ひさのり》を側衆取次とし、八月に諸大名・旗本らに三年間の倹約を命じ、幕領の代官に対し、「百姓は国の元にて候。百姓の辛苦相察し、飢寒にこれ無き様に心を尽くし申すべき事」と撫民を求め、「百姓の風儀」が華美にならぬよう

「万事節倹」に努めさせるよう命じた。

九月には、諸役人の不正をただすべく、勘定方三十人、普請方二十人の役人を罷免、出羽得和《とくわ》代官の青木楠五郎、美濃郡代の千種鉄十郎、飛驒郡代の大原亀五郎ら八人を遠島に処した。天明八年正月二日、江戸本所の吉祥院に「命に懸け奉り心願仕候。当年、米穀融通宜く、格別の高値これ無く、下々難儀仕らず、安堵静謐仕り、逆に金穀御融通宜く、御威信、御仁恵下々へ行届き候様に、越中守一命は勿論の事、妻子一命にも懸け奉り候て、必死に心願し奉り候事」という願文を納め、米穀が融通よくなり、高値でなくなり、下々の難儀がないように、と祈った。

「下々難儀」「御威信、御仁恵行き届かず」になったならば、私や妻子の一命を失っても構わない、と決意のほどを仏神に誓い、正月二十六日に米穀の買占めや酒の密造、徒党狼藉を禁じた。その正月、京都で大火が起き、二条城や皇居が焼ける報告が入ると、定信は、飢饉や打ちこわしで落ちた「関東の御威光」を「たつべき時」と考え、皇居再建を幕府の手で果たすべく、将軍の補佐役としての地位を万全なものにしたうえで、五月に上洛して参内した。

この時の上洛の旅の体験は、その後に大きな影響を与えた。一つは道中で「古き文書又は画図、古画、古額」などを写し、寺院の「什物」を取り寄せて写し、名地を巡見して古物をもとめて写したことである。この古物愛好から後に『古画類聚《こがるいじゅう》』『集古十種《しゅうこじっしゅ》』『古文書部類』を編むところとなる。

帰りの道中では、長雨が続くなか、「ただ天災地妖なく民やすく五穀豊熟之義、一心に東照宮に念じ、もし夜此願かなひ候はば、あすは雨をはらし給へ」と、民の事を思う心を強くした。松坂に住む本居宣長は、定信について「此の殿は御三家御頼り去年以来、御老中御輔佐により、善政を行はれ、天下万民その仁風を仰ぎ、今度上洛」と記しており、定信の善政への期待は広がっていた。

江戸に六月に帰ると、上洛の経験を踏まえ、八月に「将軍家御心得十五箇条」を将軍に献じ、それに「古人も天下は天下の天下、一人の天下にあらずと申し候。まして六十余州は禁廷より御預り遊ばされ候御事に候えば、かりそめにも御自身の物に思召すまじき御事に御座候。将軍とならせられ天下を御治め遊ばされ候は、御職分に御座候」と、将軍は天下を朝廷から預かって天下を治めるものとする天下委任の考えを記している。

定信は田沼意次とは違い、あるべき天下・国家像があり、それは享保の政治に復すると記したように、吉宗政権の享保期に確立したものである。定信政権は寛政三年（一七九一）三月に「孝行または奇特なる儀」がある者の在所や名前・行状を記した種類を提出するよう全国に発令したが、これも綱吉・吉宗政権からの政策の継承であり、三月から『孝義録』の編纂に入った。

### 旗本御家人の救済、文武の奨励

寛政三年（一七九一）九月には、浅草蔵宿《くらやど》（札差）に負債のある旗本・御家人の債務を免除する棄捐《きえん》令《れい》を出した。札差が、旗本御家人への扶持米（蔵米）を受け取り、それを売却して手数料を得、さらに蔵米を担保に金融を行なって、旗本・御家人に貸し付け多額の利益を得ていた。

借金する御家人を悪しざまにもてなす札差の「下勢、上を凌ぐ」勢いに対し、蔵米取りの旗本御家人の勢いを取り戻すべく出したものであり、天明四年（一七八四）以前の借金を免除し、以後は利子を年利一八パーセントから六パーセントに引き下げて長期年賦とし、法定利率を年利十二パーセントとした。これにより八十八人の札差の棄捐された額は金百拾八万両余の巨額に及んだ。

大坂懐徳堂の学主の中井竹山《ちくざん》は、定信の求めに応じ提出した意見書『草茅危言《そうぼうきげん》』で、「人の物を借りて返さぬは不義の大なる」と記し、証文まで書いて借りた金を返却せずに済ますのは信義に悖《もと》る、と指摘した。定信もその点は認識していたであろうが、棄捐令発令に踏み切らざるを得なかった。

だが、これでは札差が大打撃を蒙るので、札差への金融機関として猿屋《さるや》町《ちょう》貸金会所《かしきんかいしょ》を新設し、座の廃止や株仲間の抑制を行ない、江戸の三谷三九郎・仙波太郎兵衛などの有力両替商・酒屋の豪商十名を勘定所御用達とし、米価調節の買米や御用金上納を扱わせる経済政策を実施した。

救済対象の旗本御家人の育成・教育のために、無職の小普請の世話をする小普請世話取扱を新設して、居宅の見回り、請願の取次を行なわせ、素行の悪い者は、甲府勝手小普請として甲府勤番支配下に移し、三千石以上の無職の寄合には、寄合肝煎を設けて学問・武芸を奨励した。これ以前の天明七年七月にも、文武の道に出精の者にその名前と年齢、及び師の名と流儀を書き上げさせ、「芸術検分」を実施して人材登用をはかっており、文武奨励は著しかった。

幕臣の大田南畝から「世の中に蚊ほどうるさきものはなし　ぶんぶ（文武）といふて、寝るもねられず」と茶化されたほどであり、なかでも「文」こと学問の面では、寛政二年（一七九〇）五月、「朱学の儀は、慶長以来御信用の御事」と始まる「寛政異学の禁」を発した。代々朱子学の学風を命じてはきたが、「風俗を破り候」「異学」が流行し、「正学」が衰微しているので、林家の門人に朱子学を「正学」として励むよう命じたのである。大学頭林信敬《のぶたか》の湯島聖堂の学問所における講義や役人登用試験を、朱子学だけで行なうとし、朱子学以外の儒学を禁じたわけではないのだが、諸藩の藩学への影響は大きく、朱子学の復興と諸学の排斥を行なった藩もある。

これにともない、幕府儒官の柴野栗山《りつざん》・岡田寒泉《かんせん》を聖堂の取締御用に任じ、尾藤二洲《びとうじしゅう》や古賀精里《せいり》を招聘し、荒廃していた湯島聖堂を改築した。柴野栗山は讃岐の後藤芝山《しざん》に学んで昌平黌《しょうへいこう》で教えを受けた儒者であり、岡田寒泉は西丸書院番の岡田善富の次男で、兵学を村士淡斎《すぐりたんさい》に、闇斎学《あんさいがく》を村士玉水《ぎょくすい》に学び、寛政元年（一七八九）に小普請から幕府儒官となっていた。尾藤二洲は伊予川之江出身で、大坂に出て朱子学を頼春水《らいしゅんすい》らに学んで塾を開くなか登用された。

柴野・岡田・尾藤の三人は「寛政の三博士」と呼ばれ、古賀精里は佐賀藩の儒者で、大坂で頼春水や尾藤二洲と交わるなか陽明学から朱子学に転じ、岡田寒泉が常陸に移ったので、代わって「寛政の三博士」の一人とされた。

### 出版統制と緊縮策

寛政二年（一七九〇）五月、異学の禁とともに出版統制令を出した。「書物類」について「自今、新規に作り出し申す間敷候」と始まり、「子ども持ち遊び草紙・絵本等」、「浮説」の仮名書写本等の貸し出し、「作者知れざる書物類」の商売などを禁じ、一枚絵や好色本も取り締まった。九月には風俗を害する好色本や洒落本の出版も禁じた。この措置をとったのは、黄表紙など出版物の影響の大きさを痛感していたからであろう。

これにともなって、朋誠堂喜三二《ほうせいどうきさんじ》の『文武二道万石通《ぶんぶにどうまんごくどおし》』や恋川春町の『鸚鵡返文武二道《おうむがえしのぶんぶのふたみち》』、山東京伝の『富士人穴見物』などが、文武奨励策や倹約令を皮肉り揶揄したものとして問題視されて、朋誠堂喜三二は秋田藩主から注意を受けて筆を擱き、恋川春町は定信に呼び出されて病気を理由に拒んだが、やがて病没した。寛政三年（一七九一）三月には、山東京伝の洒落本『仕懸文庫《しかけぶんこ》』『錦之裏《にしきのうら》』『娼妓絹籭《しょうぎきぬぶるい》』三部作が風俗を乱すとして絶版となり、京田は手鎖五十日、版元の蔦屋《つたや》は財産半分を没収された。大田南畝は戯作を慎み、狂歌界から去った。

出版統制の対象が主に風俗関係本であるように、風俗統制は著しかった。天明七年（一七八七）に料理茶屋や茶店での売春を禁じ、寛政元年（一七八九）三月に奢侈品の製造と仕入れた奢侈品の、次年以降の売買を禁じ、十月には隅田川河口の中州に多くあった茶屋を撤去、寛政二年からは華美な雛人形、銀製のキセルなどの販売者を処罰し、華美な箔類の団扇や紙煙草入れの製造を禁じている。この倹約や緊縮政策によって、「白川の清きながれに魚すまず　にごれる田沼の水ぞ恋しき」という落書《らくしょ》や、「武家町人共は越中様（定信）を御恨申候様に相成候」（『よしの冊子』）という世評が生まれた。

学問の奨励は著しく、明和《めいわ》二年（一七六五）に幕府奥医師の多紀安元の請願によって、医員の子弟や江戸市中の医者の専門教育機関として設立された「躋寿館《せいじゅかん》」を、医学館として寛政三年十月に直轄化して、幕医を修行させ、同四年九月には、旗本・御家人の幕臣とその子弟を対象に「講釈」「学問吟味」の試験を行なって、成績優秀者を表彰、勉学に励むよう奨励した。天明七年の「芸術検分」に続く「学問吟味」であって、大田南畝はその第二回の試験を受けて最優秀の成績をおさめた。後に名奉行として知られる遠山景元《かげもと》の父景晋《かげくに》は、旗本のなかで最優秀の成績だった。

同五年二月には国学者の塙保己一《はなわほきいち》から、講読所の設置とその土地建設用地貸与の申請があって、許可するが、これが後の和学講談所である。保己一は武蔵児玉郡の豪農の子で、七歳で失明し、雨冨須賀一《あめとみすがいち》に音曲・鍼医術を学び、さらに歌文・神道・律令なども広く学んで、賀茂真淵《かものまぶち》にも師事し、安永八年（一七七九）に大部の叢書『群書類従』の編纂に着手、菅原道真編纂の『類聚国史』に倣って、神祇以下雑部までの二十五部からなる、収録書物は千二百七十六編という一大叢書である。

## 定信政権の社会政策

風俗統制や学問奨励とともに重視したのが、田沼政権に欠けていた社会政策である。飢饉で村々から江戸に大量に人が流入してきたので、その対策として人足寄場を設置した。寛政元年（一七八九）に火付盗賊改方の長谷川平蔵宣以《のぶため》が建言し、同二年二月に江戸石川島に設けた。犯罪者や犯罪予備群の更生を目的とした収容施設（石川島人足寄場）で、江戸に流れ込んできた無宿人や軽犯罪人を収容した。生活指導・職業訓練などの自立支援や、再犯防止のプログラムをつくり、大工や建具製作等の技術者にはその訓練をさせ、技術のない者には単純軽作業や土木作業を指導した。

また旧里帰農令《きゅうりきのうれい》は、流入してきた人々を農村に帰すための法令で、同二年十一月に発せられた。

「故郷え立帰りたく存じ候」帰農希望者に、旅費や食費、農具代のない場合に与えるものとし、町役人とともに申し出ること、田畑を所持せずに故郷以外でも百姓に成りたい者には、手当や「手余《てあまり》地《ち》」を支給することとしたが、希望者は少なかった。

この施策だけでは再び飢饉が起きればすぐには役に立たない。そこで「一天下米穀つき果てば、天下と共にたおるべし」（『宇下人言』）という危機意識から、食糧の備蓄策として囲米《かこいまい》の制度をしいた。寛政三年十二月から七分積金《しちぶつみきん》による町会所の囲米の制を設け、個別の町の運営に必要な町入用は、町の地主が負担していたが、幕府はその負担を減額し、減額分の七十パーセント（七分）を地主に戻さずに積金とし、そのうち一万両を囲米の購入にあて、残りを貸付用の積金とした。両替商などを勘定所御用達にして積金を低利貸付金とした。

天明の大火で罹災した京都では、住民救済のため貸し付けた米、金の返済を、米で行なわせてそれを囲米にあて、また不正を働いた商人の財産を没収して囲米の購入資金にあてた。大坂では天満川崎に土蔵を建て、町人に「志し次第」に米の拠出を求めた。

農村については、寛政二年（一七九〇）十月に諸国代官に、郷蔵《ごうぐら》を設置させ、米穀を貯蔵して凶荒に備えるよう命じた。村人には所持の石高に応じて米を差し出させ、幕府も村の備蓄量に応じて米を下げ渡した。農村には耕作放棄による荒地が多く、村人の江戸への流出や、「間引き」などの人口減少に対応して、農村復興策を進めた。

定信は、農業が政治の根幹と考えていたので、百姓が米よりも煙草などの換金作物を作って、利

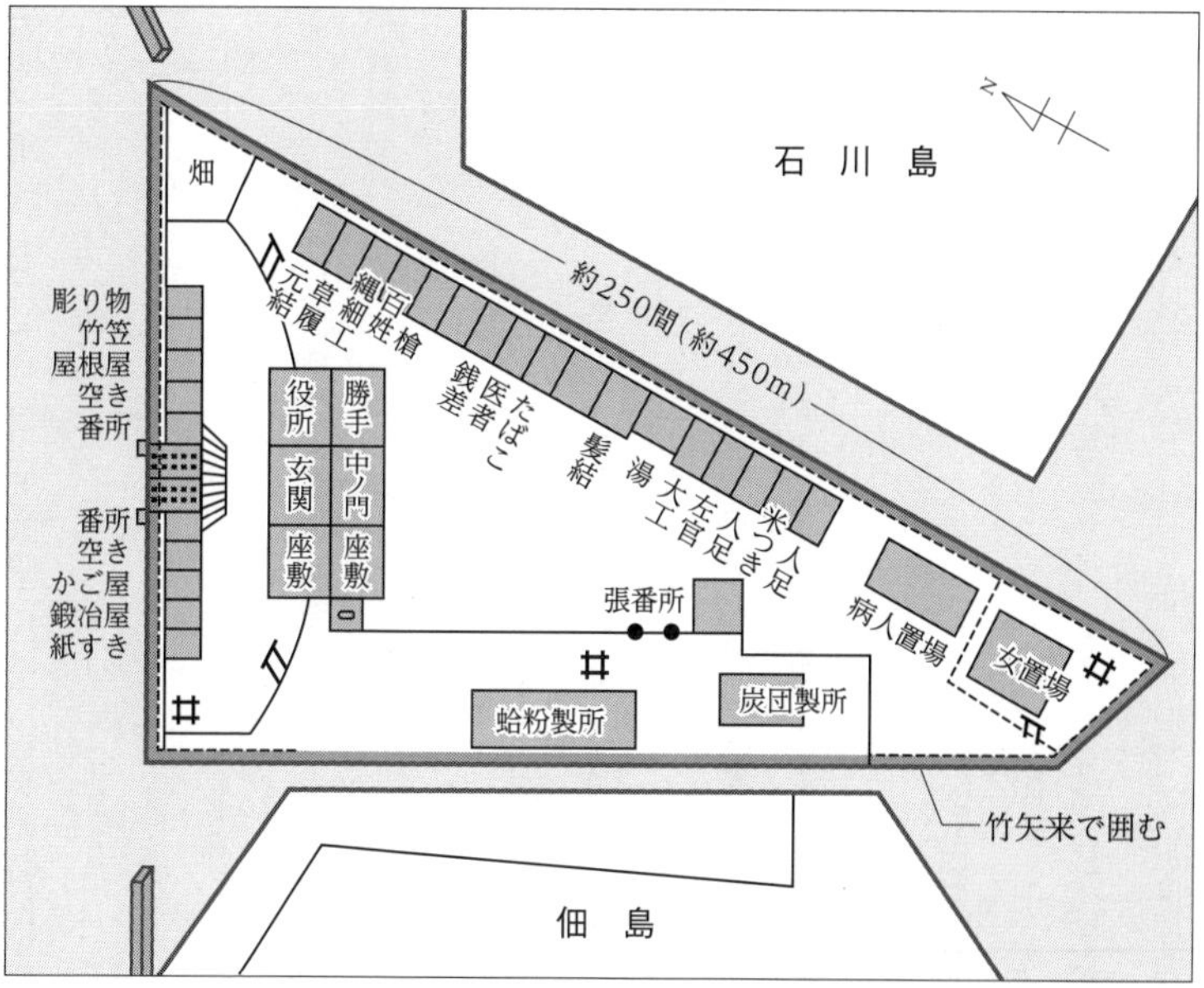


人足寄場　江戸石川島に設置された一種の授産所（大田南畝『一話一言』による）

益を追求する風潮を嫌い、寛政三年に菜種や木綿などの生活必需品の材料となる作物以外の栽培をやめさせ、米麦や雑穀を生産するように命じている。関東郡代の伊奈氏が御家騒動で失脚すると、五十八人の代官のうち無能な四十四人を更迭、代官所の機能を充実させ、幕府からの拝借金を代官が富裕者に貸し付ける公金貸付制度を採用、その利益によって荒他再開発や人の移住、小児養育などの資金とした。

### 代官と農政

農村復興策を現地で担ったのが代官である。田安徳川家家臣の早川正紀《まさとし》は、明和六年（一七六九）に勘定奉行所の勘定となって関東諸国の河川工事に功があり、天明元年（一七八一）に出羽国尾花沢の代官の時に天明の大飢饉を経験し、その復旧の道筋をつけた際の手腕を買われ、天明七年に美作国久世の代官になると、管内の農村を巡回して村の現状や民意の把握に努めた。

間引きの禁止や質素倹約の奨励、風紀改善、地場産業の虎斑竹《とらふだけ》の保存を行ない、『久世条教《くぜじょうきょう》』を著して、備中国笠岡・倉敷の代官をも兼ね、吉岡銅山を再興して弁柄生産を保護し、消防・自警・冠婚葬祭の制度を整え、庶民の善行表彰を積極的に行なった。

竹垣直温《たけがきなおひろ》は天明六年（一七八六）に越後国頸城郡川浦の代官になって、年貢納入の実績と安定した支配を評価され、三年後に播磨・摂津・河内の代官となり、摂津・河内堤奉行、廻船方加役御用掛、大坂御蔵取締方掛御用などを兼務した。寛政三年（一七九一）に監督不行届から謹慎を命じられたが、寛政五年に関東郡代付になると、寛政九年から下野国芳賀郡に真岡陣屋、常陸国筑波郡に上郷陣屋を設置し、両陣屋を往復して民政の刷新を図った。間引きを禁じ、小児養育金を支給、入百姓《いりびゃくしょう》を導入し、作付の奨励、奉公人の引戻し、肥料購入の支援など勧農を行なった。

早川・竹垣の二人と並んで「寛政の日本三名代官」と称された岡田寒泉は、「寛政の三博士」と称されていたのだが、寛政六年（一七九四）に常陸の代官に転じ、風俗の粛正や勤倹貯蓄を奨励、間引きを禁じ、育児を奨めるため幕府に願い出て小児養育料の支給を受けた。休耕田を耕して開墾に努め、飢饉に備えて米を備蓄させた。もうひとり寺西封元《たかもと》は、寛政四年に徒士《かち》組頭から陸奥国白河塙《はなわ》の代官となり、「子孫繁昌手引草」を領内に配布して、間引き・堕胎の防止、小児養育に努め、公金貸付で農村の復旧をはかり、農村教化に尽力した。

各地に名代官が生まれるなか、藩領では農村の事情に詳しい地方巧者が招かれた。その一人が高崎藩の郡奉行になった大石久敬《ひさたか》である。久敬は宝暦四年（一七五四）の久留米藩の大一揆で、百姓側の主張の言いなりになった大庄屋として藩の僉議《せんぎ》を受けたが、処分を不当として出奔、各地を放浪するなか、農学や農村に精通し、天明三年（一七八三）に高崎藩に仕えて、寛政三年（一七九一）に高崎藩主松平輝和《てるかず》の命を受け、地方書『地方凡例録』の著述にあたった。

その内容は総論に始まり、石高・検地・新田開発・度量衡・義倉など、領主及びその代官・役人が地方支配を行なうにあたっての重要事項の解説で、予定は全十六巻だったのだが、寛政六年に十一巻が完成した段階で久敬の病状が悪化、執筆が打ち切られ、未完に終わるも、地方制度における基本項目については、執筆をほぼ終えており、後に天保の改革に際して老中水野忠邦が写本を取り寄せている。

## 光格天皇の朝廷再興

諸藩が国家像を描いて自立の動きを強めるなか、朝廷も自立の動きが顕著になっていた。安永八年（一七七九）、後桃園天皇は皇位を継ぐ者が直系にいないなかで亡くなり、閑院宮《かんいんのみや》家の祐宮《さちのみや》親王が十一月に践祚した（光格《こうかく》天皇）。時に九歳、幼い天皇は後桜町上皇の勧めや、時代の趨勢もあって学問を好み、「ことに学文を好ませ給ひ、わが国の歌道、また有職の道に御心をつくさせ」（「小夜問答」）と、好学と噂された。実際、近習衆《きんじゅうしゅう》を御前に集め、史書や政道書を「会読」「輪講」していた。

十五歳の天明五年（一七八五）、摂政の九条尚実《なおざね》が関白になり、政務に関わり始めたところで、尚実が病になったので、近習と相談して直接に政務にあたり、朝儀の復興に力を注いだ。天明六年十一月朔日が冬至の日にあたるので、宝徳《ほうとく》元年（一四四九）以来、途絶えていた「朔旦冬至旬《さくたんとうじのしゅん》」の旬《しゅん》政《せい》・旬宴《しゅんえん》を挙行、安永七年（一七七八）から途絶えていた新嘗祭も復活した。

天明七年（一七八七）五月、大規模な打ちこわしが江戸でおきると、京都では六月初めから「何より申出候儀に御座候哉、禁裏御所へ千度参り初り」と、人々が禁裏御所の築地塀の周囲を廻り、南門・唐門などで拝礼して願い事を祈願する「千度参り」を行なうようになった。その願い事は、飢饉で高騰した米価の低下や豊作などで、参拝人は多い時で五万人に及んだ（『落葉集』）。

この報告を聞いた天皇は、天下万民に徳と仁を施す立場から、関白に対し、賑給《しんごう》を実施し貧窮者を救えないか、幕府から救い米を出させられないか、と伝えると、武家伝奏・京都所司代を経て幕府に報告された。前代未聞の要請であるが、幕府はこれに応じて、七月八日に米五百石、八月五日に米千石の放出を命じた。この対応に意を強くした天皇は、大嘗祭を十一月二十七日に挙行、貞享四年（一六八七）に再興されたものの、略式だったのを、貞観《じょうがん》・延喜《えんぎ》の古式に則って行なった。

意気軒昂な天皇を襲ったのが翌天明八年（一七八八）正月の京都大火である。「建仁寺前椽辻子《たるきずし》より失火。洛中、大火となる。仍って鳳輦《ほうれん》に御して南門を出でさせられ、難を賀茂御祖社に避け給ひ、更に聖護院宮に行幸あらせらる。暫く此所を仮皇居と為す」というもので（『光格天皇実録』）、天皇はこの大火にひとまず鴨社に逃れ、さらに聖護院に逃れ、聖護院を仮御所とした。火事は禁裏御所や仙洞御所、公家屋敷・二条城・所司代屋敷をはじめ、町数で千四百二十四町、家数で三万六千七百九十七軒、寺院二百一か所、神社三十七か所を焼いた。

天皇は大火にひるむどころか、これを機会に古式に基づく内裏再建を考えた。折しも、かつて天皇に蔵人として仕えていた裏松光世《うらまつみつよ》が、平安内裏の研究を行ない、『大内裏図考証』を書上げていたのを知り、宝暦事件に連座して蟄居を命じられていた光世の参内を許し、その考証の成果を生かし、造内裏御用掛に広橋伊光《ひろはしこれみつ》を任じ、紫宸殿・清涼殿の旧制造営、敷地面積の拡張による朝儀復興を骨子とする内裏再興に向けて動き出した。

上洛した定信と交渉に入ると、定信は天皇の居所が手狭なのに驚き、御所造営へと動くが、天皇の意向とは違って、多額の費用が掛かり、材木調達も難しく、凶作続きで民力が衰え、大名も困窮している事情を踏まえて、仮普請を行なってそこに住まわれ、時間をかけて御所を立派に造りたいと伝え（『落葉集』）、五万石以上の大名には、一万石あて五十一両ほどを築地費用に上納させ、熊本藩と薩摩藩に各二十万両の上納金を出させるものとした。

定信は「生民困窮御厭の儀」（民の困窮回避）や、「関東、この節御繰り合わせよろしからず」（幕府財政の危うさ）、「奢侈の弊風御救い」（奢侈の風俗矯正）などの理由もあげて交渉に臨んだ（「松平定教文書」）。しかし天皇は、内裏造営を京都復興、朝廷権威復活のシンボルと考えていて、造営御用掛を任命し、紫宸殿の復古造営の指図をつくり、紫宸殿・清涼殿の彩色絵図制作を隠密裏に行なっていたので、定信の要求を拒否、交渉の結果、定信からは、禁裏御所向きの事について「新規の御好み」には取り合わないと釘をさされたが、ほぼ当初の考え通りに押し通した。

改元された翌寛政元年正月から造営工事が始まり、二月に町触で御所造営の各種工事の入札が公告され、三月から御所の地固めが洛中洛外の老若、虚弱の者に銭を支給して行なわれ、七月に木作り、八月に礎・立柱の建築工事が始まった。翌年には、御所内部の障壁画制作のため狩野派、土佐派、それに円山応挙《おうきょ》が一門を率いて制作にあたった。有栖川宮に仕え障壁画の制作にあたり、円山派に対抗していた岸駒《がんく》も召された。

### 尊号一件と大政委任論

十一月に仮御所から新造内裏への遷幸となり、古式に則ったその華麗な行列は、聖護院から南下して三条大路を西に行き、鴨川を渡って、万里小路を北上し御所に到着するコースをとった。吉村周圭《しゅうけい》の「行幸図屛風」は、正装正座した町人が待ち受ける建礼門前に始まり、しんがりの京都所司代が出発して聖護院までの図を描いている。

この「復古後造営の響き」にあわせ、公家衆は儀式書の研究を始めた。藤貞幹《とうていかん》は『内裏式』『貞観儀式』『江家次第』の研究のために、三、四の公家に召され、寛政三年に権大納言一条忠良中心の『北山抄』の勉強会が開かれた。尊王思想も広がり、『太平記』を読んで三十数か国を歴遊し尊王思想を説き多くの紀行文・日記を残した高山彦九郎《たかやまひこくろう》、同じく各地を歴遊して海防や山陵の復興を説いて

『山陵誌』を著した蒲生君平《がもうくんぺい》らの尊王家が現れた。

光格天皇は閑院宮家から天皇になったこともあり、早くから父典仁《すけひと》親王の処遇を考えていて、太上天皇の尊号を与えようとした。『禁中並公家諸法度』では、親王の序列は摂関よりも下であり、天皇の父が臣下の摂関家の下にある不都合を解消しようとした。天明八年（一七八八）、議奏の中山愛親《なるちか》に、太上天皇の先例の調査を命じ、翌年に意向を「御沙汰書」の形で所司代に伝えて尊号問題が浮上した。先例とされたのは、承久《じょうきゅう》の乱《らん》後の後高倉院と正平一統期の後崇光院で、尊号贈与は天皇の父への「孝心」によるものとして折衝に入った。

定信は、皇位は「御私の物」ではなく、先例は混乱期のものであり先例たりえない、と反対して再考を求め、関白の鷹司輔平《たかつかさすけひら》（典仁親王の実弟）と交渉したが、天皇は叔父の輔平が幕府に協調的であって、父より序列が上にあることに不満を抱いていて、寛政三年（一七九一）八月、一条輝良が関白、十二月に武家伝奏に正親町公明《おおぎまちきんあき》がなると、二人がともに幕府に反発していることを知り、参議以上の公卿四十一名に、尊号宣下の是非を問う勅問を試みた。

勅問は摂家に行なわれても、幅広い公卿に行なわれることはなかったのだが、天皇の期待通りに賛成が三十六名、反対が鷹司輔平父子二名、保留が三名の結果が出て、幕府に再考を求めた。

定信は尊号宣下拒否の方針を堅持しつつ、「国体にとり容易ならざる儀」との思いから、断り方を「工夫」し、天皇の強い意思を伝達する武家伝奏・議奏を処罰する強硬方針で臨んだことから、朝廷は寛政四年十一月に尊号宣下の中止を決め、定信は、問題の責任者として中山愛親・正親町公明の二人を江戸に召喚、議奏の中山愛親を閉門、伝奏の正親町公明を逼塞とする処分を言い渡した。

定信が朝廷に強硬な姿勢に臨んだのは、天明八年（一七八八）八月の「将軍家御心得十五箇条」に「六十余州は禁廷より御預り遊ばされ候御事に候」という、将軍は天下を朝廷から預かって治める、という大政委任の考えに基づいていた。これにより将軍には、「かりそめにも御自身の物に思召すまじき御事」と、その政治責任を明確にし、朝廷には、「天下を御治め遊ばされ候」と、大政を委任した責任者として牽制した。

このような大政委任論は、本居宣長も「天下の御政《おんまつりごと》」は天皇の「御任」によって将軍が行ない、将軍はその「御政」を大名に分け預けている、という考えに似ており（『玉くしげ』）、中井竹山も『草茅危言』で「今日幸いに聖天子宇にあたらせ給ひ、関東賢治委任を専らにせさせられ、中興隆治の啓きそめし御事」と記している。

かつて新井白石は、将軍は「国王」として天皇を守護し、天皇は天子として将軍を守護するという、天皇と将軍とは「共主」の関係にあるとしたが、定信は委任の関係でとらえた。ただこの考えは、ひとたび将軍の政治が揺らぐと、将軍への委任自体が問題になってくるのであるから、いっぽうで定信は『花月亭筆記』で「天よく民を治ることあたはず。故に大君をたててをさめしめ給ふ」という大君（将軍）は天命による、という天命説も唱えている。

対外関係の変化

朝廷の自立的傾向とともに、定信の頭を悩ましたのが対外関係であった。多額の費用を要する朝鮮通信使の来日が、天明七年（一七八七）の将軍家斉就任の代替わりとともに予定されていたのを延期し、通信使の応接を江戸でなく、対馬で行なう「易地聘礼《えきちへいれい》」とすることで朝鮮との交渉に入った。長崎貿易については、積極的だった田沼政権とは違い、寛政二年（一七九〇）に中国船を年に二十艘、オランダ船を一艘へと削減したので、貿易は大幅に減じ、毎年のオランダ商館長の参府も五年に一度とした（長崎貿易半減商売令）。輸出用の銅が払底し、オランダ人とその貿易関係者の乱脈な関係を断ち切ろうとした。

大きな脅威となっていたのが北方世界の動きで、天明八年（一七八八）派遣の幕府巡見使の一行に随従した古川古松軒《こしょうけん》は、奥州から蝦夷地を実地調査し、翌年に蝦夷地についての正確な情報を定信に伝えた。寛政元年（一七八九）、クナシリ島・メナシ（目梨）地域のアイヌが蜂起したが、彼らはクナシリ、キイタップ（霧多布）場所の請負人飛驒屋久兵衛に使用され、和人に低賃金と暴力で鰊や鮭・鱒の〆粕《しめかす》生産に従事させられた行為にたまりかねてのものであった。

松前藩はこれを鎮圧して、三百人を捕縛、三十七人を死罪と処したが、このアイヌの蜂起に、幕府はロシア人が加わっているのかと疑い、そうではないことがわかると、「異国境」の武備と変事の通報態勢を厳重にするよう松前藩に命じた。蝦夷地を幕府直轄地として開発を進める意見もあったが、定信は不毛のままに放置し、外国との緩衝地帯とし、松前藩に委任した。

蝦夷地と南千島の調査は続けられ、寛政三年にアイヌの待遇改善が行なわれた。その実情を探るため、最上徳内がエトロフ島やウルップ島の探査に派遣された。徳内は国後島《くなしり》、択捉島《えとろふ》から得撫島《うるっぷ》北端まで赴いて各地を調査、交易状況を視察し、量秤の統一などを指示し、アイヌに作物の栽培法などを指導、寛政四年には樺太調査を命じられて樺太の地理的調査を行なった。

徳内は、出羽村山の農家から天明元年に江戸に出て、同四年に本多利明《ほんだとしあき》の音羽塾に入門、同五年の蝦夷地調査団に本多利明が辞退したその代わりに派遣されたもので、蝦夷地で青島俊蔵らと探索し、寛政元年(一七八九)のクナシリ・メナシの戦いが起きた時も、真相の調査に派遣された青島に同行して調査にあたっていた。

ロシアのみならず外国船は次々と日本近海に現れた。寛政三年四月にアメリカ船レディ・ワシントン号が紀伊熊野の樫野浦《かしのうら》に、八月にイギリス船アルゴノート号が対馬に来航し、交易を求め、応じなかったので引き上げたが、報告を受けた幕府は、異国船に警戒するよう伝えた。

翌寛政四年九月、根室の沖合に大きな船が現れた。ロシア皇帝エカチェリーナ二世から派遣されたアダム・ラクスマンの一行で、ラクスマンは大黒屋光太夫、磯吉ら三名の漂流民の送還と、イルクーツク総督イワン・ピールの通商要望の信書をもたらした。

この漂流民は、天明二年(一七八二)に伊勢白子の千石船神昌丸の乗組員で、光太夫が船頭となり松坂の紀州藩の蔵米を積んで出航して遠州灘で遭難して、アリューシャン列島のアムチトカ島に漂着、苦労の末にイルクーツクを経て、ペテルブルクでエカチェリーナ二世に謁見して帰国となった。

ラクスマンが、江戸に出向いて漂流民を引き渡し、通商交渉をすると希望したので、松前藩が、幕府に報告したところ、幕府はその回答書の「国法書」を、宣諭使に任じた目付の石川忠房、村上大学に渡した。国法書は、国交のない国の船が渡来したならば打ち払うか、捕えるか、これが古くからの国の法（祖法）である、と記し、はるばる我が国の人を送り届けた労を思うが、わが国の「国法」を知っていないので、そのまま帰ることを許すとした（『通航一覧』）。

江戸に来るのは、通信のある国であっても、定めがあるほかは許しておらず、通信のない国には認められない、と信書を受理せず、もしどうしても通商を望むならば、信牌《しんぱい》（入港許可証）を交付するので、長崎に廻航するようにと指示した。

翌寛政五年（一七九三）三月に松前に到着した目付の石川忠房は、ラクスマンに長崎以外では国書を受理できないとして退去を伝え、光太夫と磯吉二人を引き取り、宣諭使署名の「おろしや国の船壱艘長崎に至るためのしるしの事」と題する長崎への入港許可証（信牌）を交付した。このためラクスマンは六月三十日に松前を去り、オホーツクに帰港した。

海防を早くに論じていた仙台藩士の林子平《はやししへい》は、『海国兵談』で「およそ日本橋よりして欧羅巴に至る、その間一水路のみ」と喝破し、地続きの隣国をもたない「海国」日本は、それに相応しい国防をもたねばならない、江戸湾防備が急務であると唱えたが、幕閣に嫌われ、幕政批判を理由に寛政三年十二月に召喚され、翌年二月に板本《はんぽん》没収、蟄居に処された。

とはいえ、異国船の江戸近海への侵入をいかに防ぐかという江戸湾防備が課題となり、定信は寛

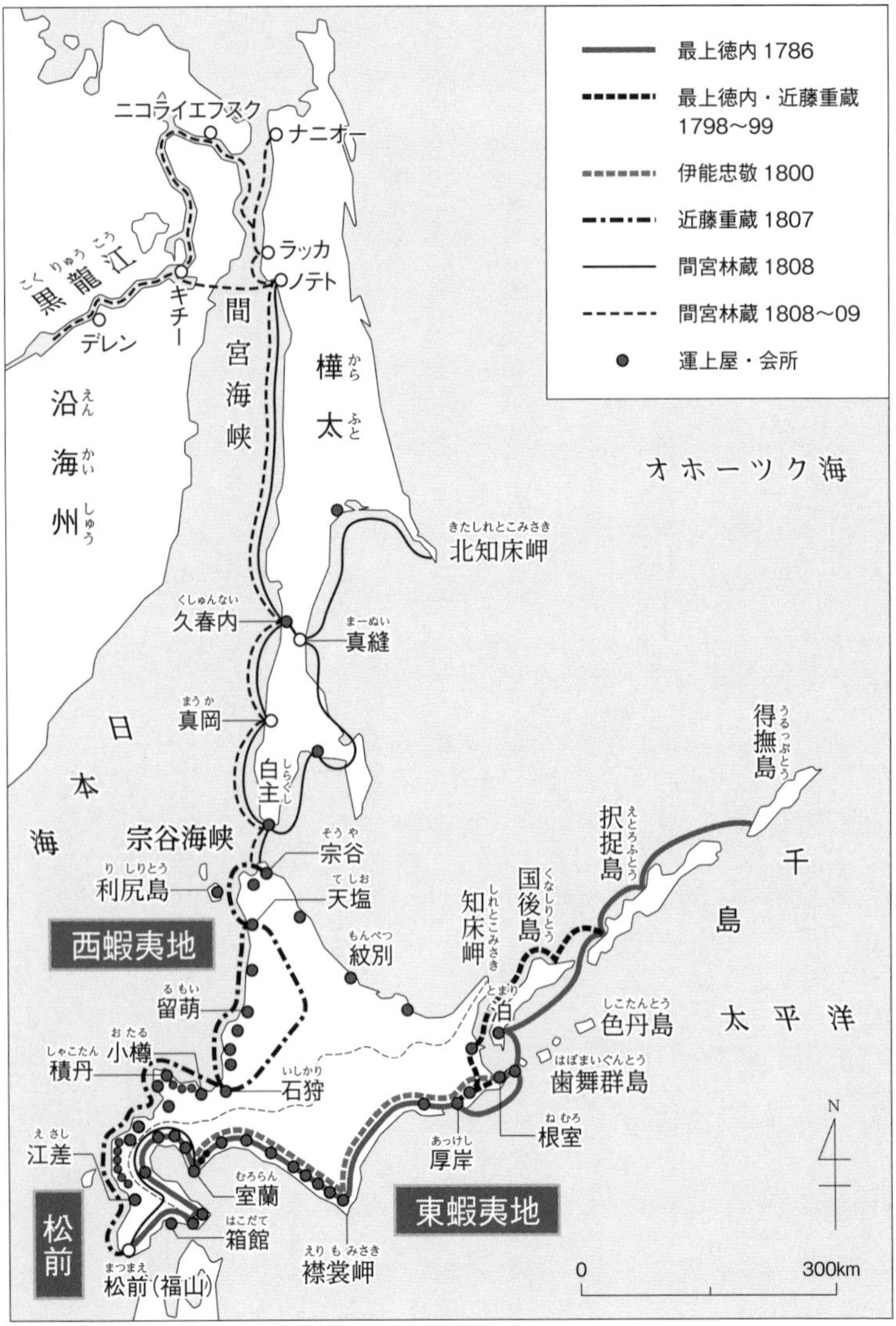
最上徳内 1786
最上徳内・近藤重蔵 1798〜99
伊能忠敬 1800
近藤重蔵 1807
間宮林蔵 1808
間宮林蔵 1808〜09
運上屋・会所
ニコライエフスク
ナニオー
黒龍江《こくりゅうこう》
ラッカ
ノテト
キチー
デレン
間宮海峡
樺太《からふと》
沿海州《えんかいしゅう》
オホーツク海
北知床岬《きたしれとこみさき》
久春内《くしゅんない》
真縫《まーぬい》
真岡《まうか》
日本海
白主《しらぬし》
宗谷海峡
宗谷《そうや》
利尻島《りしりとう》
天塩《てしお》
西蝦夷地
紋別《もんべつ》
知床岬《しれとこみさき》
国後島《くなしりとう》
択捉島《えとろふとう》
得撫島《うるっぷとう》
千島
留萌《るもい》
泊《とまり》
色丹島《しこたんとう》
太平洋
小樽《おたる》
積丹《しゃこたん》
石狩《いしかり》
歯舞群島《はぼまいぐんとう》
根室《ねむろ》
厚岸《あっけし》
N
江差《えさし》
室蘭《むろらん》
東蝦夷地
松前
箱館《はこだて》
襟裳岬《えりもみさき》
松前《まつまえ》(福山)
0
300km

北方探査図

政四年十一月に海辺御備向御用掛となって、寛政五年三月に沿海諸藩に警備を厳重にするよう命じた。江戸湾防備には幕府があたり、長崎は長崎奉行と福岡・佐賀藩が担当し、北には北国郡代を置いて南部・津軽藩が当たるものとし、定信自ら伊豆・相模・房総の海岸を巡視した。

## 定信の老中辞任とその政策

寛政五年（一七九三）六月、林子平が仙台の獄中で没し、尊王家の高山彦九郎が筑後久留米の旅籠屋で自刃したその七月、定信は将軍補佐と老中を事実上解任された。しばしば辞任願を出していて、これまでは慰留されていたが、今回ばかりは認められた。

定信の政権運営は必ずしも順調ではなかった。本多忠籌が政策立案の諮問に預かり、側用人《そばようにん》から老中になった松平信明《のぶあきら》が施策の実行役となり、それを御三家の尾張・水戸両家、将軍家斉の実父一橋治済が顧問として支えてきた。しかし定信と松平信明の対立が表面化して、定信は寛政二年四月に尾張・水戸両家の要請で本多忠籌を老中格に昇進させている。

将軍の父一橋治済は、定信に大御所として処遇されることを拒否されたこともあり、不信感をいだいていて、松平信明と結び、定信は尾張・水戸両家を頼るようになった。定信と本多忠籌の政策上の対立もあって、寛政五年七月、定信が辞任願を出すと、受理されたのであって、松平信明が老中首座となった。

定信の辞任について大田南畝は『半日閑話《はんにちかんわ》』で、「去る未ノ年（天明七年）以来、万端の骨折、莫大の功労御満悦、此上無く候。依て以後、代々の内溜詰仰せ付けらる、家格に成し下され候」と、定信への評価は高く、定信が失脚したとは考えていない。定信は実権を握る老中ではなく、大老として政治の大綱を掌握する意図があったらしいが、これは認められなかったとしても、定信の政治路線自体は大きく変わらなかった。

定信政権は、田沼政権の政策の見直しと新たな事態に対応してきた。「国体」「国用」など国家の在り方について考究し、尊号一件では、「国体にとり容易ならざる儀」という感想を漏らし、『花月草紙』で「国体」について「家国のすがたは、わかわかとあらまほし」と記している。その目標は、「毎々享保年中御規定・御作法等、御穿鑿も仰せ出され」という、享保の吉宗政権が定めた「御規定・御作法」(制度)であり、「名君」吉宗が定め、あるいは定めたとする国法を「祖法」として守ることを求めてきた。

定信がラクスマンに示した国法書は、古来の「国法」により「通信」「通商」の二種類の対外関係が定められているとしたが、この国法を明確に定めた形跡はなく、古に遡って定められた祖法として順守するものとされたのである。定信は吉宗政権期の国家観の体現者として政治に臨んだのであり、寛政異学の禁で朱子学を「正学」としたのも同じ理屈で、かつて正学であったとしてそうしたのである。したがって政策全体は復古政治に基づいていた。

過去にさかのぼって現実を把握するために歴史書を編纂したのもそのためである。定信の発案により、幕府の正史『御実紀』の編纂が林述斎《じゅっさい》を主任として始まり、本格化するのは、老中を辞めて六年後の寛政十一年で、家康の『東照宮御実紀』から十代の家治に至るまでの歴史が記された。また寛政五年七月には塙保己一に和学講談所を麴町に設立することを認め、九月に昌平坂学問所の学制を定め、初めてその学規・職掌を整えた。

定信が退いた後、宝暦四年（一七五四）の「宝暦甲戌暦」が日食・月食の予報をしばしばはずすなど不備が目立っていたので、大坂の麻田剛立《あさだごうりゅう》を招請した。剛立は豊後杵築藩の儒者綾部絅斎の子で、天文学を独学で学び、大坂に出て暦学研究を行ない、家暦「時中法」を作成したところ、官暦よりも正確との評判になっていた。

幕府の招請を受けた剛立は、門下の高橋至時と間重富を推挙した。至時は大坂城番同心の子で、算学を松岡能一、剛立から天文学を学び、重富は大坂の質商の子で剛立に入門し、『暦象考成後編』を入手して剛立・至時とともに研究をしていた。二人は寛政七年（一七九五）に出府、同九年に『寛政暦』を完成させた。

### 諸藩の改革

幕府の政策は、諸藩に大きな影響を与えた。奥州秋田藩の佐竹義和《よしまさ》は、天明五年（一七八五）に父義敦《よしあつ》の死去により家督を相続すると、積極的に藩政改革にとりくみ、寛政元年（一七八九）に京都や江戸から儒者を招いて建学にあたらせ、各地に郷校を建設した。

文化八年（一八一一）に学校を明徳館と改称、演武局・養寿局を設け、和学方・算法方・礼法方を整備、文場を東西両学に分け、東学は十五、六歳までの初級者に素読・算術・習字を教え、西学は詩経・書経・礼記・易・儀礼・春秋・周礼の七局を立て十六歳以上の学徒に経書を専攻させ、藩士子弟は必ず修学、士族の嫡子は必ず四書の素読済証を要した。

寛政二年（一七九〇）に栗田定之丞《くりたさだのじょう》を砂留役に任じ、風の松原などの防砂林の造成や保全に当たらせ、寛政四年に産物方を設置、石川滝右衛門を支配人として商品作物や春慶塗《しゅんけいぬり》、川連《かわつら》漆器、白岩焼《しらいわやき》などの工芸品の国産化を奨励した。寛政五年に蔵入地や家臣知行地の耕作を援助し農政を統括する郡奉行を設置した。まさに幕府政策の秋田藩版である。

肥前の佐賀藩では、明和七年（一七七〇）に第七代の鍋島重茂《しげもち》が死去したので、その跡を継いだ治《はる》茂《しげ》は、重茂が明和四年に定めた「御仕組八ヶ条」に基づき、藩政の抜本的改革に着手した（「御改正御書付」）。安永四年（一七七五）に人別銀を徴収して千人講を開始し、同八年には米と兌換できる藩札を発行して藩財政の再建に取り組んだ。側近の石井鶴山《いしいかくざん》を熊本藩に遊学させ、藩政改革成功の要因を視察させて、熊本藩の成功の秘訣が人材の育成にあるとの鶴山の復命を受け、天明元年（一七八一）、佐賀城に近い松原小路に「文武修行の学校」弘道館を設立した。

下級武士の「手明槍《てあきやり》」を含む全家臣に入門を認め、教授に儒者の古賀精里をあてた。精里は身分の低い手明槍であったが、藩主治茂に見出され、京・大坂に遊学し、横井小車に朱子学を、西依成《にしよりせい》斎《さい》に闇斎学を学び、大坂で尾藤二洲・頼春水らとも交わり、帰藩して藩政改革に関わって、弘道館の学規・学則を定めてその基礎を確立、朱子学の教説に基づく藩内の統制をはかった。

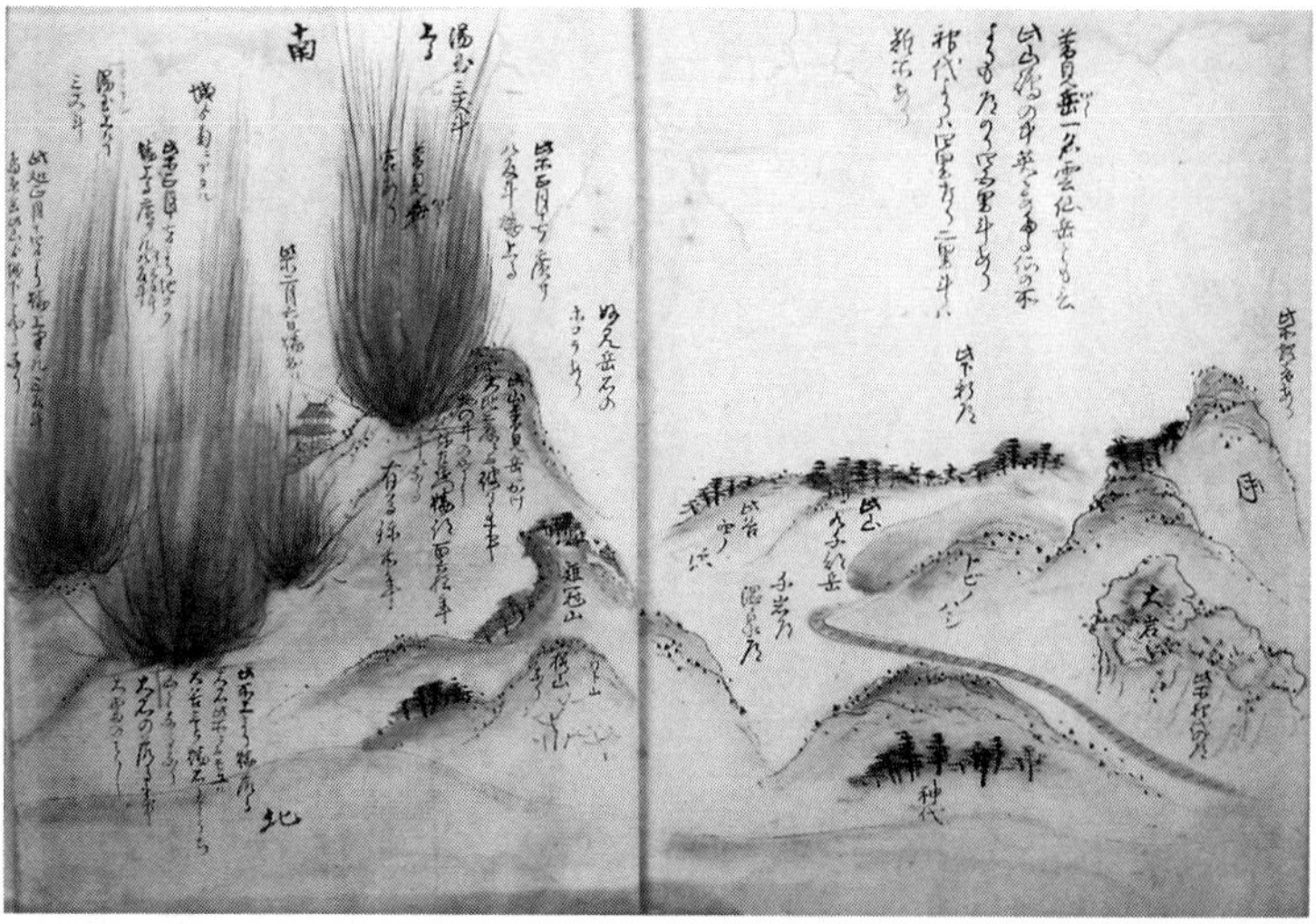


島原大変の図（国立公文書館蔵）

佐賀藩はさらに熊本藩に倣い、天明三年に徒罪《ずざい》方《かた》を設置して刑法を改正し、殖産興業を推進する役所として、山方・里山方・牧方・陶器方・搦《からみ》方《かた》・貸付方・講方の六府《ろっぷ》の機関（六府方）を設け、山林改革や里山改革、陶器業保護、干拓事業の推進につとめた。同じ肥前でも、島原藩では、安永三年（一七七四）に戸田氏に代わり、宇都宮から松平忠恕《ただひろ》が入るが、移封費用などがかさんで財政は厳しく、古川古松軒の安永四年の紀行文『西遊雑記』は、「市中凡五千余軒大槩の町なり」「上方筋の城下にくらべ見れば、草ぶきの家七八分もあれば見ぐるし」と記している。

安永六年と天明三年の大風、天明六年の大風雨など風水害が続き、寛政元年（一七八九）に救民儲穀法を布達して藩財政の立て直しを企図した。その矢先、寛政三年十一月から雲仙普賢岳で震動が始まり、翌寛政四年正月に普賢岳が噴火、二月二十九日に溶岩流が下り、四月一日に前山（眉山《まゆやま》）の「頂上より根方まで一時に割れ崩れ、山水押し出し」、山麓の村は人畜とも埋没し、有明海の海岸線を一気に変えた。九十九島《つくもじま》を生み、津波は半島の海岸線のみならず、対岸の肥後国にまで及んで、甚大な被害を出した。

後に「島原大変、肥後迷惑」と称され、藩内の死者は一万人弱、幕領の天草と肥後藩領で五千人弱、流失家屋は三千三百強という惨状で、藩主忠恕はこの惨状を視察するなか、庄屋宅で切腹して果てた。復旧の任を負った子忠憑は、村民永保法（百姓相続法）を布達、藩校稽古館を建てるなど改革に乗り出した。

### 財政政策と文教政策

諸藩の改革の多くは、倹約の徹底や殖産興業、地方の支配機構改革、法整備、藩校の設置による人材発掘などであったが、出雲の松江藩の松平治郷《はるさと》は、父宗衍《むねのぶ》の隠居で明和四年（一七六七）に襲封すると、父の代からの財政破綻に直面、仕置役の朝日茂保《しげやす》を中心に勧農抑商の藩政改革を「御立派」に乗り出した。

藩邸の綱紀粛正、藩の債務の棒引き、銀札の廃止、年貢の増徴などを実施して、財政再建を果たし、明和七年（一七七〇）からは斐伊川《ひいがわ》の治水、安永七年（一七七八）の井上恵助による防砂林事業、天明五年（一七八五）の清原太兵衛による佐陀川《さだがわ》の治水など、土木事業を行なった。

木綿や朝鮮人参、楮《こうぞ》、櫨《はぜ》などの殖産興業を図り、文教政策では藩校文明館を明教館と改称して勉学を奨励した。他の明君とは違うのは、「茶道は知足の道なり」と唱え、石州不昧派《せきしゅうふまい》を名乗り、「我が流義立つべからず、諸流皆我が流」と諸流を包含する不昧流を創始したことで、不昧の号は、明和六年に江戸麻布の天真寺の大和尚に参禅して与えられた。財源にゆとりができたので、千五百両もする天下の名器「油屋肩衝《あぶらやかたつき》」をはじめ、高価な茶器を五百六十点も購入した。わび茶の理念を説く『贅言《ぜいげん》』や、茶器に関する『古今名物類従』『瀬戸陶器濫觴《らんしょう》』などを著した。

「肥後の鳳凰」と称された肥後藩の細川重賢と並んで、「紀州の麒麟」と称された紀州藩の徳川治貞は、財政再建のため、自ら綿服と粗食を望んで冬には火鉢の数を制限までして、十万両の蓄えを築いて「倹約殿様」と称された。本居宣長の『秘本玉くしげ』は、治貞の諮問に応えた意見書であって、「御国政のすぢ」に始まり、「武運長久」「領内上下安静」を祈っている。

古道論や飢饉の経験に基づいて、主君・家中の人々の奢侈を戒め、分際を守り、武家の本分を重んじ、役用の少ない家中には農作を勧めることなどを説いた。強訴・一揆は、為政者に責任があり、町人の富裕を犠牲にしても百姓の困窮を救う「仁政」を求めた。

寛政元年（一七八九）に治貞が亡くなり、襲封《しゅうほう》した治宝《はるとみ》は財政再建のために幕府から五年間の毎年五万石の貸し米を受けて、支出を節約し、寛政四年に大庄屋・庄屋・百姓に「申し渡し書」を示し、地方の機構改革と点検を行なわせた。寛政三年に藩校の講釈堂を拡張して学習館と命名、山本東籬《とうり》を督学に任じて学問御試規則を定め、学習堂を設けて藩士子弟の教育を義務化、寛政四年には和歌山城下に医学館を開設して、木下順庵門下の榊原篁洲《こうしゅう》を登用し、宣長を寛政四年に五人扶持で召し抱えた。

### 本居宣長の世界観

宣長は享保十五年（一七三〇）に伊勢松坂の木綿商の家に生まれ、宝暦二年（一七五二）に医師を志して京都に遊学し、鍼灸を堀元厚《げんこう》に、医術と本草学を武川幸順《こうじゅん》に学び、儒医の堀景山からは儒学と古典を学んで国学に関心をもち、宝暦七年に松坂に帰って医を開業、そのかたわらで『源氏物語』の講義や『日本書紀』の研究に励んで、『先代旧事本紀』『古事記』を購入するなかで賀茂真淵の書に出会い国学の研究に入る。

主著『古事記伝』は、明和四年（一七六七）に執筆が始まり、寛政十年（一七九八）の六十九歳の時に完成する。その主張の根本は、漢籍による漢意《からごころ》を排し、「神の御所為」による神代に思いを致し、「すべて世間にある事の趣は、神代にありし跡を以て考へ知るべきなり」と、神代を基準に世間の様々なことを考えるべし、というものである。

神代とは、『直毘霊《なおびのみたま》』によれば、「神御祖天照大御神《かむみおやあまてらすおおみかみ》の御生坐《みあれませ》る大御国《おおみくに》」、すなわち天照大御神の「御生坐る大御国」「皇大御国《すめらおおみくに》」のことで、この「道」（古道）を学ぶべきであるといい、神代に世界観を求め、それに基づいて現今の世の中を理解した。人は生まれながらの本性にしたがい、「あるべき限りのわざ」を遂行して社会生活を送り、それ自体に宗教的意味が含まれており、そのことを知るのが、外来の宗教とは区別された日本固有の宗教「神の道」を知ることであり、人はこの「神の道」に従えばよいとした。

『うひ山ぶみ』は、初学の人への入門書で、「道を学ばんと心ざすともがらは、第一に漢意、儒意を清く濯ぎさて、やまと魂をかたくする事を要とすべし」と記し、人は「まことの道」を学ぶ必要があり、「まことの道」の正体は日本にのみ伝わる「天照大神の道」であり、神道・有職・国史・和歌などの学問の道は、それを知るために必要であるとした。

学問は持続させることが大切で、学び方はさほど重要ではない。学習に必要な文献と読解・注釈の方法を解説、古典研究に必要な書物について論じ、現代にも通じる学問論を展開したのである。「言と事と心とは、その様、相かなえるもの」とも述べ、言語を単に事実伝達の手段とは見ず、言語表現そのものが人間の事実であること、言語の研究は人間の心と行為、人間そのものを研究するものとした。『源氏物語』にみられる「もののあはれ」という情緒こそ、文学の本質であるとも提唱し、大昔から伝わる自然情緒や精神を第一義とした。

宣長は松坂の鈴の屋塾を開き、宝暦八年六月から『源氏物語』や『伊勢物語』『土佐日記』などを講義、四十年間あまりの医業のかたわらで講義を絶やさず、入門者は、国学塾の在り方として皇朝の道を選び神を敬うこと、学問の封鎖性を拒絶して秘伝口授は申し立てないこと、同門相和して争わないことなどの誓詞を差し出し、束脩《そくしゅう》をそえて師弟の契りを結び、謝儀(授業料)を四半期ごとに払った。

講義は日を定めて晩食後に書物別に行なわれ、講釈が主であり、会読もあるが初学者に相応しくないと考えていた。門人の大半は成人で各人が家業をもち、夜間授業が好都合で、門人も増えた。テキストの選択は門人にゆだねられ、門人が何をどう学ぶのか、その対象の選択や決定、及び方法のすべては、学習者の問題であり、学ぶのは「学問の志」、問題意識を鮮明化するところにあった。

通信教育も行なわれて地方在住の門人が増え、門人の総数は、四十三か国に約四百九十名、伊勢二百、尾張八十、京二十名で、武士が七十九、医師二十八、僧二十六、町人が四十九、百姓が十一名、女性門人二十一名もいた（「授業門人姓名録」）。地方から松坂に来て市中の旅宿に滞在して鈴の屋塾に通う寄宿生もふえた。鈴の屋で学んで地方で塾を開く者もいて、美濃の田中道麿は門人が三百余、肥後の帆足長秋には門人が数百いたという。

### 知的世界の広がり

寛政年間には、宣長の国学をはじめとする様々な学問が広がり、佐竹義敦の美術、松平治郷の茶道のような知的好奇心に基づく知的世界も広がった。蘭癖《らんぺき》大名の丹波福知山藩の朽木《くつき》昌綱《まさつな》もその一人で、天明七年（一七八七）に藩主の舗綱《のぶつな》の死去により家督を継ぐと、幼い頃からの和漢の古銭収集趣味が高じ「古銭家の王者」と称された。

西洋諸国の貨幣を収集し、安永元年（一七七二）に蘭学の前野《まえの》良沢《りょうたく》に入門し、『蘭学階梯』の出版にあたっては序文を記し、オランダ語による地理書の研究を始め、オランダ商館長のイサーク・チチングから洋書や銭貨を入手して、『西洋銭譜』を著し、貨幣を克明な図入りで紹介した。安永九年

（一七八〇）からオランダ通詞の荒井庄十郎を助手に世界地理も研究し、『泰西輿地《たいせいよち》図説』を寛政元年（一七八九）に著した。

安永四年（一七七五）に肥前平戸藩を継いだ松浦静山《まつらせいざん》も、好学の大名であった。平戸藩も財政窮乏のため藩政改革を迫られており、入部すると「訓戒十条」を示して、藩政刷新、財政改善に乗り出した。安永八年に藩校の維新館を設立して人材育成に務め、翌九年に文庫を平戸に楽歳堂《らくさいどう》、江戸に感恩斎を設け、天明四年（一七八四）には修史所として緝熙斎を設けて「家世伝」の編纂をはかり、天明七年には『国用法典《こくようほうてん》』で財政の基本を定めるなど藩政改革を遂行した。

大坂の木村蒹葭堂や各地の故老との交流、好学の大名との親交で知りえた知識は、和漢の歴史、和歌・有職故実・本草・物産・民俗・蘭学・人文など万般にわたり、それを文政《ぶんせい》四年（一八二一）から執筆した『甲子夜話《かっしやわ》』正編百巻、続編百巻、三編七十八巻に生かした。国宝『婦女遊楽図屏風』（『松浦屏風』）や勝川春章《かつかわしゅんそう》筆『婦女風俗十二ヶ月図』『遊女と禿《かむろ》図』、鳥文斎栄之《ちょうぶんさいえいし》筆『朝顔美人図』などの優品も静山の旧蔵品である。

好学という点では松平定信も同じであり、白河の学問所を寛政三年（一七九一）に拡張して藩校立教館として本田東陵《とうりょう》を教授に任じ、老中を辞めてからは古物を愛好、寛政八年に儒者の柴野栗山、能書家の屋代弘賢《やしろひろかた》、絵師の谷文晁らと『集古十種』の編纂に入り、寛政十二年に刊行した。調査した文物を碑銘、鐘銘、兵器、銅器、楽器、文房（文房具）、印璽、扁額、肖像、書画の十種に分類し、寸法や所在地、特徴を記し模写図を添えた。絵師には谷文晁のほか僧白雲、篆刻家の森川竹窓《ちくそう》などを起用した。彼らは全国各地の寺社に赴き書画や古器物を写しとったり、直接に取り寄せたりして模本や写本を作成した。

## 本草学から考古学へ

定信の古物・古画への愛好は、国学や本草学の深まりと関係していた。本草学では、木内石亭《きうちせきてい》が大坂の津島如蘭に入門、諸国を遊歴し、平賀源内の東都薬品会の「諸国産物取引所」には「近江山田　木内小半」として登録され、安永元年（一七七二）に奇石を愛玩する弄石社《ろうせきしゃ》を結成した。その同人は、大坂の木村兼葭堂や戸田旭山、山城の小野蘭山、備中の古川古松軒ら二一五人に及ぶ。

著書の『雲根志《うんこんし》』は、信州の黒曜石を「星屎」「黒羊石」「漆石」の名で紹介し、『奇石産誌』には、信州更級郡石川村出土の「曲玉及び管玉」を記し、『石亭諸稿』には、水内郡の「雷斧《らいふ》」（石斧）を載せている。木内ら同人が収集した石器の出土地は、近江・美濃・飛驒・信濃・越中・越後に及んだ。彼ら本草学者は、古文献の探索や遊歴を通じて、古物・遺物を探索したので考古学的世界に接近していた。

たとえば信濃飯田代官所の手代市岡智寛《いちおかともひろ》は、飛驒高山の木内門人と連絡をとり、各地の収集石器類を模写し、寛政五年（一七九三）に飯田藩飯沼の雲彩寺《うんさいじ》の寺域拡張にともなって、古墳の石室が発見されると、その遺物を『雲彩寺所蔵古物之図』としてまとめた。これは近代の発掘によって、墳丘長が約七十四メートル、飯田・下伊那地域で最大級の古墳で、築造年代は六世紀前半頃と推定されている。

三河に生まれ本草学・和学を修めた医師の白井秀雄（菅江真澄《すがえますみ》）は、天明三年（一七八三）に三河から信濃に出て本洗馬《もとせば》村に逗留していたところ、筑摩郡麻績《おみ》村の横穴式石室を見て、この古墳は古代の住居と思っていたという百姓の伝承を聞書している（『わがこころ』）。

寛政八年（一七九六）に東北地方を遊歴した際には、青森市郊外の三内の桜を見ようと赴き、「村の渠のほとりより、瓦陶《がとう》のごとなるものを掘り出る、その形は頸鎧《みかべよろい》のごとし」と、堰の崩れた箇所から掘り出された遺物を見て、『日本書紀』垂仁紀に見える埴輪かと考えた（『住処《すみか》の山』）。三内丸山の縄文遺跡の遺物の最初の発見であった。

三内から弘前を経て津軽半島を北上、小泊《こどまり》に出て日本海の西浜を南下していた時には、「瓶が岡」という地名の由来を問い、付近の土を掘ると、瓶子《へいし》・小甕《こがめ》・小壺など昔の土器の形をした器が出てきたため、と聞く（『外が浜風』）。これが縄文時代晩期の亀岡遺跡で、近代の発掘によって著名な遮光器土偶が出土した。享和《きょうわ》三年（一八〇三）には北秋田郡比内町で、引欠川《ひかけがわ》の高い崖が崩れた箇所から家が二、三軒現れ、栗・稗・筆・硯・甕・瓶子・小鉢のほか、板に彫った仏が出てきたと聞くや、それを見に赴いて図に描いている（『にえのしがらみ』）。

真澄の本領は、各地の生活や風土をこまめに調査する民俗調査にあったが、それが考古学的探究につながり、民俗学的探究の深まりとなっていった。天明五年に蝦夷地を目指したものの、飢饉のために断念し、天明八年に再度、蝦夷地への渡航を試み、松前藩医の吉田一元の斡旋で渡ることができた。真澄の蝦夷地の旅の記録が『えみしのさへき』『えぞのてぶり』である。

## 蝦夷地への関心の広がり

真澄のみならず蝦夷地は多くの人々を誘った。その一人の木喰五行《もくじきごぎょう》は、甲斐古関村丸畑に生まれ、相模の大山不動で出家し、宝暦十二年（一七六二）に常陸羅漢寺で木喰観海《かんかい》から五穀を断って、木の実や草を食する苦行の木食戒を受け、安永二年（一七七三）に回国《かいこく》（日本一周）修行を志した。安永七年（一七七八）五月、南部藩三戸《さんのへ》郡の櫛引八幡宮神宮寺を訪れ、同年六月に恐山の円通禅寺を訪ねるが、途中の六戸町《ろくのへまち》の海伝寺《かいでんじ》伝来の「釈迦如来像」が、伝世する最初の作品と見られている。

下北半島を経て蝦夷地に渡り、蝦夷地で彫ったのが門昌庵《もんしょうあん》に伝来する安永八年の素朴な像で、本州に戻ってからおおらかな作風になる。生涯、佐渡に四年、日向に七年ほど留まった以外は、土地に長く留まらず、琉球のみ足跡がない。作風はノミの跡も生々しい型破りなもので、無駄を省いた簡潔な造形のなかに、深い宗教的感情が表現された、微笑を浮かべる温和な「微笑仏」である。同じような微笑仏を造った円空の彫る仏像には、厳しさが漂っていたが、木喰の仏像はあくまでも穏和、徹底的に人々に寄り添う表情を浮かべている。一千体の造像と加持で衆生の病苦を救おうとしたという。

念願の回国を果たし、寛政十二年（一八〇〇）に丸畑に帰郷、同年十二月に丸畑村永寿庵の本尊五智如来像を制作、その後も旅は「いずくのはての行きたおれ」と続き、九十三歳で亡くなった。現在、仏像は七百二十余体が知られている。

蝦夷地に商売で進出した高田屋嘉兵衛《たかたやかへえ》は、淡路国津名郡に生まれ、寛政二年に兵庫に出て樽廻船の船乗りとなり、同四年に兵庫に居を構え船頭として長崎・下関などの物資輸送に従事した。寛政七年に和泉屋伊兵衛の手船の船頭となって酒田に行き、同八年に千五百石積み「辰悦丸」を入手し、船持ち船頭として独立した。

翌年には蝦夷地に商売の手を広げ、同十年に箱館大町に支店を設け、兵庫で酒、塩、木綿などを仕入れて酒田に運び、酒田で米を購入して箱館に運んで売り、箱館では魚、昆布、魚肥を仕入れて上方で売った。寛政十一年には、国後島と択捉島間の航路を開き、翌年には択捉島では十七か所の漁場を開いた。

定信が老中を辞任した寛政五年の九月、江戸に護送された大黒屋光太夫と磯吉の二人は、江戸城吹上で将軍家斉と幕閣の前で尋問を受けた。ロシアは日本のことを知っているか、という質問に、日本の書物・地図もあり、桂川甫周や中川淳庵の名はよく知られている、と答えたので、ざわめきがおきたという。二人は幕府の薬草園に軟禁状態に置かれ、桂川甫周が光太夫からロシアの諸事情を聞きとり、同六年に書き上げた『北槎聞略《ほくさぶんりゃく》』は、ロシアの風俗・言語や豊富な地図を載せ、以後の漂流記の編纂物の標準となった。

『北槎聞略』が著された頃、ロシアは千島を南下してウルップ島に植民地を建設、イギリス人ブロートンが蝦夷地の噴火湾（内浦湾）北側の虻田《あぶた》・絵鞆《えとも》（室蘭）に来て、近海を測量した。これに松前藩は、経世家の大原左金吾《さきんご》（呑響《どんきょう》）を招いて対応をはかろうとした。呑響は天明三年に松前に渡った際、南蘋派の絵を学ぶ藩家老の蠣崎波響《かきざきはきょう》に絵を教えたことがあり松前に招かれた。翌年にその絵を持参して京に出た波響は、呑響や円山応挙らの尽力で光格天皇に絵を見せ、そのこともあって波響の絵は円山派に転じた。

応挙は早くに蝦夷の図を描き、蕪村はそれを見て「昆布で葺く軒の雫や五月雨」の句を詠んでいる（『新花つみ』）。波響との関係から松前に招かれた呑響は、松前藩の蝦夷地への対応に失望、寛政八年に『北地危言《ほくちきげん》』を著し、ロシアの脅威と松前藩の無力を指摘した。

危機感を強めた幕府は、寛政十年四月に渡辺胤以下の百十余名の調査団を蝦夷地に派遣して実地調査を始めた。六月には、「学問吟味」に合格した幕臣の近藤重蔵を蝦夷地御用取扱に任じると、重蔵は最上徳内とともに厚岸から国後・択捉を経て、ウルップ島にロシア人が植民していることを確認し、エトロフ島に「大日本択捉」の標柱を立てた。

この調査団の報告をもとに、幕府は翌年正月、松前藩の領有する東蝦夷地のうちの浦河から国後に至る地域を七か年の期限付きで幕府直轄地とし、老中指揮下に蝦夷地御用掛を置き、書院番頭松平忠明、勘定奉行石川忠房ら五人を任じた。松前藩は代地として武蔵埼玉郡五千石を与えられ、これにより二百年続いてきた幕府—松前藩—蝦夷地・アイヌという支配系列は大転換、松前藩家臣による場所請負制は大きな打撃を受けた。

幕府は運上会所を設けて直接交易の「直捌《じきさばき》」を実施し、食料品を直捌地に輸送してアイヌや和人に供給、彼らから産物を買い入れ、会所を通して御用扱商人に売り捌く「御救貿易」を行なった。三月、エトロフ掛を命じられて蝦夷地に派遣された近藤重蔵は、七月に厚岸に滞在中の商人高田屋嘉兵衛とともに択捉島の開発にあたった。嘉兵衛は国後島と択捉島間の航路を開き、翌年には択捉島に十七か所の漁場を開いてアイヌに漁法を教え、重蔵はシャナに会所を設け、全島を七郷、二十五か村にわけ各村に乙名をおき統治にあたらせた。

### 経済的世界の思想

越後蒲原平野に生まれた本多利明も、蝦夷地を目指したが、天明の大飢饉の惨状を見て、目を転じ西洋の文献や情報、遊歴を通じて新たに経済的世界を構想した。江戸に出て千葉歳胤《としたね》に天文学を、今井兼庭《けんてい》に関流和算を学び、諸国の物産を調査した後、江戸で算学・天文の私塾を開くなか、北方問題への関心を強め、天明七年（一七八七）に奥羽地方を旅するなか、大飢饉に苦しむ会津藩・仙台藩の農村を目のあたりにして、関心は経世論へと向かった。

寛政六年（一七九四）に備後福山藩の経済事情の調査を行なって目を国内に向けるようになり、その四年後の寛政十年、世界の中の日本の課題を『西域物語』『経世秘策』に著した。『西域物語』は、「日本と支那と西域（西洋）との事を、有のままに記したる書なれば」と始まって、儒者とイギリスの教師像を比較考察し、キリスト教を積極的に評価し、神儒仏三道は無益であると排斥、窮理学である天文、地理、渡海の学を重視し西洋の科学の導入をすすめた。

「日本の神仏及び俗事」の「おかしき事」を記し、国産開発、渡海貿易、飢饉救済論について詳述、人口増が天理であり、物価操作は有害であると述べ、官営貿易の実施、蝦夷地の開発、北方王国の建設を説いた。『経世秘策』では、「万民増殖」のためには、国産の振興のみならず、外国からの富の獲得が肝要であるとし、改革の必要性を説き、開発用爆薬の製造、鉱山の開発、海外貿易のための船舶の建造、日本近辺の諸島の開発などを急務とした。

利明と同じ経世論者の海保青陵は、丹後宮津藩の家老の子として江戸で生まれ、人生の過半を遊歴に費やし、商品経済の発展にともなう社会のあり方を語った。蘭学医の桂川甫三国訓《ほさんくにのり》から西洋的合理主義の思想を学び、安永五年（一七七六）日本橋檜物町に学塾を開き、寛政元年（一七八九）には経世家として身を立てるため上洛、江戸と京都を中心に各地を遊学しつつ、財政難に陥る大藩の武士や商人に経世策を説き、武州川越では絹織物や煙草など産業改革案を進言した。

主著に『稽古談』があり、旧来の道徳観念は活発な経済活動を抑圧するものであり、より自由な経済観念によることをすすめ、儒者のすすめる「仁」を「小仁」として批判、マクロな視点からの「大仁」を行動規範とするよう求めた。大仁とは、善行においては必ず悪行が付随するということを前提とし、経済競争によって一方が得をし、他方が損をする図式こそが、大枠においては全体的福祉を増進するとした。

蝦夷地への関心の高まりにともなって、経済的世界に関わる思想が登場してきたのであるが、その思想の念頭にあったのは首都であって、巨大都市である江戸である。その文化はどういうものであったのか。定信は出版統制をし、風俗を取り締まったものの、自身は戯作を書き、絵画を好むなど、江戸文化に染まって成長してきた。そのことからも明らかなように、江戸の文化は多方面で活況を呈していた。

# 四　江戸の繁盛世界

## 関東文人画

定信の『古画類聚』『集古十種《しゅうこじっしゅ》』の絵を担当した谷文晁《たにぶんちょう》は、古画の模写と写生を基礎に、諸派を折衷して山水画・花鳥画・人物画・仏画などを幅広く描き関東の文人画に南画様式を確立した。その関東南画は中山高陽《こうよう》にはじまる。

高陽は土佐に生まれて儒学と漢詩を藩儒の富永惟安《とみながいあん》に、書を細井広沢《ほそいこうたく》門下の関鳳岡に学び、絵を南画の先駆者彭城百川《さかきひゃくせん》に師事し、宝暦八年（一七五八）に江戸に画塾を構え、詩・書・肖像画、花鳥画に優れ、井上金峨《いのうえきんが》の賛、沢田東江《さわだとうこう》の書とともに「三絶」と評された。

明和九年（一七七二）、奥州の仙台・松島・平泉・山寺・象潟《きさかた》・酒田などを巡って紀行文『奥游日録《おうゆうにちろく》』を著し、「渓山清興図」など多くの作品を残した。安永四年（一七七五）の和漢の画論『画譚鶏肋《がたんけいろく》』では、「人物道釈画」「山水画」など種々の画題に対する所見を述べている。その高陽から教えを継いだのが渡辺玄対《げんたい》で、中国の古書画を臨模しその長所を学び、明末清初の浙派《せっぱ》と呉派を折衷して南北合法を創始した。

谷文晁はこの玄対に学び、北宋画を修め独自の画風を生み出した。奥詰絵師となって、定信が伊豆・相模・房総海岸を巡視した際には『公余探勝図巻《こうよたんしょうずかん》』を描くが、それは実景に終わらず芸術的な香りのする風景画であった。多くの門弟を育て、弟子の指導には、古画の模写から始めさせ、実物を写生させ、最後にその写生を超越する個人様式を完成させようとした。

文晁とともに『集古十種』の古画模写に携わった白河藩須賀川の浄土宗十念寺の住職白雲《はくうん》は、定信に画才を認められ何度も諸国を遊歴、寛政十一年・十二年に巨野泉祐《おおのせんゆう》とともに山城・大和・摂津・山陽道に赴き美術品・文化財の調査を行なった。文晁の山水図に多くを学んで真景図に優品を残し、文晁の『名山図譜』に挿図を提供している。

林十江《じっこう》は、水戸の酒造業者の子で、儒者の立原翠軒《すいけん》に出入りするうちに画才を示し、江戸に出て谷文晁に認められ、文晁の代筆をして金屛風を画いた。花鳥画・虫獣画に優品が多く、なかでも梅花は大いに賞賛された。奔放で大胆な構図を特徴としていた。

定信は絵画を好んだだけでなく、園芸をも好み、寛政六年（一七九四）に築地の下屋敷に浴恩園《よくおんえん》を造り、白河の小峰城内にも造園して楽しんだ。他の文人大名も、本草学を学んで写生画を描かせたり、自らも描いたりした。

讃岐藩主の松平頼恭《よりたか》は、向山周慶《さきやましゅうけい》に砂糖製造、梶原景山に塩田振興をさせ、参勤交代の途中で大坂に立ち寄った時には、平賀源内に命じて薬草を探させている。画家の三木文柳《みきぶんりゅう》に描かせた魚譜『衆鱗図』や禽譜『衆禽画譜』、草木譜『衆芳画譜』などの博物図譜は写実の極みを示している。

伊勢長島藩の藩主増山雪斎《ましやませっさい》は、天明五年に藩校・文礼館を創設、多くの文化人を招聘するかたわら、書を趙陶斎に、画を木村蒹葭堂に学んで、その描いた南蘋派の精緻な画風は、田能村竹田《たのむらちくでん》から「気韻生動」があると絶賛された。花鳥画を得意とし、虫を愛して観察し、虫類写生図譜『虫豸帖《ちゅうちじょう》』を描き、その「白ふくろふ」の絵には、寛政七年に「摂州大坂鳥屋町所持之旨、差出之」とあり、本草学的に貴重な資料となっている。

司馬江漢《しばこうかん》は、駿河台狩野派の狩野美信（洞春）、鈴木春信に学び、宋紫石《そうしせき》の門に入って南蘋派の画法を吸収し漢画家となり、小田野直武《おだのなおたけ》や平賀源内に洋風画も学び、蘭学者に接し、玄沢の協力で蘭語文献を読んで銅版画製作に成功、天明三年（一七八三）に自作の銅板画「三囲景図《みめぐりけいず》」を出し、同八年に『ジャイヨ世界図』を模写、長崎でオランダ通詞と交流した。ロンベルク商館長を訪問してオランダ船に乗って、輸入油絵を目にし、油彩画を制作し、カンバスに絹の布を使い、絵の具は荏胡麻油に顔料を混ぜ合わせて作った。

著作『春波楼筆記《しゅんぱろうひっき》』からも、その関心の広さが知られるが、特筆すべきは西洋画法と油彩の技法を駆使して富士山などの風景を描いた点で、それらは各地の寺社に奉納され、洋風画の普及に貢献した。代表作「相州鎌倉七里浜図」は江戸の芝・愛宕山に奉納、寛政四年（一七九二）に「地球全図」、『和蘭天説《おらんだ》』『刻白爾天文図解《こっぺる》』などの啓蒙書も著した。

**浮世絵の美人画**

写生画の広がりは浮世絵にも及んだ。鈴木春信の死後、鳥居派四代目の鳥居清長《とりいきよなが》が錦絵で人気を博した。鳥居派は劇場の看板・番付類を制作し、役者絵を専門としたが、清長は春信や北尾重政《きたおしげまさ》・礒田湖龍斎《いそだこりゅうさい》らの作風に学び、勝川春章《かつかわしゅんしょう》らの似顔絵的な役者絵の影響を受け、紅摺絵《べにずりえ》から細判《ほそばん》の錦絵に変わり、天明期に「美南見《みなみ》十二候」、「風俗東《あずま》之錦」など堅実な素描をもとに八頭身の健康的な美人画洋式を創り上げた。

大判二枚続、三枚続の大画面を使いこなし、現実的な背景に美人を群像的に配したその作風は、美人風俗画と称され、後の大判続物《つづきもの》の発展の基礎を築いた。天明五年（一七八五）に師の清満が没し、鳥居家四代目を襲名、鳥居派の家業の看板絵や番付の仕事に専念すると、それに代わり、人気を博したのが喜多川歌麿である。

歌麿は町狩野《まちかのう》の鳥山石燕《とりやませきえん》に学び、豊章と号して勝川春章風の役者絵、北尾重政風・鳥居清長風の美人画を描いていたが、天明元年（一七八一）に歌麿と改名、蔦屋重三郎《つたやじゅうざぶろう》を版元に『画本虫撰《えほんむしえらみ》』『百千鳥《ももちどり》狂歌合』『潮干《しおひ》のつと』の狂歌絵本三部作を描き、狂歌人気と相俟って出世作となった。『画本虫撰』には朱楽菅江《あけらかんこう》の狂歌「しのぶより声こそたてね赤蜻蛉　をのがおもひに痩ひごけても」をそえ、赤蜻蛉が恋の思いを打ち明けられないかのように下を向く姿を描いている。

以後、蔦屋の援助を得て抜群の才を発揮し、画風の独立が進み、完成度の高い「風流花之香遊《ふうりゅうはなのかあそび》」「四季遊花之色香《しきあそびはなのいろか》」などの清新な作風の美人画を制作した。寛政二年（一七九〇）頃からは、『婦女人相十品《じっぽん》』『婦人相学十躰《じってい》』という美人大首絵で人気を博し、「青楼仁和嘉《せいろうにわか》女芸者部」の全身像で精緻な大判のシリーズ、「当時全盛美人揃」「娘日時計」「歌撰恋之部《かせんこいのぶ》」「北國五色墨《ほっこくごしきずみ》」「ポッピンを吹く

ポッピンを吹く女（喜多川歌麿画『婦女人相十品』東京国立博物館蔵　ColBase https://colbase.nich.go.jp/）

女」など大首半身物の美人画を描いた。

全身を描かず、半身や大首絵で、その女性の環境、性格までを描いたもので、豊麗な情感は理想的女性美を追究した。無線摺、朱線、ごますきの版技法を用いて女性の肌の質感及び量感表現を工夫し、顔を中心とする構図を考案し、人物の内面や艶を詳しく描いた。

清らかで小粋な美人を同じ頃に描いたのが旗本絵師の鳥《ちょう》文斎《ぶんさい》栄之《えいし》で、安永元年（一七七二）に旗本の家督を継ぐが、絵を狩野典信や文竜斎に師事して浮世絵師として活動を始め、寛政元年（一七八九）に家督を譲って本格的な作画活動に専心、独自の静穏な美人画の画風を打ち立て、女性の全身像を十二頭身で表した体躯の柔らかな錦絵美人画を多数制作した。その描線は細やかで優美、女性像は背丈のすらっとした優雅で、歌麿作品に見られる色っぽさや淫奔さとは一線を画した。

栄之は遊里に生きる女性を理想像とし、容貌は物静かという独自のスタイルを確立、『源氏物語』など古典の題材を当世風に描いた三枚続「風流《ふうりゅう》略《やつし》源氏《げんじ》」は、彩色に墨、淡墨、藍、紫、黄、緑などの渋い色のみを用い、「紅嫌い」と呼ばれるあっさりとしたものだが、暖かみを感じさせる雅趣ある表現となっている。錦絵の代表作にシリーズ物の「風流略六哥仙《ふうりゅうやつしろっかせん》」「風流名所十景」「青楼美人《せいろうびじん》六花仙《ろっかせん》」があり、「青楼美人六花仙」シリーズは黄潰しの背景に花魁《おいらん》の座像を気品高く描いている。

人間の実際の動きへの興味から役者絵も新たな展開を見せた。一筆斎文調《いっぴつさいぶんちょう》は狩野派の石川幸元《いしかわゆきもと》の門人で黒本や読本の挿絵を手掛け、形式化した役者絵に新風を巻き起こし、明和中後期から安永初期の役者絵や相撲絵をリードした。役柄の本質を役者の僅かな表情や挙措に読み取って表現する描写力にすぐれ、個性的な文調独特の世界を創造した。安永二年（一七七三）に歌舞伎役者の吾妻富五郎と大谷次が奉納した絵馬「市村座七俳優図」、初代中村富十郎の俳賛「妹か手に雪待傘の撓みけり」がある「人待つ傘図」が代表作である。

### 役者絵と歌舞伎

明和七年（一七七〇）の役者色摺絵本『絵本舞台扇《えほんぶたいおうぎ》』は、文調が五十七図、勝川春章が四十九図を描いた。春章は絵を宮川春水、高嵩谷《こうすうこく》に学び、北尾重政から指導を受け、立役や敵役の男性美を特色とし、容貌を役者によって差別化しない鳥居派の役者絵とは異なって、写実的な役者似顔絵を完成させ、明快な色彩と素直で誇張のない表現で人気を博した。

「東扇《あずまおうぎ》」の連作は、人気役者の似顔絵を扇に仕立て、身近で見て愛用するために扇の形にした大首絵の先駆的作品で、代表作に「かゐこやしない草」があり、役者絵に役者個人の特徴を捉えた似顔絵風作画に先鞭をつけた春章によって、勝川派は役者似顔絵を得意として隆盛するが、春章は勝

市川鰕蔵（東洲斎写楽画、東京国立博物館蔵　ColBase https://colbase.nich.go.jp/）

川派の代表の座を弟子の春好・春英らに譲り、肉筆画に専念した。

　代わって現れた歌川豊国《うたがわとよくに》は、芝神明前の木彫りの人形師の子で、歌川派の創始者歌川豊春に学び、理想の美しさを表現する役者絵や美人画で絶大な人気を得た。天明六年（一七八六）に絵暦『年始の男女』『狂歌太郎冠者』の挿絵を発表、寛政二年（一七九〇）頃から、和泉屋市兵衛を版元に美人画を出し、清長風・歌麿風を取入れながら、独自の様式を模索し、寛政六年（一七九四）に「役者舞台之姿絵」の連作を出版、単調な背景に浮かび上がる人気役者の舞台姿を描き、その清新な画風が好評を得た。

　寛政六年五月から翌年正月にかけての十か月の間、突如、百四十五点余もの東洲斎写楽の作品が蔦屋重三郎を版元に刊行された。雲母摺《きらずり》、大判二十八枚の役者の大首絵は、目の皺や鷲鼻、受け口など顔の特徴を誇張し、その役者が持つ個性を大胆かつ巧みに、表情やポーズもダイナミックに描いていて、かつてないユニークなもので、代表作に「市川蝦蔵の竹村定之進」「三代坂田半五郎の藤川水右衛門」「三代目大谷鬼次《おにじ》の奴《やっこ》江戸兵衛」「嵐龍蔵の金貸石部金吉《いしべきんきち》」がある。

　歌舞伎は町人や大名に好まれたこともあり、役者絵が広く描かれた。大和郡山の藩主柳沢信鴻《のぶとき》の、染井の別邸六義園に隠居した時の日記『宴遊日記』『松鶴日記』によれば、安永二年（一七七三）十一月の六日に市村座、十三日に森田座、二十六日に中村座の芝居を見ており、中村座の桜田治助《じすけ》作『御摂《ごひいき》勧進帳』の座組《ざぐみ》について、弁慶を市川海老蔵（四代目市川団十郎）、富樫を五代目市川団十郎、義経を四代目松本幸四郎が演じ、中村仲蔵や女形の岩井半四郎、佐野市松らが揃った顔ぶれであったと記し、古今無類の大入りだったという。

天明元年（一七八一）、正月の新材木町からの出火で中村・市村両座が類焼し、二月からの興行だが、市村座の桜田治助作『劇場花万代曾我《かぶきのはなばんだいそが》』が大入りで、これを見た山東京山《さんとうきょうざん》は『蜘蛛の糸巻』に、「おはん」を演じた三代目菊之丞の「美容」はながく記憶にとどめるものであり、「長右衛門」役の四代目岩井半四郎の、お半を殺す痛ましさ、心のうちに嘆く様には「妙」があったと記している。

この名優の役者姿を手元に置いて、間近に見たいという望みに応えて、役者の半身像が描かれた。「東扇」には五代目市川団十郎の当たり役「工藤」が描かれているが、これは毎年正月吉例の曾我狂言での絵姿である。三代目瀬川菊之丞や四代目岩井半四郎の役者絵は、天明から寛政にかけて多数描かれた。

ところが、歌舞伎芝居の興行収入は落ち込んでいた。天明元年（一七八三）の火事から立ち直ったはずの市村座の経営も、天明四年に破綻し三年間の休座《きゅうざ》となった。天明の飢饉に続く寛政の緊縮政策での深刻な不況から、芝居町は客足が激減、寛政二年（一七九〇）に森田座も破綻して休座、寛政五年には地代滞納請求の訴訟を数人の地主から起こされて中村座も休座となり、続いて再興したばかりの市村座も破綻して休座となった。このため堺町《さかいちょう》の都座、葺屋町《ふきやちょう》の桐座、木挽町《こびきちょう》の河原崎座が櫓をあげ、江戸三座の中村座・市村座・森田座の本櫓に対する控櫓としての代興行という慣行が定着する。

経営難の一端は、役者の給金の高さと諸費用の入用であった。寛政六年十月に「狂言座永続」の法が定められて、最高給の瀬川菊之丞・岩井半四郎は給金九百両が五百両となるが、役者は宮地芝居や寺地芝居、地方芝居の興行もあって、多くの収入を得ていた。

役者絵は、芝居の演目そのものより、役者個人の魅力を描いていたので売れた。寛政二年の出版統制令は、草双紙・絵本など時事を扱ったものや、好色本、洒落本、華美なものを禁じたが、役者絵にはさして影響がなかった。ただこの時に地本問屋《じほんどいや》に仲間の結成が命じられ、仲間の行事が検閲の証として改印を捺すようになった影響が大きかった。

### 文化の新たな波

出版統制令は定信の老中辞任後も、「寛政の遺老」と称される老中の松平信明《のぶあきら》や戸田氏教《うじのり》、本多忠《ただ》籌《かず》らによって継承され、戯作の出版は低調になっていたのだが、新たな文化の波は新たな作者を生んだ。その一人が滝沢(曲亭)馬琴である。

旗本の用人の子として生まれ、放浪するなか、俳諧・医・儒学・狂歌などを広く学び、寛政二年(一七九〇)に山東京伝を訪ねて出入りするなか、同三年に黄表紙『尽用而《つかいはたして》二分《にぶ》狂言』を刊行し、同四年には京伝の草双紙『実語教幼稚《おさな》講釈』の代作をした。

書肆の蔦屋重三郎の手代となって、寛政八年頃から本格的な創作活動をはじめ、読本『高尾船字文』が出世作となり、享和二年（一八〇二）に京・大坂に旅行して旅行記『羇旅《きりょ》漫録《まんろく》』を著し、文化元年（一八〇四）刊の読本『月氷《げっぴょう》奇縁《きえん》』で名をあげ、文化四年から刊行の『椿説《ちんせつ》弓張月《ゆみはりづき》』、文化五年の『三七全伝南柯夢《なんかのゆめ》』で名声を築いた。

もう一人が十返舎一九で、駿河府中の同心の子であったが、江戸に出て武家奉公をし、大坂に移って浪人し、義太夫語りの家に寄食して浄瑠璃作者となり、寛政六年（一七九四）に蔦屋重三郎方に寄食、用紙の加工や挿絵描きを手伝い、寛政七年に黄表紙『心学《しんがく》時計《とけい》草《ぐさ》』を出版し、寛政八年に「化物年中行事」、同九年に「夜眼《よめ》遠目《とおめ》笠《かさ》之内《のうち》」など多くの作品を著し、享和二年（一八〇二）に出した『東海道中膝栗毛』が大ヒットになった。

式亭三馬は、父が八丈島から江戸に出た板木師で書肆翫月堂《がんげつどう》に奉公するなか、寛政六年（一七九四）に黄表紙『天道浮世《てんどううきよの》出《で》星操《づかい》』を春松軒西宮新六から出版、翌年に蔦屋に勧められて『心学時計草』ほかを刊行、寛政十一年の『俠《きゃん》太平記向鉢巻《むこうはちまき》』の刊行では、その内容に火消人足らが騒いで、筆禍にあったが、このことで名が売れ、文化三年（一八〇六）に古本屋を開いて戯作に励むなか、文化六年に代表作『浮世風呂』を刊行した。

彼ら新進の作者は宝暦末年から明和にかけての文化世界の開かれた時代に生まれ、市井にあって苦労を重ねつつ、狂言や謡曲、浄瑠璃、歌舞伎、落語、川柳、狂歌など多くの遊芸に学び、それらに親しむなか、書肆にその文筆力を認められ、様々な作品を著したのである。

新たな動きは浮世絵界にも起きた。その一人の北尾政美は父が畳職人で、浮世絵師の北尾重政に入門して、安永七年（一七七八）に咄本『小鍋立《こなべたて》』の挿絵を担当、安永八年に黄表紙の挿絵を描き、天明元年（一七八一）以降は、政美の名前で武者絵、浮絵、花鳥画などを手がけた。寛政六年（一七九四）に津山藩の御用絵師になると、名を鍬形蕙斎《くわがたけいさい》と改めて、翌年に絵手本『諸職画鑑《しょしょくえかがみ》』を刊行し、以後、『略画式《りゃくがしき》』や『鳥獣略画式』『人物略画式』『山水略画式』などを続けざまに刊行した。

俯瞰的な名所絵を発案して「江戸一目図」「日本一目図」を手がけて新境地を開いた。江戸の景観と賑わいを『東都繁盛図巻』に春の飛鳥山、初夏の日本橋魚市、夏の両国橋納涼を一巻にまとめ、文化三年には職人の風俗や庶民生活を『近世職人尽絵詞』に描いている。

この政美から「北斎はとかく人の真似をなす。何でも己が始めたることなし」と非難された葛飾北斎は、安永七年（一七七八）に勝川春章門下となり、役者絵「瀬川菊之丞 正宗娘おれん」を描き、狩野派や唐絵、西洋画など多くの画法に学び、名所絵、役者絵を多く手がけ、黄表紙の挿絵なども描いた。享和二年（一八〇二）狂歌絵本『画本東都遊《えほんあずまあそび》』を刊行し、文化二年（一八〇五）に葛飾北斎の号を用いるようになった。

### 華やかな江戸の世界

華やかな文化の広がる江戸の世界を描くのが、ドイツのベルリン国立アジア美術館所蔵の『熈代《きだい》勝覧《しょうらん》』である。長大な絵巻で、神田の今川橋から日本橋川に架かる日本橋までの南北約七町（七六四メートル）の通町を俯瞰している。しだいに人通りが増えてゆき、途中に十軒店の雛市の出店で人だかりがあり、最後の日本橋界隈では雑踏で身動きがとれないほどとなって、多くの人々が日本橋を渡って、高札場の付近で終わる（次頁の図）。

描かれているのは約千六百七十人、うち女性は二百人である。武士やその従者、店舗や町屋に出入りの人々、商人や職人、振売や読売など路上の商人、買い物客、肉体労働者、按摩、虚無僧、辻占い、芸能者、身体障害者、神職や僧侶、六十六部や勧進僧などの宗教者、手習所に通う子、通りを歩く武士など実に多様であり、人以外にも野犬二十四、馬十三頭、牛車《ぎっしゃ》四輌、猿飼の猿一匹、鷹匠の鷹二羽が描かれている。

建物に目をやれば、今川橋の北詰の茶屋や裏店、自身番屋、日本橋北詰の髪結床などは板葺屋根だが、今川橋を渡って瀬戸物問屋に始まる問屋・仲買商店の屋根はほとんどが瓦葺である。店舗は八十八軒も描かれている。瀬戸物問屋に接続する通白銀町には、須原屋善五郎の書物問屋があり、隣の土蔵の前に広告札「徂徠先生文集」「はいかひ明題集」「江戸砂子続編」が貼られている。須原屋は徂徠学派の本を出版していて、その広告札が貼られているのである。

室町二丁目にも須原屋の一統の市兵衛の店があり、その広告札に「御絵そうし」「狂歌集」「南郭先生詩文集」とある。南郭《なんかく》先生こと服部南郭は徂徠学派の詩人、市兵衛は玄白の『解体新書』の版元兼書肆であった。書肆は本町二丁目に出雲寺和泉の書物問屋があり、公儀御用の書肆らしくその

Jürgen Liepe/distributed by AMF)

日本橋の魚市の賑わいから高札場付近『熈代勝覧』(bpk/Museum für Asiatische kunst, SMB/

広告札は「江戸大絵」「諸国名所」「太平武鑑」である。

大店は二つ描かれ、室町で打刃物《うちはもの》問屋を営業する木屋は、室町二丁目に四店舗が並び、木屋の幸七の店は工事中で「普請之内 蔵ニ而商売仕候」の札を掲げている。最も大きな店は「三井越後屋」八郎右衛門で、駿河町に本店を構え、通り沿いにも系列店や蔵が多数あり、呉服と両替の商売をしていた。室町三丁目通り沿いの店の商標には「けんきんかけねなし」とあり、立看板・屋根看板には「呉服物品々　現銀　無掛値　駿河町越後屋」とある。

越後屋は現金掛値なしが売りの文句に成長してきた。駿河町通りには商標「京糸」、下げ札「袈裟品々」「衣品々」があって呉服商が本業であった。衣服関係の店は、通りに沿って本石町二丁目に呉服の唐木屋、袈裟衣の和泉屋、絹紬木綿問屋の上総屋、本町二丁目に呉服問屋・白粉問屋の近江屋、呉服・小間物問屋の丸角屋などが並び、その間口は一から三間からなっていて狭い。

室町一丁目から日本橋にかけては、近くに魚市場がある関係から、蒲鉾屋、菓子屋の常陸屋、味噌問屋の太田屋、八百屋、酒問屋の亀田屋、乾物屋の叶屋など、食品関係の問屋のほか、小道具屋・小間物屋が並ぶ。食事所は所々に散在し、須原屋善兵衛の近くに汁粉餅・雑煮屋の藤屋があって、本石町二丁目に寿司屋玉鮓《たまずし》、十軒店には二八蕎麦饂飩屋の三河屋、出雲寺和泉の近くに居酒屋がある。

初めの今川橋を北にゆけば神田の青物問屋があり、終わりの日本橋近くには魚市場があって、この通りは、まさに問屋が立ち並ぶ江戸第一の商店街、経済の中心地であって、書肆も多い文化の中心地でもあった。

絵巻の制作時期は、室町二丁目付近の勧化の集団の一人が担ぐ箱に「文化二／回向院」とあるので、絵は文化二年（一八〇五）に設定され、描かれた日本橋界隈は翌年三月の大火で全焼しており、文化二年をさほど経ない頃に描かれたと考えられる。題簽に「熈代勝覧　天」とあり、「熈代勝覧」とは、「熈《かが》けるや徳川の御代の勝れた景観」の意で、「天」とあるので「地」の巻があったのだろう。大火以前の江戸の繁栄を描いたのである。

## 大衆文化の世界

日本橋界隈は江戸の中心世界であったが、両国橋を中央にした地は庶民の最大の盛り場であった。橋の東にある回向院は、明暦の大火で死者を収容し弔うために建てられ、ここでは天明元年（一七八一）に勧進相撲が行なわれ谷風が大関に昇進している。江戸の勧進相撲は寛保二年（一七四二）に許可されて定着、寛延二年（一七四九）に行司の木村庄之助・式守五太夫二人が吉田司家《よしだつかさけ》の門人になり、相撲集団の組織が整えられて、回向院境内が相撲興行の場として定まった。

寛政元年（一七八九）、谷風・小野川が吉田司家から横綱を免許されてから相撲人気が広がり、寛政三年に相撲年寄が諸国から相撲取を集め、将軍家斉に上覧相撲を行なっており、相撲人気に誘われ浮世絵が力士を描いた。天明六年頃に勝川春好《かつかわしゅんこう》の「渦ヶ渕と関ノ戸と行司木村庄之助」は、力士の力のこもった取り組む様子、裁く行司の姿などを描き、寛政六年（一七九八）、写楽は「大童山《だいどうざん》の土俵入り」を描き、勝川春英《しゅんえい》が三枚続きの土俵入りの図を描いて相撲絵の定型がつくられた。

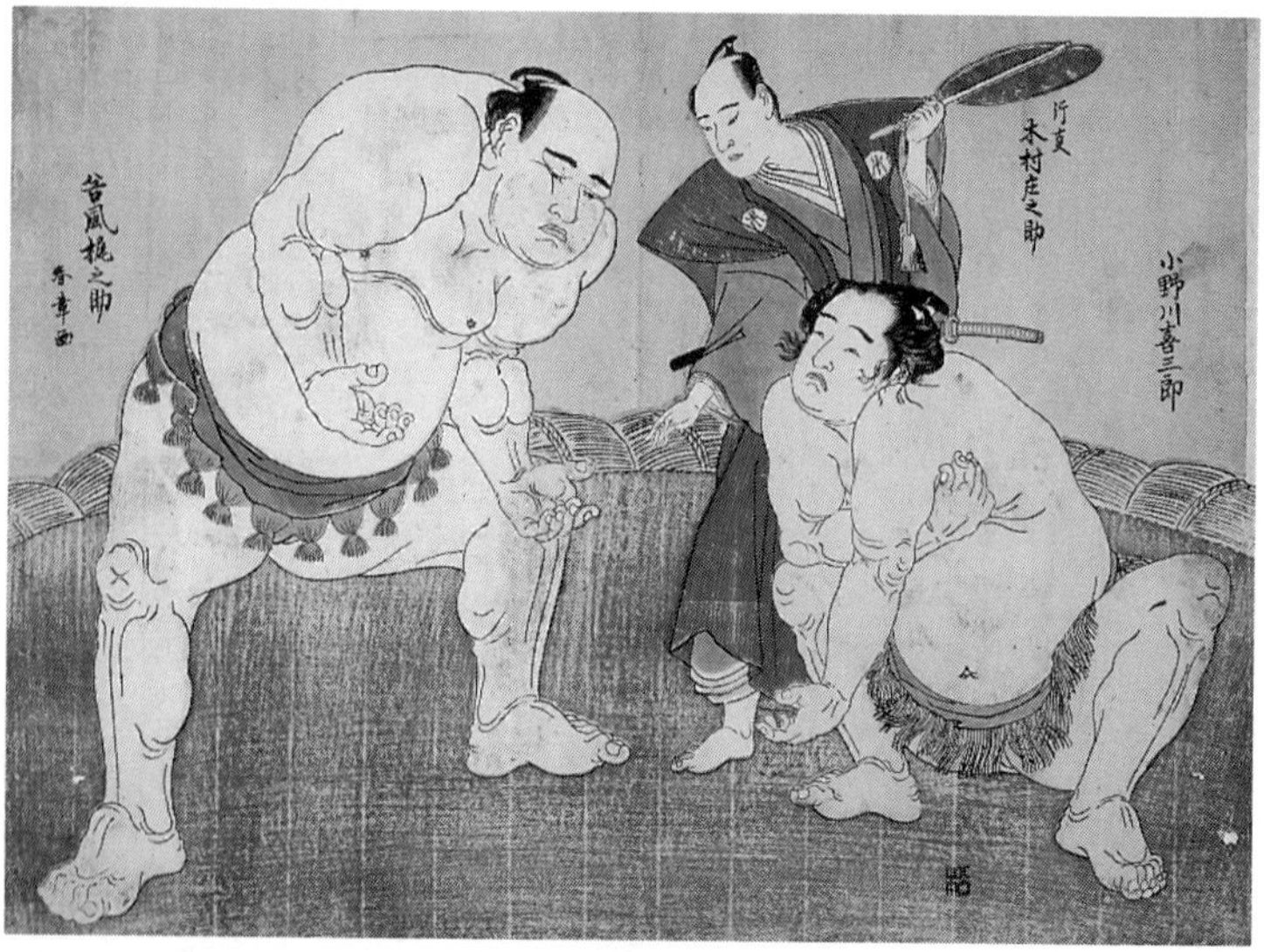

大関谷風と幕下３枚目小野川の対戦（日本相撲協会蔵）

回向院での相撲図には、菊川英山《えいざん》の文化十二年（一八一五）頃の大判錦絵三枚続の「大相撲土俵入りの図」がある。満員の桟敷や土俵下の見物席に囲まれ、左右に雷電・柏戸の両大関、土俵中央に関取が立ち並んでいる。大衆の相撲への関心は相撲番付にもうかがえる。江戸相撲では相撲番付が宝暦七年（一七五七）に縦長で印刷されてから、これに模した「見立て番付」「変わり番付」などのさまざまな番付表が出版された。三味線弾き、遊女、拳遊び、寄席芸人、歌舞伎役者や、各地の名所、温泉の番付などが現れた。遊興の種類と場の広がりを物語っている。

両国橋の東西橋詰と中央には橋番所が置かれ、水防や警備に当たっていて、特に東詰には役船会所が置かれて橋を防衛した。橋は人々が行き交う場であるが、両国橋といえば花火で知られ、喜多川歌麿の浮世絵「両国花火」は、両国橋の

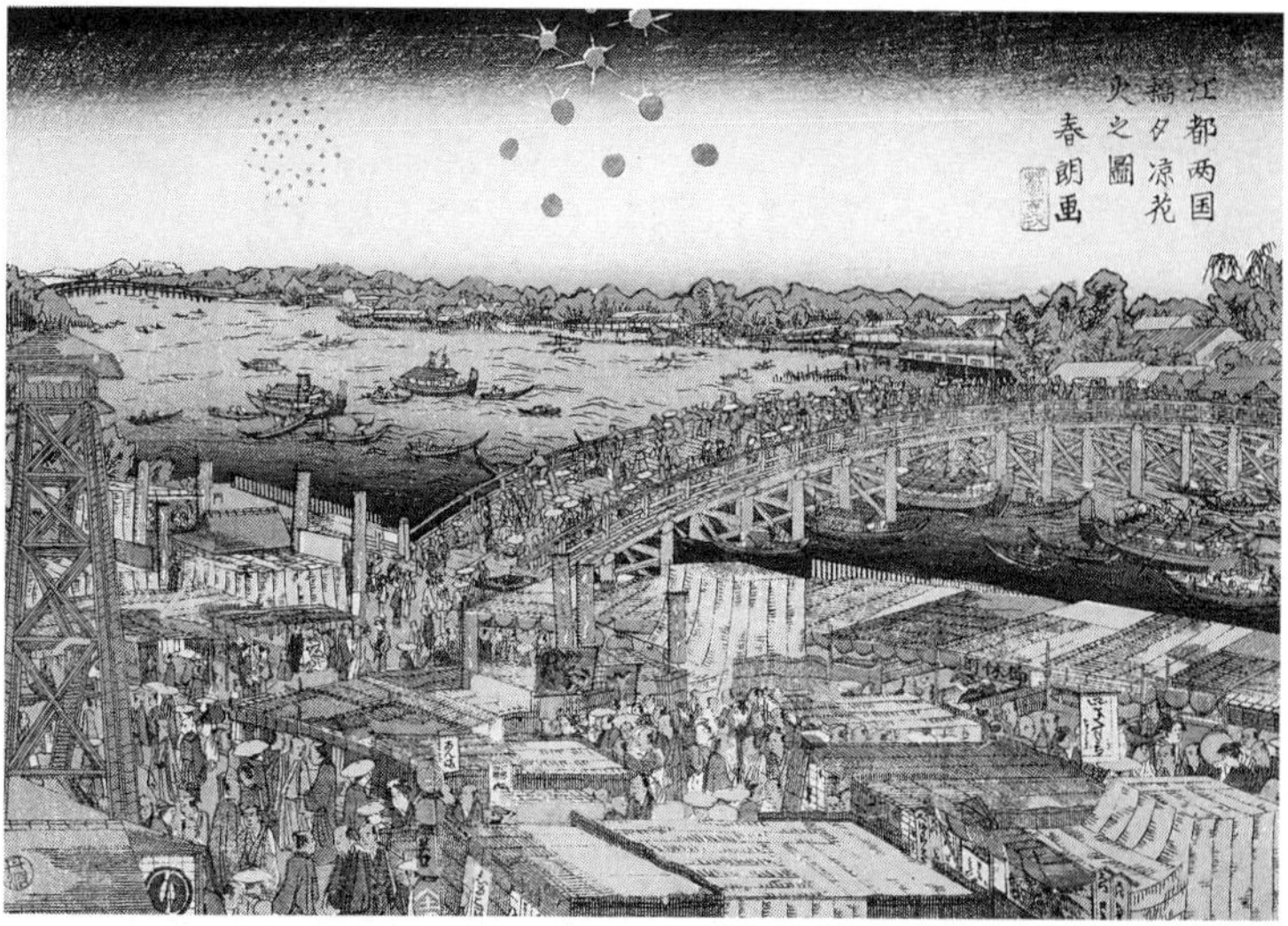


江都両国橋夕涼花火之図（葛飾北斎　神奈川県立歴史博物館蔵）

上から大判二枚続きで花火を見物する女たちを描き、橋下の隅田川に多くの船を描いている。初代歌川豊国は「両国花火之図」を、葛飾北斎は「江都両国橋夕涼花火之図」を描いた。

両国橋の花火は将軍吉宗期の享保十七年（一七三二）、疫病で多くの死者が出たので、翌年に死者の霊を慰めるべく、悪疫退散祈願の水神祭を催し、やがてその際に花火を盛大に打ち上げたのが始まりといわれる。日本橋横山町で創業した花火師「鍵屋」が、打ち上げを一手に引き受けていたのだが、文化七年（一八一〇）に暖簾分けされた鍵屋の番頭が両国広小路に「玉屋」を構え、その花火に参入して、川の上流を「玉屋」が、下流を「鍵屋」が担当するようになり、これを応援する掛け声が「たまや〜」「かぎや〜」であった。

『江戸鹿子』は、関東第一の大橋であるといい、その風景を記す。

真ん中に番所をすえ、夜陰の非常を禁ずるなり。橋の上にて四方を眺望すれば絵にならぬ風景記すに暇あらず、近く見渡せば、回向院の念仏の声いつも絶えず、北の方に、駒形堂・浅草観音堂、又は牛の御前、隅田川の目の当たりに見え、房州、筑波山をほのかにのぞみ、限りなく絶景也。諸国の商船多く、入船あり出る船有。三月の頃よりして秋の末までは、遊船おびただしく、この辺に集まり、夏月の炎天には、ひたすら川面船になりて、流星玉火を帆にあげ、笛太鼓を楫になしてうたひどよめき、一葦の行くところをほしいままにして、回向院・駒形堂に上るもあり

まことに「隠れ無き江城の歌吹海」である、と語っている。

### 浅草寺と大衆文化

浅草寺の周辺は江戸最大の賑わいの場であって、明和八年(一七七一)刊の丹波助之丞《たんばすけのじょう》の『両国栞《りょうごくのしおり》』は、両国広小路の「芝居、軽業、からくり、南京あやつり」などの芸を見せる小屋や茶屋、飴売り、西瓜、砂糖水を売る床見世が軒を並べる様子を記している。境内の様子は、寛政十年(一七九八)八月の『観音境内諸堂末社幷諸見世小屋掛絵図』の改正版から知られ、そこには二百七十四も

の境内見世・小屋が見える。
内訳は、茶屋が九十六軒、菜飯茶屋・団子茶屋が各四軒、甘酒茶屋が一軒あり、見世では楊枝見世が八十八軒、張子見世が十九軒、楊弓が十二軒、小間物屋が七軒、飴見世が三軒、絵双紙屋が三軒、花見世が三軒、煙草入れ屋が一軒と多数あって、太平記場・浄瑠璃場の芝居小屋もある。「新規」の「子ども狂言」「小見世物」「碁盤人形」など、新規開業の芸能や見世物小屋が増えたことから、絵図の改正版が出されたのであろう。

浅草寺は本来が観音霊場であれば、寛政八年（一七九六）三月、京都の北野八幡宮の祀官の妙蔵院が、境内で霊宝の出開帳《でかいちょう》を行ないたいと申請し、開帳が六月五日から始まった。出開帳には数多の群衆が押し寄せるので、主催者のみならず、賽銭や奉納、多額の金銭の使用料、地代などで、寺院や境内の店、周辺の人々の懐を潤した。この時の出開帳では、隅田川沿いの浅草材木町・花川戸町、山之宿町の「三ヶ町」の若者が、神輿や宝物を出開帳行列から奪い取って練り歩いたため騒動になったが、これも浅草寺の賑わいの一端であった。

浅草寺の堂には祈りや願いの込められた絵馬が奉納され、天明七年（一七八七）の高嵩谷の「鵺退《ぬえたい》治《じ》」や、享和三年（一八〇三）の嵩谷の弟子嵩渓《すうけい》の「猩猩舞《しょうじょうまい》」が今に伝わる。『武江年表』は、高嵩谷が浅草寺観音堂に納めた「頼政《よりまさ》・猪早太《いのはやた》鵺退治《ぬえたいじ》の図《ず》」を、「古画に潤色せる所にして、人物の活動、普通の画匠の及ぶ所にあらず」とその評判を記しているが、高嵩谷は英一蝶《はなぶさいっちょう》の門人佐脇嵩之《さわきすうし》に絵を学び、風俗画・武者絵を得意としていた。浅草寺の北には新吉原の遊郭があるなど、この地域には江戸の大衆文化が凝縮されていた。

大衆文化は読み書きの文化の成長とともにあって、文化十四年（一八一七）の山東京伝作、歌川豊国絵の「気替而戯作問答《きをかへてげさくもんどう》」には、浅草の絵双紙屋で大人に交じって子どもが絵双紙や錦絵を手にしている図があり、子どもが絵双紙を気軽に手にし、読むようになっていた。

浅草寺に納められた堤《つつみ》等琳《とうりん》作の絵馬「韓信股《かんしんまた》くぐり」を見た絵好きの子が、韓信の近くに描かれている右足の描かれ方がおかしいと思って、師の葛飾北斎に伝えたところ、実際に見た北斎は、その指摘は正しく誰も気づかなかったのが不思議なくらいだ、と語ったという。この子こそ二代目葛飾北斎の若い頃であった。

子どもが気軽に絵双紙を手にした背景には、手習いが普及したからであり、文化七年刊の柴村《しばむら》盛方《もりかた》の『飛鳥川』は、「昔、手習の町師匠も少く数える程ではなし。今は、一町に二、三人ずつも在り」と記し、手習の師匠が増加し寺子屋が広がっていた。『日本教育資料』から寺子屋の開塾時期を調べると、天明期から増え出し、文化・文政期に激増しているのがわかる。明らかに読書人口が増加し、これに応じて本が多数出版された。

『享保以後江戸出版書目』から、五年間ごとの出版点数を見てゆくと、享保・元文年間には百五十点前後であったのが、宝暦年間になると二百四十点ほどに増加し、天明・寛政初年は飢饉や出版統制の影響で百点台に落ち込んだものの、寛政五年（一七九三）から急増し、寛政十二年（一八〇〇）頃には三百八十点となり、さらに伸びてゆく。この数値の推移は、寺子屋と全く同じである。

## 出版文化

大衆文化の成熟は、本の売れ行きからも指摘できる。曲亭馬琴が記した戯作者の評伝『近世物之本江戸作者部類』は、地本問屋（書肆）の鶴屋《つるや》喜右衛門《きえもん》・蔦屋重三郎が毎年印行する黄表紙が一万部も売れ、当たれば一万二、三千部、さらに三、四千部も増し売りしたという。

蔦屋が天明八年（一七八八）に刊行した朋誠堂喜三二《ほうせいどうきさんじ》の『文武二道万石通《ぶんぶにどうまんごくとおし》』は「古今未曾有の大流行」で、天明九年の唐来参和《とうらいさんな》の黄表紙『天下《てんか》一面《いちめん》 鏡《かがみの》 梅鉢《うめばち》』も「売れたる事夥しく、問屋仲間はいふも更也。諸方小売店の者までも、吾も吾も買とらんとて、日毎に門前に市をなし、草紙の製本間にあはず」という有様だったという。

読者の購買意欲に支えられて多くの本が出版され、それにともなって作者に原稿料が支払われるようになった。蔦屋と鶴屋が相談して、山東京伝・曲亭馬琴の作には潤筆《じゅんぴつ》（原稿料）を出すようになったのが寛政七、八年の頃のことで、当初は二人だけだったのが、やがてすべての作者に原稿料が出されるようになったという。

読書人口の広がりには貸本屋の存在も一役かっていた。新刊本を買えない人は、貸本屋に安い見《けん》料《りょう》を払って読んでいたからで、見料は浄瑠璃丸本類が十二文、和漢軍書類が六文、絵本仮名物類が三十文で、新刊本の売り値の六分の一ほど、貸し出し期間は十五日間、あるいは一か月であった。

貸本屋は新旧の本を仕入れ、大きな風呂敷に包んで御用を聞いて貸し歩いて文化の普及に大きく寄与した。

文化五年（一八〇八）の江戸の「町々貸本屋世話役名前」によれば、府内には日本橋南組・本町組・神田組など十二組の貸本屋組合があり、それぞれに世話人三十三人が置かれ、総計六百五十六人が加入していた。貸本屋は高価な錦絵も扱い、文化二年の山東京伝の黄表紙『荏土自慢名産杖《えどじまんめいさんづえ》』には、「二八十六文でやくしゃゑ二枚、二九の十八文でさうしが二さつ、四五の二十ならば大にしき一まい」と、役者絵が八文、草双紙が九文、大判錦絵ならば二十文と値段は安かったという。

出版文化の広がりは大衆文化の担い手を生んだ。貸本屋組合の世話人・角丸屋甚助《かどまるやじんすけ》は旧名を甚兵衛といい、天明のころまでは元飯田町中坂の裏屋で、日毎に下駄を売り歩いていて、「地方の人」「下駄甚」と呼ばれ、争いごとや訴訟を好んで、老中に駕籠訴《かごそ》をしたこともあったが、本銭を得てから麴町平川町に書肆を開店して書林に参入し（『近世物之本江戸作者部類』）、文化年間に書物問屋へと成長、やがて滝沢馬琴の読本や北斎の『北斎漫画』を手掛けた。

江戸の小伝馬町三丁目の家主の丁字屋平兵衛《ちょうじやへいべえ》も、貸本屋から書物問屋になり、文化十一年（一八一四）に馬琴の『南総里見八犬伝』を出版した。

このような書肆の増加とともに、読者の要望にあわせて積極的に本を出版し、新たな作者を発掘したので、読者も絵師を志し、読本作者を志した。書肆が扱った本には、洒落本・草双紙・読本・滑稽本・人情本・咄本・狂歌本・浮世絵版画などがあって、そのうちの草双紙だけでも赤本や黒本・青本・黄表紙・合巻などの種類があった。

摺物も刊行しており、文化六年（一八〇九）の四方歌垣《よものうたがき》真顔《まがお》の『四方戯歌名尽《よものたわれうたなづくし》』の挿絵には、葛飾北斎門人の柳々居辰斎《りゅうりゅうきょしんさい》が摺物を交換している様子を描く「摺物交易図」が載る。刷物は情報の交換に用いられることが多く、柳沢信鴻《やなぎさわのぶとき》の『宴遊日記』には、「歳旦《さいたん》摺物」や俳号・芸名の名改めの摺物などを発注した記事が見える。

裏長屋の入り口の木戸　式亭三馬『浮世床』（国立国会図書館デジタルコレクション）

広告にも重宝されたことは、式亭三馬が文化九年に著した滑稽本『浮世床』の図にうかがえる。この作品は庶民の社交場である髪結所を舞台に選び、所は日本橋通り裏手の大長屋、作者の住む日本橋本町二丁目近くで、大長屋の路地口に、「うきよどこ」の「う」の字が腰高障子に書かれ、多くの広告の摺物や看板が掛かっている。「男女御奉公口入所」に始まり、神道者の「祈禱」、山伏の「大峰山小先達難行院」、医者の「本道外科」、「宋学者寓居」、産婆の「高砂婆ゞ」、「常磐津黒文字」「尺八指南」「江戸御町使い」「灸すゑ所」「観易」などの生活文化に関わる情報が満載である。

髪結床は庶民がよく通っていて、それだけに「ひめのり有」「このうらにかし店有」「損料貸　日なしかし　一切不可入」などのお知らせやお断り書きもある。髪結床の内部を見ると、歌舞伎の顔見世番付があり、「朝寝坊むらくの滑稽はなし」「講釈師瑞竜と八人芸」「三笑亭可楽の今昔物語」「林家正蔵の昔ばなし」などの宣伝札が貼られ、暦が置かれ、絵双紙を手にする者もいる。歌舞伎や話芸、絵双紙が庶民の楽しみであった。

## 大衆文化の広がり

大衆文化の担い手は、『浮世床』に登場する人々からうかがえる。親方の鬢五郎は、様々な情報の仲介者であり、『大学』などの古典をはじめ、川柳・洒落本・俳諧など当世本、『実語教』など寺子屋のテキスト、芝居や話芸にも通じていた。

来客の長屋に住む隠居の「素読先生」は、書物をよく読み、物知りといったところ。「銭右衛門」「土龍」「蛸」など町人は、さまざまな書物を読んで、落語や浄瑠璃、豊後節などの芸能を楽しむ通人。「長六」「短八」ら商売人は、川柳や合巻挿絵・浮世絵を楽しみ、長唄を歌っていた。「松」「ちゃぼ八」などの職人・行商人は、読本のほか大道芸、浄瑠璃・潮来節などの芸を楽しみとしており、「いさみ」「でんぽう」「じゃんこ熊」「素敵亀」などの「通り者」は、芝居や話芸に通じていた。

多くの人の楽しみには寄席での話芸があった。寄席は文化十一（一八一四）、十二年頃の江戸市中に七十五軒もあった。『浮世床』には「三笑亭可楽《さんしょうていからく》の今昔物語」「林家正蔵の昔ばなし」の宣伝札が貼られているが、三笑亭可楽の一門は当時、人気を博し、林家正蔵はその門人であった。寄席は急速に発展してきていたのである。

立川談州楼（烏亭焉馬《うていえんば》）が天明六年（一七八六）に向島の料亭武蔵屋で「落語の会」を開いたように、料亭や私宅での落咄《おとしばなし》（落語）の催しがあり、その会に集った好事家や芸能者が「咄連中」を形成し、定例的に会を開くようになった。初代三笑亭可楽は寛政十年（一七九八）、江戸の下谷神社の境内で落語を語っていたが、寺社の境内や空地に葦簀張りの小屋を設けた席が設けられ、神道・講談・講釈などが語られた。

見逃せないのが、踊りや唄、三味線などの稽古所でのお浚会《さらいかい》で、町家の女浄瑠璃の定見世《じょうみせ》から発展してきて、町家の女子・男子の芸事など大衆文化の基底をなしていた。その点は、式亭三馬の文化四年（一八〇七）刊の『浮世風呂』からうかがえる。歌川豊国宅で三笑亭可楽の銭湯の落語を聞き、湯屋での会話を記したという設定の作品で、その会話からは女子・男子の芸事が知られる。

町家の妻女は、女子の日課を語る。朝起きたら「手習いのお師さんへ行て」「それから三味線のお師さんの所へ朝稽古」、「朝飯をたべて、踊りの稽古からお手習へ廻って」と、早朝から習いごとをして昼からも「お琴の御師匠さん」「三味線の踊りのおさらひ」「日が暮れると又琴のおさらひ」という忙しい毎日であるという。

町家の娘が芸事に励んだ一つに武家への奉公があった。柳沢信鴻の『宴遊日記』には、女奉公人の採用面接の記事がある。安永二年（一七七三）四月九日に九人、十一日に十五人の「目見《めみえ》」（面接）

があった。誰の娘で年は幾つか、誰に何を習ったか、その習い事を書き付け、上中下の判定を記している。安永五年五月には、日本橋野村小兵衛の娘ゆみの面接では、「豊後（節）、老松語る。草画書く」と記し、翌年四月に面接した浅草山之宿町《やまのしゅくまち》紙屋九右衛門娘なかは、義太夫節を竹本宅太夫に、三味線を富沢文次郎に習ったといい、「近江源氏矢走の段」を語っている。

『浮世床』では、八歳の娘を手習に通わせている町家の妻女が、「三ばん目の兄どのは又、合巻とやら申す草双紙が出るたびに買ひますが、葛籠《つづら》にしっかり溜りました。ヤレ豊国が能の、国貞も能のと、画工の名まで覚えまして、それはそれは、今の子どもの巧者な事でございますよ」と、赤本を読んでいた自分の子どもの頃とは違い、息子が絵双紙を買い求め、その絵師の名まで覚え批評するようになっていたという。

# 五　地域文化の成長

## 江戸と地方の学問交流

早くから地方に広がった学問に本草学と蘭学がある。信州善光寺の医者青山仲庵は、平賀源内の『物類品隲《ぶつるいひんしつ》』の校訂者の一人であり、その善光寺下町の宅は、源内の本草学の物産会の「諸国産物取次所」二十五か所の一つであった。

本草学者はこの取次所を拠点に採集と研究、情報を交換していて、京都で私塾衆芳軒《しゅうほうけん》を開き本草学を講じていた小野蘭山《らんざん》は、各地門人から草木の形状、方土の産物を問うものがいると聞けば、すぐに「衆物」を監定し、古今に「通洽《つうごう》」す（広くゆきわたる）、と応じていた、と交換の様子を記している。蘭山は幕府の医学館で本草学を講義し、講義録『本草綱目紀聞』は最も整備された本草学・博物学の集大成で、本書を読んだシーボルトは「日本のリンネ」と称したという。

門人の名古屋の水谷豊文《とよぶみ》、尾張藩医の大河内存真《ぞんしん》らは嘗百社《しょうひゃくしゃ》を結成していた。本草学の会は薬品の研究を行なっていたので、医師研修の場ともなっており、蘭学との関わりが大きく、蘭学も各地に広がっていた。

杉田玄白の文化二年（一八〇五）の『玉味噌』によると、その門人は東海道の伊勢から安房まで十か国に二十六人、東山道は美濃から出羽まで六か国に十八人、北陸道は若狭から佐渡まで六か国に十八人、山陰道は三か国に六人、南海道は紀伊・阿波・讃岐・伊予四か国に十人、西海道は豊前・豊後・肥前・肥後・日向五か国に十二人、全国で百人ほどが入門したという。

彼らは玄白の天真楼で学び、帰郷後、書簡を通じて学問的交流を続けた。『解体約図』の包紙の宣伝文を書いた信濃出身の有坂基馨は、伊予松山の藩医となった。常陸谷田部藩医の広瀬周伯《しゅうはく》は、『図会蘭説 三歳《さんさい》窺管《きかん》』を著し、天文学・地学・医学を図説的に解説した。美作勝南《しょうなん》郡岡村の小林令助は帰郷後は勝間田に開業して『民間備荒録』を著した。

江馬蘭斎は大垣藩の藩医元澄の子で、『解体新書』を読んで蘭学を志し、帰郷して大垣に私塾「好蘭堂」を開き、寛政十年（一七九八）に京都の西本願寺門主文如の治療にあたり、文如が命を取り留めたので名声が広がり、患者や弟子志望者が殺到、門弟は三百人を越え、主な門弟に飯沼慾斎《よくさい》、伊藤圭介、水谷豊文、山本亡羊《ぼうよう》、小森桃塢《とうう》、藤林普山、坪井信道らがいる。

一関藩の建部《たけべ》清庵《せいあん》は、子の勤、門人の衣関《きぬどめ》甫軒《ほけん》、大槻玄沢らを玄白のもとに派遣したことから、勤は玄白の養子となって杉田伯元と称し、甫軒（順庵）は父の眼科を継承して解剖書『眼目明弁』を著して、紙製の眼球模型を作って子弟に教え、もう一人の大槻玄沢は、一関藩医大槻玄梁の子で、安永七年（一七七八）に玄白門で医術を修めた。

大槻玄沢は前野良沢にオランダ語を学んで天明五年（一七八五）に長崎に遊学、同八年にまとまった形での最初の蘭学入門書『蘭学階梯』を著した。日蘭交渉や渡来物産、諸科学、蘭学の首唱、前野良沢の蘭学研究の苦心、オランダ語の学習法や訳文作成など蘭学学習の重要性をわかりやすく具体的に記し、大きな影響を与えた。玄白から「和蘭の窮理学には生まれ得たる才ある人」と称され、オランダ語学習の教育機関の家塾芝蘭堂を設け、オランダ風俗で「おらんだ正月」(新元会)を開き、オランダ語の普及につとめ、橋本宗吉や稲村三伯《さんぱく》、宇田川玄真、山村才助ら多くの弟子を育てた。

そのうち橋本宗吉は、阿波に生まれて大坂の傘屋の紋書き職人で、記憶力抜群なことから、伏見で解剖していた医者小石元俊《げんしゅん》に見出され、元俊と天文学の間重富《はざましげとみ》の支援を受け、最新の蘭学書を翻訳するために江戸に派遣されて、寛政二年(一七九〇)に玄沢の門弟となり、『蘭科内外三法方典』を訳した後、大坂で医師を開業、享和の初めの頃に蘭学塾「絲漢堂《しかんどう》」を開き、『喎蘭《おらんだ》新訳地球全図』を出版した。寛政十二年には門弟と霞島の刑場で女刑屍の解剖をし、『蘭科内外三法方典』を文化元年(一八〇四)から上梓した。

稲村三伯は、因幡鳥取の町医者の子で、医学を亀井南冥《なんめい》に学び、玄沢の『蘭学階梯』を読んで蘭学を志し、江戸に出て芝蘭堂に入門、日本最初の蘭日辞典『波留麻和解《はるまわげ》』を刊行したが、弟の不祥事から脱藩、京都で蘭学塾を開いて後進を育てた。

宇田川玄真は伊勢国安岡家に生まれ、玄白の天真楼、玄沢の芝蘭堂で学び、芝蘭堂四天王の筆頭と称された。玄白の娘と結婚するも離縁となって、寛政九年(一七九七)に津山藩医で芝蘭堂の高弟宇田川玄随の死去により、宇田川家の養子に入って跡を継いだ。改暦に悩む幕府の要請で、天文台に関わる蘭書翻訳員として招聘され、和蘭書籍和解御用方として、フランスのノエル・ショメール編纂の百科事典の翻訳に携わった。

玄真の開いた私塾「風雲堂」は医学のみならず、化学、科学、自然哲学など幅広い分野において日本の自然科学の基礎を築き、門人帳には寛政元年（一七八九）から文政九年（一八二六）まで九十四人の名があり、出身地は三十九か国に及び、内訳は藩医二十五人、村医八人、町医八人、武士七人、町人である。

### 華岡青洲の医学と門人

畿内には名医が多い、と玄白が記しているように、医学は京都を中心に独自に広がっていた。玄白に大きな影響を与えた山脇東洋《とうよう》の人体解剖に批判的な吉益東洞《よしますとうどう》は、万病一毒説を唱えて医書『医断』『薬徴《やくちょう》』『類聚方《るいじゅほう》』を著し、本草学とは違う立場から生薬の薬能を論じた。子の吉益南涯《なんがい》は父の古医方を継承し、賀屋《かや》恭安《きょうあん》や紀州の中川修亭《しゅうてい》・華岡青洲、賀川玄悦《かがわげんえつ》・難波抱節《ほうせつ》・和田元庸《げんよう》・山本亡羊ら多くの門人を育て、その数は三千人余に及んだという。

そのうちの華岡青洲は、紀伊名手荘《なてのしょう》西野山村の医師華岡直道の子で、天明二年（一七八二）に京都に出て吉益南涯に学び、大和見水《けんすい》・見立《けんりゅう》父子からカスパル流外科を学んだ。カスパル流外科とは、オランダ商館医として来日したカスパルがもたらした外科医術で、見水の師で出羽出身の伊良子道《いらこどう》牛《ぎゅう》が長崎で習得していた。青洲の医術の特徴は漢蘭と医学を折衷した臨床研究にあり、天明五年（一七八五）に帰郷して開業、麻酔薬の開発を始め、六種類の薬草に麻酔効果があることを発見して、動物実験を重ねて麻酔薬を調合、母・妻の人体実験の末、全身麻酔薬「通仙散」を完成させた。
文化元年（一八〇四）には、永富独嘯庵《ながとみどくしょうあん》の『漫遊雑記』に見える乳癌の治療法の記述から想を得て、大和国五条村の女性に全身麻酔下で乳癌の摘出手術に成功する。オランダ式の縫合術、アルコールによる消毒などをも行ない、膀胱結石、脱疽、痔、腫瘍摘出術などの手術をした。「内外合一活物窮理」を唱えた青洲は、内科・外科を区別せず、実験や実証を重んじた。その全身麻酔手術の成功から、名は全国に知れ渡り、手術を希望する患者や入門希望者が殺到、門人は千八百八十三人、壱岐・松前を除く諸国に及んだ。

主な門人に水戸の本間玄調《げんちょう》、伊予大洲藩の鎌田玄台《げんだい》、下総《しもうさ》の村医熱田玄庵、越中の館玄竜《たちげんりゅう》、備前の難波《なんば》抱節《ほうせつ》・赤石《あかし》希范《きはん》・加門隆徳、名古屋の三村玄澄、美作の石坂桑亀、紀州の中川修亭、加賀の宮河順達、遠州の足立才二、安芸の山田好謙がいる。そのうち備前金川《かながわ》の難波抱節は、内科を吉益南涯に、外科を華岡青洲に、産科を賀川蘭斎に学んで、帰郷後に医塾思誠堂を開くと、全国からの入塾者が千五百人にのぼったという。主著『胎産新書』は産科書として評価が高い。

### 俳諧・生花・狂歌の文化

地方に早くから広がっていたのが俳諧の文化である。武蔵都筑郡荏田《えだ》の真福寺本堂の文化五年（一八〇八）の掲額に見える「荏田石川連」の俳人「完来」は、雪中庵系俳人で、芭蕉の弟子嵐雪の流れにあった。その雪中庵三世の大島蓼《りょう》太《た》は、信濃伊那郡大島に生まれ、江戸に出て幕府の御用縫物師を務め、元文五年（一七四〇）に桜井吏登《りとう》の門人となり、芭蕉追慕の念で奥羽を行脚し、延享《えんきょう》四年（一七四七）に雪中庵三世となり、江戸座宗匠の旧態を批判して芭蕉回帰を唱えた。俳書を二百編も編み、免許した判者は四十余、門人は三千余の大勢力を築いた。「白雲のそらゆりすゑてぼたん哉」などの句がある。

名古屋に生まれた加藤暁台は、尾張藩士であったが、職を辞して俳諧に専念、蕉風復帰を志し、『冬の日』を編んだ芭蕉を慕って、『秋の日』を出版、芭蕉の旅を追って行脚し、仙台の白居、越後出雲崎の旦水、江戸の蓼太らと交流し、芭蕉忌にあわせて『風羅念仏』を刊行、「しら芥子に焚火移ふや嵯峨の町」など優雅な句を詠んだ。蕪村が「既に尾張は五歌仙に冬の日に光りを挑げんとす」と紹介している（『あけ烏』）。

金沢の商家に生まれた高桑蘭更《らんこう》は、加賀蕉門の重鎮の和田希因《きいん》に学んで蕉風復興を志し、芭蕉の資料を世に紹介して金沢・江戸に庵を構えた後、京都の東山下に芭蕉堂を営み、毎年三月には芭蕉会を催し、『花供養』を刊行した。句に「枯蘆《かれあし》の日に日に折れて流れけり」がある。

信州上田藩士加舎《かや》忠兵衛の子白雄《しらお》は江戸深川に生まれ、明和二年（一七六五）に松露《しょうろ》庵《あん》烏明《うめい》とその師白井《しらい》鳥酔《ちょうすい》に師事して諸国を行脚するなか、同六年に信濃の姨捨山に芭蕉の句碑を建立、同八年に京で俳論書『加佐里那止《かざりなし》』を著し、私意を去ってあるがままに詠むべきことを主張した。安永四年（一七七五）に松露門を破門されると、門人を引き連れて諸国を行脚、同九年に江戸日本橋鉄砲町に春秋庵を開いて関東に一大勢力を築いた。句に「酒造る隣に菊の日和かな」がある。その門下の建《たけ》部《べ》巣兆《そうちょう》は画もよくして蕪村を慕い、「かがみ磨き寺町のぞくおちばかな」の句を詠んだ。

俳諧師は諸国を行脚、地方文人と交流して文化に寄与した。信濃では先の加舎白雄や、佐久郡野沢村の豪農瀬下敬忠《せじものぶただ》(玉芝)、磐牟田宿の寺子屋師匠吉田鶏山、飯田藩士の窪田桐羽、善光寺町旅籠屋の戸谷猿佐らが文人結社をつくった。

地方に広がる文化では、池坊流生花が全国的に広がるなか、小堀遠州を始祖とする遠州流が「綺麗さび」を求め、貞松斎一馬《ていしょうさいいちば》、鳳旭斎一芝、本松斎一得《ほんしょうさいいっとく》らの正風遠州流、日本橋遠州流、浅草遠州流がおこされた。貞松斎一馬は、享和元年(一八〇一)に『挿花衣之香口伝抄《いけばなころものかくでんしょう》』を著し、天枝・地枝・人枝の「三段の花形」という基本を定めた。文化十一年の門人名簿『華道社連名』の八百四十五名は江戸在住者が五百一名、地方在住者が中山道や甲州道中・川越道・佐倉道の主要街道沿い、新河岸川・利根川・鬼怒川など主要河川沿いに広がり、秩父一円や赤城山麓の養蚕・織物生産地域の裕福な地に広がっていた。

江戸で盛んな狂歌は、文化八年刊の宿屋飯盛(石川雅望《まさもち》)編の『狂歌画像作者部類』によると、江戸の狂歌師六樹園一門五百二十名のうち江戸は二百六名で、残りは上州八十一、陸奥四十三、美濃三十、尾張二十八、下野二十七、武蔵十九、甲斐十三など関東中心に広がり、尾張や美濃・大坂にも及び、文化十一年の『初心者用ちらし』に載る狂歌の判者・作者も全国に及んでいた。

## 尾張名古屋の文化

名古屋は三都に次ぐ文化の中心地で、加藤暁台の『秋の日』には、尾張藩士や清州・起《おこし》の在郷の富裕層、城下町商人、医師・僧侶の句を多く収録、序を俳文『鶉衣』を著した藩重臣の横井也有《やゆう》が「蕉門の盛事」と記して称えた。暁台が寛政四年に亡くなると、京都の吉益東洞・賀川玄悦に医術を学んだ医師の井上士朗が後継者となり、寛政五年の芭蕉百回忌に『麻刈集』を出版、名古屋の藩士や僧侶・商人、知多・津島・佐屋・清州など在郷の富裕層の句を収録した。

享和二年に名古屋に立ち寄った滝沢馬琴は、『羇旅漫録』に名古屋の評判を「俳諧は士朗」と記しており、この書はほかに「書肆は風月堂・永楽屋、かし本は胡月堂」とも記している。この本屋と貸本屋とが名古屋の文化に大きな役割を果たしていた。

本屋は「尾州本屋仲間」が寛政六年（一七九四）に尾張藩に公認され、城下での開板が可能となり、天明期の七軒ほどから寛政期に十三軒になったので、三都の本屋仲間の支配から抜け出そうとして公認をかちとった。これに三都本屋仲間が、本居宣長『古事記伝』を「売留《うりどめ》」（販売禁止）にするなど、圧力をかけ、そのため享和期（一八〇〇年初頭）に本屋は八軒ほどに減るが、圧力を跳ね返して本屋が増え始め、十年後には三十五軒ほどになった。

代表的な本屋の「井筒屋」孫助は創業が古く、明和期には暁台や也有の俳書などを出版した。「永楽屋」はその別家で、安永期に創業し、岡田新川・秦鼎《はたかなえ》・鈴木朖《あきら》ら藩士の著作や、宣長の『古事記伝』も手掛け、文政五年（一八二二）の出版目録には四百三十七種の蔵版書数が記され、学問から庶民文芸に至る本を出版、大書肆へと発展した。二代目東四郎善長は狂名が「文屋古文《ふみのやこぶん》」で狂歌をよくし、江戸の蔦重とともに『狂歌画像作者部類』を刊行、文化十一年（一八一四）には名古屋に来た葛飾北斎の『北斎漫画』を出版した。北斎は、名古屋に来た際に牧墨僊《ぼくせん》宅に滞在して『北斎漫画』の下絵を描いている。墨僊は尾張藩士で、江戸詰の折に喜多川歌麿に入門して歌政を名乗り、唐衣橘洲に師事して狂歌本の挿絵や刷物を手掛け、名古屋で北斎を迎えたのである。

貸本屋は文化五年に江戸で六百五十六、文化十年に大坂では三百ほどで、それらと比べると、同時期に三十四軒と少ないが、胡月堂こと「大惣《だいそう》」（大野屋惣八）は蔵書数が多く、あらゆる分野にわたる。利用者には店の一部屋を貸して読ませるなど図書館の役割を有していた。明和四年（一七六七）創業と伝えられ、大正六年（一九一七）の廃業まで続き、二万千部を超える蔵書数があった。出版も手掛け、文化十年に本屋仲間に加入し、高力種信《こうりきたねのぶ》（猿猴庵《えんこうあん》）の『尾陽旧覧図誌』『尾張名陽図会』、小田切春江『名陽見聞図会』『絵本暴風夢』などを刊行した。

本屋と貸本屋が大きく発展したのには、初代名古屋藩主徳川義直による多数の古典籍の収集と編纂、尾張東照宮の吉見幸和による古典研究の影響が大きかった。藩の文庫や吉見家蔵書などに多くの書物が蓄積されていた。幸和の弟子の河村秀穎《ひでかい》・秀根《ひでね》兄弟は『日本書紀』を研究し、秀根は天明五年（一七八五）に『書紀集解』を出版、その次男の益根は河村家の学問を「紀典学」と呼び古典を研究した。

安永期には田中道麿が名古屋に移住して桜天神で国学の塾を開き、やがて道麿と門人が伊勢松坂の本居宣長に入門するようになる。宣長の国学・古典学は、名古屋の文化を背景に花開いたのである。

### 閑谷学校と心学の普及

地域文化の広がりには情報の伝達、文化交流が大きな役割を果たしたが、さらに地域教育の役割も大きかった。閑谷学校の整備に関わってきた津田永忠が、宝永四年（一七〇七）に亡くなると、学校はしだいに沈滞したが、和気郡の大庄屋の有吉和介が宝暦十三年（一七六三）に岡山藩校の授読師となり、閑谷学校教授に移って「課業規則」を定め、復興につとめた。

この有吉和介（臓器）に閑谷学校で学び、その再興につとめたのが武元君立《たけもとくんりつ》である。君立は吉永町北方の名主の子に生まれ、閑谷学校在学中から天神講の講釈人となった。和気郡北方村に天明二年（一七八二）に経書講読と修養を目的として上層百姓の明石順治、武元勇次郎（君立）らが天神講を結成、君立は江戸に出て大学頭林述斎に師事し、帰郷してから北方村の名主となり農業経験を通じ、藩財政の困窮や農民疲弊の原因と打開策を論じる『勧農策』を著わし、文化十年（一八一三）に閑谷学校の教授に任用され、それとともに学校が息を吹き返した。

閑谷に移住して教育と学校経営に専念し、多くの子弟を育て、閑谷学校は新たな発展を遂げたことから、その教育を知ろうと、多くの文人墨客が訪れたので、その応接用に学校の由緒と配置を記す「閑谷学図」を作成、茶室を建てたが、その名の黄葉亭は頼春水《らいしゅんすい》の命名である。

閑谷学校講堂　1670年創建の郷校（写真：特別史跡旧閑谷学校顕彰保存会提供）

地域教育の普及に大きな役割を果たしたのが石門心学で、手島堵庵《とあん》の弟子の植村正助は岡山藩に招かれ、寛政年間から備前の各地に心学講舎を設けて教育にあたった。この心学は、石田梅岩が正直・倹約・勤勉などの通俗道徳の実践を説いて始まり、その弟子で京の豪商の手島堵庵が、十八歳の時に梅岩に師事、元文三年（一七三八）に開悟して、宝暦十二年（一七六二）頃に家業を子に譲り心学の講説を行なうようになった。

明和二年（一七六五）に五楽舎を富小路に開いて講学の場とし、安永二年（一七七三）に五条東洞院に修正舎、安永八年（一七七九）には西陣に時習舎を設け、これらの心学講舎が庶民への道話の講釈と心学者の修業（会輔）の場となった。安永九年に社約を、天明二年（一七八二）に「社中順講心得定書」を定め、「京近辺他国」における社中の在り方を整え、河原町に明倫舎を建てて心学の普及・宣伝にこれ努めた。

心学の普及には堵庵の弟子中沢道二の存在も大きい。道二は京都西陣の織職の家の出で、堵庵に師事して代講を勤めると、堵庵の要請で安永八年（一七七九）に江戸に下り、日本橋塩町に参前舎を設け、比喩や諧謔で笑わせて考えさせる道話によって聴衆を魅了した。具体的な挿話や比喩で面白おかしく聞かせ、聴衆を自ずと道徳的気づきに至らせる口語の語りである。寛政四年（一七九二）には参前舎に千人もの聴衆が集まり、松平定信に見出されて人足寄場の教化を担当したこともあり、心学講舎は八十一、二十三か国に及んだ。寛政七年に『道二翁道話』が出版された。

## 私塾と咸宜園

地方の教育機関で中核をなしていたのが私塾・家塾である。諸藩が藩校を創設し、藩国家像の形成に意を注ぐようになったことは既にみたが、その藩校と関係をもちつつ、有意の人材を育てることを目的に私塾や家塾が各地に生まれた。なかでも豊後には特筆すべき私塾が生まれた。杵築藩の松平親賢《ちかかた》は三浦梅園の「丙午封事《へいごふうじ》」に基づいて、天明八年に学習館を設立した。

梅園は杵築藩の学習館の設立に関わったが、宝暦年間に宅地内に塾舎を建てて梅園塾と称し、明和三年（一七六六）に「戯れに学徒に示す」と始まる「塾制」九箇条を示し、「学問は飯と心得べし」「学文は置所によりて善悪わかる」と書き、ひたすら学問をするように説き、その塾生は諸国十七か国から二百人に及んだ。

その門人の一人である儒者の脇蘭室《わきらんしつ》（愚山）は、寛政元年に私塾「菊園」を速見郡豊岡に開いて近隣の子弟の教育にあたり、ここから育ったのが帆足万里《ほあしばんり》である。父が藩の家老で、梅園や蘭室と親しくして詩文を学んでいた関係から、蘭室の菊園塾に入り、蘭室が中井竹山に師事していた関係で、大坂に出て中井竹山や皆川淇園に交わった。帰郷した万里は、福岡の亀井南冥や豊後日田の広瀬淡窓と親交を結び、日出藩の儒官となって享和三年（一八〇三）に家塾を開き、翌文化元年（一八〇四）に藩学の教授となり、学舎稽古堂で教えた。文化七年（一八一〇）に著わした『窮理通』は、梅園の条理学の影響を受けて蘭書を訳述し、窮理の学を徹底させている。

私塾を介しての教育が広がるなか、日田に漢学塾の咸宜園を開いたのが広瀬淡窓である。淡窓は天明二年（一七八二）に日田郡豆田町の博多屋三郎右衛門の掛屋（金融業者）に生まれ、伯父で俳人の秋風庵月化に養育され、父から読書・習字を学び、日田代官所出入りの松下筑陰にも師事するなど、日田で多くの師から学問を学んだばかりか、福岡の亀井塾に遊学して亀井南冥・昭陽父子に師事した。

寛政十二年（一八〇〇）に大病を患って命も危ぶまれたが、肥後の医師・倉重湊に命を救われ、さらに将来に迷っていたところ、湊から「足下、今年二十三、家に在っては一事を勤めず、安然として父母の養を受くるのみなり。是世人の咎むる所なり」と、教育に専念するようすすめられたことで、迷いが吹っ切れ、家業を弟久兵衛に任せて学者、教育者の道を歩んだ。

文化二年（一八〇五）、豆田町の長福寺の学寮を借りて講業を開始し、三か月後には実家近くに家を借り、成章舎と名付け、文化四年（一八〇七）に独立して塾「桂林荘」を発足させ、三十六名の塾生を得た。当初は経営が不安定だったが、文化七年に淡窓は詩を掲げ、塾生の教育に邁進した。

文化十四年（一八一七）、淡窓は堀田村に塾を移して、塾名を「咸宜園」とし、入塾希望者は、入学金を納入して入門簿に姓名・郷里・紹介者など必要事項さえ記入すれば、誰でもいつでも入塾できた。入塾にあたっては身分・学識・年齢の差が奪われ（「三奪」）、平等に学ぶことができ、優劣の差がつくのは学問のみであった。

その教育方針は、個々人の教育への要求にこたえるもので、個性を大切にし、学ぶものの意思を大事にした。四書五経のほか、数学や天文学・医学など様々な学問分野にわたる講義があり、師に代わって塾生が講義を行なうこともあって、塾の運営の多くが塾生に委ねられ、塾生は必ず何らかの役割を担ったので、塾の一員としての自覚が生まれ、実務経験を得ることもできた。毎月の学業で昇級試験が行なわれ（「等級表」）、「月旦評」という成績評価で、一級から九級まで位置づけられ、塾生は上級を目指し勉学に励み、知的能力が引き出された。

遠方から来る者が増えたために寮も併設され、塾生は月謝のほか、図書費や風呂代、「日湊銭」という維持費など、相当な額の学費を納めた。各地から集まり、日本最大級の私塾となったが、その背景には、日田の立地と経済力があった。日田には代官所が置かれ、明和四年（一七六七）からは西国筋郡代役所になることが多く、九州の幕領支配の中心であり、その支配地は十万石を超え、代官所の公金をあずかる掛屋商人などの豪商が、九州各地の諸大名や町人に貸し付けをしているなど、日田は富裕な町であった。

日田の八人の豪商「八軒士」による奨学金もあって、『大日本史』の写本作りの斡旋、商人宅に食客としての引き受けなど、経済援助が支えとなった。淡窓の出た広瀬家はその掛屋の一つで、淡窓の弟久兵衛は屈指の豪商である。ただ塾経営が最初から順調だったわけではない。淡窓が病弱な上、日田を支配する代官との関係が時にうまくゆかず、代官所に仕えた門人とのいざこざや、新田事業に関する対立もあったが、やがて経営は安定した。

### 寺子屋の増加と教育熱

地方の民間教育の基盤をなしていたのが寺子屋であって、江戸では天保年間から急増するが、信州での寺子屋の広がりはさらに目覚ましかった。その寺子屋の師匠の数の調査によれば、宝永二年（一七〇五）から延享元年（一七四四）の四十年間は六十六人だが、延享二年から天明四年（一七八四）の四十年間に百九十七人へと増え、その後の文政七年（一八二四）までの四十年間には九百八十六人に激増している（『長野県教育史』）。

佐久郡片倉村の村役人依田惣蔵の記した宝暦十年（一七六〇）の「家訓全書」は、読み書き算用を第一にすすめ、手習の必要性を説き、木曾の藪原村の原弥三郎も寛政三年（一七九一）の家訓で「男女によらず、手習・学文をよく習わすべし」と記している。

信州の隣の上州桐生で買次商を営む田村林兵衛の妻梶子は、寺子屋を文化十二年に開業し「松声堂」と称し、寺子を百人程、八、九歳より十三、四歳までの男女を教えた。その教えた「いと」は八歳で松声堂に「登山」、学習の中心は手習で、和歌や和文も教えられ、行儀作法や躾はとりわけ厳格だったという。テキストは『消息文例　国尽女文章』『都路往来』など、師匠が筆写したものを使い、いとは六年在籍して「下山」した。

弟の元次郎は、九歳の二月六日の初午の日に「登山」、その日は親子ともども晴れ着姿で師匠の前で束脩《そくしゅう》（入門料）を差し出して入門の儀式をすませ、元次郎はその時に師匠直筆の「いろはにほへと」の四十八文字の書かれた大判の折手本を与えられた。学習はいろは文字に始まり、『名頭字尽』『村名尽』『国尽』『近道子宝』『消息文例』『妙義詣』『商売往来』『泰平江戸往来』の順で進む、生活中心の実用性を重んじたテキストである。

信州佐久郡奥殿領入沢村の三石善右衛門の『年代記』によれば、手習を始めたのは安永五年（一七七六）の九歳の時で、寛政二年（一七九〇）に「隠居様」から手習を受け、「古文」を習うようになったという。やがて心学の関条之助が来村してから、心学に入れこみ、寛政十年に中沢道二《どうに》が野沢に来ると、訪ねてゆき、文化元年（一八〇四）に心学講舎成章舎の校舎を普請した。

道二の門人の植松自謙《じけん》は、寛政六年（一七九四）に諏訪地方の上諏訪に寛柔舎、松目新田に時中舎、栗沢村に好問舎を設けたが、信州の心学では埴科郡下戸倉村の中村習輔の影響も大きい。習輔は明和八年（一七七一）に糸商い先の京都で手島堵庵に入門し、天明六年（一七八六）から本格的に郷里で教化活動に入り心学講舎恭安舎を開設した。門人帳『恭安舎社友記』の四一六三人のうち信州人が三九二一人、女性が八八九人であり、この影響で信州の各地には心学講舎が広がった。

なお道二の弟子の脇坂義堂《ぎどう》は、江戸の人足寄場の教諭方になり、『心学教諭録』など平易な教訓書を著した。盲目の柴田鳩翁《きゅうおう》は、京都中心に諸国を巡講し、その道話は『鳩翁道話』に著わされ、多くの読者に喜ばれた。下総葛飾郡高野村の名主の子大島有隣《うりん》は、道二に心学を学んで天明五年（一七八五）に有志とともに村内に恭倹舎を設け、文化三年（一八〇六）に類焼した江戸の参前舎を再興し、中国地方への講話で巡回した。

大島有隣の教えを受けた石見太田村の石田春律《はるのり》は、天明の飢饉に際して村の救済活動に奔走、甘藷栽培法を改良していた農学者で、有隣の教えから終生村を離れずに教化活動を行ない、独学して地誌『石見八重葎《いわみやえむぐら》』や農業経営書『百姓稼穡元《かしょくげん》』を著した。

文化十三年刊行の滝沢馬琴の『南総里見八犬伝』は、対照的な二人の手習の師匠の姿を描いている。一人は物語の主人公の犬塚信乃の父番作であって、村人から空家を提供され、衣食の料に田畑もあたえられたので、その恩に報いるべく、子どもたちに手習を教え、年を取って病んだ後も「水旱の準備、荒年の夫食《ふじき》、すべて農家日用の事」を書いて「里老」に渡した。

いわば手習の師匠の理想像であるが、若い浪人の網乾左母二郎《あぼしさもじろう》は、「今様の艶曲、細鼓、一節切《ひとよぎり》など、習ひうかめずということなし」と、遊芸に秀で、手習・遊芸を教えると、「浮きたる伎を好むもの」が、遊芸を教わるようになって、村の風紀が乱れたという。

手習とともに、遊芸が村に流入してきた様子をよく伝えている。先に見た信濃の依田惣蔵の家訓は、読み書き算用をすすめた上で、交際のために碁や将棋、謡曲などを習うのも少しはよく、兵法・剣術を心がけるのもよいとしつつも、浄瑠璃や小唄、三味線を習うべきではない、と記し、遊芸文化の流入に警戒していた。

### 村芝居の流行

村の多くの百姓が好んだのは芝居で、信州入沢村の三石善右衛門の『年代記』には、寛政五年（一七九三）に佐久地域の所々で「女米吉芝居」、六年三月に宿沢村で「竜八芝居」が行なわれたと見える。この芝居の広がりに、須坂藩の寛政二年（一七九〇）八月の三十一箇条の法度が、近年、先規にない大神楽の真似をし、獅子舞に事寄せ狂言踊りに熱中しているのは「不埒」である故、ここ二十年来のものは厳禁し、前々からのものでも、狂言めくものは舞台を掛けて行なうのを禁じ、須坂町の祭礼でも子ども踊りに限って祭礼の日だけ認める、としている。

芝居厳禁の基準を二十年前としたのは、その頃から村芝居が各地で行なわれるようになり、華美になってきたからである。寛政十一年に幕府は「神事祭礼の節、芝居・見せ物の類」の「御法度」の触を布達、神事祭礼・虫送り・風送り等に際し、歌舞伎や浄瑠璃・踊りなどの芝居の類を行なうのを禁じているが、こうした禁令が出されたのは、芝居や見せ物がいかに広く行なわれるようになったかを物語るもので、触れが出されても一向になくならなかった。

先の入沢村では、享和三年（一八〇三）に「当年、御役所しらざるところにて、夜踊りいたす」と、ひそかに踊りを復活させていた。寛政五年（一七九三）に高井郡中野村が、例年行なってきた「市神天王祭礼笹踊り神事」の許可を中野代官所に願い出ると、代官所は、陣屋の玄関の前での式三番や踊りに続いて狂言を演じるという、今のやり方を改め、古式に戻すよう命じた。このため祭礼は中断したが、代官の交代を機に陣屋前での狂言をとりやめ、舞台を寺社の境内に仮設して行なった。

美濃苗木藩領の赤河村日面では、村々の神事について、文化元年（一八〇四）に獅子舞や子ども踊などの祭礼を差し止める触れが出されたが、同三年十一月、江戸表に伺いを立て、前々のように行なうのは「勝手次第」となり、文化十年十月十六日から三日間、大天白の森に舞台を仮設し、大々的に地芝居が催された。

信州伊那郡鹿塩《かしお》村の大鹿歌舞伎は、明和四年（一七六七）の大河原村の前島家の日記によれば、「半日、家内鹿塩狂言さわぎ」「家内残らず、狂言見物に召し連れもうし候」とあって、この時期から盛んになっている。鹿塩村集落の中峰では、文化十年に「仮名手本忠臣蔵」上演の際、祝儀（「花」）を、村内の集落や近隣の大河原村・市野瀬村・阿島村から受け取っている。

このように宝暦年間（一七五〇年代）から村芝居が広く行なわれ、禁令にもかかわらず定着してきた。陸奥河沼郡宝坂村の名主源蔵の日記「万覚帳」には、村々で上演されている芝居の演目が克明に記されている。明和年間（一七六〇年代後半）に太夫の大谷和田次が狂言を上演し、川上・川下村では狂言「東鑑御狩之巻」、中石井村では「東山万代礎」が上演され、東館村などで「軽業歌舞伎」が、地芝居・地狂言が宝坂村で「天慶記録浮世鏡」、台宿村で「角頭浅源氏」が上演された。

寛政六年（一七九四）十月に下石井村で「本朝二十四孝」、享和二年（一八〇二）二月に「下石井、狂言忠臣蔵いたし候。晴天四日これあり」と「仮名手本忠臣蔵」が、同年九月には植田村で「菅原伝授手習鑑」が上演されている。

## 地芝居と旅芝居

上州伊勢崎に近い八寸村の崇樹寺の「年鑑」によれば、安永八年（一七七九）四月から「辰松芝居」という人形芝居の興行があり、「翁渡し」に始まって、「義経腰越状」「菅原伝授手習鑑」「妹背《いもせ》山婦女庭訓《やまおんなていきん》」「一谷嫩軍記《いちのたにふたばぐんき》」「那須与一西海硯」「国姓爺合戦《こくせんやかっせん》」などが上演されたが、前年通りに太夫二人、三味線弾き一人が崇樹寺に地代を支払ったという。

村人による地芝居も行なわれており、享和二年（一八〇二）から崇樹寺鎮守の風祭には、下枝村の操りを依頼して、礼金として惣の若者から金を受け取っている。下枝村の操りは村の若者が興行していた。

同じ上州勢多郡富士見村横室《よこむろ》の芝居は、宝暦二年（一七五二）に初めて踊りがあったが、明和六年（一七六九）に踊りが公認となり、安永二年（一七七三）に「矢口渡」が上演され、寛政七年（一七九五）に歌舞伎衣装が出来し、文化四年（一八〇七）に前橋連雀町の八幡宮で上演を依頼されるなど、年々、発展していた（「歳台記」）。旅芝居の影響を受け地芝居が行なわれるようになり、洗練されていった。その点は甲斐山梨郡国府村の医師辻家の日記からも知られる。

日記を記した辻《つじ》保《ほ》順《じゅん》守瓶《もりかめ》は、八代郡末木村出身で、辻家に養子に入った。文化元年（一八〇四）三月の氏神の祭に「伊《い》賀《が》越乗懸合羽《ごえのりがけがっぱ》敵討」の狂言があり「古今未曾有之見物人」が出た。江戸の役者中村豊蔵による旅芝居で、文化二年三月には村々の狂言が連続して行なわれた。「廿日・廿一日と小屋敷村に狂言有之。忠臣蔵也。少し作あり。舞台新に造、狂言は甚不出来也」「廿日・廿一日、千野村狂言あり。前太平記なり」「廿三日・廿四日、等々力村狂言、是も前太平記也。中村豊蔵指南、社中にあり」と、周辺の村々では地芝居の狂言が行なわれ、不出来なものもあったが、中村豊蔵の指南で出来がよいものもあった。

　村芝居や村祭の広がりとともに村の掟（村法）に変化が認められる。享和年間から村法の中に芝居や祭礼に関する定めが見えはじめる。享和二年（一八〇二）十一月の丹波国桑田郡山国村《やまぐにむら》の「倹約」申合は、「相撲、人形歌舞伎は、たとひ難渋人取立にても、決して興行致す間敷事」とある。文化三年（一八〇六）三月の相模国高座郡新田村の「五人組証文」は、「芝居の儀、堅く停止たるべき事」とある。

　これらは芝居興行などの停止規定であるが、やがて文化六年四月の丹後国熊野郡久美浜村両町の「規定書」は「祭礼之節、前々之通、土居本町格別神楽かき申すべし」とあって、祭礼の際の神楽かきについて定めており、停止の規定がなくなっており、文化七年十月の信濃筑摩郡塩尻村の規定も祭礼の倹約の規定となっている。

　村芝居には江戸文化の影響が大きかったが、信州飯田領下黒田村の人形芝居は、宝暦年間（一七五〇年代）に産土《うぶすな》神社境内に舞台が建てられており、寛政年間に来住した淡路人形師の吉田重三郎の指導を得て本格化した。この淡路人形芝居は、摂津西宮の広田社の「戎《えびす》かき」の人形遣いを起源とし、その芸が練られ人形の操りに鼓や太鼓が加わり、元禄期までに淡路で芝居座が整えられた。

淡路の三原郡三条村の上村源之丞（日向掾《ひゅうがのじょう》）や市村の市村六之丞座らは操りを好んだ阿波藩主の前で上演をしたことから御前座として庇護を受け、上村源之丞には「諸芸諸能之司」の看板を出すことが認められた。享保から元文期にかけてが全盛期で、座元《ざもと》（座本。大座）が四十もあり、淡路三原郡に上村日向丞・戎谷菊太夫・市村六之丞らの二十六座、津名郡に志筑源之丞・鮎原若太夫らの十四座があったが、淡路での発展は頭打ちとなり、文化八年（一八一一）の「座本中究方之事」には、淡路の三条村・地頭方・市村・鮎原の二十一人の座本が見えるだけとなった。

その間に淡路人形芝居は、阿波をはじめ安芸・紀伊など西国中心に広がり、豊後府内藩の八月開催の浜の市には、豊後の杵築《きつき》芝居や豊前の中津芝居と並んで上演、安永六年（一七七七）の座本上村日向掾の「阿波操」以後、例年、上演している（『府内藩記録』）。

宝暦五年（一七五五）正月、三条村の上村日向掾座は、市村六三郎父子が近江や美濃で「諸芸諸能之司」の看板を出し巡業していることの差し止めを求めており、淡路人形芝居は東にも広がっていて、訴えられた市村六三郎は信州飯田にもやってきた（『兵庫県史』所収文書）。この治郎右衛門を介し人形芝居が伊那郡の村芝居に取り入れられたのである。人形芝居だけでなく、歌舞伎や獅子舞、大々神楽などの芸能集団は、各地に出向いて興行したことから、村芝居や村祭に取りいれられた。

## 村祭を担う若者仲間

村の祭礼の主役は若者であった。寛政八年（一七九六）、信州の中野代官所が村方鎮守の祭礼で狂言を催すことを禁じたのは、祭礼でしばしば騒動が起き、金銭上のトラブルが生じることを警戒してのもので、百姓に相応しい神事祭礼を行なうよう、若輩の者によくよく言い聞かせて納得させるよう、村役人に命じている。寛政十年には、新規および臨時の祭礼を禁じ、「年若の者ども」が心得違いをして平日に遊興を心がけ、風紀を乱さぬよう触れている。

安永二年（一七七三）、駿河駿東《すんとう》郡山之尻村の若者六人は、来年正月には祭礼を行ないたい、と名主に申し出て断られると、安永五年に若者の世話役が、金子に余裕がある故、と再び名主に頼みこんだ。名主が村役人と相談の上で認めたので、若者は「ぶたい」をつくり翌年正月に操りや能謡三番、「三拾石船」「忠臣蔵」を上演している。村の若者は祭礼での芝居を積極的に求め、渋る名主・村役人を説得し上演したのである。

名主・村役人が渋ったのは、芝居禁止令が出され、しばしば騒動が生まれていたからであるが、禁令にもめげず、村芝居は若者たちの手で上演された。駿東郡ぐみ沢村名主の日記の文化十年（一八一三）条には、地芝居の口上が記されている。「当所若者共、氏神祭礼として天下泰平、御領主様御武運長久、国家安全のため、唯今相励ましたる祝としての式三番、子ども躍拧狂言の解題は、有職鎌倉山、所作事御覧たてまつります。付きましては不調法なる若者共に御座りますれば」とあって、村祭の地芝居では、若者が式三番、子ども躍、狂言「有職《ゆうしょく》鎌倉山」を上演している。

このように村社会には広く祭の文化が浸透していた。甲州の辻家によれば、文化二年（一八〇五）に「若者中」から高額の祭の祝儀を求められており、この祭は甲州各地の村々で行なわれていた道祖神祭で、文化十三年正月、日向佐土原《さどわら》の当山派修験の野田泉光院が、甲府古城下の積水寺《せきすいじ》村に泊り、日影村などでの道祖神祭を見物している（『日本九峰修行日記』）。

「此辺村々道祖神祭りと云ひ、高さ八間計りの大柱を立て、上に幣束を立て、又八方へ柳とて五色に切り掛け、二間計りに垂れ、外に幟幾本も立て、神前に幕を張り、灯籠を灯し、終日獅子舞をする」と記していて、甲州の道祖神祭は、道祖神に模した大木を立てて飾りつけ、その神前に幕を張って灯籠を灯し、終日、獅子舞を行なっていた。

## 若者組の活動

村祭や村芝居を担った若者が形成した「若者組」は、村にとって欠かせない存在になっていた。甲州の巨摩郡十五所村の清左衛門は、我が子の若者仲間入りをめぐり、宝暦十一年（一七六一）正月に「御若衆中」宛てに、「惣村御若衆中仲間入り」をいかなる条件も付けず一致して認められたことを喜び、後々まで子を贔屓し付き合ってくれるよう伝えている。

そのいっぽう、尾張藩の天明五年（一七八五）の触書は、若者たちが「若者組」「若い者仲満《ま》」と唱えて党を結んで頭を立て、庄屋役人よりも仲間の申し合いを重んじるとして、「若い者中満」を禁じている。信州の須坂藩でも、寛政二年（一七九〇）五月に若者が頭を立て、十五、六歳から中年までの者を仲間となし、善悪とも何事によらず申し合わせをし、それに背かない旨を盟約するのは不届きの至りであるとして若者組を禁止している。

同年八月には、若者組による祭礼を「若者どもが手間暇つぶし、寝る間も惜しんで稽古して」上演しても、かえって見物人からあざけられるだけだと禁じており、若者組や若者仲間結成の動きの広がりとともに、領主の側はこれを禁じようとしていた。文化六年（一八〇九）、信州の旗本塩崎知行所でも、「近年、村方組々若者ども」が、髪型や身分不相応な手道具、外出時の着用物などを帯びて、口論を好んでいると指摘し、若者の風俗を取り締まっている。

若者組取締令が出されたのは、時に党を結んで騒動を起こし、風俗を乱すためであったが、それだけ若者組・若者仲間が広がっており、その影響が大きかったことを物語っている。

寛政十年八月に上州戸谷塚村の若者組は、江戸の一座を招いて芝居興行をするため傘連判状を作成しており、若者組は連判状や議定書を作成し組織的に活動していた。甲州都留郡内野村の文化八年（一八一一）閏二月の「議定」は、内野村の「若い衆仲間」が、加入者から「若いもの役懸り」を徴収し、十七歳から十九歳までは「半役」、二十歳から妻帯するまでが「本役」、妻帯後三年までは「半役」を務めるものとし、「身元軽きもの」は加入して仲間を離れるまで「半役」と定めている。若者組は年齢と妻帯を基準に役を賦課していた。

文化十年の伊豆賀茂郡下河津村の若者組は、十五歳になって組に入り、「仁義礼智信」を学ぶ教育機関の役割を有し、「神事祭礼」「狂言」をきちんと執行し、火消を行なうべし、と定めている。若者組とは、子どもが大人になるまでの期間に入った仲間組織であり、村が持続してゆくために形成されてきたのである。しかし若者である故に騒動を起こし、風俗を乱し、村祭などで過大な祝儀を要求したので、村の上層の役人には迷惑なことも多かった。

文化七年（一八一〇）正月、甲州都留郡小形山村の道祖神祭礼の日、二人の若者が祝儀銭が少ないのを理由に組頭宅に、長大な「梵天棹枠木」を担ぎ押し込んで乱暴を働いている。この道祖神祭では、祭礼の祝儀をめぐる氏子惣代と若者との対立、隣接する村の若者との衝突、道祖神に模した大木を立てる場所の争い等々、多くの史料が宝暦年間（一七五〇年代）から残されている。宝暦年間から村に若者組や若者仲間が結成され、村祭や村芝居を担うようになり、村が次代へと持続的に継承されてゆくようになったことを示している。

村は新たな段階に入っていた。若者組が主催した村芝居や村祭は、その村の世界を村人や近隣の村人に表現したものであり、次代へと伝えるのであった。時に百姓一揆や村方騒動の機動力にもなったことから、禁圧の対象ともなったが、その禁圧を跳ねのける力が若者組にはあった。

## 村の世界

村の次代への継承という点で見てゆくと、村役人が村政に関わる文書を蓄積し保管・継承するようになったことも見逃せない。元文五年（一七四〇）に幕府は諸国の村々に、名主・組頭が毎年の村の収支のわかる帳面を記し、惣百姓の立会のもとで確認するよう命じており、村が関係する帳簿を作成し保管するようになっていて、村を超えた広域行政のシステムが生まれた。

いくつかの村が結びついた組合村が形成され、郡を単位に村役人が集まっての郡中寄合が開かれ、領主と村の中間支配機構として、大庄屋や郡中惣代が置かれるようになり、その際に文書が作成されて保管されるようになっていた。村政のシステムにも大きな変化が起きており、村役人を入札や輪番制で決める村々が現れ、百姓代が村役人を監視し、村の会議（村寄合・議定）で村政を定めるようになった。

寛政四年（一七九二）、武蔵国都筑郡王禅寺村では、百姓代など四人の百姓惣代が、名主や年寄ら村役人を相手にとり、村方入用の軽減、年貢の入用や割付・勘定への百姓代の参加など四点について訴えた。交渉の結果、割付・勘定への百姓代の参加が認められ、他は慣例通りとされ認められなかったので、百姓惣代が領主に訴え、双方が協定を結び、それに委ねられることになった。これにより関係帳簿の整備が進み、名寄帳や年貢本帳が改訂され、村議定が作成され、村の体制が再編された。

文書や帳簿管理の実際を、信州諏訪郡乙事村の事例で見ると、乙事村は八ヶ岳山麓の高原地帯にあって、村高が六百石、二百軒あまりの村社会で、上村と下村からなり、二十から三十軒の家が名主・年寄を交互に出す年番年寄制をとっていた。五人組は十四組あって各組から組頭を選出、一般の百姓（小前）の意向を代表し村政に関っていた。その村の文書は、享保末年ころに整理され始め、文書目録帳が作成されて名主の交代とともに引き継がれた。

宝暦十三年（一七六三）、新たに文書目録「諸事名主廻り帳面目録帳」が検地を契機に作成された。寛政から文化年間にかけ、八ヶ岳山麓一帯の用水体系が再編され、村高が六百石へと増加し、経済力が上昇したこともあり、村の用水路を見回る堰惣代、若者組の若者頭などの役職が設けられ、村方の法規「居合年宗門改之節申渡村談之覚」が定められた。この経過を踏まえ、文化十年（一八一三）に村方の文書を保管する「帳蔵」が建設され、村に置くべき文書を永久に保管する体制がとられた。

全国的に見ても村の文書は宝暦年間から大量に残されているが、それは村が持続・存続するようになったことの現れである。たとえば甲州巨摩郡荊沢村の志村家は、駿河・甲州・信州を結ぶ駿信往還の荊沢宿の問屋場である。荊沢村の市川家が所蔵する宝永二年（一七〇五）六月の「荊沢村諸邑明細帖」によれば、人数は五九六人、家数は一二二軒、村は伝馬役をつとめ、問屋は長百姓六人が一年交替で務め、市川家が村の名主になり、荊沢村の所帯や制度を整えたのであろう。

志村家の『過去帳』によれば、初代の志村利兵衛は寛文十一年（一六七一）に亡くなり、村の所帯が整いつつあった時期に家の基礎を築いた。二代左兵衛、三代重郎左衛門と続き、文書量は、四代の左兵衛与七郎から多く残され、五代利兵衛から急増する。明和七年（一七七〇）四月の徒党・強訴・逃散の禁制の高札や正徳元年（一七一一）五月のキリシタン禁制の高札が伝わるなど、この時期から村の世界が広がっていったことがわかる。文書の内容は田畑関係、用水関係が多くあるが、近くを流れる釜無川の支流や坪川の普請が施され、地主経営が安定した。

## 雪国の村の世界と町の世界

この時期に建てられた民家は全国各地に多く残っているか、これはそれぞれの地方で独特な間取りと外観を有し、村の存続とともにあったからである。こうした村の世界を越後魚沼郡の鈴木牧之の『北越雪譜』が具体的に描いている。

牧之は明和七年（一七七〇）に越後国魚沼郡の塩沢宿に生まれ、生家は越後縮の仲買と質屋を経営する豪商の鈴木屋である。父牧水は三国街道を往来する文人と交流した俳人で、その影響を受け牧之は、俳諧や書画をたしなみ、縮八十反を売るため初めて江戸に上っている。

縮は天明六年（一七八六）に生産量が二十万反に達し、縮布を直接江戸に売りに行く商人が増え、文化三年（一八〇六）の魚沼・頸城・刈羽からの行商人は五百人を越え、市中で直接に売り歩いて、江戸十組呉服問屋の経営をおびやかすほどになっていた。

江戸に出た牧之は、江戸の人々が越後の雪の多さを知らないことに驚き、雪を主テーマに地元を紹介しようと決意、帰郷して執筆したのが『北越雪譜』である。その第二編は、越後各地の案内に始まり、雪国の一年を逸話や記録によって描く。「雪中の戯場《しばい》」の項では、村芝居の風景を「氏神の祭などに遭しを幸に遇う地芝居を興行する事あり。役者は皆其処の素人あるひは近村近駅よりも来るなり。師匠は田舎芝居の役者を傭ふ。始に寺などへ群居て狂言をさだめてのち、それぞれの役を定む」と記す。村の氏神の祭で地芝居を興行するため、まず役者を決め、狂言を定め、役者は師匠の指導で稽古に励む。雪の中での芝居小屋作りが始まり、晴れ間をみつけて開演となる。

この上演の様子を、山東京山が、『仮名手本忠臣蔵』上演を、岩瀬京水と見物に赴いたことに続いて語る。寺の門内に仮店があって物が売られ、芝居小屋の入口は戸板を集めて囲ってあり、本堂の上の段に舞台を造り掛け、左右の桟敷は竹の簀子薦張りで、土間には薦をしき、筵を並べてある。桟敷のここかしこには毛氈をかけ、後ろに彩色画の屏風が立ててあり、観衆は大入りであったという。村芝居の盛況ぶりがうかがえる。

「斎の神の祭」の項では、正月十九日の「人家千戸にあまる饒地」である小千谷での盛大な左義長を記している。越後の雪国の村の世界を牧之は活写したが、残念なことに塩沢宿がある在郷町の芝居や祭は描かれていない。では、村世界に対して町の世界はどうだったのか。

日本の各地を測量して日本地図を作製した伊能忠敬の下総佐原村について見よう。佐原村は利根川下流の河岸場で栄えた幕領の在郷町で、明和五年（一七六八）に千三百軒、人口は五千人。村の中央を利根川支流の小野川が流れ、その右岸の本宿三組、左岸の新宿二組とからなる。

忠敬は延享二年（一七四五）正月十一日、上総国山辺郡小関村の名主の家・小関家に生まれ、宝暦十二年（一七六二）に伊能家のみちと結婚して伊能家を継ぐが、これは平山藤右衛門が土地改良工事の現場監督をしていた際の忠敬の能力を認めて仲介したものである。

伊能家は本宿にあって酒や醤油の醸造、貸金業を営み、利根川水運にも関わり、新宿の永沢家と

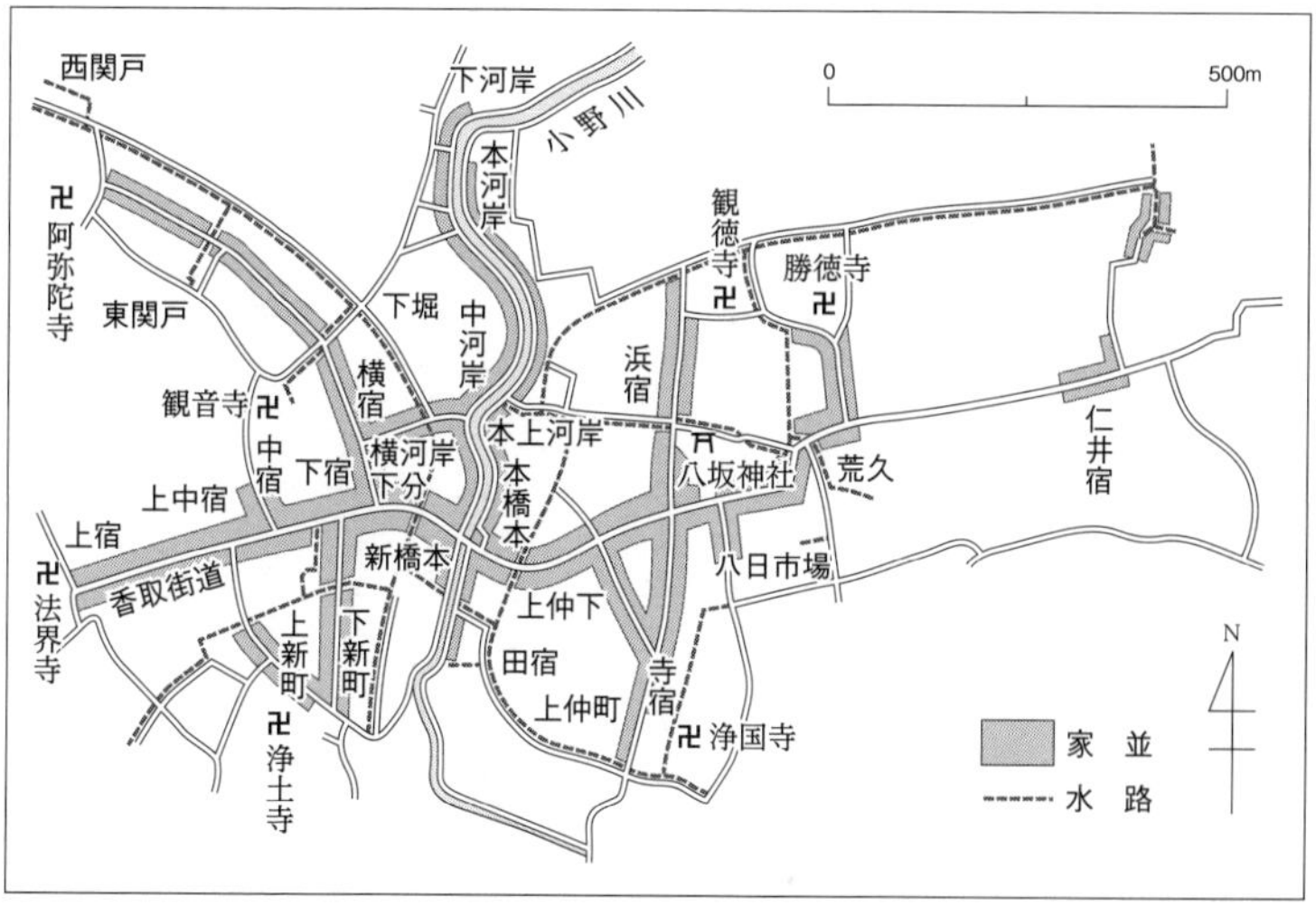

佐原町並図（『図集　日本都市史』「東国の在郷町」による）

ともに村有数の資産家として村政に関与、忠敬の三代前の景利は家系を調査して享保五年（一七二〇）に「伊能氏中興先祖書」を著し、佐原村と伊能家に関する百冊以上の記録を残している。なかでも『部冊帳』には、天正年間から享保八年（一七二三）までの村政の重要事項が記されており、この景利の代に佐原村の村政や伊能家の家政が整えられていた、

忠敬はその記録に学び、伊能家の資産を、商才を発揮して増やした。村人の推薦で名主後見になった忠敬は、明和三年（一七六六）の凶作時、窮民の救恤《きゅうじゅつ》にあたり、明和六年六月の鎮守社の祭礼をめぐる騒動に関わる事になる。享保の頃から本宿では六月に牛頭天王の祭礼（祇園祭）、新宿では八月に諏訪明神の祭礼があり、神輿が町を回り、各町では趣向をこらした飾り物を付けた山車を引き回し、山車に乗った芸座連が演じる佐原囃子の

音が、村を包んだ。町が一体化する年中行事で、運営は参加する町が相談をして取り決め、年番の町が実行にあたった。

佐原村はこの年六月の祇園祭が、不作続きで村人が困窮し、本宿の組の村役人が話し合い、倹約を心がけ、山車の飾りは慎むよう廻状を出したのだが、各町内は納得せずに無視し、山車を引き回す順番をめぐって、本宿組の八日市場が一番を主張、これに対抗し浜宿組の川岸が一番を主張したので、順番が決まらず祭の日を迎えた。

神輿渡御の二日目、各組が山車を引き出す気配が伝わったので、村役人は今年は山車を出さないと決めて、各町の説得を忠敬と永沢次郎右衛門に依頼し、説得は成功したかに見えたが、永沢家の川岸が禁を破って山車を引き回したので、怒った八日市場の若者が忠敬に知らせてきた。忠敬は永沢の責任を追及し「義絶」する、と宣言したため、さすがに村人は冷静になり、各町は山車を出すのを取りやめ騒動は静まった。

忠敬の村における存在感の大きさ、村の祭礼の中心をなす若者の動きがよくうかがえるもので、村の結束を強めていったことがわかる。その忠敬と村を襲ったのが天明三年（一七八三）の浅間山の噴火に続く天明の大飢饉で、忠敬らは地頭所にかけあって年貢の全額免除をかちとり、「御救金」として百両を得た。同年の利根川堤防の国役普請では、忠敬が普請掛となって堤防工事を指揮し、工事費の節約に手腕を発揮した。天明三年九月、名字帯刀を許され、翌年には名主を免じられ新たに村方後見の役となった。

忠敬は毎年の不作から天明五年には米が値上がりすると見込んで、大坂から大量の買米をした。伊能家は酒の醸造を行なっていてこの方面の知恵に長けていた。ところが米相場は翌年春から夏にかけて下がり続け、多額の損失を抱えてしまう。だが七月の利根川大洪水で村が大損害を受けると、困窮した村人に米や金銭を与えるなど貧民救済に取り組んで、佐原村からは一人の餓死者も出なかった。天明七年五月、江戸で打ちこわしが起きたが、村への波及を免れたばかりか、所持していた米を江戸で売り払って多額の利益を得たのである。

### 甲府の町の道祖神祭

甲斐の甲府は、柳沢氏が大和郡山に移封になった後、幕領となり甲府勤番支配下に入り、甲斐の村々と同じく、甲府城下でも道祖神祭が行なわれていた。修験の野田泉光院は、文化十三年（一八一六）正月十三日に村の道祖神祭を見物、翌日に、甲府の道祖神祭を見物した（『日本九峰修行日記』）。

注連竿が巡らされた城下の各地で俄狂言が演じられ、なかでも伊勢神宮の宮廻りを模した、合いの山の仕立てが面白かった、と語り、「其外、見せ物、作り物多し」と記している。この祭礼について甲府勤番士の野田成方《しげかた》は、宝暦二年（一七五二）の『裏見寒話《うらみかんわ》』で、宝暦初年ころには盛んになったといい、町の辻々に道祖神を祀る小社を立て、獅子舞を行ない、十三日には妻帯していない若者が集まって山車を飾る、と記しており、成人儀礼の意味合いもあった。この点は道祖神の霊が無妻の者に乗り移り、騒動をおこしていたことからも知られる。

祭礼の具体的な内容は「家々の軒下へ獅子頭を荷ひ来りて舞唄ふ」「辻々に大きなる屋台を飾り、十二、三歳の子ども綺羅を尽くして歌舞伎をなす。囃し方の者は皆大人也」「近年甲府の祭礼殊の外美麗にして、近江八景をうつし、大坂四橋の体、勢州内外の宮、色々金銭をかけて美飾を成して遊興す」といったものである。

甲府の町は新興商人の台頭が著しく、宝暦三年（一七五三）に山田町《ようだ》の和泉屋作右衛門が両替商、翠《みどり》町の竹原田藤兵衛が質屋としてこの頃から見え、横近習町の井筒屋喜右衛門が呉服屋・質屋を営業するようになり、宝暦十年には主な商人の書上が作成されている。こうした新興商人の登場と相俟って、道祖神祭が華やかになったのであろう。祭の見せ物に、近江八景や大坂四橋、伊勢神宮の内外宮の様子が飾られているのは、町人が伊勢参りや物見遊山の旅で見物してきたものか、豪商の取引先の情報によるものかであろう。

祭礼とともに、甲府では歌舞伎芝居の興行も行なわれ、明和二年（一七六五）、西一条町の与兵衛は金手《かねんて》町の教安寺境内に小屋を設け、五月から六月にかけ十五日間の浄瑠璃仕形芝居の興行をしており、寛政三年に江戸の五代目市川団十郎が、坂東三津五郎・森田勘弥《かんや》らと歌舞伎を上演している。文化二年（一八〇五）に与兵衛は西一条町に常設小屋を設け、亀屋座と称したが、ここでの芝居番付は文化四年分から残っている。新たに成長を遂げた町人の経済力を背景にして町の世界が開かれてきたのである。

## 高山と長浜の町祭

野田泉光院は甲府に来る前の文化十二年（一八一五）八月二十七日、飛驒高山を訪れていた。高山は加藤氏の城下町であったのだが、今は城跡ばかりで代官の陣屋が置かれていたといい、「八幡へ詣納経す。それより国分寺へ詣納経す。当所町多し。旅人宿は一軒も無き地にて、商人宿計り、因て国分寺に宿す」と記す。

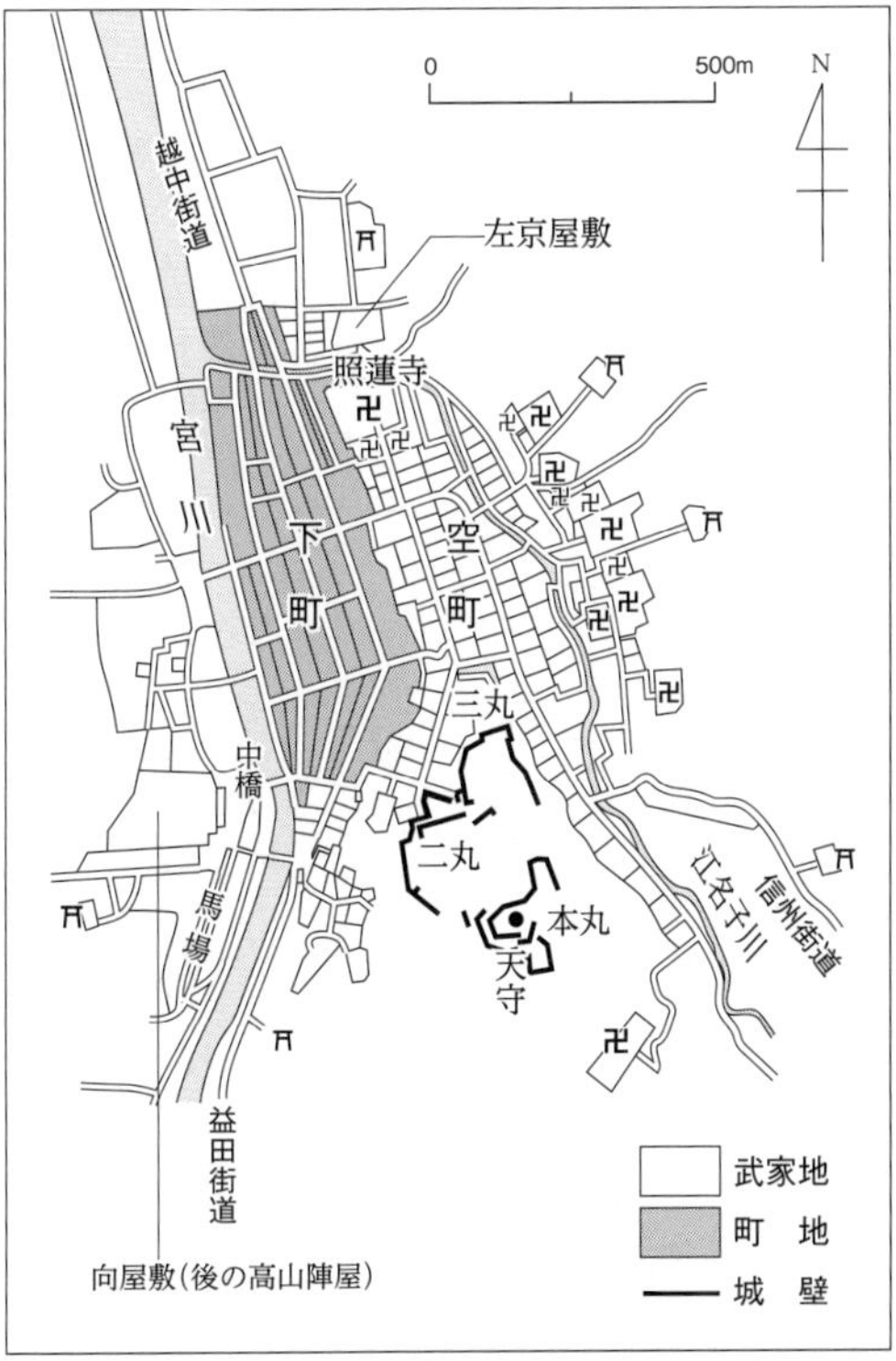


高山（『図集 日本都市史』「城下町の類型」による）

この商人町の高山の祭礼が高山祭で、春秋二季の祭礼、春に山王祭、秋に八幡祭があり、古い記録が残る。八幡祭の記録は、「高山八幡行列」と題し、表紙には「元禄元年起／日記」とあって、鉾や屋台などの四十八番の行列を、どの町組が担当するかを記し、「右八幡宮御祭礼、享保三戊亥年八月三日より七日迄有之者也」と、享保三年（一七一八）に記され、天明六年（一七八六）に書写されたという。祭礼は元禄元年（一六八八）に始まり、享保三年に整えられ、天明六年に何らかの展開があったと考えられる。

もう一つの山王祭は、組頭の都竹屋清六と当番中により天明二年（一七八二）三月に二十三箇条の山王祭礼の規定が記され、「安永三ヶ年より法式箇条の通り相定め」とあって、安永三年（一七七四）に法式が「今般一同寄合相談」の上で定められたという。これによれば山王祭も安永から天明の頃に大きな展開があったと考えられる。

こうして発展を見た山王祭の「祭礼定条目」は、寛政九年（一七九七）に、曳山《ひきやま》の屋台の順は文化三年（一八〇六）に記され、八幡社の祭礼の規約は文政十年（一八二七）に定められている（『岐阜県史』資料篇）。高山の町も町人の手で祭が整備され、町の世界が開かれたと考えられる。

同じ曳山屋台で知られる近江長浜について、文化二年刊の『木曾路名所図会』が、「旦妻《あさづま》の北一里半許にあり。此辺都会の所にして商人多し。この地の名産は、糸・縮緬・紬・綿・釣柿、其外の種々の物あり。町小路凡そ五十軒許にして、賑他境に勝れり」と記し、商人町として賑わっていたという。長浜八幡の祭礼については、十二の町から曳山が出され、童に風流の狂言を教え山の上で舞わせるなど、祭は壮観であって、遠近の人々が集まり、前日から芝居や見せ物で賑わったという。

「江州湖東八幡宮勧請幷祭礼之由来」などの史料は、「太刀渡」「歩行渡」「曳山」が寛文六年（一六六六）に始まったと記し、元文三年（一七三八）の『長浜記』には、「九月御祭礼拾三組に極り、渡りも十三渡りに相成り申し候」と、十三組の「長刀歩行渡」などの渡りが「甲冑を着し、母衣武者十人、警固大勢」の行列であったという。

その行列は十二の町の曳山からなり、明和六年（一七六九）の「歌舞伎狂言外題《げだい》記録」によれば、一番の魚屋町組の「信濃源氏会稽錦《かいけいにしき》」から、十二番の瀬田町組「花街駕忠義重荷」まで、組々の演目が記されている。高山と同じく、長浜でも曳山祭は宝暦から明和にかけ新たな段階に入っていたのであり、それは町人を中心とした町の世界が広がったことを意味している。

### 鶴岡と酒田の町祭

武蔵に生まれた松井寿鶴斎《じゅかくさい》は、奥州松島見物に天明七年（一七八七）に出かけ、その道すがらの見聞を、天明九年に『東国旅行談』として出版、そこには出羽庄内藩の鶴岡・酒田の町の祭を記している。鶴岡の城下は、「諸職商人軒をならべ、売買の手をうち、または両替のそろばんの音を響かせ、誠に三都に異ならず」と、「繁昌の土地」で、七月七日からの盆踊りが、「夜ごとに踊をもよほす事、御江戸の祭礼のごとし。年々趣向、新たにして、音頭いづる。その唄文句に花をかざり、風流をまじへ、その妙筆に尽しがたし」と、年々趣向を凝らして行なわれていると記す。

その祭は、盆踊りの謡踊が高砂・田村など謡いの衣装により掛声・手拍子を揃えて行なわれ、十五人一組になって躍った。装束は「奇麗美を尽し、目を驚かす」もので、道者踊や大名踊などもあったという。踊を出した家は、花筵・毛氈を敷き、客を家に待ち受け、酒や菓子でもてなした。鶴岡でも、町人地の家数の増加が明和・安永期に顕著で、寛文・元禄期に城下に広がった盆踊が、この時期には組踊として盛んになったもので、城下町にあっても町人が町繁昌の主役であったことがわかる。

早くから湊町として栄えていた酒田は、北前船の寄港地として商取引によって繁栄し、三十六人衆と称される豪商の町人町であった。その酒田の祭礼は、鎮守八幡宮の毎年四月中旬の「申の日」に行なわれ、祭の準備は町中の四軒の当番の家が、前年暮れから祭の屋台を他に知らせずにつくることに始まる。祭礼当日、その屋台を「二間に三間ある地車」に仕掛け、作り物を載せ五十人ばかりで引き、「奇麗にして華やか」だったという。

祭当番の家には、一家親類をはじめ懇意の人々が祝の贈物をし、当番の家は思い思いの作り物に細工を加え、見世店に飾りつけたので、これを見るために人々が往来群集した。当日はほかに雌雄一対の獅子の囃子もあり、神輿が渡って祭礼が終わると、次年の当番については、所の若い者数百人が山王の宮に参って「山王権現」の神慮をうかがって決まったという。

明らかに酒田も町人中心の祭で、酒田の自治を担った当初の三十六人衆の多くが享保年間に衰退したのに代わり、今町・船場町などで新たな町人が台頭、祭が華やかになったのである。その新興町人の一つ本間家の本間光丘《みつおか》は、宝暦四年（一七五四）に家督を継ぐと、上方との商取引や庄内農村への金貸し、大名貸しなどにより資財を蓄積し、窮乏していた庄内藩の藩財政の立て直しを委された。

藩は借金が二十数万両に膨らんだので、光丘は藩士・農民の借財を肩代わりし、江戸藩邸の支出を抑え、借金の返済計画を立案、また、酒田浜の防風林の植樹事業も資財を投じて行なった。光丘の支援を受け、藩は改革を推進、寛政七年（一七九五）には老中竹内八郎右衛門を中心に農村改革を断行、文化元年（一八〇四）には藩校の致道館を鶴岡町に設け、学頭（祭司）に改革御用掛の徂徠学派の白井矢太夫《やだゆう》を任じた。

致道館跡（鶴岡市教育委員会提供）

その教育方針は布達九か条で、生徒の個性に即した教育を行なって素質をのばすよう努め、詩文を重んじ白文を読むようしむけることなどを示し、文化十二年（一八一五）に三の曲輪の馬場町に移して、会所（政務所）と学校を統合させ、等級制により学力の進展で教場を移り変わるようにした。生徒は句読生・繰揚生（終日詰生）・外舎生・試舎生・本舎生の順で試験などを経て進級した。

### 町の世界と地誌の編纂

開かれた町の世界には祭を担う新しい町人の台頭があり、祭とともに歌舞伎興行が行なわれ、これが賑わいを創出したことは、甲府の例からわかり、陸奥の会津でも認められる。会津の祭礼は七月二十六日に始まる諏方神社祭、八月十四日に始まる八角神社祭が氏子中心に行なわれていたが、諏方神社では、八月五日に会津の町あげての授光祭が行なわれた。

授光祭は、神輿が郭内・郭外を渡御し、最初に藩主奉納の出章《でじるし》を掲げて牛車が行き、神宝が続き、さらに総町が一番、二番、三番と組町の出章を先に立てて屋台が続いた。屋台には飾り物を載せ、踊・囃方・獅子踊・大神楽が乗り、人数は二千人にも及び、近郷近在の見物の男女で賑わう。宝暦十一年（一七六一）から、総町が溜銭《ためせん》を藩の元締め方に預け、出費をまかなうようになった。

会津藩は藩政改革で天明八年（一七八八）に改革の趣旨を徹底するよう会津町に命じたので、この「町改正」以来、郷村からの人出が減少、倹約で景気が著しく悪くなっていた。そこで町方から歌舞伎人形座建設の願が町奉行に出されると、町奉行の伊予田安大輔は、寛政二年（一七九〇）に景気浮揚策の一助として、七日町に人形座を設ける意見書を提出した。

藩上層部は翌年に風俗を紊乱しないことを条件に認めたので、名主の木村又右衛門を人形浄瑠璃の演目の取捨係に任じ、二月に人形座での上演がなされた。その後、操竹田一座の興行もあり、浄瑠璃人気が高まると、寛政七年に博労町の馬市の復活を機に、三ノ町の七右衛門が芝居座（七右衛門座）を建て、その興行も許可された。

寛政九年（一七九七）には修験の大観院が、江戸から役者を迎えて大がかりの芝居興行を申請して認められると、西名子屋町《にしなごやまち》座を建て、江戸から名優の瀬川菊之丞、市川高麗蔵を呼んで興行し、大評判になった。これに対抗して七右衛門座も、市川蝦蔵（五代目市川団十郎）にすがって、岩井半四郎・市川八百蔵一行を会津に招いた。こうして会津でも祭礼と歌舞伎興行で賑わい、町の世界が開かれた。

甲府・高山・長浜・鶴岡・酒田・会津と、それぞれ町形成の在り方に違いはあっても、町が形成され始めた寛文・元禄期を経て、十八世紀後半から新興町人が台頭し、祭礼や芝居興行が行なわれ、町の世界が大きく開かれてきたことが見てとれる。

このように村や町の世界が開かれていったことを踏まえ、享和三年（一八〇三）に幕府は村や町の地誌を編むよう命じた。会津藩はこれに応じて地志御用掛を置き、一柳新三郎を編纂主任となし、村方から「文化風俗帳」を提出させ、文化六年（一八〇九）に藩主松平容衆《かたひろ》が序を記し、陸奥国四郡の地誌『会津新風土記』を編んだ。

甲府勤番支配の甲斐国では、松平定能《さだまさ》を中心に文化初年に編纂が始まり、文化十一年に『甲斐国志』が完成した。全百二十三巻で、村々を郡・筋・領など地域別に記している。

広島藩では、文化元年に儒者の頼杏坪《らいきょうへい》が編纂に着手、文政元年（一八一八）に編修局が置かれ、文政八年に『芸藩通志』として完成をみ、和文体と漢文体の二種類がある。紀伊藩では文化三年（一八〇六）に仁井田好古《にいだこうこ》を総裁として編纂に着手するが、難航し、文政十二年（一八二九）に南部四郡が成稿するも、中断して天保十年（一八三九）に『紀伊続風土記』として完成した。『新編武蔵風土記稿』は文化七年に編纂に着手され、文政十一年に稿本が完成し、天保元年（一八三〇）に献上本が完成した。『新編相模国風土記稿』は、着手が遅れて文政七年（一八二四）に作業が始まり、天保十二年（一八四一）に完成している。

御府内については、文化五年（一八〇八）に幕府の普請方役所が江戸市中の地割を行なうための調査・編纂を『御府内沿革図書』として著わし、地誌は、文政九年（一八二六）に『御府内風土記』の編纂を三島政行らに命じ、参考資料として『御府内備考』が編まれた。

# 六　ロシアの脅威と蝦夷地を目指した人々

## ラクスマンの来航と鎖国

文化元年（一八〇四）九月、ラクスマンの持ち帰った信牌を持参したロシアの遣日使節レザノフが、ナデジュンダ号で長崎に来航した。仙台藩の漂流民津太夫の送還と、通商要求によるもので、レザノフは、一七七九年設立の露米会社の支配人となって、北太平洋植民地への食糧や造船資材の送付、通商航海を促進するため、ロシア初めての世界周航船派遣の一環として渡来したのである。

船が長崎湾に入ると、長崎奉行所が役人・通詞を派遣し、国名と来日の目的を尋ねると、レザノフは、ロシア国王の将軍宛国書を持参したので、上陸して江戸に赴き将軍に直接手渡したい、と伝えたところ、幕閣からレザノフへの回答に意見を求められた林述斎《じゅっさい》は、柴野栗山《りつざん》と連名で、「新規外国通信の義は、彼是子細もこれあり、祖法急度制止しおかれ候」と、新規の通信や通商は「祖法」で禁止されており、要求を拒絶する、という返答案を作成した（「蝦夷乱届書」）。

幕府は、老中首座となった松平信明《のぶあきら》が病気で辞職し、老中戸《と》田《だ》氏教《うじのり》を中心に貿易を長崎に限定して、新規の通商は認めない、と合意しており（『休明光記《きゅうめいこうき》附録』）、定信政権期から祖法として吉宗政権の政策や法を順守する考えが定着し、鎖国が祖法と見做されていた。この「鎖国」の語は、蘭学者志筑忠雄《しづきただお》が享和元年（一八〇一）にケンペルの『日本誌』を抄訳した際、『鎖国論』と名付けたことに由来するもので、幕府は鎖国の語を用いていない。

幕府の目付遠山景晋《とおやまかげくに》は、文化二年（一八〇五）正月に国学者屋代弘賢《やしろひろかた》作成の「教諭書」を長崎に携えて行き、直ちに退去するようレザノフに伝え、これによって貿易の許可、開国への道は閉ざされた。幕府の対応については、杉田玄白や司馬江漢らは大国ロシアに対し不遜であると批判、長崎に勤務していた大田南畝は、背景には従来の貿易体制を望むオランダの働きがあったと見ていた。

通商を認められず、怒ったレザノフは、帰国途中で部下のニコライ・フヴォストフに、日本には武力をもって通商をせまる必要がある、と話し、帰国後、日本人はヨーロッパ人を極度に恐れているが、それは自分たちの力の弱さを知っているためであり、軍隊に規律はなく、大砲は旧式である、と報告している（『世界周航記』）。

文化三年（一八〇六）正月、幕府は薪水給与令を出して、ロシア船が渡来したならば穏便に帰帆させ、漂流ならば薪水を給与するとしたが、レザノフの言に応じたフヴォストフは、カラフトの松前藩番所を襲い、翌年四月には択捉島を襲って、日本側守備隊に勝利すると、五月にも再度カラフトを襲撃、六月には礼文島で松前船を、利尻島で幕府・松前の船を襲った。日本の古いカノン砲は、この野砲の敵ではなかった。

事件の報は瞬く間に国内に広がり、その衝撃から幕府は、軍事的劣勢の状況を打開する策を種々論じ、開国策と鎖国策の間で揺れ動いた。蘭学者の大槻玄沢は「世界無比の大国・巨邦」のロシアとは戦えないのであって、ロシアに貿易を許可し友好関係を結ぶべし、と指摘した（『北辺探事補遺或問』）。貿易は認めても、日本の武威を何らかの方法で示すべきであるとの意見も多く出た。

文化四年十二月、老中の土井利厚はロシア船打払令を出し、鎖国堅持の方針から東北諸大名を動員して、ロシアと対峙させた。ロシア船を沿岸で見かけたら打ち払い、接近してきたら乗員を逮捕するか、殺害せよと命じ、漂着の場合には監視下におき、幕府に通報するよう指示した。この方針はレザノフに示し渡した国法書と教諭書に基づくものであった。

### 鎖国の祖法とゴロブニン事件

ロシアのみならず、日本近海に外国船が現れた。文化五年（一八〇八）八月十五日、イギリス海軍のフェートン号が、オランダ船拿捕を目的としてオランダ国旗を掲げて長崎に入港、出迎えたオランダ商館員を捕えてイギリス国旗を掲げ、オランダ船を求めて武装ボートで長崎港内を捜索した。オランダは当時、イギリスと戦争状態にあったフランスの支配下にあり、イギリス船の攻撃対象となっていた。

長崎奉行所が、フェートン号にオランダ商館員の解放を要求すると、フェートン号側から水と食料を要求する返書が到来したので、長崎奉行の松平康英《やすひで》は、湾内警備担当の佐賀・福岡両藩にイギリス側の襲撃に備え、ロシア船打払令に基づいての焼き討ち準備を命じたが、フェートン号は水と食料の提供を受けると、商館員を釈放して長崎港外に去った。手持ちの兵力がなく、侵入船の要求に応じざるを得なかった長崎奉行は、国威を辱めたとの思いから切腹、勝手に兵力を減らして対応できなかった佐賀藩は、長崎警備の任を怠ったとして藩主鍋島斉直が閉門を命じられた。

文化七年二月、幕府は江戸湾防備のため会津藩に相模側の、白河藩に安房・上総側の警備を命じ、同八年に大槻玄沢を「和蘭書籍和解御用」に任じて国際情勢の分析にあたらせた。そうした折におきたのがゴロブニン事件である。ロシアの海軍士官ゴロブニンが、ディアナ号で世界周航の航海を行なって、文化八年(一八一一)に択捉・国後島周辺の測量中に、松前奉行所の役人に捕えられた。

これは、フヴォストフによる択捉襲撃に対する報復であって、事件の報告を受けた幕府は、鎖国を祖法とする方針を堅持し、外国に向けて宣告した国法書と教諭書の趣旨を貫徹させる方針を指示した。

ところが、松前奉行所クナシリ詰め役の奈佐政辰《なさまさとき》は、打ち払わずに逮捕して拘禁した。このため蝦夷地警備の秋田藩などから疑問が出されるが、松前奉行所吟味役は「臨機の権道」「権変の取計」であり、打ち払いは進めると回答した(「色々合冊」)。

通商を断られたディアナ号副艦長のピョートル・リコルドは、いったんオホーツクに戻り、ゴロブニン救出の交渉材料として、漂流民を連れて国後島に向かい漂流民を渡した後、情報を入手するために日本船を拿捕すべく待ち受けた。

そこに通りかかった高田屋嘉兵衛の観世丸を拿捕してカムチャツカ半島に連行した。嘉兵衛はロシア語を学び、カムチャツカ長官のリコルドと話し合い、打開策を探った。ゴロブニンの捕縛はフヴォストフの暴虐への報復であり、日本政府に謝罪文書を提出すれば、ゴロブニンは釈放される、と説得し、リコルドがカムチャツカ長官名義の謝罪文を作成し、交渉に赴くことになった。

幕府は、嘉兵衛拿捕の後、ロシアと紛争を拡大させない方針に転換しており、ロシアがフヴォストフの襲撃が皇帝の命令に基づくものでないことを証明すれば、ゴロブニンを釈放するとして、ロシア側に伝える説諭書「魯西亜船江相渡候諭書」を作成、ゴロブニンに翻訳させた。

文化十年五月、嘉兵衛とリコルドは、国後島に到着、嘉兵衛は陣屋に赴いてこれまでの経緯を説明し、ディアナ号に戻って「魯西亜船江相渡候諭書」をリコルドに手渡した。だが幕府は、リコルドが日本側に提出した謝罪文を認めず、他のロシア政府高官による公式の釈明書を提出するよう求めたので、リコルドは戻ってオホーツクでイルクーツク民生長官とオホーツク港務長官による松前奉行宛書簡を受け取り、箱館に九月に入港した。

松前奉行はロシア側の釈明を受け入れ、ゴロブニンを釈放して事件は終結した。ゴロブニンは、二年三か月に及ぶ監禁生活中、間宮林蔵や村上貞助らと会い、ロシア語やロシアの知識を伝え、日本や日本人の知識を得て、帰国後に『日本幽囚記』を著すと、これは一八一六年（文化十三）に刊行され、欧米語に訳され、文政八年（一八二五）に『遭厄日本紀事《そうやくにほんきじ》』として日本語にも訳された。

### 北方の探検家

ロシアの脅威とともに、蝦夷地を新たな世界として目指す人々が現れた。その多くは村出身者だった。天明八年（一七八八）に奥州から蝦夷地を調査して『東游雑記』を著した古川古松軒は、備中下道郡新本村の百姓の子で、林子平『三国通覧図説』の蝦夷地の記事の間違いを指摘し、大黒屋光太夫のロシアの地図を写し、「亜魯斉亜国女王図」を筆記した。

高田屋嘉兵衛も淡路の村出身で、享和元年（一八〇一）に「蝦夷地《えぞち》定雇《じょうやとい》船頭《せんどう》」になると、文化三年（一八〇六）に大坂町奉行から蝦夷地産物売捌方を命じられ、蝦夷地に深くかかわり、文化六年の箱館大火では被災者の救済活動と復興事業を担い、文化八年（一八一一）には箱館港内に造船所を建設して多くの船を建造し、蝦夷地の事情に通じていた。

越後の村出身の最上徳内は、寛政二年（一七九〇）に『蝦夷草紙』で松前の和人風俗や蝦夷地の地理やアイヌの風俗・地理・地誌を紹介、文化四年（一八〇七）のロシア船来航の際には支配調役として北方警備を監察し、アイヌ交易の改善にあたった。

ゴロブニンの調査を担当した間宮林蔵も、常陸の筑波郡上平柳村出身で、幕臣の村上島之丞が行なう関東三大堰の一つ岡堰の普請を手伝い、地理・算術の才能を認められて幕府の下役人となり、寛政十一年（一七九九）に国後場所に派遣されると、同地に来ていた伊能忠敬に測量技術を学び、享和三年（一八〇三）にウルップ島までの地図を作製した。

文化四年（一八〇七）、択捉場所の紗那会所元に勤務、同五年に松田伝十郎に従って樺太の探索にあたった。松田は樺太南端から西岸を、林蔵は東岸の樺太探索を進め、樺太北部にアイヌ語の通じないオロッコと呼ばれる民族がいることを発見、その生活の様子を記録に残し、松田とともに北樺太西岸ラッカに至り、樺太が島であると推測して「大日本国国境」の標柱を建て、文化六年に宗谷に帰着した。この調査報告書を提出、さらに奥地への探索を願うと許され、単身樺太へと向かった。最初の探索地よりも北に進んで、黒龍江河口の対岸に位置する北樺太西岸ナニオーまで到達、樺太が半島ではなく、島である事を確認し、樺太北部に居住するギリヤーク人の情報から、海峡を渡ってアムール川下流を調査した。樺太北部の探索を終えると、文化六年(一八〇九)九月に宗谷に戻り、十一月に松前奉行所に帰着報告をし、松前で探索の結果の報告書作成に取りかかった。

師の村上島之丞の養子村上貞助に口述筆記させ、『東韃地方紀行《とうだつちほうきこう》』『北夷分界余話《ほくいぶんかいよわ》』としてまとめ、文化八年に地図とともに幕府に提出した。ロシア帝国は極東地域を十分に支配しておらず、清国人が多くいたと報告、六月二日に司馬江漢の家で蝦夷地について説明している。十二月、ゴロブニン事件の調査のため松前に派遣された。林蔵は樺太が島であることを確認した人物として、シーボルト作成の日本地図に樺太・大陸間の海峡部が「マミアノセト」と表記された。

### 伊能忠敬の蝦夷地測量

伊能忠敬は下総の佐原村で隠居して江戸表に出た後、蝦夷地に赴いたが、そのための資金を蓄積していた。河岸問屋を引き受け、安永三年(一七七四)には、酒造が百六十三両、田徳が九十五両、倉敷・店賃が三十両、舟利が二十三両、薪木が三十七両の合計三百四十八両ほどとなり、安定した収益を得ていた。

好きな暦学や天文学の道を志し、寛政七年（一七九五）の五十歳、江戸に出て深川黒江町に家を構え、高橋至時と間重富《はざましげとみ》の二人が寛政七年に出府したのを聞くや、早速、高橋至時の弟子になって、熱心に勉学に励み、寝る間も惜しんで天体の観測、測量の勉強をした。すでに『暦象考成後編』を学んでおり、重富を通じて観測機器も購入、時計師の大野弥五郎父子の協力を得て自宅に天文台を作って観測、その観測機器は象限儀《しょうげんぎ》、圭表儀《けいひょうぎ》、垂揺球儀《すいようきゅうぎ》、子午儀《しごぎ》など、幕府の天文台に見劣りしないものだったという。

忠敬が観測していたのは、太陽の南中、緯度の測定、日食、月食、惑星食、星食などであって、金星の南中を日本で初めて観測した記録が残る。至時と忠敬は折からの北方の緊張を踏まえ、蝦夷地の正確な地図作りの計画を立て、幕府に願い出た。測量で地図を作成し、子午線一度の距離をも求めようという狙いであり、提案は認められ、寛政十二年（一八〇〇）閏四月、蝦夷測量の命令が忠敬に下った。

その年、忠敬一行は蝦夷へ向けて出発した。「閏四月十九日朝五つ前、深川出立。上下六人、伊能勘解由、門倉隼太、平山宗平、伊能秀蔵、下人佐原有助、新に召か丶え候長助なり」と、測量日記『蝦夷于役志《えぞうえきし》』は記している。測量をしつつ二十一日目に津軽半島北端の三厩《さんまや》に到達する。風の影響で松前半島南端の吉岡に船が着くと、そこから歩いて箱館に向かい、箱館山に登って方位の測定を行なった。五月二十九日、箱館を出発、本格的な蝦夷地の測量が始まった。『蝦夷于役志』は、七月二日の砂馬仁（様似）からの測量について、海岸は砂小石交じりで、又大石を積み重ねたような道のため行路困難、又海岸に高く尖った大岩を上下する所があって、甚だ危ない、と記す。歩行困難な箇所の連続であったのだが、ようやくにして測量を終え、十月二十一日に江戸についた。要した路銀は百両、ほとんどが自腹である。十一月から地図の作成にとりかかり、十二月頃には出来上がる。大図・小図の二種類で、日本ではじめての本格的な実測図であり、海岸線や街道が正確に描かれている。測量不能な箇所には後々のために「不測量」と記し、正確さを期していた。

この第一次測量に始まり、文化十三年（一八一六）の第九次まで測量を続けた。その間、文化元年に高橋至時が亡くなり、文化六年（一八〇九）に至時の子景保が伊能図を基に幕府の命で『日本輿地図彙』を作成した。旅を終えた文化十三年から『大日本沿海輿地全図』（伊能図）の作成にとりかかるが、文化十五年に八丁堀亀島町の自宅で亡くなる。

時に七十三歳。完成した伊能図は、京都を子午線の零度として梯形図法で描かれ、孫の忠晦《ただのり》によって文政四年（一八二一）に大図二一四枚、中図八枚、小図三枚に仕立てられ、『大日本沿海実測録』とともに幕府に献上された。

多大な苦難に満ちた測量に忠敬を駆り立てたものは何か。忠敬が長女に宛てた書状のなかで「国中測量御用」に命じられたのを「これぞ天命と言しか」と記している。「天文暦学」を好み「測量渡世」をしたのは、名誉を残す所存ではなく、何れも「自然天命」であるとも記している。忠敬は名主としての歩みを「天の道」と語り、引退後の測量を「天命」によるという。ここに忠敬の真骨頂があった。

## 一茶の家、家の一茶

伊能忠敬は村の世界を出て五十歳で江戸に出たのに対し、信濃の村から江戸に出た小林一茶は、五十歳を期して江戸を去り、信州柏原村に帰郷する道を歩んだ。文化九年（一八一二）十一月、父の遺産をめぐって継母や異母弟と争っていた問題を解決するために交渉に臨み、その時の句が「是がまあつひの栖か雪五尺」である。

文化十年（一八一四）頃の句に「疱瘡のさんだらぼしへ蛙哉」がある。「さんだらぼし」とは桟俵と書き、米俵の両端にあてがう円い藁蓋で、疱瘡の癒えるころ、桟俵に赤い御幣を立て供物を載せて川に流し、疱瘡神を送り出すのである。江戸では店賃二百文の裏長屋に住み、「暑き日や見るも陰気な裏長屋」の句をつくり、転々と各地の俳人宅を訪ね、長崎に赴いた時には大村藩の疱瘡小屋で「灯ちらちら疱瘡小屋の吹雪かな」の句をつくった。故郷の村では「信濃もしなの、おくしなの の片すみ、黒姫山の麓なる己の住める里」に住んだ。

一茶の柏原村は、千四百石の本村と新田村からなり、一茶は本村の百姓小林弥五兵衛の子に生まれた。本村は信越国境の北国街道の宿場で戸数が約百五十、人口は約千二百人、本陣の中村家には大名や旅の俳人が宿泊していた。鎮守の諏訪大明神の祭は七月二十五日から八月二日まで開かれ、祭市や馬市が立ち、善光寺町や近郷から商人が集まり賑わった。父は持高が六石余りの中農で、街道で荷物を運搬する駄賃稼ぎもしていた。

帰郷してからも我が家には落ち着かず、信州の門人宅を巡回、旅先でもまず詠んだのが故郷の家であり、俳文『おらが春』「みちのくへの旅」の最初は「思ふまじ見まじとすれど我家哉」の句であった。「我が家」「我が庵」「我が門」「我が宿」と始まる句が多い。蕪村は俗を用いて俗を離れよ、と「離俗論」を唱えたが、一茶は俗に徹した。

「目出度さもちう位也おらが春」の「おら」が家からの視線に沿って、「雪とけて村一ぱいの子ども哉」「我と来て遊ぶや親のない雀」「やせ蛙《がへる》まけるな一茶是《これ》に有《あり》」「雀の子そこのけそこのけ御馬が通る」「名月を取ってくれろと泣く子哉」などの慈愛に満ちた句も詠んだ。

### 良寛と越後の詩文

一茶が生まれる五年前の宝暦八年（一七五八）、良寛は隣国越後の三島郡出雲崎の名主を務める橘屋に生まれた。父以南は一茶とも知りあいの俳人で、生地の出雲崎は三国街道の宿駅、佐渡の小木湊を結ぶ交通の要衝である。その良寛は明和七年（一七七〇）に儒者の大森子陽《しよう》が帰郷して開いた私塾三峰館で学び、父の跡を継ぐべく名主見習いとなり、村人の争いを調停し、盗人の処刑に立ち会う体験をするなか、十八歳で突如出家、曹洞宗光照寺の住職玄乗破了のもとで修行に入る。

安永八年（一七七九）に破了の師である備中玉島の円通寺の大忍国仙が、巡錫回国してきたことから随従し、玉島に赴いて円通寺で厳しい修行をして十二年に及んで、寛政二年（一七九〇）に印可を得ると、翌年、師の示寂にあって諸国を行脚、五年後に帰郷、やがて蒲原郡国上村の国上寺五合庵に定住し、ここを拠点に西蒲原・三島地方を托鉢して回り、多くの人々を感化し、共感と信頼が寄せられた。

その生涯は、「俗にもあらず　沙門にもあらず」「端なくたまたま和尚の道を問ひ　たちまち高跳して保社より脱ず」という、何事にもとらわれない、何者にも煩わされないものであり、床下から筍が顔を覗かせば居間を譲り、子どもにせがまれれば、日が落ちるまで鞠つきに興じ、「この子らと手鞠付きつつ遊ぶ春　日はくれずともよし」と詠んでいる。難しい説法はせず、質素な生活をし、簡単な言葉によって解り易く仏の道を説いた。それだけに我が非力を痛感していて、「身を捨てて世を救う人もますものを　草のいほりに閑もとむとは」という和歌を詠んでいる。

曹洞宗の道元の『正法眼蔵』『太平広録』を読んで求法し、唐の懐素の『自叙帖《じじょじょう》』『千字文』や小野道風の『秋萩帖《あきはぎじょう》』に学んで字を書き、和歌は『万葉集』に学んだ。庵と家とは距離間を保ち、その間の取り方は、良寛の書における字と字の間の配りからもうかがえる。

良寛は自身を「大愚」と称したが、愚とは単に愚かの意味を超えて、自身をも意味しており、「大愚」とは、個としての良寛であり、多くの人々に自然体で接した。その生涯は、人々の心の世界に接し続けたもので、現代的にいえばカウンセラーに相当しよう。

折衷学派の亀田鵬斎が、文化六年（一八〇九）に出雲崎の名主山本由之宅に滞在した際、由之兄の良寛と親交を深めたが、その時に良寛は児戯の絵を描き、鵬斎は良寛に「羨む爾が能く超脱せるを」の詩をつくった。俗にあって俗を超脱した良寛をよく言い当てている。

折衷学派の亀田鵬斎は、文化六年の寛政異学の禁により多くの門弟を失って、越後遊歴の旅に出たもので、良寛に会った後、与板の新木小自在《しょうじざい》、燕の神保柳波《りゅうは》・杏村《きょうそん》父子の宅を訪れ、三条では橘崑崙《こんろん》に会い、白根で塾を開いていた大関文仲を尋ね、水原塾を開いていた門人の中村南溟と会い、十月二十四日には新潟に着いた。

新潟町で「新潟江楼晩景」「新潟元旦」の詩をつくり、芸妓冨二との浮名を流し、詩の多くを『善《ぜん》身堂《しんどう》詩鈔』に収めた。崑崙は考証趣味で戯作風の『北越奇談』を文化九年に出版した。

越後には多くの文人が育ち、坂口五峯の『北越詩話』は、良寛の師の大森子陽、村松蘆渓《ろけい》、寺石城《せきじょう》、小田穀山《おだこくざん》らを「北越四大儒」としてあげる。子陽は明和二年(一七六五)頃に江戸に遊学し、帰郷して地蔵堂に三峰館を開き、良寛や原田鵲斎《じゃくさい》・三輪佐市・松山大年らを教え、安永七年(一七七八)には出羽に赴いて鶴岡でも学塾を開いた。子陽らは江戸に出て学術を故郷に伝えるとともに多くの文人を育てたが、越後には多くの遊歴者が訪れた。

延宝六年(一六七八)に国学の橘三喜《さんき》、明和末年に幕臣の服部圭吾《けいご》が訪れ、天明三年には江戸の画家狩野梅笑《ばいしょう》が来越、鈴木牧之や古志郡六日町の細貝静山、良寛と親しい有願に絵を教えている。同四年には菅江真澄も来越した。寛政元年(一七八九)、賀茂真淵門下の大村光枝《みつえ》が江戸から出雲崎の山本以南・由之父子を訪ね、国上山の良寛と一夜を語り合っている。寛政四年、経世家の海保青陵が蒲原郡一ノ木村の庄屋小林家に招かれて致富を講じ、文化元年(一八〇四)にも来越、新潟町の賑わいと信濃川の治水について記している(『稽古談』『経済話』)。

越後を訪れた遊歴者は、文芸や学術の交流を目的としつつも遊興をも求め、本多利明は新潟町を

「戸数一万、遊女三千人」の賑わいの地と記し、江湖詩社の詩人柏木如亭は、寛政八、九年頃に越後の高田を訪れ「酒色地獄に堕落」したと記している。文人や俳人も遊楽を求めて旅に出たのだが、町人・百姓も違った世界を夢見て旅に出た。

## 旅の文化

陸奥白河郡の宝坂村の古市源蔵は、隣村あわせ総計三十四名を引き連れ、安永二年（一七七三）に八十五日をかけ、東海道の寺社、伊勢神宮・熊野権現・高野山に参詣し、京都・丹波・須磨・明石、讃岐に渡って金毘羅大権現に参り、帰りは姫路に出て帰路を中山道にとり、日光に参って帰郷した（『西国道中道法幷名所泊宿附』）。旅に出た町人・百姓は道中記を記しており、寛政四年（一七九二）、奥州会津郡大石組宮崎村の中丸伊左衛門は、日光・伊勢・京都・善光寺に赴いた旅を『参宮道中記』に記し、寛政十二年、奥州白河郡内松村の関根万吉らは、伊勢・西国巡礼・善光寺参詣の旅を『道中日記』に記している。以後、道中記は文政・天保期にいっそう増えてゆく。

旅行ブームに火をつけたのが伊勢神宮へのお蔭参りであった。慶安三年（一六五〇）には箱根関の通過者が正月下旬から三月上旬までが一日平均五、六百人、三月中旬から五月までが平均二千百人で、皆「白衣」を着ていたという。宝永二年（一七〇五）には、京都に始まって四月上旬から二〜三千人が一日に伊勢松坂を通り、最高は日に二十三万人で（本居宣長『玉勝間』）、二か月間に三百万人が伊勢神宮に参詣したという。

明和八年（一七七一）のお蔭参りはそれらとは違い、四月十一日、女・子どもだけの集団が宇治の仕事場である茶山から無断で離れ、着の身、着のまま来たのが始まりであったといい、ピーク時の松坂では道路を横切って向かいの家に行くことすら困難なほどで、「おかげでさ、ぬけたとさ」と囃しながら歩き、集団ごとに幟を立て、幟に出身地や参加者を書いていた。その数二百万人と推定され、七月まで続いた。

お伊勢参りがひろがり、参拝客が年々増加し、参拝後に精進落しをする人が増えたので、門前町の宇治古市は歓楽街になった。天明年間（一七八〇年代）に妓楼が七十軒、遊女が千人、浄瑠璃小屋数軒という賑やかさで、「伊勢参り　大神宮にもちょっと寄り」の川柳が詠まれた。寺社の門前や道中の宿々には遊び場が生まれ、遊興目的の「物見遊山」が多くなり、街道が整備され、名所図会が描かれた。

秋里籬島《あきざとりとう》は安永九年（一七八〇）の『都名所図会』に続いて、寛政九年（一七九七）に『東海道名所図会』を刊行、京都三条大橋から日本橋までの東海道沿いの名所旧跡や宿場の歴史や伝説・古歌を紹介し、土地の産物も記した。同年には京から伊勢神宮までの『伊勢参宮名所図会』を蔀関月《しとみかんげつ》の絵で刊行、文化二年（一八〇五）には絵師西村中和《ちゅうわ》を起用して『木曾路名所図会』を刊行した。

これらの図会は京都中心に書かれたが、江戸からの旅は、日本橋から京までを宝永元年（一七〇四）刊行の『早見道中記』が簡略に記し、文化二年の改正時に十返舎一九が序を書いている。宝暦十二年（一七六二）の『東国名勝志』は、鳥飼酔雅《とりがいすいが》が絵を月岡丹下に描かせ、松前から太平洋岸を経て東海道の近江までの名所・旧跡と、それにまつわる古今の和歌を記している。幕府は「五街道分間延地図」の作成を寛政年間に命じ、文化三年（一八〇六）に完成し、そのうち「東海道分間延地図」には、沿道の問屋や本陣、脇本陣、寺社などがしっかり描かれている。

旅の便利帳も刊行され、文化七年（一八一〇）に八隅蘆庵《やすみろあん》が『旅行用心集』に「長旅の艱難千辛万苦いふべからず、依之、旅は若輩の能修行成といひ、又諺にも可愛子には旅をさすべしとかや」と旅をすすめている。旅行業者も生まれ、文化元年、大坂の松屋甚四郎と江戸の鍋屋甚八が講元で優良な旅籠を紹介して斡旋する講組織「浪花講」を結成、加盟店の旅籠屋は、講名の看板を掲げ、旅人に加盟店を列記した冊子『諸国定宿帳浪花講』と鑑札を渡し、その鑑札を見せると、優遇される仕組みであった。この浪花講組の成功に促され、「東講」「三都講」なども結成された。

享和二年（一八〇二）の十返舎一九の滑稽本『東海道中膝栗毛』も多くの人を旅にいざなった。神田八丁堀に住む栃面屋《とちめんや》弥次郎兵衛とその食客の喜多八が、厄落しと称し伊勢参りの旅に出、東海道を江戸から伊勢参宮、京・大坂への旅を描く。二人は道中で狂歌・洒落・冗談を言い合い、いたずらをしては失敗を繰り返すなか、先々でおこした騒ぎを面白おかしく描いた。

茶店が六十四軒ある神奈川宿に着いた時のこと、「ここは片側に茶店軒をならべ、いづれも座敷二階造、欄干つきの廊下、桟などわたして、浪うちぎはの景色いたつてよし」と、茶店が並ぶ神奈川宿のすぐ東は神奈川湊であって、美しい娘の呼び声に誘われ、二人は焼き鯵を食べるために入った。奥に入った北八は、「ひろいはづだ。安房上総までつづいている」と言う。

# 七　文化・文政の境界

## 松平信明政権の経済政策

新たな文化の動きの背景には経済の活況があった。天明七年（一七八七）から寛政四年（一七九二）までの幕府の年貢収納量は、百四十二万六千余石に過ぎなかったのだが、寛政七年以後は天明の飢饉以前の百五十五万石の大台に回復、文政三（一八二〇）、四年まで維持された。寛政元年から同十年までの幕府の財政収支は、米で年平均五万六千石、貨幣で二万六千両の黒字で、貯蓄額は天明八年の八十一万両から寛政十年に百八万両に増加した。

こうした財政収支の復調は、定信のすすめてきた経費削減による人員整理と冗費節約の成果であり、文化三年（一八〇六）に老中復帰の松平信明や、享和元年（一八〇一）に京都所司代から勝手掛老中に転じた牧野忠精《ただきよ》、これに戸田氏教や本多忠籌《ただかず》ら「寛政の遺老」の財政政策の成果である。

蝦夷地経営も多額の経費がかかったが、好転して文化二年の蝦夷地の生産物の販売は七万両の売り上げがあり、約六万両の利益を得、御備金六万両の目標も達成、文化九年からは松前箱館収納金も上納された。

文化三年・文化八年と倹約令を発令して倹約政策を続け、朝鮮使節来聘に関わる九万両の費用も、文化八年の対馬での易地聘礼によって、支出が大幅に減り、諸大名に文化五年から五ヶ年の年賦で割り当て、百姓に物国役を課し利益を得た。しかし天明七年（一七八七）以後の豊作で、「近年諸国豊作にて米価下落」という米価の下落に直面し（『三貨図彙《さんかずい》』）、米価引き上げを目指し、買米政策を実施した。

文化二年（一八〇五）に江戸で米価掛を設けて石橋弥兵衛を任じ、大坂の町人に買米を要請したが、効果は乏しかった。文化三年に酒造制限を撤廃し、江戸の十組問屋と三橋会所の頭取杉本茂三郎に買米を行なわせた。三橋会所は隅田川に掛かる三橋（永代橋・新大橋・大川橋）の架け替えの修復費用を引き受けるべく設けたものだが、芳しい成果は得られず、次第に財政状況が悪化し始めた。

後年、金座御金改役になった後藤光亨《みつみち》は、老中の水野忠邦の諮問に、文化初年の老中牧野忠精の頃は、年貢収納分で財政のやり繰りができたが、文化年間半ば頃から困難となり、金百万両ほどの収入では不足するようになった。その原因は将軍家斉《いえなり》に関わる支出が増加し、世間に広がる華美な風俗による支出が増えたためである、と語っている（『後藤家記録』）。

こうして再び財政問題が生じるなか、文化十三年に牧野忠精が病気で職を退き、翌年に松平信明が病没して、文政元年（一八一八）に側用人の水野忠成《ただあきら》が勝手掛・老中首座となった。翌年、「寛政の遺老」老中青山忠裕や若年寄堀田政敦も勝手掛をはずれ、代わって田沼意次の次男意正《おきまさ》が西の丸若年寄に昇進し、将軍側衆の林忠英《ただふさ》が若年寄になるなど幕閣の構成が大きく変わった。

老中になった水野忠成は旗本岡野知暁《ともあき》の次男で、将軍徳川家治に仕えて小納戸役・小姓を歴任、天明六年（一七八五）に沼津藩主水野忠友の養子となり、享和二年（一八〇二）に沼津藩主を継いで奏者番に任命され、翌年に寺社奉行を兼務、以後、文化三年に若年寄、同九年に側用人となり家斉の嗣子家慶《いえよし》付になった。家斉側近として台頭してきた老中である。

若くして将軍になった家斉は、寛政元年（一七八九）に薩摩藩の島津重豪《しげひで》の娘近衛寔子《ただこ》を正妻に迎え、松平定信の老中期は息を潜めていたのだが、しだいに気ままな生活を送るようになって、十六人の妻妾から、世子の家慶をはじめ五十五人もの「おびただしき御子」を儲け、大奥の遊興の世界に耽り、財政がどうなろうと構わずに楽しんでいた。

### 関東の村の百姓

経済の好調により緩んだ風俗を厳しく批判したのが文化十三年（一八一六）の『世事見聞録』である。著者の「武陽隠士」によれば、近頃の風俗は「人情狂ひ行状みだれ、道理隠れ、猥りに損益の争ひ強く、ことごとく貧富の偏ること大方ならず、多く強きと賢きが勝り、弱きと愚かなるが犯さるる」という風情で、見るに堪えられず、聞くにも忍びない、と言い、遊楽の世界に耽る人々と世相とを描き、さらに関東の百姓についても語る。

「関東の内にも常陸・下野は過半、荒地・潰屋出来る」と、北関東の常陸・下野が荒廃しているのは、「させる産業もなく、不融通・不便利なる土地」なためであり、江戸に出る事により「あるいは奉公に出で、立身を好み、また商売に出で、あるいは放埒の余りに出で、または困窮の上に出でなどして衰微」しているという。

天明の飢饉からの荒廃が著しかったこともあり、多くの貧しい百姓が江戸に流入していたが、北関東では他国から農民を招いていた。寛政五年（一七九三）に下野芳賀郡に赴任した代官竹垣直温《なおひろ》は、旧任地の越後から百姓の二、三男を入村させている。その頸城地方の百姓は寛政七年（一七九五）から文化四年（一八〇七）にかけ、常陸や下野に移住し、芳賀郡への入百姓は三百余戸、千七百人にのぼり、十六か村に配分された。

このように百姓が他国に溢れ出ることが多くなり、江戸・京・大坂や「国々在町宿々、津々浦々まで、町家の人数が増え、遊民や悪党が出来」したので、国々の民の風俗が崩れ、富める者は耕作せず、村役人らは農業を勧めず、商売や諸職業をして遊び暮らすようになり、さらに無宿や悪党が増加し諸国を横行するようになった。

ことに関東とその近辺は「粋法・長脇指」「通りもの道楽もの」「無宿悪党」「盗賊・火付け・追剝ぎ・人殺し」「繁華と田舎を横行する」人々を、取り締まるのには限界があり、幕府は寛政五年（一七九三）に上州の岩鼻に陣屋を設け、関東一円を巡回させ博徒や悪党を取り締まった。

寛政十一年には「同類をあつめ、通りものと唱え、身持不埒の者共を子分などと号し抱え置き、あるいは長脇指を帯し、目立ち候衣装を着し、不届の所業に及ぶ者」への対策をはかって、文化二年（一八〇五）に関東取締出役を新設した。

武蔵の品川や板橋・大宮、相模の藤沢にも、代官・手付・手代を配置、広域な警察機構となし、関八州を巡回して悪党や怪しき者を見当たり次第に踏み込んで捕え、関八州以外に逃げ出した者も追跡して逮捕できる権限を与えた。その結果、文化十一年には博徒百二十人余りが逮捕された。

しかし原因を根絶しない限り、無宿・悪党は次々に生まれてくる。同年の『街談文々集』は、この年に世界が七分通り死亡する故、逃れるためには「再正月を祭る」のがよい、との流言で、半分以上の人が再正月を祭ったという。

文化二年（一八〇五）に信州佐久郡の下海瀬村は「多蔵芝居」を雇うため、若者惣代と繁治郎が相談しているが、この繁治郎の「博奕」への関わりは、関東の無宿の者の間で知れわたっていたという。関東取締出役が、少ない手勢で逮捕するためには、逮捕に協力する博徒が必要とされ、事態は一向に解決しなかった。

### 水野忠成政権の貨幣改鋳

遊興の世界が広がるなか、政治を家斉から委任された水野忠成は、定信・信明らの禁じた贈賄を認めた。文化十三年（一八一六）に岡山藩主池田斉政は、少将昇任の際、御礼の約八百両を、将軍の父一橋治済《はるさだ》に百両、御用取次二名に百両ずつ、側用人水野忠成に五十両、老中松平信明に百両配っており、贈賄を認める下地はできていたのだが、その贈賄が横行し「水の出てもとの田沼となりにける」の落書が生まれ、「金が物いひ今の世の中」と評された。

財政状態の悪化は一途をたどっており、勘定奉行になった服部貞勝《さだかつ》と古川氏清《うじきよ》は、膨らむ財政支出で、幕府の金蔵に寛政十年（一七九八）には百八万両あったものが、文化十三年（一八一六）には七十二万三千両に減っている、と報告すると、これをうけて忠成は、緊縮による財政均衡策を放棄し、収入不足補塡のために貨幣改鋳に踏み切った。文政元年（一八一八）四月、三か年の倹約令を出すとともに、「真文二分《しんぶんにぶ》」という文政二分判（一両の半分）の鋳造を開始した。

貨幣改鋳への気運はこの少し前から生まれていた。寛政十二年（一七九〇）に銀座の役人五十一人が「不埒」を理由に罷免されて、銀座が事実上幕府の直轄となり、文化七年（一八一〇）に御金改役の後藤庄三郎光包《みつかね》が三宅島に流され、銀座年寄役の後藤孝之が御金改役となって、金座への幕府支配が直接に及ぶようになっていた。文化十二年に鴻池別家の草間直方は、日本の通貨の歴史と物価の仕組みを『三貨図彙』に著しており、貨幣への関心が高まっていた。

貨幣改鋳は、後藤孝之の跡を継いだ婿養子の後藤三右衛門光亨の手で開始され、文政二年（一八一九）六月に文政小判と文政一分金、同三年六月に文政丁銀・小玉銀など、以後、天保三年（一八三二）にかけ、数次にわたって改鋳と新鋳が実施された。文政・天保の改鋳は、傷んだ貨幣を新品と交換するもの（「吹き直し」）で、改鋳の対象は元文金銀であった。

元文小判を鋳つぶして造られた文政小判は、重さは三・五匁と同じでも、品位は十四・二パーセントも減少した。金貨の価値が十四・二パーセント減り、一分金も同様で、あわせて金貨が千百万両鋳造された。文政金銀の総鋳造量は、四千八百十九万両と銀二十二万貫にのぼり、貨幣流通量は四十六パーセント増加した。交換した差額（「出目」）は幕府の益金となり、収入は総額五百五十万両で幕

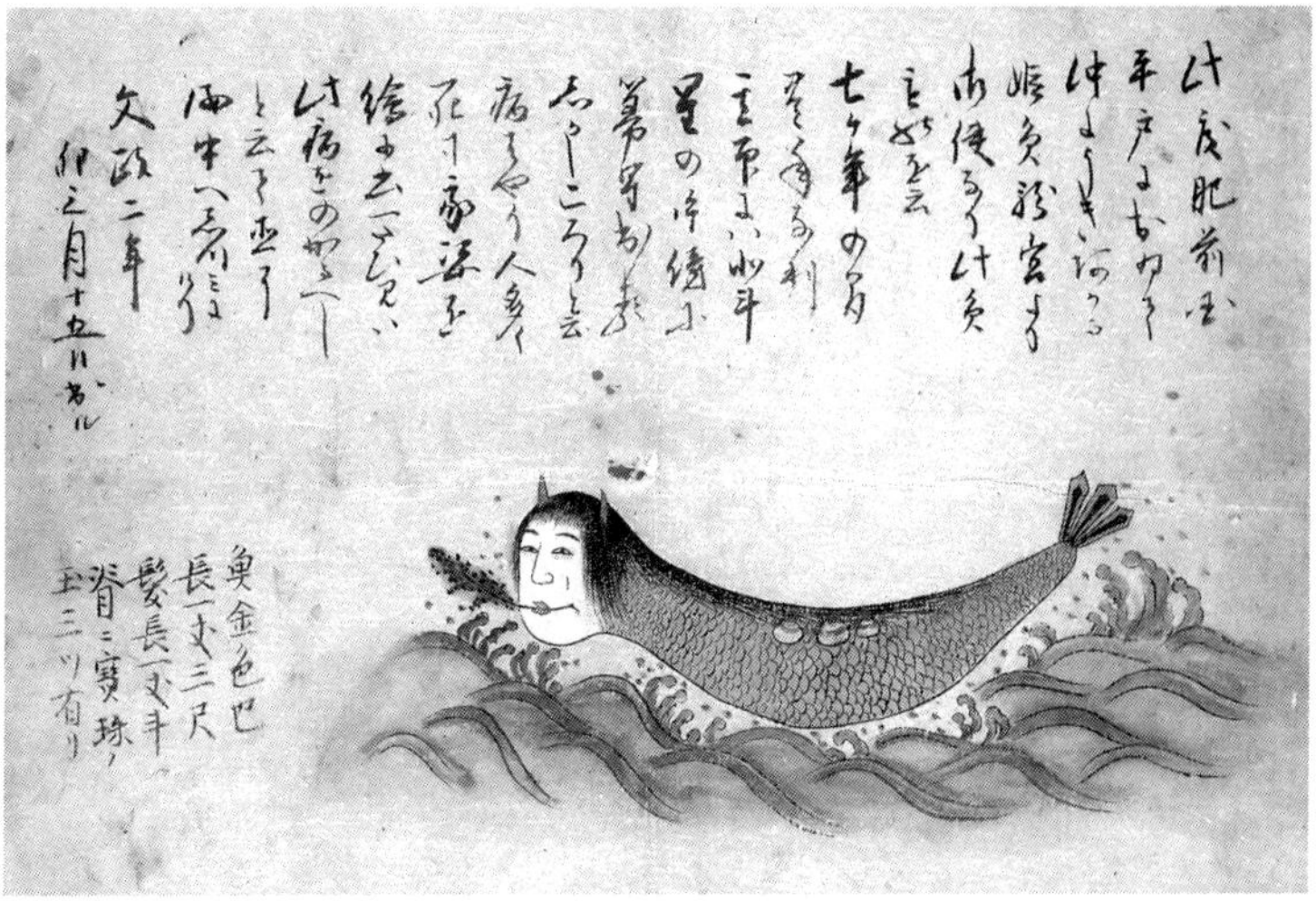

姫魚図（国立歴史民俗博物館蔵）

府財政を潤し、財政は改善へと向かった。

　財政支出の増大は消費を刺激し、全国的な商品生産と流通を活発化させ、景気は上昇した。ただ、このインフレ政策で財政は改善しても、不健全な財政構造になっていたので、改悪した貨幣の大量発行により物価上昇を招くことになった。

　文政二年（一八一九）に諸国で風疾《ふうしつ》が流行し、江戸では五月から八月頃まで大いに痢疾があって、「コロリ」といわれたが、これを避ける守りとして狩野探幽の戯画の百鬼夜行のうちの「ぬれ女」の図を写して、神社姫と号して流布し尊んだという（『武江年表』）。この神社姫を描いているのが、「肥前国平戸において姫魚龍宮より御使なり」という姫魚図で、角を生やした金色の魚の姿に背に宝珠があり、髪は長い。

### 長崎貿易と蝦夷地

内政がゆるみ始めた文政元年（一八一八）五月、イギリス船ブラザーズ号が浦賀に来航した。寛政三年（一七九一）以来の太平洋貿易によるイギリス船の来航である。前回は博多や串本にたまたま来航したものだが、今回は江戸湾口の浦賀、アラスカでの露米会社との取引という目的があった。日本は通商の用意がないとして引き払うことを要請し、イギリス船は引き返すが、ヨーロッパ諸国の太平洋岸での勢力圏形成の動きは着実に日本に及んできた。

水野忠成政権の対外関係は、財政政策を基本としていたので、長崎貿易の収支悪化が問題となっていた。オランダ貿易は復調したものの、寛政二年（一七九〇）の半減商売令により信牌を持つ唐船が半分の十艘に規制されていたので、この不満から、唐船の水夫（工社）が、貿易不振のため長崎市中を徘徊、日本人との間に小競りあいが生じ、長崎の治安が悪化していた。

中国貿易の縮小は薩摩藩の密貿易とも関係していた。島津重豪は文化七年（一八一〇）に琉球国を救助すると称し、唐紙など唐物八品目を長崎で試売する許可を得ていたが、文化十三年の英国船の琉球近海の測量、琉球の飢饉などを理由に、その品目の拡大を求めて、文政元年に長崎での売捌品として薬種・雑唐物など四種類を三年間、許可され、薩摩藩は唐物方を設置し、琉球・中国間貿易に直接に関与した。

文政三年、長崎奉行が漂着船の抜荷を調査したところ、九州から日本海沿岸にかけての唐物密売の船が三十四、五か所で判明した。この唐物は薩摩藩を経由して各地に流通し、琉球国産品の名目で公認した以外の唐物が捌かれていたことがわかった。薩摩藩は松前からの俵物を密買して中国に売り、薩摩特産の樟脳も中国に売って利益を得ていたのであり、文政八年の長崎での売捌品は十六品目へと拡大され、この動きは加速化していた。

全国流通を独占していた幕府は、長崎会所が薩摩藩の密貿易で衰退を余儀なくされ、蝦夷地の経営を松前藩に戻してしまう。文政三年の幕府が関わる蝦夷地の請負場所は七か所に減ってはいたが、運上金は一万二千両あったのに、翌年に松前藩に戻したのである。その理由は、取締りの制度が整い、アイヌの撫育や産物の取り扱いが落ち着いてきたので、松前藩に蝦夷地一円を復領にしたという。突然のこの決定は、蝦夷地を異域として開発に着手しない前々からの考えの延長上にはあったが、事実は松前藩が賄賂攻勢をかけ、水野忠成や将軍の父一橋治済を口説いた結果である。

これにより松前藩は北方貿易に深く関わるようになって幕府の流通独占は破綻しつつあった。なお復領にともなって津軽・南部両藩による蝦夷地駐屯が廃されて、緊急時の出動となり、北方防備が手薄となった。江戸湾防備の常駐も会津藩が文政三年に、白河藩が文政六年に解かれ、諸藩による緊急出動体制に切り替えられて、防備はさらに手薄になった。

### 無二念打払令とシーボルトの来日

江戸湾防備が手薄になるなか、文政五年(一八二二)四月、イギリスの捕鯨船サラセン号が浦賀に渡来した。鯨油が欧米ではキャンドル・ランプ・石鹸をはじめ、産業革命期になって機械油として使用されるなど需要が増え、漁場を太平洋に求めるようになり、毛皮貿易船に代わって捕鯨船が日本近海に現れたのである。交易が目的ではなく、鯨油を煮る薪や水、壊血病に効くといわれる山土を求めてのもので、与えるとすぐに帰ったが、その後も近海を航行する捕鯨船が増えた。

文政六年の常陸沖に来たイギリス捕鯨船に、会瀬浜の漁師が近づくと、招かれて歓待され捕鯨の方法を教えられ、物々交換をした。翌七年五月に捕鯨船の小艇二艘が大津浜に上陸、琵琶と豚を買い求めたところ、二人が捕捉され、拿捕された船員を求めて、小艇九艘が上陸し、合戦目前となるが、水戸藩が船員送還を伝え、幕府の使者が薬用品を与えて帰らせ、事なきを得た。

同年七月にはイギリス船が薩摩の宝島に上陸し、野菜と牛を求めたイギリス人一人が薩摩藩士に殺害される事件も起きた。こうしたことから文政八年二月に無二念打払令（異国船打払令）が出された。南蛮・西洋は邪教の国であり、何れの浦にあっても、異国船が乗り寄せたならば、その地にいるあり合せの人夫を以て有無をいわせず一途打ち払うよう、沿岸に接近する異国船に対して無差別に打ち払うよう、命じたのである。

一見すると、極めて強硬な命令に見えるが、同時に発令された触では、船乗りや漁民はこの法度を守り、できるだけ異国船に出会わないよう、異国船との親交を隠し置かないよう、異国船来航の事実をきちんと届けるよう命じたもので、異国船に接触の可能性のある者が主たる対象であった。オランダ商館長は、軍事的危険性がある、と指摘したが、幕府は対外的に捕鯨船が日本近海に近づかないように求めたのであり、その体制を周知させるために、オランダを通じて法度を各国に伝えたものとした。

その翌九年、オランダ商館長ステュルレルに同行したオランダ商館医のシーボルトが、江戸に参府した。シーボルトは一七九六年にバイエルンの医師の家に生まれ、オランダ領東インド陸軍病院の外科少佐となり、一八二三年にバタヴィア近郊のヴェルテフレーデンの軍医に配属されて、東インド自然科学調査官を兼任、東インド総督に日本研究の希望が認められ、八月にオランダ商館長ステュルレルに同行し、オランダ商館医として来日したのである。

シーボルトは出島の外科室で診療にあたるうちに名声がひろがり、通詞の塾を借りて診療と医学教育を行なうようになり、翌年には長崎奉行の許可を得て鳴滝塾を開設、出島から通って診療と臨床講義と自然科学を講義した。日本の臨床医学が始まった。信州上山田村の宮原良碩《りょうせき》が長崎の通詞吉雄幸載《こうさい》塾で写したシーボルトの手術記録に『シーボルト治療日記』『シーボルト直伝方治療方』があり、門人が手術を実見した様が記されている。

シーボルトは出島や鳴滝塾に植物園を作り、日本を去るまでに千四百種以上の植物を栽培した。文政九年（一八二六）に江戸参府し、天文方の高橋景保や将軍御典医の桂川甫賢《ほけん》、大槻玄沢らと意見を交換し、最上徳内や間宮林蔵とも面会、蘭学者宇田川榕庵《ようあん》、元薩摩藩主島津重豪や中津藩主奥平昌高《まさたか》とも会った。

文政十一年十一月、帰国直前のシーボルトのもとに、長崎奉行所から検使が派遣され、その所持品中に高橋景保から渡されたとされる日本地図の捜索・尋問や家宅調査を行なった。翌年夏まで尋問が続き、「日本輿地全図」「蝦夷地図」「樺太地図」などが押収された。

事件は、シーボルトが帰国挨拶を間宮林蔵にあてた書状が、高橋景保のもとに届き、さらに間宮を通じて勘定奉行村垣定行《さだゆき》に渡ったことでおきたものである。村垣が動いて景保が逮捕され、「日本地図其の他、シーボルト所持致し居り候」ことが判明、シーボルト所持の日本地図を押収する内命が長崎奉行所にもたらされたのである。地図を贈った景保ほか、川原慶賀《けいが》、高良斎《りょうさい》、二宮敬作《けいさく》などのシーボルト関係者二十三人が獄に下り、景保は獄死した。シーボルトは文政十二年に国外追放、再渡航禁止となり、一八三〇年、オランダに着いた。

日本で収集したコレクションは五千点以上、哺乳動物標本二百など動植物の標本を持ち帰った。一八三二年にライデンに家を借り、コレクション展示の「日本博物館」を開設した。オランダ政府の後援で日本研究をまとめ、集大成として全七巻の『日本』を刊行した。

シーボルトの直接の門下生は六十人近く、多くは各地で私塾を開いた。奥州水沢の医師高野長英《ちょうえい》、咸宜園で学んで鳴滝塾初代塾頭になった周防の岡研介《けんすけ》、伊予宇和島の二宮敬作、佐賀藩の伊東玄朴《げんぼく》、名古屋の伊藤圭介《けいすけ》、阿波の美馬順三《じゅんぞう》らの各地の医師や「知識欲旺盛な研究者」であり、江戸で高野長英が大観堂、湊長安《ちょうあん》が丹精堂、伊東玄朴が象先堂、土生玄碩《げんせき》が迎翠堂、大坂で岡研介が万松精舎、長崎で楢林宗建《そうけん》は大成館などを営むようになり、これにより蘭学と医学は新たな段階に入った。

## 光格天皇と朝廷権威

シーボルトらは天皇を世襲的皇帝、将軍を世俗的皇帝と見ていたが、文化十四年(一八一七)までのオランダ商館長ドゥーフは、古くからの専制君主であり、先祖は政教の全権を握っていたが、今やすべては将軍、あるいは江戸の皇帝の保護下に置かれていると見ていた(『日本回想録』)。

対外問題で揺れる幕府にとって、その朝廷・天皇の存在は大きくなってきており、文化四年(一八〇七)、幕府はフヴォストフのロシア軍艦が蝦夷地を襲撃した事件を朝廷に報告している(「伊光記」)。少し前から日本を「皇国」と称する学者も増えていた。早くは賀茂真淵が「皇朝」「皇国」の語を使うなど、国学者が用い始め、儒者の尾藤二洲《じしゅう》も天明七年の『静寄余筆《せいきよひつ》』で使用している。松江藩儒者の桃西河《ももせいか》は『坐臥記《ざがき》』で、本居宣長の「唐土を中華と名づけて貴ぶは僻事なり。皇国こそ万国第一の尊国なり」という言葉を引き、「此事真に然り」と記している。寛政十年(一七九八)の大槻玄沢『蘭説弁惑《らんせつべんわく》』の跋文に洋学者の越村美久羅が「皇国」の語を用いている。

これと相俟って寛政年間から朝廷の儀式の多くが復活している。寛政二年(一七九〇)、藤原氏の氏長者印、同三年に童殿上《わらわてんじょう》が復活し、辛酉革命《しんゆうかくめい》を理由に寛政が改元された享和元年(一八〇一)になると、伊勢神宮への勅使が再興派遣され、文化五年(一八〇八)に太政官印も再興された。

光格天皇は、朝廷の権威を高めるため、遊興の世界に耽る公家の統制をはかって、不行跡な公家を処罰した。寛政八年(一七九六)八月に九人、十月に五十三人の公家衆を処罰・譴責し、堂上公家約百三十四家のうち五十パーセント近くを処罰した。自らは和歌と管絃に勤しみ、寛政五年から九年にかけて和歌の古今伝授を後桜町上皇から受けた後、門弟の指導にあたって、光格天皇歌壇を形成、頻繁に小御所などで歌会を開いた。その数は寛政十年に百回以上もあった。管絃では箏を得意とし、楽会では笙や笛、琵琶も演奏した。

念願の賀茂社臨時祭が文化十年（一八一三）に、その翌年には石清水社臨時祭も復活し、これによって主要な行事・祭礼がほぼ再興を見たことで、譲位を決意、文化十四年に仁孝天皇に譲位して院政をはじめた。

この朝廷の権威の高まりに幕府首脳部がすり寄ってゆく。将軍の父治済は文政三年（一八二〇）に従一位、文政八年に権大納言から准大臣になったが、これは将軍が朝廷に「嘆願」したものという。将軍自身も文政五年に従一位左大臣となり、文政十年三月に太政大臣に昇進、これも家斉の在職四十年、年齢五十五歳を理由にした「内々の願い」によるものであった。家康や秀忠も太政大臣になったが将軍を辞した後で、在職中になった例はない。

朝廷はその要求を受け入れつつ、見返りを要求、朝覲行幸《ちょうきんぎょうこう》の再興こそ正式に認められなかったが、文政五年に修学院御幸《ごこう》の再興経費を幕府が負担し、困窮する公家の救済も、使途を特定しない形で経費を負担し、「近来公武ことに和懇」という良好な朝幕関係が生まれた。

### 平田国学の革新

この尊王の動きが広がるなか、国学者が動いた。平田篤胤は安永五年（一七七六）に出羽秋田藩の大和田家に生まれ、寛政七年（一七九五）に脱藩・出奔して江戸に出て最新の医学・地理学・天文学を学び、武家奉公人となった。たまたま寛政十二年、備中松山藩士で山鹿流兵学者の平田篤穏《あつやす》に才覚を認められて養子となり、蘭学を吉田長淑《ちょうしゅく》に学んで解剖に立ち合った。

対露危機から情報を収集し、芝蘭堂の山村才助の地理書『訂正増訳采覧異言』や蘭学者志筑忠雄の『暦象新書』を読んで世界認識の構築をはかるなかで出会ったのが宣長の国学である。享和三年（一八〇三）に宣長の本を読んで国学に目覚めた。漢意《からごころ》を排除し、考証学的姿勢に徹する宣長の方法で、古代日本のありさまが解明されていることに衝撃を受け、夢のなかで宣長から入門を許可されたとして「宣長没後の門人」を自称、太宰春台の『弁道書』を批判する『呵妄書《かもうしょ》』を著し、翌文化元年、「真菅乃屋《ますげのや》」を営んで、好学の人であれば身分を問わず誰に対しても門戸を開いた。

文化二年（一八〇五）、本居春庭《もとおりはるにわ》に入門し、翌年に『鬼神新論』『本教外編』を著述、文化三年から真菅乃屋（後の「気吹舎《いぶきのや》」）で門人をとった。文化八年に駿河府中の門人を訪れた時、『古事記』『日本書紀』など神代にまつわる「古伝」の間に内容に差異があるのは何故か、という疑問を発し、宣長の『古事記伝』に従えばよいとの考えを改め、諸書をも参照して考慮し、正しい内容を確定すべし、ということから書き上げたのが、『古事記』上巻・『日本書紀』神代巻の内容を再構成した『古史成文』で、その編纂の根拠を『古史徴』に記した。

翌文化九年、妻織瀬を亡くして深く悲しむなか、死後の霊や幽冥への関心を抱いて、本格的な幽界研究を志し、幽冥界を論じる『霊能真柱《たまのみはしら》』を書き上げ、「霊の行方の安定《しづまり》」を知るならば、「大倭《やまと》心《ごころ》」が固めるならば「真道《まことのみち》」を知ることができる、という死後安心論を展開した。

宣長は、人は死ねばその霊は汚き他界、「夜見」（黄泉）の世界へゆくので、人が死ぬことは悲しいことと見ていたのに対し、篤胤は、人は生きては天皇が主宰する顕界の「御民《みたみ》」となり、死しては大国主神が主宰する「幽冥」の神となって、それぞれの主宰者に仕えるので、死後は必ずしも恐怖するものではない、と説いた。

神はわれわれとはさほど遠くない「幽冥」の世界から、顕界に生きるわれわれの生命と暮らし、郷土の平和と安寧をいつも見守って、加護すると説いた。天照大神が瓊瓊杵尊《ににぎのみこと》に命じて治めさせた「顕世《うつしよ》」と、大国主命が治める「幽世《かくりよ》」を対比させ、すべては「顕明事《あらわごと》」と「幽冥事《かくりごと》」の二つによって均衡が保たれているのであり、これは大国主命が退隠した勇気によって保証されていると説明、死後の霊魂は心安らかに幽冥界に向かうことができるとした。

篤胤が求めたのは、この世の幸福であり、関心をいだいたのは死後の霊の行方であって、その霊の安定を神道に求めた。天主教（キリスト教）の天地創造神話と『旧約聖書』とを強く意識しながら、天御中主神を創造主とし、復古神道神学を樹立したのである。天・地・泉の三つの世界の形成の事実、それについての神の功徳、これが「御国《みくに》」日本が四海の中心であり、天皇が万国の君主であることを、国学を奉ずる学徒の大倭心の鎮として打ち立てた柱、それを「霊の真柱」とした。

## 尊王思想の台頭

朝廷権威の上昇と対外的脅威は尊王思想の広がりをもたらした。寛政三年（一七九一）に水戸彰考館の藤田幽谷は『大日本史』の編纂にあたるなか、『正名論《せいめいろん》』を著し、君臣上下の名分をただし、「覇王」である幕府は、「皇統一姓」の天皇を尊崇することが「徳」の証であり、政治の担当者として「王道」を行なうべし、と主張した。

彰考館は水戸藩士の立原翠軒が天明六年（一七八六）に総裁になってから編纂事業が活発となり、幽谷は古着商の子だったが、翠軒の弟子になり、その『正名論』における名分論は、儒家の道徳的な意味合いの「正名」論を、君臣間の上下の差別の「名分」に捉え直し、その秩序を絶対視して立論したのである。

幽谷の弟子の会沢安（正志斎）は、文政七年に水戸藩領にイギリス船員の上陸に遭遇して彼らと筆談した経験から、翌年に幕府が無二念打払令を出したのに奮起して、幽谷の名分論に沿って『新論』を著わし、水戸藩主の徳川斉脩《なりのぶ》に上程した。

「国体」「形勢」「虜情」「守禦」「長計」からなり、その基本の「国体」は、「神聖、忠孝を以て国を建てたまへる」とあるように、記紀神話による「神州」「中国」こと日本国家の建国の原理に基づく国家の体制であり、その統一性を保って日本は今に至っている、と説いた。鎌倉・室町両幕府は、土地人民を私物化する傾向にあったが、豊臣・徳川の統一事業の結果、「天下の土地人民、その治は一に帰す」体制が再現され、幕藩はこの国体を守るべく、外からの脅威に立ち向かわねばならない、とも説いて、尊王・攘夷による危機打開策を提示した。西洋諸国は、まず「通市」(貿易)で関係をつくり、国の情勢を観察し、弱いとみれば「兵を挙げ」て襲い、強いとみれば「夷教」(キリスト教)で民心を煽動する、と指摘、これに対抗するには内政を修め、軍令を整え、国を富まし、海防体制を築かねばならない、と警鐘をならした。会沢は「国体」を守るため仏教や耶蘇教、洋学を排斥したのである。

同じ尊王思想でも、大坂の山片蟠桃《やまがたばんとう》は、いっさいの神秘主義を排撃、神代史を批判し「無鬼論」(無神論)に到達した。播磨印南《いんなみ》郡神爪《かづめ》村に生まれた蟠桃は、大坂に出て両替商升屋の番頭となって店の経営を立て直し、財政破綻の仙台藩や諸藩の経営に関わって財政再建を行なった。そのかたわら懐徳堂の中井竹山・履軒兄弟から朱子学を、先事館の麻田剛立《ごうりゅう》から天文学を学び、多くの書物を読破して著わしたのが『夢の代《しろ》』である。

天文・地理・神代に始まって無鬼・雑論まで全十二巻からなり、天文編では地動説に基づく新しい世界像を提示し、神代編では、記紀を批判して神国論を否定、合理主義的な歴史像を示し、市場経済を分析し、神も鬼もいないとするなど、極めて合理主義的考えを展開した。

その国家観は「封建は天下自然の大道にして、王者の好む所」として現状を肯定し、尊王敬幕にはあったが、その立論は人民あっての君主であり、君主は人民によって取り立てられたという一種の社会契約説であって、現状の体制を否定する考えが認められるが、『夢の代』を文政三年(一八二〇)に完成させて翌年に亡くなる。

### 頼山陽の史論と大坂の国訴

尊王を史論によって唱えた頼山陽《らいさんよう》は、父春水《しゅんすい》が天明元年（一七八一）に広島藩の学問所創設に登用されたので広島城下の袋町で育ち、叔父の頼杏坪《きょうへい》に学んで史論に関心を抱き、寛政九年（一七九七）に江戸に遊学し、尾藤二洲に師事し、翌年の帰藩後、『日本外史』の編述をした。

寛政十二年（一八〇〇）に脱藩を企て上洛するが、広島へ連れ戻されて廃嫡となり、自宅に幽閉されるも、文化二年（一八〇五）に広島藩学問所の助教となると、同六年には儒学者の菅茶山《ちゃざん》の招聘でその廉塾《れんじゅく》の都講《とこう》（塾頭）に就任した。しかし再び文化八年に京都に出奔し、洛中に居を構えて塾を開き、文政五年（一八二二）東山を眺望する家を構えて「水西荘《すいせいそう》」と名づけ、同九年に『日本外史』を完成させ、翌年松平定信に献上した。

源平両氏から徳川氏にいたる武家政権の時代を漢文体で叙述した歴史書で、『史記』の「世家」にならって、将軍となった家を「正記」と記し、その前後に有力な諸氏を「前記」「後記」と記し、「論賛」として史論を展開、政治の実権が武家に帰した経過と由来を、仁政・安民思想と朱子学的名分論により叙述した。

水戸藩の『大日本史』の南朝正統論を引き継いで、新田氏を「正記」に立て、橘氏を「前記」に記した。名分を乱した諸氏には攻撃を加え、政治の大権が武門に帰した原因については、権門の藤原氏の政治倫理の欠落に求め、朝権を再び犯そうとする武門足利氏に立ち向かった南朝の功臣を、名分を守ったとして称賛した。山陽の尊王論は史論を叙述するなかでのものであり、最初からそう意図したものではなかったが、脱藩をくりかえし、京都で朝廷・幕府・藩の関係を見つめるなか尊王へと帰結したと見られる。

叙述の巧みさ、漢文の文体による名文により、後に尊皇攘夷運動家に読まれた。山陽はその後も『史記』の「紀」にあたる『日本政記』、「議」にあたる『通議』、「策」にあたる『新策』を著している。文政元年（一八一八）三月、父春水の三回忌を終えた山陽は、長崎から熊本に向かう途中で一時、停泊した天草富岡で作った詩「泊天草洋《あまくさなだにはくす》」が代表作の一つで、文政十三年（一八三〇）に聖徳太子から豊臣秀吉にいたるまでの歴史上の人物や出来事を題材にした詩集『日本楽府』を刊行した。

京・大坂周辺では、文政六年（一八二三）に新たな動きが起きていた。大坂三所《さんしょ》綿問屋の市場独占をめぐって、摂津・河内両国一千七か村が訴願する「国訴」が提訴されたのである。三所綿問屋とは、京橋の魚市、天満の青物市から出た綿市《わたいち》の問屋で、畿内近国から流入する実綿《じつめん》・繰綿《くりわた》を在方商人から引き受け、綿屋仲間や綿買次問屋・商人への販売を仲介する荷受問屋である。

この綿問屋は、安永元年（一七七二）には株仲間として認められていたが、これに対し生産者が綿花の自由販売を求めた。その背景には綿栽培の全国的な広がりがあった。当初、産地は奈良盆地や大坂平野、伊勢・三河だったが、河内平野の河内木綿、濃尾平野の木綿、関東の鬼怒川流域の真岡木綿・結城木綿、信州善光寺平や瀬戸内海沿岸にも広がり、これに応じて各地で綿織物業も盛んになっていた。村方で綿を生産する百姓はどこに販売しても規制がなく、摂津・河内の百姓は、綿を加入自由な仲買商人の大坂三郷綿屋仲間に売り、株立していない問屋や仲買に売っていた。

これに応じて大坂三郷綿屋仲間が、三所綿問屋の仲介を経ず他国に綿を売り出し、堺などの商人が三郷《さんごう》綿屋仲間に入って三所綿問屋の仲介を経ず他国に綿を売り出したので、三所綿問屋が締め付けて取り締まっていた。そこで摂津・河内の村方惣代が結集、大坂町奉行所に在方商人の直船積みは勝手次第とすることを訴え、三所綿問屋の統制を廃止する裁許を獲得した。

国と郡の境界を越えて彼らが結集できたのは、日常的に幕領や藩領・旗本領が入り組んでいる大坂周辺において、共通の課題を話し合う郡中寄合が開かれ、村の庄屋の選出した惣代が集まって、郡中議定が行なわれていたからである。河内国古市郡の郡中議定は、天明六年（一七八六）に奉公人・日雇の賃金を協定し、天明八年（一七八八）・寛政六年（一七九四）には肥料値下げの訴願を話し合っている。天明八年には肥料の直買いを求めて、摂津・河内の八百余か村の訴願があった。

奉公人・日雇の賃金の協定については、河内交野郡三十八か村が寛政元年（一七八九）に奉公人の規制を行ない、奉公人を村から村へと融通し、他国に出すのを厳禁している。郡中寄合は奉公人を雇う富農の連合体として機能しており、それだけに実務的で現実的で、訴願のために何回も集まり、しだいに規模が大きくなった。

## 文政の農村改革

畿内周辺の広域な組織が成長するなか、幕府は関東で広域な組織をつくった。文化二年（一八〇五）に関東取締出役を設けていたが、事態は改善せず群盗蜂起が続いたので、老中から、無宿者・百姓・町人が長脇差をさすのを禁じる示達が勘定奉行にあり、翌年二月に関東取締りに新たな仕法が示され、文政十年（一八二七）九月、「御《お》取締筋《とりしまりすじ》御《ご》改革《かいかく》」と題する四十五か条の触書が出された。長脇差や鉄砲・槍などの所持や、無宿人・浪人の取締り、さらに神事・仏事・祭礼・婚礼などで質素倹約、村方での歌舞伎や相撲・賭博の禁止、強訴・徒党の禁止、農間余業・若者組の制限など、生活や文化の隅々にいたる規制で、そのために新たに大がかりな組合村の編成が行なわれた。

これまでにも用水や入会地の管理・維持に始まり、関係する村々が連合して組合村がつくられてきていたが、今回はそれとは別の「改革組合村」であって、関東一帯の村々を対象に、江戸市中と江戸端の四宿（品川・新宿・板橋・千住）、水戸・川越・小田原領を除き、その領主が誰かを問わずに新たに編成された。

近隣の村々が「小組合大小高之増減に随ひ、三ケ村五ケ村六ケ村組合候」と、「三〜五ケ村」で小組合を形成、この小組合村及び、小組合が十前後集まった大組合（四十五ケ村ほど）が単位となり、小組合村の名主・村役人から選ばれた小惣代が小組合を運営し、小惣代から選ばれた大惣代と寄場（村）・親村の名主の寄場役人とが大組合を運営するものとした。寄場とは、大組合の村のうち村高が大きく、交通の要衝に位置する村である。

こうして関東取締出役（「八州廻り」）は、寄場・親村（寄場役人）以下、大組合（大惣代）・小組合（小惣代）・村（名主以下村役人）を指揮下において廻村し、無宿や博徒の取り締まり、百姓・町人の日常生活にまで監視・干渉した。翌文政十一年には、関東取締出役が組合村を通じて、各村に改革の趣旨を徹底させるための教諭書を作製し、幕府の方針が速やかに村々に伝達され、地域の揉め事は組合村で処理され、村方騒動や一揆などの防止、農村部の商業の抑制、治安強化が図られた。

文政十二年には関東在々の農間余業の実態調査が組合村を通して実施された。商人の軒数、居酒屋・湯屋・髪結・研屋・質屋の名と営業の開始年代、質屋渡世の名前などが調査され、新規商売が禁じられた。風俗営業に関係する湯屋・髪結・質屋に同業組合の在方株を結成するよう要請された。

この一連の政策について、幕府は初めて「改革」と称するようになった。確かに組合村の再編整備を徹底的に踏み込んで行なっており、「改革」の名にふさわしい。触書を出した勘定奉行は、文政の金銀改鋳を行ない、文政八年の異国船打払令を主導した遠山景晋であったが、景晋は長崎奉行・作事奉行を経て文政二年に勘定奉行となり、十年在籍していた。大坂周辺の国訴のような下からの改革の動きに鑑み、幕府の支配を行き届かせるため、関東で「改革」という名で改革組合村を編成したのであろう。

### 南北と北斎の改革

文政十二年（一八二九）十一月、歌舞伎の作者で「大南北」と称された四世鶴屋南北が亡くなった。文政五年刊の役者評判記『役者早料理《そくせき》』には、南北は時代の人々に心情にあう事柄を穿ち、人々が喜ぶことを素早く察知、先取りし狂言をこしらえる機転がある、と絶賛している。

南北は、芝居町に近い日本橋新乗物町の紺屋の型付職人の子に生まれ、歌舞伎に親しむうちに、二十二歳の安永五年（一七七六）に初代桜田治助《じすけ》の弟子となった。江戸歌舞伎全盛の時代にあって、勝俵蔵などの名で下積み時代を過ごすうち、享和三年（一八〇三）に立作者となり、文化元年（一八〇四）七月に初代尾上松助と提携して上演した「天竺徳兵衛韓噺《てんじくとくべえいこくばなし》」で、早替りのケレンと幽霊の出る芝居で売り出した。

大道具・小道具などの仕掛や早替りの技巧を駆使する狂言によって評判を得たことで、文化八年（一八一一）に南北を襲名するが、この文化年間は、初代桜田治助が文化三年に、並木五瓶《ごへい》が同五年に亡くなっていて南北が第一人者となった。本領は町人生活を描いた世話狂言にあり、文化三年に五代目松本幸四郎のため、下駄の歯いれの殺人事件を描いた「勝相撲浮名花触《かちずもううきなのはなぶれ》」を書き、風流蕎麦の娘殺しに取材した「当穐八幡祭《できあきやわたまつり》」を書くなど、残忍な「殺し場」をこしらえ、悪の魅力を発散させた狂言を作って「生世話《きぜわ》狂言」というジャンルを確立させた。爽快さとテンポのよさ、比較的明るく楽天的なことが江戸の人々に歓迎された。

文化十三年に日本橋の芝居町から離れて亀戸村に住んで隠居格となってからは、息子を相談相手に新境地を開いていった。五代目岩井半四郎のために「隅田川花御所染《はなのごしょぞめ》」「杜若艶色染《かきつばたいろもえどぞめ》」「桜姫東《さくらひめあずま》文章《ぶんしょう》」を書き、「悪婆《あくば》」と称される新しい女性像をつくった。文政期に入ると、惨劇や狂気の作風を強調しつつ、鬱積した怨念の暗さや、おぞましさを押し出す作風が増え、その集大成が文政八年の中村座初演の「東海道四谷怪談」である。

四谷左門の姉娘お岩と民谷伊右衛門、妹娘のお袖と直助の二組の夫婦の破滅を描いたこの作品は、『忠臣蔵』の世界に、お岩の怨霊話や直助権兵衛の実説を取り入れた生世話物《きぜわもの》である。「浪宅」でお岩が髪梳きをするなか顔を醜く変え、加害者へと変身する場面や、「三角屋敷」「蛇山庵室《へびやまあんじつ》」の場面では、世話物の世界から突如として怪異の現象が現れ、日常と非日常、現実と超現実とが交錯し、転倒・混淆をもたらした。

南北の弟子の花笠魯介は、『お染《そめ》久松《ひさまつ》色《うきな》読販《よみうり》』に「近世江戸狂言の仕ぐみ南北翁がために一変す」と記しており、南北の作劇で歌舞伎狂言は一変した。これは南北による狂言の革新である。江戸の最下層にうごめいて生きている人たちの群像を積極的に描いた点からも、演劇の「改革」と指摘できよう。

南北が亡くなった文政末年には、絵画でも大きな変化が起きつつあった。葛飾北斎が名所絵の集大成ともいうべき『富嶽三十六景』を、文政六年（一八二三）から制作を始め、天保二年（一八三一）に開版した。安永八年（一七七九）に「春朗」の号で三点の役者絵から出発した北斎は、寛政中期から「宗理」の号で「二美人図」に見られる、目や口が小さく瓜実顔のどこか寂しげな表情の美人画を描いた。

文化期になると、独特な肢体を持つ個性的な美人像を描き、錦絵・摺物・肉筆美人画・春画など様々な媒体や姿態に手を染めた。狂歌絵本や狂歌摺物などに名所風俗画を描き、江戸の人々が行楽にでかけた名所や市井に暮らす人々の風俗を描いたが、それは名所絵に人物が溶け込んで描かれた、人物の入る風俗画であり、花鳥画や静物画にも才を発揮した。

文化十一年（一八一四）から「真に画を学ぶものの開手となすべきかな」と刊行を始めた絵手本『北斎漫画』は、何でも描く北斎の真骨頂のシリーズで、好評により次々と続編が出された。文化十四年刊のその七編で「奥州外ヶ浜」のような独立した名所絵を描くと、次の八編からは「狂画《きょうが》葛飾《かつしか》振《ぶり》」という滑稽味ある戯画を描いた。文政期に入ると『東海道名所一覧』『木曾路名所一覧』のような鳥瞰図をも描いた。

『北斎漫画』や鳥瞰図は、鍬形蕙斎《くわがたけいさい》の影響を大きく受けていたが、文政六年の『今様櫛捦雛形《いまようくしきせるひいながた》』という工芸図案集では、季節や気象、時間などからさまざまな富士の姿を描いた。

## 【参考文献】


玉田芳英編『列島文化のはじまり』(史跡で読む日本の歴史1) 吉川弘文館　二〇〇九年
白石太一郎編『倭国誕生』(日本の時代史1) 吉川弘文館　二〇〇二年
石川日出志『農耕社会の成立』(シリーズ日本古代史1) 岩波新書　二〇一〇年
五味文彦『伝統文化』(日本の伝統文化1) 山川出版社　二〇一九年
『文学で読む日本の歴史』(全五巻) 山川出版社　二〇一五〜二〇二〇年
『武士論——古代中世史から見直す』講談社選書メチエ　二〇二一年
『絵巻で歩む宮廷世界の歴史』山川出版社　二〇二一年
『学校史に見る日本——足利学校・寺子屋・私塾から現代まで』みすず書房　二〇二一年
河竹繁俊『日本演劇全史』岩波書店　一九五九年
石井進・大三輪龍彦編『よみがえる中世3　武士の都 鎌倉』平凡社　一九八九年
佐藤信・吉田伸之編『都市社会史』(新 体系日本史6) 山川出版社　二〇〇一年
角田文衛監修/古代学協会・古代学研究所編集『平安京提要』角川学芸出版　二〇一一年
吉田伸之・高橋康夫ほか編『図集日本都市史』東京大学出版会　一九九三年
東京大学史料編纂所データベース
石井寛治『開国と維新』(大系日本の歴史12) 小学館　一九八九年

坂野潤治『近代日本の出発』（大系日本の歴史13）小学館　一九八九年
鈴木　淳『維新の構想と展開』（日本の歴史20）講談社　二〇〇二年
辻　惟雄『日本美術の歴史』東京大学出版会　二〇〇五年
徳丸吉彦『ものがたり日本音楽史』岩波ジュニア新書　二〇一九年
牧原憲夫『文明国をめざして』（全集 日本の歴史13）小学館　二〇〇九年
江口圭一『二つの大戦』（大系日本の歴史14）小学館　一九八九年
吉田裕編『戦後改革と逆コース』（日本の時代史26）吉川弘文館　二〇〇四年
佐藤信・五味文彦・高埜利彦・鳥海靖編『詳説日本史研究』山川出版社　二〇一七年
『日本史広辞典』山川出版社　一九九七年
『岩波日本史辞典』岩波書店　一九九九七年

五味文彦（ごみ・ふみひこ）

一九四六年生まれ。東京大学文学部教授を経て、現在は東京大学名誉教授。放送大学名誉教授。『中世のことばと絵』（中公新書）でサントリー学芸賞を、『書物の中世史』（みすず書房）で角川源義賞を受賞するなど、常に日本中世史研究をリードしてきた。近年の著作に『絵巻で歩む宮廷世界の歴史』（山川出版社）、『文学で読む日本の歴史』五部作（古典文学篇、中世社会篇、戦国社会篇、近世社会篇、近代的世界篇。山川出版社）、四部作となる『後白河院―王の歌』（山川出版社）、『西行と清盛―時代を拓いた二人』（新潮社）、『後鳥羽上皇―新古今集はなにを語るか』（角川書店）、『鴨長明伝』（山川出版社）のほか、『日本の中世を歩く―遺跡を訪ね、史料を読む』（岩波書店）、『躍動する中世』（小学館）、『『枕草子』の歴史学』（朝日新聞出版）、『伝統文化』（山川出版社）、『『一遍聖絵』の世界』（吉川弘文館）、『武士論』（講談社）、『学校史に見る日本』（みすず書房）、『疫病の社会史』（ＫＡＤＯＫＡＷＡ）など多数。共編に毎日出版文化賞を受賞した『現代語訳 吾妻鏡』（吉川弘文館）など。

明日《あした》への日本歴史《にほんれきし》3 近世《きんせい》の政治《せいじ》と文化《ぶんか》の世界《せかい》

二〇二三年七月　十五日　第一版第一刷印刷
二〇二三年七月二十五日　第一版第一刷発行

著　者　五味文彦
発行者　野澤武史
発行所　株式会社　山川出版社
東京都千代田区内神田一―一三―一三
〒一〇一―〇〇四七
https://www.yamakawa.co.jp/
電　話　〇三(三二九三)八一三一（営業）
〇三(三二九三)一八〇二（編集）
印刷所　半七写真印刷工業株式会社
製本所　株式会社ブロケード

造本には十分注意しておりますが、万一、乱丁・落丁本などがございましたら、小社営業部宛にお送りください。送料小社負担にてお取替えいたします。
定価はカバーに表示してあります。


ISBN 978-4-634-15223-6

# 明日への日本歴史【全巻目次】

## 1 古代国家と中世社会

## 2　戦国の社会と天下人の国家



## 3　近世の政治と文化の世界

## 4　近代社会と近現代国家